华信经管创新系列

U0822853

Strategic Management of Enterprises

企业战略管理

余　沛□主　编

吕淑丽　郝世绵　盛　倩
郭　菁　尤　莉　曾召霞　□副主编

電子工業出版社

Publishing House of Electronics Industry

北京·BEIJING

内 容 简 介

本书借鉴国外先进的理论与方法，在引进国外成熟战略管理方法与工具的基础上，进行了消化吸收与创新，立足本土案例进行分析，使得国外先进的理论与方法能够为我所用，为我国企业提供理论借鉴。全书共分 14 章，分别为战略管理导论，愿景、使命与战略目标，企业战略外部环境分析，企业内部环境分析，企业总体战略，企业竞争战略，协同战略与战略联盟，企业并购战略，企业国际化战略，企业创新战略，企业战略实施，企业战略控制，企业文化与战略领导力，企业伦理与社会责任。

本书适合作为工商管理、公共管理等相关专业的教材，也适合广大企事业单位、政府与公共组织的管理工作者阅读参考。

图书在版编目 (CIP) 数据

企业战略管理 / 余沛主编. —北京：电子工业出版社，2017.2
（华信经管创新系列）
ISBN 978-7-121-29902-5

I. ①企…　II. ①余…　III. ①企业战略－战略管理－高等学校－教材　IV. ①F272.1

中国版本图书馆 CIP 数据核字（2016）第 219343 号

策划编辑：石会敏　王二华
责任编辑：王二华　　　文字编辑：熊道保
印　　刷：北京嘉恒彩色印刷有限责任公司
装　　订：北京嘉恒彩色印刷有限责任公司
出版发行：电子工业出版社
　　　　　北京市海淀区万寿路 173 信箱　　邮编：100036
开　　本：787×1 092　1/16　印张：20　　字数：520 千字
版　　次：2017 年 2 月第 1 版
印　　次：2017 年 2 月第 1 次印刷
定　　价：42.00 元

凡所购买电子工业出版社图书有缺损问题，请向购买书店调换。若书店售缺，请与本社发行部联系，联系及邮购电话：(010)88254888，88258888。

质量投诉请发邮件至 zlts@phei.com.cn，盗版侵权举报请发邮件至 dbqq@phei.com.cn。

本书咨询联系方式：（010）88254537。

前　　言

随着外部环境的剧烈变化，对于企业的经营决策与内部管理提出了严峻挑战。管理工作要以未来的环境变化趋势作为决策基础，这就使企业管理者们重视对经营环境的研究，正确确定公司发展方向，选择公司合适的经营领域或市场领域，从而能更好地把握外部环境所提供的机会，增强企业经营活动对外部环境的适应性，从而使二者达成最佳的结合。因此，对于战略的关注就成为高层管理人员工作的重点。战略管理不能只是停留在战略分析及战略制定上，而要将战略的实施作为其管理的一部分，这就使企业的战略在日常生产经营活动中，根据环境的变化对战略不断地评价和修改，使企业战略得以不断完善，也使战略管理本身得到不断的完善。这种循环往复的过程，更加突出了战略在管理实践中的指导作用。

本书全面系统地介绍了企业战略管理的知识体系及战略管理的各项主要职能,内容丰富、表述严谨、语言通俗，注重理论与实践相结合。同时，不仅注重吸收现代西方国家前沿的企业战略管理理论，也注意对中国优秀企业的战略管理思想进行介绍。本书在编写过程中，参考了国内外的研究成果，借鉴了大量国内外参考文献与资料，在此向引用其文献的作者表示感谢。本书精选了一批国内外优秀企业的案例，尤其注重引入国内一批快速成长的优秀企业的成功经验进行介绍与分享。

参与本教材的人员与分工如下：余沛（河南科技大学管理学院）负责第 1 章和第 3 章；吕淑丽（河南理工大学）负责第 2 章和第 4 章；尤莉（河南科技大学管理学院）负责第 5 章和第 6 章；郭菁（河南科技大学管理学院）负责第 7 章和第 8 章；盛倩（意大利都灵理工学院）负责第 9 章和第 14 章；郝世绵（安徽科技学院）负责第 11 章和第 12 章；曾召霞（信阳师范学院）负责第 10 章和第 13 章。全书由余沛负责统稿。

由于作者水平有限，时间仓促，本教材的错误和不足之处在所难免，恳请专家学者与专业人士不吝赐教。

编　者

目　录

第1章

战略管理导论

本章学习目的：

1. 理解战略与战略管理的概念与特征；
2. 掌握战略管理的要素与层次，熟悉战略管理的过程；
3. 了解战略管理的发展历史。

案例

长虹等离子战略失误——“选择性失明”

2012年10月26日，四川长虹召开临时股东大会，审议通过终止向大股东长虹集团收购“欧丽安PDP”股权的议案。报道称，放弃将这家数年前被长虹集团收购的韩国等离子企业纳入上市公司，意味着等离子已不再是长虹战略重点。长虹多媒体产业公司总经理徐明在接受媒体专访时称，长虹彩电将“全力推进智能化战略”。

实际上，所谓“全力推进智能化战略”是长虹彻底“放弃等离子战略”的另一种表述，等离子战略让长虹付出了超出其承受范围的代价。

2007年，长虹决策层执意上马等离子面板生产线，甚至喊出“不做面板毋宁死”的口号。长虹的逻辑是，虽然等离子蛋糕不如液晶大，但是这个蛋糕鲜有人分抢。遗憾的是，长虹只看到硬币的一面，没有看到硬币的另一面，一个没有人分抢的产业注定做不大。其时，“液晶为主，等离子为辅”的产业趋势已经表现得相当明显，“等离子阵营”已趋于分崩离析。

今日长虹，已与“中国彩电老大”渐行渐远。2012上半年，昔日的“彩电三甲”业绩如下：长虹彩电实现营收53.77亿元，同比下滑了15.71%；康佳彩电实现营收51.55亿元；TCL多媒体（绝大部分是彩电）实现营收163.8亿港元（折合人民币132.05亿元），同比增长24.5%。长虹、康佳彩电之和尚不及TCL一家，没落迹象十分明显。

长虹走到今天着实令人扼腕叹息。想当年，很多人都坚定反对长虹上马等离子面板，有行业内专家甚至还在长虹上马等离子面板生产线之前写了一篇《长虹等离子，一个人的战争》的博文，力劝长虹止步。然而，头脑发热的长虹根本听不进逆耳忠言，其高层拿着相关文章在新闻发布会上对记者说：“刘步尘说我们是一个人的战争，我告诉大家，TCL、海信均已决定购买我们的面板。”有人就长虹的说法电话询问相关企业负责人时，得到的回答几乎一样：“我们已经放弃等离子电视，为何购买别人的面板？”

至2009年，索尼、三星、LG相继宣布退出等离子电视领域，等离子阵营越来越小，只剩下日本的松下和中国的长虹。但是，这并没有让长虹警醒。

2007 至 2011 年，长虹将其彩电营销资源的大部分拿来做等离子推广，试图通过“不闪的才是健康的”、“等离子比液晶更护眼”、“等离子画质好，不拖尾，更省电”等卖点的诉求，扭转消费者对等离子的认知，遗憾的是，在 LCD、LED 攻城略地的大背景之下，长虹的努力并没有收获相应的回报。相反，等离子份额连年下滑，至 2011 年，全球等离子销量不足液晶的 1/15；在中国，虽有长虹一再努力，但等离子销量依然不足液晶的 1/20。

显然，所谓“等离子大有前途”的说法，不过是长虹刻意制造出来的幻象。

2011 上半年，坚守多年之后，松下决定放弃等离子战略，转向以液晶为主。这时，长虹在全球等离子产业格局中越发形只影单。回头看，这些年等离子战略害了两个企业：一个是松下，彻底告别“全球彩电老大”地位；一个是长虹，彻底退出“中国彩电三甲”阵营。今天的长虹彩电，排名在 TCL、创维、海信之后，与康佳并称落难凤凰。

长虹等离子战略的失误值得深思：任何时候，企业的决策都必须基于产业发展规律，而不是由非市场因素来主导，如短期业绩、当地 GDP，等等。如果对产业发展方向把握不准，宁可放一放，也不要匆忙上马。实事求是地讲，长虹当时执意上马等离子项目，很大程度上与其对电视产业发展方向判断不清有关，虽然当时“液晶为主，等离子为辅”格局已经相当清晰。从这一点来讲，长虹的失误几乎是不可原谅的。还有一点必须指出，长虹上马等离子面板生产线，与当时工信部有关领导的鼓动有关。

一失足成千古恨。目前的中国彩电产业格局与 2007 年之前大为不同，长虹想要重回第一阵营的难度很大，激烈的市场竞争从来不给失误者修正其错误的机会。以长虹对手 TCL 为例，预计 2012 年其彩电海内外销量将达到长虹两倍之多。许多人倾向认为，曾与长虹并称中国“彩电三甲”的 TCL 之所以东山再起，很大程度上与其建立了液晶面板产业有关。假如当年长虹 20 亿美元(长虹宣传数据)的投资不是投向等离子面板，而是投向液晶面板，也许长虹彩电的市场地位与今日完全不同。然而历史没有假设，长虹已不可能回头。

(资料来源：刘步尘. 长虹等离子战略的惨痛教训. IT 时代周刊，2012 年第 22 期.)

1.1 战略管理概论

1.1.1 企业战略的概念和特征

1. 企业战略的概念

“战略”源于古代兵法，属军事术语，意译于希腊一词“Strategos”，其含义是“将军”，词义是指挥军队的艺术和科学，也意指基于对战争全局的分析而做出的谋划。在军事上，“战”通常是指战争、战役，“略”通常是指筹划、谋略，联合取意，“战略”是指对战争、战役的总体筹划与部署。《辞海》定义：“军事名词，对战争全局的筹划和指挥。”《韦氏新国际英语大词典》的定义：“军事指挥官克敌制胜的科学与艺术。”《简明不列颠百科全书》的定义：“在战争中利用军事手段达到战争目的的科学和艺术。”

我国古代兵书早就提及过“战略”一词，意指针对战争形势做出的全局谋划。三国时期著名政治家、军事家、战略家孔明(诸葛亮)对战略还有一段精辟的论述：“不谋万事，不足谋一时；不谋全局，不足谋一域”，并通过对当期错综复杂的政治、经济、军事形势进行分析，确立了“三分天下”的战略思想，成为刘备立国之本。在中国革命战争中，“战略”甚至决定着战争全局的成败。毛泽东在《中国革命战争的战略问题》中指出：“战略问题是研究战争全局的规律性的东西。”

俗话说“商场如战场”，鉴于市场经济激烈的竞争环境，为兼顾长、短期利益，促进企业长远发展，受美国经济学家安索夫《企业战略论》一书的影响，“战略”一词便开始广泛应用于经济管理中，并由此延伸至社会、教育、科技等各个领域。

在西方经济学中，“战略”有很多种定义，一些学者认为：战略是设立企业长远目标，制定经营方针及资源分配等的经营决策；另一些学者认为：战略是对企业长远目标、经营方针、所需资源分配的规划；还有的学者认为：战略是针对产品与市场有效组合，实现经营环境、战略方向、管理组织相协调的策略。战略管理大师迈克尔·波特认为，战略的本质是抉择、权衡和各适其位。针对“战略”，我国学者也提出了各自不同见解：战略是确定企业长远发展目标，并指出实现长远目标的策略和途径；战略是企业面对激烈变化、严峻挑战的环境，为求得长期生存和不断发展而进行的总体性谋划；战略是指根据市场现状及远景预测，结合自身资源基础，规划企业发展轨迹和确立企业的奋斗目标。无论给“战略”赋予何种定义，其本质都脱离不了经营环境分析、未来发展预测、远景目标设定、勾画远景目标轨迹和制定战略策略等要素。

关于战略管理的定义比较多，可以大致归纳为如下几种定义。

(1)战略被作为形成组织长期目的和目标，限定主要活动程序和调配资源的具体方法。

企业应确定自己的目标以反映对经营业绩的要求；对目标与活动进行必要、连续的调整，并应与长期目标保持一致；资源分配不仅要与企业的主要活动相匹配，而且要符合战略目标一致性的要求。

(2)战略是一种事先(行动前)的计划，是对未来行动方案的说明和要求。

明茨伯格(H. Mintzberg)指出：大多数人认为，战略是一种计划，一是具有主观性，二是具有前导性。冯·纽曼(Von Newman)认为，战略是“一种完整的计划，旨在说明在每种情况下应该做出怎样的选择”。格鲁克(Glueck)：“战略是一种统一的综合的一体化计划，用来实现企业的基本目标。”作为一种计划，战略可以是一般性的，也可以是特殊计策。

(3)战略的主旨在于限定企业的竞争范围(业务范围)。

该定义认为战略是一种计谋：确定企业正在哪一行业或打算进入哪一行业。业务细分在业务分析、战略定位和资源分配方面都是一个关键因素，但没有一种系统科学的方法，只能依靠判断和经验。

(4)企业战略是为获得持久竞争优势而对外部机会和威胁以及内部优势和劣势的积极反应。

(5)企业战略是一种连续一致的决策模式。

明茨伯格提出另一种定义：“战略是一种模式”，是一系列行为的结果。

(6)战略是一种定位(Position)。

把企业的重要资源集中到合适的产品和市场上，形成一个有利的“生长圈”。

(7)战略是在变化的环境中获得竞争优势的手段。

Margarer A.Peteraf 提出资源基础评价模型。认为竞争优势的最主要来源是企业的资源和能力。核心能力应当有助于打开进入更多市场的通道，能使终端产品用户获得更大的利益，本身难以被竞争对手模仿。

(8)战略是一种观念和意向。

这种定义将注意力放在战略思维上，体现了决策者和员工对客观事物固有的认识方式。它强调的尽管是一种抽象的概念，没有人见过、摸过，但可通过一定的方式为企业成员所拥有和共享，变成一种集体意识，并成为思想基础。

在这种观念下进一步延伸，Gary Hamel 和 C.K.Prahalad 提出了战略意向的概念。例如可口可乐，是让世界上每一个人都喝上可口可乐；阿波罗项目，是在苏联人之前登上月球；佳能是击败施乐。

对上述定义的理解可以从广义与狭义两个方面进行。在广义论中，战略的概念包含着企业的目的。哈佛大学商学院教授安德鲁斯提出："战略是目标、意图或目的，以及为达到这些目的而制定的主要方针和计划的一种模式……"

在狭义论中，企业目的的确定过程与战略制定过程虽然相互有联系，但它们是两个截然不同的过程。代表人物是 Igor Ansoff，他认为企业战略是贯穿于企业经营与产品和市场之间的一条"共同经营主线"，决定着企业目前所从事的，或者计划要从事的经营业务的基本性质。这条共同经营主线由四个要素构成：产品和市场范围；增长向量——对其产品和市场范围进行变动的方向；竞争优势——产品和市场特性；协同作用——企业内部联合协作可以达到的效果。

企业经营不是一个短期的行为，面对动态的竞争环境，"战略"的内涵表现为远景的经营思考和经营决策。按"战略"在经济管理活动中的地位和作用，依据战略的本质特点，笔者认为企业战略可以定义为：根据市场状况，结合自身资源，通过分析、判断、预测，设立远景目标，并对实现目标的发展轨迹进行的总体性、指导性谋划。它界定了企业诞生的使命、经营范围、远景目标、发展方向、经营方式等坐标，明确了企业的经营方针和行动指南。

本书给出企业战略较为综合的定义：企业战略是企业面向未来发展的目标，为建立与维持企业持久竞争优势而做出的有关全局的重大筹划和谋略。

2. 企业战略特征

企业战略是设立远景目标并对实现目标的轨迹进行的总体性、指导性谋划，属宏观管理范畴，具有指导性、全局性、长远性、竞争性、系统性、风险性六大主要特征。

(1)指导性。企业战略界定了企业的经营方向、远景目标，明确了企业的经营方针和行动指南，并筹划了实现目标的发展轨迹及指导性的措施、对策，在企业经营管理活动中起着导向的作用。

(2)全局性。企业战略立足于未来，通过对国际、国内的政治、经济、文化及行业等经营环境的深入分析，结合自身资源，站在系统管理高度，对企业的远景发展轨迹进行全面的规划。

(3)长远性。"今天的努力是为明天的收获"，"人无远虑、必有近忧"。首先，兼顾短期利益，企业战略着眼于长期生存和长远发展的思考，确立了远景目标，并谋划了实现远景目标的发展轨迹及宏观管理的措施、对策。其次，围绕远景目标，企业战略必须经历一个持续的、长远的奋斗过程，除根据市场变化进行必要的调整外，制定的战略通常不能朝夕令改，具有长效的稳定性。

(4)竞争性。竞争是市场经济不可回避的现实，也正是因为有了竞争才确立了"战略"在经营管理中的主导地位。面对竞争，企业战略需要进行内外环境分析，明确自身的资源优势，通过设计适合的经营模式，形成特色经营，增强企业的对抗性和战斗力，推动企业长远、健康的发展。

(5) 系统性。立足长远发展，企业战略确立了远景目标，并需围绕远景目标设立阶段目标及各阶段目标实现的经营策略，以构成一个环环相扣的战略目标体系。同时，根据组织关系，企业战略需由决策层战略、事业单位战略、职能部门战略三个层级构成。决策层战略是企业总体的指导性战略，决定企业经营方针、投资规模、经营方向和远景目标等战略要素，是战略的核心。

(6) 风险性。企业做出任何一项决策都存在风险，战略决策也不例外。市场研究深入，行业发展趋势预测准确，设立的远景目标客观，各战略阶段人、财、物等资源调配得当，战略形态选择科学，制定的战略就能引导企业健康、快速的发展。反之，仅凭个人主观判断市场，设立目标过于理想或对行业的发展趋势预测偏差，制定的战略就会产生管理误导，甚至给企业带来破产的风险。

1.1.2 企业战略管理的概念和特征

1. 企业战略管理的概念

斯坦纳曾对战略管理(Strategic Management)做了如下定义：企业战略管理是确定企业使命，根据企业外部环境和内部经营要素确定企业目标，保证目标的正确落实并使企业使命最终得以实现的一个动态过程。

战略管理是一个企业或组织在一定时期的全局的、长远的发展方向、目标、任务和政策，以及资源调配做出的决策和管理艺术，包括公司在完成具体目标时对不确定因素做出的一系列判断，以及公司在环境检测活动的基础上制定的战略。

因此战略管理可以定义为：企业确定其使命，根据组织外部环境和内部条件设定企业的战略目标，为保证目标的正确落实和实现进行谋划，并依靠企业内部能力将这种谋划和决策付诸实施，以及在实施过程中进行控制的一个动态管理过程。

指导企业全部活动的是企业战略，全部管理活动的重点是制定战略和实施战略。而制定战略和实施战略的关键都在于对企业外部环境的变化进行分析，对企业的内部条件和素质进行审核，并以此为前提确定企业的战略目标，从而使三者之间达成动态平衡。战略管理的任务，就在于通过战略制定、战略实施和日常管理，在保持这种动态平衡的条件下，实现企业的战略目标。

第一，战略管理不仅涉及战略的制定和规划，而且包含着将制定出的战略付诸实施的管理，因此是一个全过程的管理。

第二，战略管理不是静态的、一次性的管理，而是一种循环的、往复性的动态管理过程。它是需要根据外部环境的变化、企业内部条件的改变，以及战略执行结果的反馈信息等，重复进行新一轮战略管理的过程，是不间断的管理。

2. 战略管理的特点

战略管理大师迈克尔·波特认为，一项有效的战略管理必须具备五项关键点：独特的价值取向、为客户精心设计的价值链、清晰的取舍、互动性、持久性。根据国内外对于战略管理的认识，战略管理具有如下特点。

1）战略管理具有全局性

企业的战略管理是以企业的全局为对象，根据企业总体发展的需要而制定的。它所管理的是企业的总体活动，所追求的是企业的总体效果。虽然这种管理也包括企业的局部活动，但是这些局部活动是作为总体活动的有机组成在战略管理中出现的。具体地说，战略管理不是强调企业某一事业部或某一职能部门的重要性，而是通过制定企业的使命、目标和战略来协调企业各部门自身的表现，以及它们对实现企业使命、目标、战略的贡献大小。这样就使战略管理具有综合性和系统性的特点。

2）战略管理的主体是企业的高层管理人员

由于战略决策涉及一个企业活动的各个方面，虽然它也需要企业上、下层管理者和全体员工的参与和支持，但企业的最高层管理人员介入战略决策是非常重要的。这不仅是由于他们能够统观企业全局，了解企业的全面情况，而且更重要的是他们具有对战略实施所需资源进行分配的权力。

3）战略管理涉及企业大量资源的配置问题

企业的资源，包括人力资源、实体财产和资金，或者在企业内部进行调整，或者从企业外部来筹集。在任何一种情况下，战略决策都需要在相当长的一段时间内致力于一系列的活动，而实施这些活动需要有大量的资源作为保证。这就需要为保证战略目标的实现，对企业的资源进行统筹规划，合理配置。

4）战略管理从时间上来说具有长远性

战略管理中的战略决策是对企业未来较长时期（5年以上）内，就企业如何生存和发展等进行统筹规划。虽然这种决策以企业外部环境和内部条件的当前情况为出发点，并且对企业当前的生产经营活动有指导、限制作用，但是这一切是为了更长远的发展，是长期发展的起步。从这一点上来说，战略管理也是面向未来的管理，战略决策要以经理人员所期望或预测将要发生的情况为基础。在迅速变化和竞争性的环境中，企业要取得成功必须对未来的变化采取预防性的态势，这就需要企业做出长期性的战略规划。

5）战略管理需要考虑企业外部环境中的诸多因素

战略管理是一个不确定的过程，因为公司对于危险和机遇的区别有不同的理解。现今的企业都存在于一个开放的系统中，它们影响着这些因素，但通常是受这些不能由企业自身控制的因素所影响。因此在未来竞争的环境中，企业要使自己占据有利地位并取得竞争优势，就必须考虑与其相关的因素，这包括竞争者、顾客、资金供给者、政府等外部因素，以使企业的行为适应不断变化中的外部力量。

3. 战略管理的作用

战略管理对于企业来说，具有以下几个方面的作用。

1）重视对经营环境的研究

由于战略管理将企业的成长和发展纳入了变化的环境之中，管理工作要以未来的环境变化趋势作为决策的基础，这就使企业管理者们重视对经营环境的研究，正确地确定公司的发展方向，选择公司合适的经营领域或产品—市场领域，从而更好地把握外部环境所提供的机会，增强企业经营活动对外部环境的适应性，从而使二者达成最佳的结合。

2）重视战略的实施

由于战略管理不只是停留在战略分析及战略制定上，而是将战略的实施作为其管理的一部分，这就使企业的战略在日常生产经营活动中，根据环境的变化对战略不断地评价和修改，使企业战略得到不断的完善，也使战略管理本身得到不断的完善。这种循环往复的过程，更加突出了战略在管理实践中的指导作用。

3) 日常的经营与计划控制，近期目标与长远目标结合了在一起

由于战略管理把规划出的战略付诸实施，而战略的实施又同日常的经营计划控制结合在一起，这就把近期目标(或作业性目标)与长远目标(战略性目标)结合起来，把总体战略目标同局部的战术目标统一起来，从而可以调动各级管理人员参与战略管理的积极性，有利于充分利用企业的各种资源并提高协同效果。

4) 重视战略的评价与更新

由于战略管理不只是计划“我们正走向何处”，也计划如何淘汰陈旧过时的东西，以“计划是否继续有效”为指导重视战略的评价与更新，这就使企业管理者能不断地在新的起点上对外界环境和企业战略进行连续探索，增强创新意识。

1.2 战略管理的要素、层次与过程

1.2.1 战略的要素

企业战略需考虑以下 4 项关键构成要素。

1. 活动领域

企业从事生产经营的活动领域即为企业的经营范围或业务组合。企业活动领域的确定除了受到社会、市场、顾客等外部环境因素的影响，还受到企业战略领导人对战略的概念和企业具体情况的认识。

2. 资源配置

资源配置的优劣将在极大程度上影响企业战略的实施能力。企业的资源配置不但包括对企业过去、目前的资源与技能进行配置、整合，还包括根据内外环境的变化情况，对企业资源与技能进行重新配置和再组合。

3. 竞争优势

企业通过活动领域和资源配置模式的确定，在市场上形成的优于其他竞争对手的竞争地位就是竞争优势。其核心就是企业运用自己的竞争地位，以相对于竞争对手更高的价值实现战略目标。竞争优势是一个相对概念，是相对于行业或市场的其他竞争对手而言的。

4. 协同优势

在明确认识内外环境的条件下，通过有效的组织资源配置，可以实现组织中各要素共同努力的“1+1>2”的效果，即分力之和大于各分力简单相加的规模优势。在企业管理中，可以通过投资协同、生产协同、销售协同、管理协同来实现协同优势。

1.2.2 战略的层次

企业目标是多层次的，有总体目标、各层次目标、各经营项目目标，它们组成完整的目

标体系。企业战略，不仅要说明企业整体目标及实现这些目标的方法，而且要说明企业内每一层次、每一类业务、每一部分的目标及其实现方法。因此，企业的总部制定总体战略，分公司制定经营单位战略(竞争战略)，部门制定职能性战略。

大型企业有三种层次，中、小型企业因其内部没有相对独立的经营单位，所以不必僵化地分为三个层次。

1. 总体层战略

总体层战略又称公司战略，是企业最高层次的战略，是企业整体的战略总纲。大中型企业，特别是多种经营企业中，它是最高层次的战略。总体层战略的内容涵盖了从公司的经营发展方向到公司各种经营单位之间的协调，从有形资源的利用到整个公司价值观念、文化环境的建立等多方面内容。在存在多个经营单位或多种经营业务的情况下，企业总体战略主要是指集团母公司或者公司总部的战略。总体战略的目标是确定企业未来一段时间的总体发展方向，协调企业下属的各个业务单位和职能部门之间的关系，合理配置企业资源，培育企业核心竞争能力，实现企业总体目标。它主要强调两个方面的问题：一是“应该做什么业务”，即从公司全局出发，根据外部环境的变化及企业的内部条件，确定企业的使命与任务、产品与市场领域；二是“怎样管理这些业务”，即在企业不同的战略事业单位之间如何分配资源，以及采取何种成长方向，以实现公司整体的战略意图。

2. 业务层战略

业务层战略又称经营单位战略。现代大型企业一般都同时从事多种经营业务，或者生产多种不同的产品,有若干个相对独立的产品或市场部门，这些部门即事业部或战略经营单位。由于各个业务部门的产品或服务不同，所面对的外部环境(特别是市场环境)也不相同，企业能够对各项业务提供的资源支持也不同，因此，各部门在参与经营过程中所采取的战略也不尽相同，各经营单位有必要制定指导本部门产品或服务经营活动的战略，即业务层战略。

业务层战略是企业战略业务单元在公司战略的指导下，经营管理某一特定的战略业务单元的战略计划，具体指导和管理经营单位的重大决策和行动方案，是企业的一种局部战略，也是公司战略的子战略，它处于战略结构体系中的第二层次。业务层战略着眼于企业中某一具体业务单元的市场和竞争状况，相对于总体战略有一定的独立性，同时又是企业战略体系的组成部分。业务层战略主要回答在确定的经营业务领域内，企业如何展开经营活动，在一个具体的、可识别的市场上，企业如何构建持续优势等问题。其侧重点在于以下几个方面：贯彻使命、业务发展的机会和威胁分析、业务发展的内在条件分析、业务发展的总体目标和要求等。对于只经营一种业务的小企业，或者不从事多元化经营的大型组织，业务层战略与公司战略是一回事。所涉及的决策问题是在既定的产品与市场领域，在什么样的基础上来开展业务，以取得顾客认可的经营优势。

3. 职能层战略

职能层战略是为贯彻、实施和支持公司战略与业务战略而在企业特定的职能管理领域制定的战略。职能战略主要回答某职能的相关部门如何卓有成效地开展工作的问题，重点是提高企业资源的利用效率。其内容比业务战略更为详细、具体，其作用是使总体战略与业务战略的内容得到具体落实，并使各项职能之间协调一致，通常包括营销战略、人事战略、财务战略、生产战略、研发战略等方面。公司层战略倾向于总体价值取向，以抽象概念为基础，主要由企业高层管理者制定；业务层战略主要就本业务部门的某一具体业务进行战略规划，主要由业务部门领导层负责；职能层战略主要涉及具体执行和操作问题。

公司层战略、业务层战略与职能层战略一起构成了企业战略体系，如图 1-1 所示。

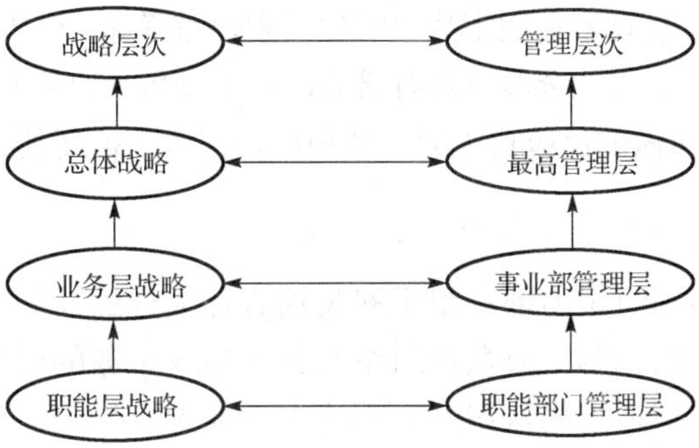

图 1-1　企业战略体系

在企业内部，企业战略管理各个层次之间是相互联系、相互配合的。企业每一层次的战略都为下一层次战略提供方向，并构成下一层次的战略环境；每层战略又为上一级战略目标的实现提供保障和支持。所以，企业要实现其总体战略目标，必须将三个层次的战略有效地结合起来。

1.2.3　战略管理的过程

1. 确定组织当前的宗旨、目标和战略

定义公司的宗旨旨在促使管理当局仔细确定公司的产品和服务范围。对“我们到底从事的是什么事业”的理解关系到公司的指导方针。如一些学者指出，美国铁路公司之所以不景气，是因为他们错误地理解了自己所从事的事业。在 20 世纪 30—40 年代，如果铁路公司认识到他们从事的是运输事业而不仅仅是铁路事业，他们的命运也许会完全不同。

当然，管理当局还必须搞清楚组织的目标以及当前所实施的战略的性质，并对其进行全面客观的评估。

2. 分析环境

环境分析是战略管理过程的关键环节和要素。组织环境在很大程度上限规定了管理当局可能的选择。成功的战略大多是那些与环境相适应的战略。松下电器是家庭娱乐系统的主要生产商，自 20 世纪 80 年代中期开始，在微型化方面出现了技术突破，同时家庭小型化趋势使得对大功率、高度紧凑的音响系统的需求剧增。Panasonic 家庭音响系统的战略的成功，就是因为松下及早地认识到环境中正在发生的技术和社会变化。

管理当局应很好地分析公司所处的环境，了解市场竞争的焦点，了解政府法律法规对组织可能产生的影响，以及公司所在地的劳动供给状况等。其中，环境分析的重点是把握环境的变化和发展趋势。关于环境的信息可以通过各种各样的外部资源来获取。

3. 发现机会和威胁(Opportunity-threat)

分析了环境之后，管理当局需要评估环境中哪些机会可以利用，以及组织可能面临的威胁。机会和威胁都是环境的特征。威胁会阻碍组织目标的实现，而机会则相反。

在分析机会与威胁时，如下因素是关键的：竞争者行为、消费者行为、供应商行为和劳动力供应。技术进步、经济因素、法律和政治因素以及社会变迁等一般环境虽不对组织构成直接威胁，但作为一种长期计划，管理者在制定战略时也必须慎重考虑。分析机会和威胁还必须考虑压力集团、利益集团、债权人、自然资源以及有潜力的竞争领域。如某公司发现竞争对手在开发新产品并削减价格，该公司所做的反应首先应是加强广告宣传、提高其品牌的知名度。

4. 分析组织的资源

这一分析将视角转移到组织内部：组织雇员拥有什么样的技能？组织的现金状况怎样？在开发新产品方面一直很成功吗？公众对组织及其产品或服务的质量的评价怎样？

这一环节的分析能使管理当局认识到，无论多么强大的组织，都在资源和能力方面受到某种限制。

5. 识别优势和劣势(Strength-weakness)

优势是组织可以开发利用以实现组织目标的积极的内部特征，是组织与众不同的能力(Distinctive competence)，即决定作为组织竞争武器的特殊技能和资源；劣势则是抑制或约束组织目标实现的内部特征。经理们应从以下方面评价组织的优势和劣势：这些因素包括市场、财务、产品、研究与发展。内部分析同样也要考虑组织的结构、管理能力和管理质量，以及人力资源、组织文化的特征。

管理者可以通过各种各样的报告来获得有关企业内部优势和劣势的信息。

6. 重新评价组织的宗旨和目标

按照 SWOT(Strengths-weaknesses-opportunities-threats)分析和识别组织机会的要求，管理当局应重新评价公司的宗旨和目标。

7. 制定战略

战略需要分别在公司层、事业层和职能层设立。在这一环节组织将寻求组织的恰当定位，以便获得领先于竞争对手的相对优势。

8. 实施战略

无论战略制定得多么有效，如果不能恰当地实施仍不可能保证组织的成功。另外，在战略实施过程中，最高管理层的领导能力固然重要，但中层和基层管理者执行计划的主动性也同样重要。管理当局需要通过招聘、选拔、处罚、调换、提升乃至解雇职员以确保组织战略目标的实现。

9. 评价结果

战略管理过程的最后一步是评价结果：战略的效果如何？需要做哪些调整？这涉及控制过程。

1.3 战略管理理论发展历程

企业战略管理最早起源于军事战略。公元前 360 年的《孙子兵法》(孙武)，被誉为“兵学圣典”，唐朝以后列为武经七书之首，将帅必读的“武经”，在军事以外的诸多领域也有广泛应用，《战国策》《吕氏春秋》《韩非子》《黄帝内经》中都曾有引用。除了军事战略以外，外交战略也对企业战略管理的发展起到了重要作用。外交是国与国之间必不可少的交往和联系手段，有时是军事行动的重要补充。一个高超的外交家也是一个战略家。

第二次世界大战以后，世界经济有了长足进展，同时也带来了企业的繁荣。为了应对激烈的竞争，企业更加注重内部及外部环境的变化，以便必要时能够及时调整发展方向。20 世纪 60 年代以后，企业战略管理理论在西方世界获得很大发展。依时间跨度分割，企业战略管理理论的发展大致经历了三个阶段：经典的战略管理理论阶段、以竞争定位为基础的战略管理理论阶段，以及以企业核心竞争力为主要内容的战略管理理论阶段。

1.3.1 经典战略管理理论阶段

20 世纪 60 年代初美国著名管理学家钱德勒发表了《战略与结构：工业企业史的考证》一书。钱德勒在这本著作中，分析了环境、战略和组织之间的相互关系，提出了他的著名论点“结构追随战略”。其主要观点认为组织结构设计要提到战略的高度，强调组织结构随战略调整而相应调整。关于战略构造问题的研究因此形成两个相近的学派：“设计学派”(Design School)和“计划学派”(Planning School)。

“设计学派”以美国哈佛商学院的安德鲁斯教授为代表，将战略构造区分为两大部分：制定与实施。制定过程采用 SWOT 分析法。通过一种模式，将企业的目标、方针政策、经营活动和不确定的环境结合起来。“设计学派”认为，在制定战略的过程中要分析企业的优势与劣势、环境所带来的机会与造成的威胁。高层经理人应是战略制定的设计师，还必须督导战略的实施。战略构造模式应是简单而又非正式的，优良的战略应该具有创造性和灵活性。

“计划学派”以安索夫为代表。安索夫在 1965 年出版的《公司战略》一书中首次提出了“企业战略”这一概念，“战略”一词在随后的管理学理论和实践中得到了广泛运用。1972 年安索夫正式提出“战略管理”的概念。1979 年安索夫出版《战略管理》，系统地提出了战略管理模式。提出了八大要素：外部环境、战略预算、战略动力、管理能力、权力、权力结构、战略领导、战略行为。“计划学派”认为，战略区分为企业总体战略和经营战略两大类：战略构造是一个有控制、有意识的正式计划过程；企业的高层管理者负责计划的全过程，而具体制订和实施计划的人员必须对高层负责；通过目标、项目和预算的分解来实施所制订的战略计划，等等。

经典的企业战略理论的核心是要求企业组织适应环境变化，组织内部结构也要随之发生变化。在战略实施过程中，企业组织结构势必要与企业战略相适应。尽管这一时期各学派的研究方法和具体主张不尽相同，其核心思想主要体现在三个方面：

(1)企业战略的出发点是适应环境；

(2)企业的战略目标是为了提高市场占有率；

(3)企业战略的实施要求组织结构变化及与之相适应。

经典的企业战略理论的局限性在于：企业战略制定主要是建立在分析和推理之上，因此其前提是企业高层管理者对未来环境进行可靠的预测，制定合理的战略并加以贯彻执行。这一前提与经营环境相对稳定的特点相适应。但是，随着经济的日益发展，经营环境的不确定性越来越强，主观地运用该理论进行推测很难随环境变化及时地做出战略决策。另外，经典的企业战略理论只是方向性和框架性的，可操作性不强。

1.3.2　竞争定位理论阶段

20 世纪 80 年代，以美国哈佛大学商学院的迈克尔·波特教授为代表的竞争战略理论取得了战略管理理论的主流地位。波特的著作《竞争战略》、《竞争优势》对战略管理的理论和实践产生了深远影响。在《竞争战略》一书中，波特运用了产业组织理论中的产业分析方法，提出了五种竞争力量模型。波特认为，企业战略的核心是获取竞争优势，而影响竞争优势的因素有两个：一是企业所处产业的盈利能力，即产业的吸引力；二是企业在产业中的相对竞争地位。因此，战略管理的主要内容：一是选择有吸引力的产业；二是在产业中进行恰当的定位，通过战略的制定与实施获取企业的利润与竞争优势。

在波特看来，决定企业盈利能力的根本因素是产业吸引力，产业吸引力由五种力量决定，即竞争对手的入侵、替代品的威胁、现有竞争对手之间的竞争以及客户和供应商讨价还价的能力。这五种力量的综合作用随产业的不同而不同，随产业的变化而变化，结果使不同产业或同一产业的不同发展时期具有不同的利润水平。一个产业的竞争激烈程度及产业中的潜在盈利能力的大小，取决于产业结构中的五种竞争力量的相互作用，进而影响企业战略的制定。人们通过对这五种竞争力量的综合分析，能够判断一个产业的盈利能力以及某产业中的企业获取超出资本成本的平均投资收益率的能力。因此，如何通过五种竞争力量的分析确定合适的定位成了企业取得优良业绩的关键。在此基础上，波特提出了企业在特定产业中的竞争通用战略，即总成本领先战略、差异化战略和目标集聚战略，这是企业所获得的竞争优势的三个基本点。波特所提出的行业竞争结构分析理论在过去 20 年里受到企业战略管理学界的普遍认同，并且成为进行外部环境分析和激发战略选择最为重要与广泛使用的模型。

波特的竞争战略理论的主要内容可以概括为：

(1)产业结构是决定企业盈利能力的关键因素；

(2)企业可以通过选择和执行一种基本战略影响产业中的五种作用力量(即产业结构)，以改善和加强企业的相对竞争地位，获取市场竞争优势(低成本或差异化)；

(3)价值链活动是竞争优势的来源，企业可以通过价值链活动和价值链关系的调整来实施其基本战略。

波特的战略理论局限性主要在于：在产业分析中，波特忽略了企业内部条件的差异，认为竞争战略在很大程度上依赖于对高利润产业的正确选择，因此往往诱导企业进入自身并不熟悉的领域或采取无关多元化战略；在对价值链分析方面，虽然波特的战略理论提供了寻找竞争优势的有效方法，但没有指出如何根据重要性原则确定企业的核心竞争优势。

1.3.3　企业核心竞争力理论阶段

20 世纪 90 年代以后，经济全球化速度加快，信息技术迅猛发展，从而导致企业竞争环境日趋复杂，企业不得不把眼光从外部市场环境转向内部环境，注重对自身独特的资源和知识(技术)的积累，以形成企业独特的竞争力，或称为企业核心竞争力。企业如何获得持续竞争优势，成为这一时期研究的主题。

美国密西根大学的普拉哈拉德和伦敦商学院的哈默于1990年在《哈佛商业评论》发表了《企业核心能力》一文。他们认为，企业的核心能力主要来源于企业内部的核心资源。这里所说的“企业核心能力”，指的是各种能力中最起作用的部分，它可以通过向外辐射，作用和影响着其他各种能力的发挥与效果。在该文中，普拉哈拉德与哈默提出了三种检验方法用来确定企业的核心能力：(1)核心能力能够为企业进入多个市场提供方便；(2)核心能力应当对最终产品为客户带来的可感知价值有重大贡献；(3)核心能力应当是竞争对手难以模仿的。

“企业核心能力”理论认为，现代市场竞争主要取决于企业核心能力的竞争。企业的经营能否成功，已经不再取决于企业的产品、市场的结构，而取决于其行为反应能力，即对市场趋势的预测和对变化中的顾客需求的快速反应。因此，企业战略的目标在于识别和开发竞争对手难以模仿的核心能力。另外，企业要获得和保持持续的竞争优势，就必须在核心能力、核心产品和最终产品三个层面上参与竞争。在核心能力层面上，企业的目标应是在产品性能的特殊设计与开发方面建立起领导地位，以保证企业在产品制造和销售方面的独特优势。企业核心能力是企业长期积累形成的一种独特能力，是企业持久获取利润的源泉。

“企业核心能力”理论弥补了波特的理论中注重企业外部分析的缺陷，提供了企业战略思考的新思路，一些企业经验实证分析也有力地证实了这一理论的主要论点，成为企业经营和管理的重要理论之一。在“核心能力”理论的指引下，战略联盟、供应链管理等战略方法被普遍认同和采用。这些方法主要是在运用波特价值链分析并确定企业竞争优势的基础上，进一步明确企业在经营管理过程中的核心竞争优势，保证企业的长期生存和发展。

但是，这一理论存在着过分关注企业的内部，而疏于企业内、外部环境的综合分析的倾向。企业决策者或管理者虽然理解核心能力是企业持续竞争优势的源泉，但在实践中却在培育、维持和转换“核心能力”方面感到困惑。

1995年柯林斯和蒙哥马利在《哈佛商业评论》上发表了《资源竞争：90年代的战略》一文，提出了“企业资源观”，对企业的资源和能力有了更为深刻的认识。他们认为，企业是各种资源的集合体，企业竞争优势取决于拥有价值资源的状况，而资源的价值取决于需求、稀缺性和独占性。资源分为有形的物质资源，诸如品牌信誉或专有技术，以及体现在企业日常业务、工作流程和企业文化中的组织能力等无形资源。资源价值的评估不能局限于企业内部，而且要将企业置身于其所在的产业环境，通过与其竞争对手的资源比较，从而发现企业拥有的有价值的资源。所谓企业资源，是企业在向社会提供产品或服务的过程中能够实现公司战略目标的各种要素组合。只有企业拥有与预期业务和战略最为匹配的资源，其资源才最具价值。企业竞争优势取决于拥有的有价值的资源。

20世纪90年代以后，随着产业环境的日益动态化，技术创新的加剧，竞争的国际化和顾客需求的日益多样化，企业战略逐步从现有的产业和产品竞争转向为创造未来而竞争。超越竞争成为战略管理理论发展的一个新热点。其中，影响较大和具有代表性的有：博诺从价值创造与创造性思维角度分析入手，提出的超越竞争理论；莫尔从企业生态系统均衡的演化角度分析入手，提出企业生态系统使用演化理论；达韦尼提出的超级竞争模型等，从不同的角度提出了超越竞争的战略理论观点。

以莫尔的企业生态系统合作演化理论为例。莫尔的理论认为，在当前产业界限日益融合的情况下，企业是企业生态系统的成员，不再是单个的企业，这个系统的成员包括供应商、生产者、竞争者和其他利益相关者。企业战略的制定与传统战略有很大不同，企业在制定战略时，更要考虑到具有相互合作关系的企业生态系统，要考虑到企业生态系统的发展和企业在其中的地位。在这个意义上，竞争不再被看做主要是在企业与企业之间进行，而主要是在企业生态系统之间以及在系统内取得领导和中心地位上的竞争。

20 世纪 90 年代以来的新的企业战略观表明，20 世纪 90 年代至 21 世纪初期产业环境呈现出激烈变化、创新和创造为特点的发展趋势，要求企业在面对竞争性挑战方面，不仅要作内部调整以适应变化，而且企业的战略管理必须具有更前瞻性的眼光和更强的战略主动性。这种企业战略观,超越了 20 世纪 90 年代以前的战略管理理论中偏重竞争而忽视合作的缺陷，要求企业更加关注核心能力发展和资源积累，更加关注合作与竞争并重，塑造新的企业竞争规则。从理论基础上分析，它把理论建立在网络经济，而不是传统的规模经济或范围经济的基础之上，因此，其视野更宽广，更具前瞻性。

本 章 小 结

本章首先介绍了企业战略与企业战略管理的概念与特征，以及战略管理的要素、战略的层次与战略管理的过程。最后对战略管理的发展历程进行了分析，包括经典的战略管理理论、竞争定位理论与企业核心竞争力理论三个阶段。

练习与思考

1．简述战略的概念与特征。
2．简述战略管理的概念与特征。
3．战略有哪些要素？战略分几个层次？
4．简述战略管理的过程。
5．简述战略管理理论的发展历程。

案例

格力电器的企业战略管理

一、公司概况

格力电器股份有限公司成立于 1991 年，是目前全球最大的集研发、生产、销售、服务于一体的专业化空调企业，2012 年业绩快报，格力实现营业收入 1000.84 亿元，同比增长 19.84%；净利润 73.78 亿元，同比增长 40.88%。格力成为国内首家超千亿的专业化家电企业。在全球拥有珠海、重庆、合肥、郑州、武汉、石家庄、巴西、巴基斯坦、越南九大生产基地，8 万多名员工，至今已开发出包括家用空调、商用空调在内的 20 大类、400 个系列、7000 多个品种规格的产品，能充分满足不同消费群体的各种需求；有技术专利 6000

多项，其中发明专利 1300 多项，是从“中国制造”走向“中国创造”的典范，在国际舞台上赢得了广泛的知名度和影响力。

二、外部环境分析

(一)PEST 分析

1. 政治环境

中国鼓励支持自主创新，要求加快家电行业转型升级。2009 年 12 月工信部出台了《关于加快我国家用电器行业转型升级的指导意见》，到 2015 年要达到国内自主品牌产品在国际市场中比重达 30%，培育 5 个左右具有综合竞争实力的国际化企业集团。

此外，目前我国随着入世的承诺逐步实现，正在实施普遍的产业准入政策，削减乃至取消关税和其他贸易壁垒，改善企业经营环境。同时，中国现行的税制和税收政策要做重大调整，其中包括实行有增有减的税收政策；按照国民待遇原则统一内外资企业所得税，按照扩大税基、降低税率原则，减轻内资企业税负，取消外资企业税收优惠将使我国空调企业获得公平的竞争环境。高效、环保、节能型空调主机受到政府产业政策的支持。

2. 社会环境

(1) 消费者消费习惯向信用消费，超前消费转变。

(2) 消费者更加注重产品品牌和服务，且维权意识有所增加。

(3) 人口老龄化严重，家庭结构规模出现变化。

3. 经济环境

在全球范围内，我国经济一枝独秀，国民经济呈连续稳步增长趋势，社会购买力及消费潜力亦成为众所周知的全球亮点，蓄积了雄厚的集团购买力。在未来的若干年内，中国仍将是世界上经济增长最快的国家之一，中国的整体经济实力必将进一步增强。

4. 技术环境

为了节约能耗，开辟新能源的利用，空调技术的研究发展很快，主流空调有：变频空调、燃气空调、太阳能空调。其中，变频空调凭借其在节能、降噪、舒适等方面的优势，越来越受重视。格力 G10 变频空调被鉴定为“国际先进”水平。这是我国空调产业第一项“国际领先”的变频技术，填补了行业空白，标志着我国变频空调产业开始从“跟随型制造”向“引领型创造”转变动格力空调的发展。

同时，格力电器“智能化霜”技术解决了众多世界级难题，大大提高了空调的舒适性，使制热效果比传统空调提高了 30%，经统计，截至 2010 年 5 月，仅智能化霜一项技术，格力电器已经累计节电 30 亿度，约合人民币 18 亿元，相当于一个大型发电厂一年的发电量，取得巨大的经济和社会效益。

(二)行业竞争分析(波特五力模型)

1. 潜在进入者的威胁：主要是进入壁垒的高低

(1) 规模经济：作为制造业的空调行业对固定成本的投入较高。

(2) 差异化程度：近年来国内空调市场竞争从低层次的价格竞争逐渐转变为满足不同需求的差异化竞争，物联网空调、太阳能空调、铜抑菌家用空调、热霸空调等。随着对空调市场的不断细分，顾客的不同需求不断被满足，产品差异化程度不断提高，行业进入壁垒不断增大。

(3) 技术壁垒：技术是空调行业核心竞争力的来源，整个行业对技术研发的投入不断增加，并且行业内技术的更新较快，同时国家鼓励、支持企业自主创新、技术创新，要求产业转型升级，因此对企业技术创新能力要求很高。

(4) 品牌集中度越来越高，名牌效应凸显。

(5)产品质量、能耗指标要求高。

2. 供应商的讨价议价能力

(1)上游行业状况：控制器、压缩机(毛利率 25%)原材料厂商的控制力很强。

(2)资源供应状况：钢铁、铜等基础原材料价格将大幅波动；控制器、压缩机的控制力减弱。

(3)供应品可替代性及重要性：铝代替铜，将降低生产成本并减少对稀缺资源(铜)的依赖性。

(4)供应者集中度：控制器比较集中，主要为日、韩厂商；压缩机的控制已被打破，美的、格力自建压缩机厂。

3. 替代品的威胁

替代产品是行业内的产品的更新换代，主要为太阳能空调、地热空调系统、燃气中央空调等，但目前不是主流。

4. 买方的讨价议价能力

(1)消费者：

客户压力：能效比、安静、价格、质量、售后服务、技术、环保。

客户集中度：低，但由于产品供大于求，客户议价能力强。

客户盈利能力：城镇居民人均可支配收入增长，且增长期还很长。

(2)大型零售终端：

以国美、苏宁为代表的零售终端掌控着渠道，议价能力加强，但随着格力为代表的生产商自建渠道，零售终端的议价能力下降。

5. 行业内竞争者分析

中国空调行业的五大国产品牌格力、美的、海尔、海信、奥克斯占据了中国空调行业 75%以上的市场份额和关注度，而其中作为格力的主要竞争对手美的、海尔、海信各自有其独特的竞争优势，体现在战略计划和营销等方面的各异。

美的：作为空调行业的后起之秀，其迅速的上升势头和谋求成为行业老大的决心日益凸显。

优势：(1)美的空调在质量和技术上和格力不相上下，但其在营销和服务方面远胜于格力；(2)美的在全国各地的公司统归总公司统一指挥调度，控制力和战略的执行力较强，其销售网络体系覆盖面大和数量多，同时其民营的性质，也保障最高管理层在决策时会最大化地实现美的品牌和股东的利益。

劣势：在空调行业新一轮的竞争中，美的大打变频技术这张牌，加速推进了中国空调行业的变频技术发展之路，也使空调行业面临了新一轮洗牌，在国产品牌变频技术尚待进一步检验之时，美的大力推出变频空调，此举目标直指行业老大的地位，但这种做法是为了打击其他竞争者，对于新生的变频空调的成长无疑是揠苗助长，会使消费者对变频空调质量的稳定性存在质疑，也不利于变频技术的进一步发展。

海尔：中国白色家电的行业龙头企头。

优势：其在世界范围内的影响力是其他国产品牌在品牌影响力和号召力上所不及的，消费者对其品牌的认可度也是十分高的，同时海尔在服务上做到了较高的满意度。

劣势：海尔在快速扩张之际，其多元化战略必然会导致其无法专注于某一产品的研发生产上，在产品技术的革新上也远远落后于格力、美的、海信等对手。

海信：作为国产品牌中第一个研发变频技术的企业，从 1997 年开始，海信始终坚定不移地做变频。海信变频空调无论在技术还是质量上都是中国变频行业的标杆和领军品牌，变频销量已连续 13.年稳居第一。在当今变频空调逐渐成为市场主流之时，其技术的先进优势彰显无遗，长期的研发也保障了其空调在使用中的稳定性和质量的保证。

三、内部条件分析

格力电器作为中国电器行业的一个领头兵，在中国以及国际市场的电器行业均有一定的市场份额，特别是旗下的空调制造，已经成为一个深入人心的品牌。这一成就的取得与公司的内部条件是密不可分的。在下面的分析中，首先对格力公司内部的一些方面加以讨论，然后在外部环境分析和内部条件分析的基础上，进行 SWOT 矩阵分析。

(一)产品地位

2012 年格力业绩快报显示，格力实现营业收入 1000.84 亿元，同比增长 19.84%；净利润 73.78 亿元，同比增长 40.88%。格力成为国内首家超千亿的专业化家电企业。

持续领跑行业，市场占有率稳步攀升，格力空调取得今天成绩的背后是企业全体领导与员工的不懈努力。格力和同行企业的最大区别，在于格力多年来一直将科技研发与产品创新置于最高战略位置，将“好空调，格力造”作为根深蒂固的品牌理念。

2010 年格力向全球发布三项核心技术：赫兹低频控制技术、超高效定速压缩机、高效离心式冷水机组等科技成果，填补了国际制冷行业空白，推动“中国制造”向“中国创造”转变。

(二)市场营销模式

(1) 1996 年，首创“年终返利”模式，被誉为“格力模式”，业内沿用至今。

(2) 1997 年，独创了以资产为纽带、以品牌为旗帜的区域性销售公司模式，被经济界、理论界誉为“20 世纪经济领域的全新革命”。

(3) 21 世纪，格力“另类”营销再次领跑世界：稳健发展渠道建设，在全球开设了 2000 多家格力专卖店。创新的营销模式奠定了格力电器在行业内的领导地位，保证了格力不断跨越巅峰，从 1995 年开始产销量、市场占有率、销售额连续 10 年居于行业前列。

(4) 格力独创营销模式 “单打冠军”靠另类渠道制胜。

(5) 格力与国美的较量中，格力公开叫板零售巨头。董明珠的铁腕做法，曾使舆论对“格力模式”提出不少质疑，但是，“秋后算账”却让格力成为无可争议的赢家。

(三)设施及技术条件

格力电器自成立以来，以“一个没有创新的企业是一个没有灵魂的企业”为座右铭，致力于技术创新，把掌握空调的核心技术作为企业立足之本。格力电器投入大量人力、物力、财力，建成了行业内独一无二的技术研发体系，组建了一支拥有外国专家在内的 4500 多名专业人员的研发队伍，成立了制冷技术研究院、机电技术研究院和家电技术研究院 3 个基础性研究机构，拥有近 300 多个国家实验室。

在技术研发上，格力从来不设门槛，需要多少投入多少的做法，让其成为中国空调业技术投入费用最高的企业。格力是中国空调行业中拥有专利技术最多的企业，也是唯一不受制于外国技术的企业。

(四)组织文化

(1) 企业精神：忠诚、友善、勤奋、进取。

(2) 经营理念：制造最好的空调奉献给广大消费者。

(3) 核心价值观：少说空话、多干实事、质量第一、顾客满意；忠诚友善、勤奋进取、诚信经营、多方共赢；爱岗敬业、开拓创新、遵纪守法、廉洁奉公。

(五)SWOT 矩阵分析

(1) 优势：规模大且专业化；股份制、提款机；对产业链的控制力很强；销售管理比较优秀，经销商在格力参股；世界品牌，核心技术，空调口碑好，良好信誉形成很好护城河；做事稳中求胜，实实在在做事。

(2)劣势：利润率偏低；应收账款上升，现金流减少；研发费高；产权不清，体制受限。

(3)机会：商用空调领域待挖掘，民用领域也还有很大发展空间；家电下乡产品和渠道的优势明显；中央空调将成为公司的增长点，可以用降价、促销等方式；加快国企改造步伐，厘清产权关系；管理层持股经营，管理到位。

(4)威胁：在空调领域，海尔的价格战将拉低其利润率；空调竞争激烈，LG、美的、海尔、三菱、志高等厂家；随着国美、苏宁的崛起，其渠道的话语权受到极大的挑战；部分地区的销售公司欺上瞒下、盘剥中小商家利润的恶劣做法，严重损害了其诚信形象。

四、企业战略分析

(一)产品—市场战略

格力电器产品—市场战略主要概括为2条：

(1)巩固家用空调龙头地位，大力发展商用空调；

(2)不断科技创新，完善产品质量，推行精品战略。

(二)区域战略

格力电器的区域战略概括起来主要包括3点：

(1)巩固完善国内市场，深化发展三四级市场；

(2)建立完善辐射全国的五大核心生产基地；

(3)大力开拓海外市场，加大自有品牌出口力度。

(三)经营单位战略选择

1. 差异化战略

空调行业是一个规模经济效益非常明显的行业。在规模经济效益明显的行业里，实施规模化生产，降低制造成本，大幅调低产品售价，刺激更大的市场需求，形成大规模销售，然后再形成更大规模制造的良性循环。可一味的降价也不利于自己品牌的维护，并且随着消费者的个性化需求增加，格力现阶段实行的低成本战略已经不合时宜，低成本领先不可能无限地采取降价手段，应该转变策略，发展差别化战略，在不同技术水平阶段实行将有限低成本领先优势战略与产品技术不断进步的差异化战略相结合的混合竞争战略。

2. 集中化战略

从格力的发展历程来看，基本是坚定不移地走空调专业化战略。格力从1991年创立至今一直没有改变过。1995年实现中国空调销量第一之后，格力曾经思考过是否进行多元化经营，但经过这次思考，格力认为空调有很大的发展空间，就进一步确定把走专业化道路确立为公司长远发展战略，大力发展空调行业，加大空调行业的投资。为实现在空调行业的竞争优势，格力确定“以技术创新抢占制高点”的产品开发战略，坚持“生产一代、研制一代、构思一代”。格力这一专业化战略定位以及以技术创新抢占制高点的产品开发战略对企业长远发展具有重大意义，当其他家电企业受到其他领域诱惑而多元化发展时，唯格力在空调行业坚守，而且始终坚持技术创新能力为第一企业核心竞争力。

董明珠指出，未来十年，甚至更长的时间，格力空调都会继续走专业化的道路，不会考虑战略转移，“即使以后科学发展到不用空调了，格力也要要求空气的温度是我们所需求的，这是这个产业永无止境的追求，只要有这样的心境，就能做出最好的产品”。

案例讨论题

1. 格力的成长过程中采取了什么战略？对中国企业有什么启示？

2. 格力在未来会采取什么战略？将如何实现？

第2章

愿景、使命与战略目标

本章学习目的：

1. 了解企业愿景和使命，以及两者之间的区别和联系；
2. 了解企业愿景和使命的作用；
3. 能够精心策划并运用恰当的措辞描述企业愿景，让企业愿景陈述其真正的价值；
4. 理解企业战略目标的含义和作用。

案例

相似的机遇，不同的战略选择

上海振华重工和美国柯达公司，两个从事不同领域、本该无任何联系的世界知名企业，在他们如日中天之时，都面临着事关企业命运的业务转型的重大决策，而两者却做出了截然相反的决定。而这两个不同的决定，造就了振华重工又一次的腾飞和柯达的坠落。

一、行业霸主地位的奠定

上海振华重工(以下简称“振华”)和美国柯达(以下简称“柯达”)，两个分别来自中国和美国的企业，在他们成立后的一段时间里先后达到各自事业的巅峰。

1. 振华：励精图治，世界港机霸主

上海振华重工(集团)股份有限公司(ZPMC)是重型装备制造行业的知名企业，创立至今只有短短18年的历史，他们进入的是在20世纪90年代被欧美垄断的港口机械市场，创业初期仅有10名员工，没有自己的办公地点。然而，就是这样一家公司，在创始人管彤贤的带领下，开始了艰苦的创业，凭借低廉的价格和售后服务承诺的优势，在成立6年后便成为港口机械产品的霸主，世界上所有重要港口均有“ZPMC”标识。自1999年起，一直稳居全球行业龙头宝座，在航运业空前繁荣的今天，更是呈现一家独大的局面。从2004年到2006年，连续三年分别占领了50%、66%和75%的全球市场份额。

2. 柯达：一代影像帝国，胶卷霸主

伊士曼柯达公司 Eastman Kodak Company，简称为柯达公司，是世界上最大的影像产品及相关服务的生产和供应商。柯达公司成立于1884年，凭借其在胶卷市场的精益求精、不断创新，早已成为胶卷的代名词，“柯达胶卷”的品牌概念早已深入人心。在柯达最辉煌的时期，曾一度占据60%的世界影像市场，并一直延续至20世纪末。在中国，柯达被誉为中国影像行业的领导者和模范的中国企业公民。1998年，中国政府与柯达达成协议：在2001年年底之前，中国感光行业不接受除柯达以外的任何外商投资。此协议的出台为柯达在中国市场扫清了对手，一家独大的局面就此形成。

二、相同的机遇，不同的业务转型

然而，就在两家公司的发展道路看似一片平坦的时候，机遇同时也是挑战，先后悄悄降临到了他们各自身上。

1. 振华：看准契机，果断转型

它还能如何发展？2008 年 10 月，受全球金融危机的强烈冲击，世界船运和港口业务大幅缩水，使得以港口机械为主营业务的振华重工订单量受到重大影响。振华重工是否会遭此重创而停滞不前甚至开始衰退？要想保持原有的统治地位，振华重工该何去何从？

然而，没过多久，振华重工就给出了自己的答案。

随着地球陆地上石油的大量耗尽，而人类对于石油等资源的需求却没有半分的减弱，海洋中的大量资源早已被人类虎视眈眈，相应地，海上重工市场日益兴旺。据业内人士分析，目前全球海上重型装备市场每年约有 500 亿美元的大蛋糕以供瓜分。由此，时任振华重工总裁的管彤贤当机立断，正式宣称：振华港机一定要抓住这样巨大的发展机遇。至此，振华重工的业务重心正式从自己的王牌业务港口机械转移到了新兴的海上重工市场。

管理层的远见使得振华在抢占海上重工市场上几乎没有浪费片刻时间，凭借原先在技术、资金和人力上积累的巨大优势，振华重工不仅迅速抢占了海上重工市场并且在今后的几年里稳步向前，继港口机械后迎来又一个事业的巅峰似乎也指日可待。

2. 柯达：机关算尽，追悔莫及

上帝其实有意垂青柯达，但柯达似乎并不领情。

早在 1976 年，柯达就率先研制出了世界上第一台数码相机。1991 年，柯达就有了 130 万像素的数码相机。可以说，当时全世界的数码市场这块大蛋糕已经摆在了柯达面前，任由其切割。我们甚至可以预见，原本就在胶卷业实力超群的柯达再加上新兴的数码业务，无异于如虎添翼，其庞大的业务覆盖量足以让同行业竞争者绝望。然而，这一美好的憧憬随着柯达战略选择的失败而破灭。

是继续守着给自己带来春秋霸业的胶卷行业还是将重心逐步转移到更具潜力的数码相机？在这一问题的选择上，柯达选择了前者。柯达甚至一相情愿地认为可以将自己研发的数码技术保密起来，等到把胶卷市场的利润赚到极致的时候再将业务重心转向数码相机，想以此来延缓胶卷市场的寿命。然而，这一战略性的失误很快让柯达尝到了苦头。

2000 年，伴随着数码相机迅速崛起，统治了数十年的胶卷市场开始出现停滞。这一现象似乎又是上天给柯达的一个警示。可是，本该猛然惊醒的柯达却陷入了犹豫。柯达始终不忍心放弃原先获得巨大成功的胶卷业，致使数码业务未能及时进入柯达的核心业务。

2003 年，在柯达的全球业绩连续三年亏损后，时任柯达 CEO 的邓凯达无奈向外宣称柯达低估了数码技术的发展速度，同年 9 月，胶卷王者柯达正式宣布“全力进军数码领域”，实施重大战略转型。而此时，距离柯达首次研制出数码相机已过去了整整 27 年。

三、新的起点，不同的命运

1. 振华：再一次的腾飞

事实证明，振华重工很快就因为管理层的远见得到了回报。

由于振华重工在原先自己的王牌业务港口机械上有着绝对的优势，所以振华重工将进军海上重工的切入口定在了海上设备的钢结构制造上。大型钢结构的制造需要大量的焊接工人和一定的技术要求，而这正是振华重工的优势所在。

为了进一步明确战略方向并坚定业务转型的决心，2009 年 4 月，成立了 17 年的振华港机正式更名为振华重工。凭借原有的雄厚实力加上对于新领域的不断开拓，振华重工迅速在海上重工市场忙碌起来：2009 年 7 月 20 日，振华重工在上海举行了与西班牙 ADHK 公司签订的 22 亿美元海工产品销售合同仪式；2010 年 1 月 22 日，振华重工与美国港口集团在美国纽约举行签约仪式，订单为价值 6 亿元人民币的岸边集装箱起重机。

传统的港口机械市场还未完全消沉，振华便将目光转移到了海上重工，而且是那么的果断，没有片刻的犹豫，原总裁管彤贤表示在未来的 2 ~ 3 年里，海上重工业务将占到振华总业务的 50%以上。在未来，振华能否像主导港口机械一样主导海上重工我们尚且不知，但是凭借正确的战略选择和振华原有的雄厚基础，我们完全有理由相信振华重工会成为海上重工市场上的一大巨头企业。在经历了港口机械的辉煌之后，振华迎来再一次的腾飞也指日可待。

2. 柯达：在阵痛中前进

中国有句古话叫“过了这个村没这个店”，把这句话用在现在的柯达身上可谓再贴切不过了。曾经被柯达死死压制的日本企业早已借助数码技术咸鱼翻身。

柯达看不到数码技术无限的潜力，而他的竞争对手却看到了。12 年前，柯达与中国政府签订的“1998 协议”直接打压了一批当时与柯达分庭抗礼的企业，其中又数柯达的老对手日本富士损失最为惨重，几年间，富士胶卷销售额急剧下跌。为了继续保持在行业界的竞争力，富士将眼光放到了数码相机上。2003 年，富士胶片集团总裁古森重隆对企业进行业务重组，果断领导富士开始了转型，至此，富士在数码相机市场呈现蒸蒸日上的态势。2007 年，富士完成了其华丽转身，站在了全球数码行业的前列。此外，在新兴的数码领域，柯达面临的对手又何止富士一家，以索尼、奥林巴斯、佳能、尼康为代表的日系数码品牌早抢先一步瓜分了数码市场，可以说，美国柯达在这场豪门盛宴中已明显处于落后。

2003 年 9 月 26 日，柯达终于宣布“全力进军数码领域”，实施重大战略转型，决定放弃传统的胶卷业务，重心向新兴的数码产品转移。由于柯达的胶卷业务太过庞大，加上胶卷业务自身出入门槛很高，柯达想要在短时期内全面实行向数码的转型就像是当年的泰坦尼克号一般，想要及时掉转船头躲开冰山已不太可能。因此，在转型后的几年里，柯达的全球业务仍委靡不振，在利润方面仍处亏损状态，前进的道路依然艰难。

四、启示

上海振华重工和美国柯达公司，两个从事不同领域、本该无任何联系的世界知名企业，在他们鼎盛的时候迎来了转型的良机，然而由于管理层选择了不同的道路，两家企业的命运随之放生了改变。

柯达一直不愿意承认当年在战略选择上的致命错误。新上任的柯达大中华区总裁陈志轩在接受《中国经营报》记者采访时回应有评论认为柯达在转型数码市场的动作过慢时表示：“想法可以激进，但做事最好还是谨慎些。”将此番言论与柯达在转型中的窘境相联系，实在是充满讽刺，让人笑而不语。那么，究竟是什么造就了振华重工和柯达胶卷的不同命运？从表面上看似乎是因为管理层的决策，然而在不同决策的背后蕴藏着两种不同的心态或许是根本原因。柯达在其业务转型上的一再犹豫难道是因为柯达完全没有看清胶卷市场和数码市场的更替吗？市场上的竞争瞬息万变，像柯达这样的百年企业不可能没有意识到胶卷业的落寞和数码技术的兴起。因此，笔者认为，柯达战略失败的根本原因是其保守的心态。由于其在胶卷领域太过于成功，造成了柯达拘泥于胶卷业务无法自拔，即使看到了数码市场的崛起却迟迟下不了决心进行业务的转型，而这或许正是柯达坠落的根源。

再看振华重工，从其果断转型中我们看到的是一颗永不止步的心。不满足于现状，积极开拓新领域，新业务是振华重工转型的原动力。即使是已经在港口机械上占据了世界70%的份额，振华却没有要收手的意思，追求更高的利润，继续保持在同行业中的强势使得振华的转型之路走得铿锵有力。

（资料来源：蒋健一，甘胜军. 相似的机遇不同的战略选择——看柯达胶卷和振华港机命运如何改变. 商业文化月刊，2010 年第 4 期.）

2.1 企业愿景

德鲁克认为，如果不能弄清楚企业的愿景、使命，企业就无从进行环境分析，进而无法结合自身的条件确定企业的经营目标和制定实现目标的经营战略。愿景是一幅关于企业未来发展道路的蓝图，描述了企业发展的目的和对如何到达那里的理性认知。企业使命是企业之所以存在的理由与价值追求。战略目标是企业在实现其愿景、使命过程中所追求的结果，是对企业使命的进一步具体化，它反映企业在一定时期内经营活动的方向和所要达到的水平、状态。

2.1.1 企业愿景的含义

企业愿景是在汇集企业每个员工个人心愿基础上形成的全体员工共同心愿的美好远景，它能激发出强大的力量，使每个员工都渴望能够归属于一项重要的任务和事业，它是企业战略的重要组成部分。愿景是“愿望”和“远景”的结合体，是对企业未来乐观而又充满希望的陈述，是企业为之奋斗的意愿，它为企业发展提供了动力。彼得·德鲁克认为企业要思考三个问题：我们的企业是什么？我们的企业将是什么？我们的企业应该是什么？这三个问题集中起来体现了企业的愿景。

高层管理者关于企业方向和产品、顾客、市场、技术的观点组成了该企业的愿景。

企业愿景表明了管理者对企业的期望，“我们的方向”以及为什么这个愿景会对企业的长远发展提供有力支持。愿景指明了组织的特定方向，以及组织为未来的发展和塑造企业形象所确定的战略道路。一个明确的愿景表明了管理者对股东的承诺，对普通员工的激励。比如，亨利·福特企业关于“让每个车库都有一辆福特汽车”的愿景非常有影响力，是因为把握住了其他人的梦想，加强了企业的内部能力，促进了福特企业资源的流动，成为衡量企业的战略行动优势大小的一个参照点。

2.1.2 企业愿景的作用

愿景是企业制定战略不可或缺的因素。愿景帮助企业管理者审视企业发展的方向，以解答问题的方式明确企业发展的方向。一个精心构思、恰当表述的企业愿景，将为企业带来如下作用。

1. 团结

企业愿景可以加强员工对企业的归属感和认同感；同时，被企业全体成员接受的愿景，还能起到激励员工工作热情和加强团队协作的作用，使之能够更好地实现企业的整体目标。

2. 激励

一个美好的愿景不仅能够激发人们强大的凝聚力和向心力，还能产生伟大的感召力，激发员工挖掘内在的潜力。愿景和现实之间的张力，可以为企业提供宝贵的动力和活力，这是每个企业都孜孜以求的。同时，愿景向企业提示新机会的方向，使企业认识到未来机会，根据愿景确定战略，并为企业培养和强化核心能力提供指导。

3. 合作

愿景是将企业自身与合作伙伴建立联系的有力工具，是企业与外部利益集团进行交流的最好形式之一，它使外部利益集团能了解企业发展的设想和努力的方向，因而能更实际地支持企业的活动。

2.1.3 企业愿景的构成

企业发展过程中，尽管经营实践活动总是根据外部市场环境和内部情况的变化而不断地进行调整，但其核心价值观或核心经营理念，却应当始终坚守。一个有效的愿景，其逻辑结构应包括两个主要成分：笃行的核心经营理念和生动的未来前景。

1. 愿景的主要成分

(1)笃行的核心经营理念。在企业成长、分权、实行产品多元化、全球化扩展的过程中，核心经营理念是一种自始至终把组织聚合起来的黏合剂。事实上，核心经营理念表达了组织长期保持竞争优势的基本原则，超越了产品或行业的生命周期、技术突破和管理嬗变，是组织得以持续经营的基础。

愿景体现核心经营理念，它通常包括两个部分：核心价值观和核心目的。如本章第一节所述，核心价值观是组织重要而永恒的信条，体现的是组织不随时间而改变的指导方针和原则。一个愿景所定义的事物，必须是那些不随市场变化而变化的事物，必须是那些不随当前流行趋势而变化的事物，必须是那些虽然为应对竞争不得不变但万变不离其宗的事物。核心目的表达的是组织存在的根本理由，反映了在组织中从事工作的理想和动力，是组织的灵魂和不懈的追求。

(2)生动的未来前景。生动的未来前景是组织渴望创造、渴望实现的东西，是需要经过明显的变革与发展、花大力气才能获得的东西。包括两个部分：其一，是若干年(通常是 10 ~ 30 年)后可实现的终极目标，如在某件事上做得最好，或在某个方面做得最好或者成为最大；其二，是对实现目标后生动、形象、独特的描述。因此，它是有形的、激动人心的、令人向往的、鼓舞士气的，且又是易于理解、无须解释的。此外，成功企业的愿景，既超越企业发展的现状却又不过分。因为不切实际的目标并不能说服企业的员工为之奋斗，反而会挫伤大家的积极性。

2. 愿景的具体内容

企业愿景具体包括的内容有以下三个方面。

(1)企业方向。愿景应该说明企业存在、永续经营的理由和发展方向，表达宜简单、直率，同时应有相对持久且富有说服力的效力。

(2)企业前景。所谓前景，即是企业的发展前途和未来的组织状态。愿景应该揭示企业面临战略机会，描述可以具体一些，但不宜局限在具体的产品或细分市场。企业领导必须运用各种手段，使愿景深入人心，对每个员工产生足够的吸引力，并让他们充分理解。

(3)企业优势。企业经营成功的关键原因，是为用户提供独特价值，这也是企业的差异化竞争优势所在。愿景中不仅需要描述发展方向和机会，还需要提出利用这些机会的方式。

2.1.4 企业愿景的表述

一个好的愿景对一个具体的企业来说是有专有的、特殊的；这些愿景要避免夸大的、自我感受良好的表述，如“我们将会成为全球领导者，我们将为每个市场中的顾客提供最优选择”——这些都可能成为无数组织对愿景的表述。这些无关痛痒却用意良好的、一句话可以表述出来的、能获得利益相关者一直同意的愿景陈述，却因缺少企业具体的产品、顾客、市场、技术关注点的愿景是值得怀疑的。愿景应该表达企业管理层对“成为市场领先者”、“消费者的第一选择”、“最具创新性”或“成为产业中公认的最好的企业”这些目标所指出的前进方向，以及达到这些目标的方法。

作为一种有用的管理工具，愿景表明了管理者所期望达到的业务状态，并为管理者制定战略决策和决定企业未来发展提供了指导。同时，它还必须表明企业管理者如何将企业从现有状态提升到预期状态。好的愿景总是高于企业的现有地位，但是通过团结企业的员工可以达到这个目标。表 2-1 表明了有效的企业愿景所具备的特征。

表 2-1 有效的企业愿景所具备的特征

描述性	好的愿景表明了管理者要塑造的企业形象和他所要努力实现的市场地位
指导性	好的愿景表明企业的目的和在实现这个目的上所要遇到的业务和战略变化
关注点	好的愿景为管理者制定决策和分配资源提供具体的指导
灵活性	好的愿景并不是一成不变的，还要根据具体的环境变化适当改进
可行性	好的愿景在一定时间内企业可以合理地实现
吸引性	好的愿景引起企业利益相关者的长期兴趣——尤其是股东、员工和顾客
易于沟通	好的愿景能够在 10 分钟内描述完，最好是简化成简单易记的语言(如福特企业的愿景就是“让每个车库都有一辆福特汽车”)

有的企业愿景既有力又清晰，而有的企业的愿景却常常使人迷惑。有些上市企业的年报和企业网站上展示的企业愿景有很大一部分都是晦涩难懂的——它们都是为了从组织的股东那里得到一致赞成，或者只是为了让企业看起来更加时髦。明确的愿景使企业更加适应社会，也表明了企业所要前进的方向。拥有愿景并不是万能的，但是却对明确组织的方向提供了有用的工具。像其他的工具一样，愿景可能被正确或不正确地应用。表 2-2 表明了企业愿景的表述中最常见的缺点。

精心策划、措辞恰当的愿景陈述的真正价值体现在下述几个方面：

(1)使企业的高层管理者对企业的长期方向有一个清晰的认识；

(2)可以减少管理部门由于缺乏愿景所面临的风险；

(3) 它表达了企业的目标，激起企业职员的内在承诺，激励企业的职员竭尽全力地为实现企业的战略展望而努力；

(4) 它是一个指向标，低层次的管理部门可以据此来确定部门使命，制定部门的目标体系，并制定与企业发展和战略协同一致的部门和职能战略；

(5) 它有助于企业为未来做好充分准备。

表 2-2　企业愿景的表述中最常见的缺点

不完整——没有明确描述企业的前进方向和发展目标
模糊——没有表明管理者是否或者如何改变企业的产品、市场、顾客和技术关注点
空洞——没有激励性的语言
没有特点——这种愿景可以适用于任何企业（或者至少行业中几个其他企业）
使用太多的“最好的、最成功的、被认可的组织者、世界范围的领导者或顾客的第一选择”这样的描述
过于激进——忽视了企业所能服务的业务或行业（这种说法可以应用于几个产业中的企业）
过于宽泛以至于没有指出管理者应该要追求的许多机会

2.2 企 业 使 命

2.2.1　企业使命的含义

什么是使命（Mission）？按《现代汉语词典》的解释，使命就是责任。这种责任是重大的、历史的、沉淀在血脉之中的。使命是人（不管是自然人还是法人）的存在与否对于其关系人和社会所产生的价值贡献。

企业使命是企业的一种根本的、崇高的责任和任务。表明了企业现在所处的商业范畴和业务目标。它表达了“我们是谁，我们要干什么，我们为什么在这”。换言之，一方面，它是企业“存在理由”的宣言；另一方面，它是企业的价值设计，反映和体现企业的宗旨、核心价值观和未来方向，企业使命是企业生存的基石。

企业使命反映企业管理者为组织的经营活动规定的价值观、信念和指导原则，描述企业力图在公众中树立的形象，揭示本企业与其他企业在目标上的差异，界定企业的主导产品、核心技术领域和服务范围，以及企业要满足的客户基本需求。

管理大师彼得·德鲁克曾言，建立一个明确的企业使命，应成为企业家的首要责任。他进一步指出“一个企业不是由它的名字、章程和条例来定义的。企业只有具备了明确的使命与愿景，才可能制定明确而现实的战略目标”。企业的使命代表了企业存在的根本价值，没有战略使命，企业就丧失了存在的意义。

2.2.2　企业使命的功能

企业的战略使命具有下列功能。

1. 使命可以为企业提供明确的价值追求

企业的差别不仅表现为业务和业绩的差别，也表现为企业的发展思想、战略思想的差别。后者是企业之间的一种深层次差别，它可以导致企业管理者的思维方式、决策方式、企业的管理风格和发展速度的差别，甚至导致企业发展命运的差别。企业使命明确指出了未来企业的方向和追求的价值，它可以作为企业员工的共同焦点，通过“聚焦”来凝聚队伍，形成合力，进而形成在深层次上的比较优势。

2. 使命可以避免互相冲突的目标

企业使命提供了企业目标的大格局，使企业不至于追求互相冲突的目标。彼此冲突的目标往往导致企业力量互相抵消，产生内耗。同时，使命为企业成员提供了一些广泛的指导原则，这些原则有助于协调不同部门人员的工作和活动。

3. 使命可以为企业提供资源分配的准则

企业运用各种资源来生产产品或提供服务，这些资源包括土地、厂房、设备、资金、原材料和人力资源等。使命揭示了企业应该如何正当而有效率地获取、分配与运用这些资源的一般原则，为企业提供了资源分配的基础或标准，以避免资源的浪费与误用。

4. 使命可以作为发展企业后续目标的基础

一般而言，企业的各层目标应该支持与反映企业的使命，以企业使命所揭示的企业一般性目的为出发点，企业可以发展出一连串后续的较为特定的企业目标。所有企业的目标都必须加以修正或放弃，如此方可以确保企业目标的整体一致。

5. 使命可以建立一种企业基调或组织气氛

企业的使命传达出企业追求的基本价值，是企业存在的目的和理由，在一定程度上反映了企业的发展方向和战略思想。因此，使命为企业提供了一种基调，是企业文化、企业精神和组织气象的活的灵魂。

据一项研究结果表明，拥有正式使命陈述的公司与那些没有正式使命陈述的公司相比，它们给股东的回报率要高出一倍，在某些财务指标方面的收益要高出 30%；同时，使命陈述与企业绩效之间呈正相关关系。

2.2.3 企业使命陈述的要素

企业使命是要说明企业的根本性质与存在的理由，根据企业服务对象的性质揭示企业长远发展的前景，为企业战略目标的确定与战略制定提供依据。因此，企业使命的陈述必须把企业的性质、特点和目的描述清楚。企业使命是指向外部的，即企业使命必须定位于企业外部，必须根据所服务的客户及客户的需要来确定自己的战略使命。

企业使命有多种设计和文字表达。一般地，有效的战略使命陈述大致包括以下九个要素。企业要因地制宜，充分体现自己的特色，而不必面面俱到。

(1) 客户 (Customers)：谁是企业的客户？他们在哪里？这是企业使命首先要表述的，弄清用户的需求，才能开发出满足用户需要的产品或服务。

(2) 产品或服务 (Products or Service)：企业的主要产品或服务是什么？

(3) 市场 (Markets)：企业在什么地方和市场范围竞争？

(4) 生存、增长和盈利 (Survival，Growth And Profitability)：公司是否努力实现业务的增长和良好的财务状况？

(5) 员工 (Employees)：企业是否视员工为宝贵的资产？企业应该如何看待员工？

(6) 价值观念及基本信念 (Philosophy)：企业用来指引成员的基本价值观、信念和道德倾向是什么？

(7) 技术 (Technology)：企业的生产技术如何？是否是最新的？

(8) 公众形象 (Public Image)：企业试图塑造的大众形象如何？企业是否对社会、社区和环境负责？

(9) 自我认知 (Self-Concept)：什么是企业的独特能力和主要竞争优势？

海内外成功的企业都有自己明确的使命，表 2-3 是一些企业使命陈述的例子。

表 2-3　企业使命陈述的例子

企业名称	使 命 陈 述
微软	让每一张桌子上、每一个家庭都有一台计算机，都使用微软的软件
强生	我们坚信，我们对医生、护士、患者、母亲和其他所有使用和享受我们的产品与服务的人负有重要的责任
宝洁	提供名优产品，真正改变客户的日常生活
联想	提供信息技术、工具和服务，使人们的生活和工作更加简便、高效、丰富多彩；为员工创造发展空间，提升员工价值，提高工作、生活质量；为股东回报长远利益；服务社会，促进文明进步
松下	制造像自来水一样丰富的价廉物美的产品，摆脱贫困，造福于国家和人民，给人们的生活带来幸福，使世界变得更加美好
海尔	敬业报国，追求卓越
万向	为顾客创造价值，为股东创造利益，为员工创造前途，为社会创造繁荣
华为	在电子科技领域实现顾客的梦想，依靠点点滴滴、锲而不舍的艰苦追求，使我们成为世界级领先企业，使华为成为世界一流的设备供应商
美孚石油	寻找和开采石油、天然气、液化天然气，用这些原料为社会生产高质量的产品，并以合理的价格向消费大众销售这些产品和提供相应的可靠服务
道氏化学公司	分担世界性的环境保护责任
麦格劳・希尔	通过收集、评价、生产和营销有价值的信息而满足全球需求；同时使我们的用户、雇员、作者、投资人和整个社会受益
雷诺金属公司	我们将努力开发可以降低吸烟导致健康风险的技术，以便满足成年吸烟者的需求
美联银行	以良好的工作条件、高超的领导方式、按业绩付酬的原则、有吸引力的福利待遇、个人成长的机会和高度的就业保障，来招募、培养、回报和留住高能力、高品格和有奉献精神的员工

2.2.4　企业使命的特征

有效的企业使命应具有以下特征。

1. 导向性

企业战略使命对企业的生存发展具有导向作用。在确定企业战略使命时，应确切定义企业，明确说明企业的目标，体现企业的差异化特点，它可以作为评价现实及将来企业各种活动的基准。其重点是树立发展方向，提供激励，树立形象，建立基调和宗旨，指导企业排除某些风险，促进企业成长。

2. 激励性

企业战略使命，既要表达股东的意志和诉求，又要反映企业员工的长远憧憬。有效的企业战略使命，能够高屋建瓴，体现企业上下乃至利益相关者的共同利益，能够唤起员工对企业的忠诚和热情，并乐于为之奉献，愿以为其付出。使命有利于提高企业的声誉，强化企业对客户的吸引力，促进资源所有者的支持，使企业员工产生光荣感、自豪感，从而更加自觉地为实现企业战略目标而努力工作。

3. 稳定性

在确立企业使命之前，要群策群力、集思广益，不可草率从事。但作为企业长远追求的战略使命一经确定，不得轻易改动，要维护它的严肃性和权威性，使之具有相对的稳定性，不能因为企业内外部环境的变化而随时变化。除非企业内外环境发生重大变革，企业使命不得不作相应的调整和修正。

经营实践中正反两方面的经验表明，那些基业长青、持续发展的企业，能够始终坚持企业使命，哪怕是在企业最困难的时候，也毫不动摇；反之，那些昙花一现的短命企业，在使命问题上缺乏定力，漂浮摇摆，他们奉行机会主义哲学，随波逐流，不能坚守使命，或背离初衷，其结果是风光一时，却不能持续经营。

2.3 企业战略目标

2.3.1 企业战略目标的概念及特征

企业战略目标是对企业愿景进一步的具体化和明确化，是企业在一定时期内，沿其战略经营方向所预期达到的成果。在企业战略管理过程中，目标的制定及其合理与否起着十分重要的作用。彼得·德鲁克认为，企业的使命必须转化为目标。他说，并非先有工作，后有目标；相反，正是因为有了目标，才能确定每人应做的工作。企业使命是对企业总体任务的综合表述，一般没有具体的数量特征及时间限定；而战略目标则不同，是为企业在一段时间内所需实现的各项活动的成果界定。目标可以是定性的，也可以是定量的，如企业获利能力目标、生产率目标或竞争地位目标等。战略目标必须是具体的和可衡量的，以便对目标是否最终实现进行比较客观的评价考核。企业战略目标一般应该具备如下特征。

1. 现实性

在制定企业战略目标时，必须在全面分析企业内部条件的优劣和外部环境的利弊的基础上，判断企业经过努力后所能达到的程度。既不能脱离实际将目标定得过高，也不可把目标定得过低。因为过高的目标会挫伤员工的积极性、浪费企业资源；过低的目标容易被员工所忽视，错过市场机会。也就是说，战略目标必须适中可行。

2. 挑战性

目标本身是一种激励力量，特别是当企业目标充分体现了企业成员的共同利益，使战略大目标和个人小目标很好地结合在一起时，就会极大地激发组织成员的工作热情和献身精神。一方面，企业战略目标的表述必须具有激发全体成员积极性和发挥潜力的强大动力；另一方面，战略目标必须具有挑战性，但又是经过努力可以达到的。因而员工对目标的实现充满信心和希望，愿意为之贡献自己的全部力量。

3. 可度量性

企业战略目标应该是具体的、可度量和检测的。因此，战略目标应尽量数量化，可用数据表达，数量化的战略目标有三个好处。

(1) 便于分解。未来的战略目标可以按年度分解为年度目标，然后再把年度目标分解为业务单元的目标及各职能部门、各车间、各班组的目标，这样战略任务才算落实了。

(2) 便于检查。数量化指标便于比较、检查，若没有完成，也便于查找原因。

(3) 便于动员、激励员工。全体员工都明确每年的年度目标及自己每年应当完成的任务目标，因而能激发起每个员工的创造性、积极性、主动性，为实现这一目标而努力奋斗。

4. 系统性

战略目标是企业的整体目标。因此，战略目标的制定必须建立在实事求是地对内外部环境进行分析和预测的基础上，根据整体目标的要求，制定出一系列相应的分目标。从时间上看，企业发展的不同阶段都会有不同的战略目标。各个阶段的目标，要能使企业不同阶段的生产经营活动前后衔接。从层次上看，企业不同的管理层、职能部门都要有自己的目标，而这些目标都应该围绕企业的总体目标展开，使企业各方面、各个阶段的目标协调一致，确保目标的同步化和协调化。

5. 稳定性及动态性

即不能因为企业内外环境的一些变化，就随时修改战略目标，要保持相对稳定性。但如果企业内外环境确实发生了重大变化，企业战略目标也应作相应调整和修正。

2.3.2 企业战略目标的内容

由于企业战略目标是企业使命的具体化，一方面，有关企业生存的各个部门都需要有目标，从不同侧面反映了企业的自我定位和发展方向；另一方面，目标还取决于个别企业的不同战略。因此，企业的战略目标是多元化的，既包括经济性目标，也包括非经济性目标；既包括定量目标，也包括定性目标。

彼得·德鲁克认为各个企业需要制定目标的领域都是一样的，所有企业的生存都取决于同样的一些因素。他在《管理的实践》一书中提出企业战略目标的内容主要在八个关键领域：(1) 市场地位；(2) 创新；(3) 生产率；(4) 资源状况；(5) 获利能力；(6) 人力资源；(7) 工人绩效与态度；(8) 社会责任。

格罗斯在其所著的《组织及其管理》一书中归纳出组织目标的七项内容：(1) 利益的满足；(2) 劳务或商品的产出；(3) 效率或获利的可能性；(4) 组织、生存能力的投资；(5) 资源的调动；(6) 对法规的遵守；(7) 合理性。

概括起来，企业的主要目标一般包括以下内容。

1. 获利能力

任何企业在长期生产经营中，都追求一种满意的利润水平，企业一般都有自己明确的利润目标。企业战略的成效，首先表现为企业的盈利水平，通常以利润、资产报酬率、所有者权益报酬率、每股平均收益、销售利润率等指标来表示。

2. 市场竞争地位

大多数企业喜欢根据其销售总量或市场占有率来评价自己在增长和获利方面的能力。可以说，市场竞争地位是衡量企业绩效好坏的一个重要标准。企业在市场竞争中相对地位的提高，是企业战略追求的重要目标。常用指标有市场占有率、总销售收入、产品质量名次、企业形象地位等。

3. 生产能力

在市场环境相对有利的前提下，企业提高单位产出水平是增强获利能力的一种方法。为此，企业在设定生产能力的目标时，需要改进投入和产出关系，制定出每单位投入所能生产的产品或提供服务的数量；同时，企业还可以根据降低成本的要求，制定生产能力目标。提高生产效率是企业一个重要的战略目标，常用指标有投入产出比、单位产品成本等。

4. 财务状况

财务状况是企业经营实力和运行能力的综合表现，通常以资本总量、资本构成、新增股份、现金流量、流动资本、红利偿付、固定资产、资金周转率等指标来表示。

5. 产品结构

合理的产品结构是企业生存发展的重要基础。常用指标有新产品的销售额占企业总销售收入的比率、新开发产品数、淘汰产品数等。

6. 技术水平

在知识经济时代，技术作为重要的生产力要素，对经济增长的贡献日益突出。企业的技术水平，关系到企业在市场中的竞争地位，进而关系到企业的战略选择。因此，许多企业把技术领先作为自己长期追求的目标。企业在战略目标中，常常规定在战略期内企业的技术水平应有哪些改善和提高。常用指标有应完成的开发与创新项目、技术集成能力、研究与开发费用占销售收入的比重、企业获得的专利数量、国产化率、关键技术对外依存度等。

7. 人力资源开发

企业发展的推动力量来自企业的人力资源。人力资源水平的高低取决于企业职工素质的高低。因此，人力资源开发已成为企业战略必须列入的目标。常用指标有战略期内培训费用的多少、培训人员数量、技术人员比率、高水平技术人员的增加率、职工技术水平的提高率、知识管理水平、人员流动比率等。

8. 企业发展

企业在战略期内的成长与发展，是企业战略的重要目标。常用指标有经济效益提高速度、生产规模的扩大率、生产能力的增加率、生产自动化水平的提高率、节能减排水平、在行业中的地位、管理创新能力、可持续发展能力、品牌、商誉、影响力等。

9. 职工福利

员工对企业的忠诚程度与组织承诺，是企业竞争能力的重要因素。在长期计划中，高层管理者应当尽可能地考虑员工的合理要求，尊重人、相信人、依靠人、为了人、发展人、服务人、实现人，奉行“以人为本”的核心理念，充分考虑员工的利益诉求和价值实现，积极做好员工的“职业生涯发展计划”，将改善员工生活、提高福利待遇作为企业战略目标的重要组成部分。常用指标有员工薪酬在同行业中的竞争力、人均工资水平的提高率、员工健康生理状况、心理状况、员工满意度、人员流动比率等。

10. 社会责任

现代意义上的企业，必须认识到自己肩负的社会责任。社会责任要求企业承担有利于社会长远目标的义务，而不仅仅是履行法律和经济意义上的义务。社会责任反映企业对社会的贡献情况，常用指标有环境保护、节约能源的措施、对社会和社区各项事业的支持等。

以上这 10 项指标并没有把企业战略目标的全部内容都包括进来，每个企业仍可根据自己的具体情况列出适合本企业的战略目标。也不是每个企业都需要按照上述 10 个方面的问题列出自己的战略目标，而应该根据企业的具体情况有重点地突出几项对企业未来发展具有关键作用的战略目标。

2.3.3 企业战略目标体系的构成

企业制定战略目标，是为了将企业愿景和使命转换为明确而具体的绩效目标，使企业战略具体化、数量化，从而使得企业发展有一个可以测度的指标，为管理活动指明方向，为考核提供标准；同时，战略目标还能起到激励员工和凝聚员工的作用。

战略目标不止一个，而是由若干目标项目组成的多层次的目标体系。一般说来，涉及面广的、综合性的企业整体目标，是企业的长期目标；而涉及面窄的部门目标，则是企业执行期的短期目标。制定战略目标的有效方法，就是构造战略目标体系，使战略目标之间相互联系、相互制约，从而使战略目标整体优化，反映企业战略的整体要求。

从纵向上看，企业战略目标体系一般由总体战略目标和主要的职能目标组成。企业依据其使命和愿景定位，先给出总体战略目标。为保证战略目标的实现，必须将其层层分解，规定保证性职能战略目标，即总战略目标是主目标，职能性战略目标是保证性的分目标或子目标。具体到公司的每一管理层，企业战略目标体系可如图 2-1 所示。

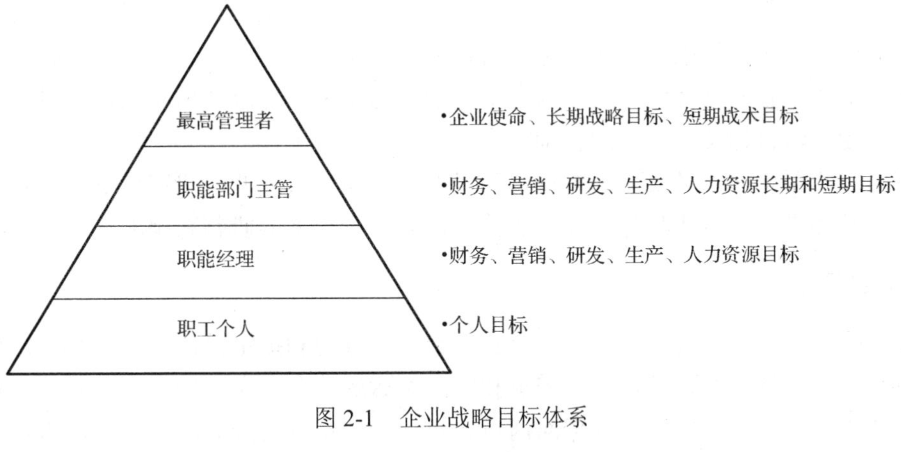

图 2-1 企业战略目标体系

从横向上看，企业的战略目标大致可以分成以下两类。

第一类是用来满足企业生存和发展所需要的项目目标，这些项目目标又可以分解成业绩目标和能力目标两类。业绩目标主要包括收益性、成长性和安全性指标三类定量指标。能力目标主要包括企业综合能力指标、研发能力指标、生产制造能力指标、市场营销能力指标、人力资源开发能力指标和财务管理能力指标等一些定性和定量指标。

第二类是企业利益相关者所要求的目标。与企业具有利益关系的主要有客户、企业职工、股东、所在社区、债权银行、供应链上的合作伙伴、行业协会及其他社会群体，具体如表2-4所示。

表2-4 企业战略目标的构成

分 类	目 标 项 目	目标项目构成
财务目标	收益性	资本利润率、销售利润率、资本周转率
	成长性	销售额成长率、市场占有率、利润增长率
	稳定性	自由资本比率、附加价值增长率、盈亏平衡点
能力目标	综合	战略决策能力、集团组织能力、企业文化、品牌商标、管理创新、知识管理
	研发能力	新产品比率、技术创新能力、专利数量
	生产制造	生产能力、质量水平、合同执行率、成本降低率
	生产营销	推销能力、市场开发能力、服务水平
	人力资源	职工安定率、职务安排合理性、直接间接人员比率
	财务能力	资金筹集能力、资金运用效率
社会目标	客户	提高产品质量、降低产品价格、改善服务水平
	股东	分红率、股票价格、股票收益性
	员工	工资水平、职工福利、能力开发、士气、学习与成长
	社区	公害防治程度、利益返还率、就业机会、企业形象
环境目标	生态	节能减排、循环经济、绿色GDP

2.3.4 企业战略目标的制定过程

企业战略目标的制定，不仅要以企业的经营方向为依据，还要受企业内外部环境和企业高层管理者价值观等因素的制约。战略目标是选择战略方案的依据，战略方案是为实现战略目标而采取的行动，两者的时间跨度应该是一致的。为使战略目标与战略方案有机地结合起来，制定战略目标一般需要经历调查研究、拟定目标、评价论证和目标决断这样四个具体步骤。

1. 调查研究

在制定企业战略目标之前，必须进行调查研究工作。但是，在进入确定战略目标的工作中，还须对已经做过的调查研究成果进行复核，进一步整理研究，将机会与威胁、长处与短处、自身与对手、企业与环境、需求与资源、现在与未来等综合加以对比，弄清它们之间的关系，为确定战略目标奠定可靠的基础。

调查研究既要全面，又要突出重点。为确定战略而进行的调查研究，不同于其他类型的调查研究，其侧重点是企业与外部环境的关系，以及对未来的研判和预测。

2. 拟定目标

拟定战略目标一般需要经历两个环节：拟定目标方向和拟定目标水平。首先，在既定的战略经营领域内，依据对外部环境、需求和资源禀赋的综合考虑，确定目标方向；其次，通过对现有能力与手段等诸种条件的全面衡量，对沿着战略方向开展的活动所要达到的水平，作出初步的规定，以形成可供决策选择的目标方案。

在拟定目标时，还要注意目标结构的合理性，列出诸多目标的优先序。在拟定目标的过程中，企业领导要充分发挥参谋智囊人员的作用。要根据实际需要与可能，尽可能多地提出一些目标方案，以便对比、甄别和选优。

3. 评价论证

战略目标拟定出来之后，就要组织多方面的专家和有关人员，对提出的目标方案进行评价和论证。

(1)论证和评价要围绕目标方向进行。着重研究拟定的战略目标是否符合企业宗旨和经营理念，是否符合企业的整体利益与发展状况，是否符合外部环境及未来发展的需要。

(2)要论证和评价战略目标的可行性。论证与评价时主要是按照目标的要求，分析企业的实际能力，找出目标与现状之间的差距。然后，分析用以克服、化解这些差距的措施，在这一过程中，尽可能用数据和资料来佐证与支撑，辅以必要的、恰当的定量分析和计算。此外，如果外部局势、技术趋势和竞争态势对企业发展非常有利，企业自身也有办法找到更多的资源，那么，就要考虑提高战略目标的水平。

(3)要对拟定目标的完善程度进行评价。着重考察以下三个方面。

① 目标是否明确。所谓目标明确，是指每个目标应当是单义的，而非多义的、有歧义的；实现目标的责任主体必须明确；实现目标的约束条件、初始条件、边界条件，尤其是资源禀赋也要尽可能明确。

② 目标内容是否协调、均衡。在现实决策问题中，大多是多目标决策，单目标的情况极少。多目标决策的常态是，一个目标的优化，往往是以另外一些目标的劣化为代价，诸多目标中一部分指标的实现，势必会牺牲另一部分指标。因此，必须区分主次轻重，在第二个步骤的基础上，再次确认各个目标的优先顺序。

③ 有无改善的余地。拟定目标的评价论证过程，也是目标方案的完善过程。要通过评价论证，找出目标方案的不足，并想方设法使之完善。如果通过评价论证发现，拟定的目标完全不正确或根本无法实现，那就要回过头去重新拟定目标，然后再重新评价论证。

4. 目标判断

在判断所选定的目标时，要注意从以下三方面权衡各个目标方案：(1)目标方向的正确程度；(2)可实现的程度；(3)期望效益的大小。对这三个方面作综合考虑，所选定的目标在三个方面的期望值都应该尽可能地大。

目标决断还必须审时度势，掌握好决断时机。在决策时间问题上，战略决策不同于战术决策。战术目标决策常常是时间比较紧迫，回旋余地很小；而战略目标决策在时间上相对比较从容。但必须注意的是：一方面，防止在机会和困难都还没有搞清楚之前，轻率决策；另一方面，又不能优柔寡断，耽误时机。

从调查研究、拟定目标、评价论证到目标判断，要确定落实战略目标的这四个步骤是紧密相连的，后一步的工作要依赖于前一步的工作。在进行后一步工作时，如果发现前面的工作不扎实、不充分，或遇到了新情况，则需要回过头去重新进行前一步或前几步的工作。

2.3.5 企业战略目标的设定方法

企业在设定战略目标时，有四个思考的维度：一是企业过去和现在已经达成的目标；二是所在行业的平均水平；三是所在行业的最优水平或标杆业绩；四是依据使命和愿景，企业应该达到的水平。

在具体设定战略目标时，以下一些常用方法和技术可供参考。

1. 时间序列分析法

时间序列是按时间顺序的一组数字序列。时间序列分析就是利用这组数列，进行统计规律分析，构造出拟合这个时间序列的最佳数学模型，然后利用该模型进行未来预测。时间序列分析具体包括简单平均法、移动平均法和加权平均法。

时间序列分析的基本原理，一是承认事物发展的延续性。应用历史数据，就能推测时间序列分析的基本原理。二是考虑到事物发展的随机性。任何事物的发展都可能受偶然因素的影响，为此要利用统计分析中的加权平均法对历史数据进行处理。这一方法一般适用于环境较为稳定，市场变化是连续性的、渐进的情况。

需要指出的是，在时间序列分析中，当环境和市场突然发生跳跃式变化，呈现出动态、非线性、复杂多样的情况时，绝不能机械地按市场过去和现在的规律，利用历史数据进行简单的“外推”，而必须深入分析市场环境出现的新特点、新表现，从质的方面充分研究各种因素与市场的关系，将量的分析和质的分析有机结合起来，在此基础上设定企业未来的战略目标值。

2. 相关分析法

相关分析也称回归分析，是测定经济现象之间相关关系的规律性，并据以进行预测、设定战略目标的程式化分析方法。相关分析法在研究现象之间的相互依存关系，预测现象的发展变化和发展趋势时，有着重要的作用，其应用范围很广，特别适合于长期预测。

社会经济与市场诸因素之间常有内在的相关性或因果关系，表现为经济形象之间存在着大量的相互联系、相互依赖、相互制约的数量关系。这些关系可分为两类：一类是函数关系，反映着现象之间严格的依存关系，也称确定性的依存关系；另一类为相关关系，在这种关系中，变量之间存在着不确定、不严格的依存关系。例如，批量生产的某产品的产量与相对应的单位产品成本，某些商品价格的升降与消费者需求的变化，就存在着这样的相关关系。此外，根据预测对象相关因素的多少，回归分析还可分为一元回归和多元回归等。

3. 盈亏平衡分析法

在企业经营活动中，各种不确定因素（如投资、成本、销售量、产品价格、项目寿命期等）的变化，会影响投资方案的经济效果，当这些因素的变化达到某一临界值时，就会影响方案的取舍。盈亏平衡分析法，又称保本点分析或量本利分析法，是根据产品的业务量、成本、利润之间相互制约关系的综合分析，预测利润，控制成本，判断经营状况。

盈亏平衡分析的关键是“盈亏平衡点”。盈亏平衡点亦称保本点，是指企业经营处于不盈不亏状态所需达到的产量或销售量，是投资或经营中十分重要的数量界限。

盈亏平衡分析的目的，就是找出这种临界值，即盈亏平衡点。盈亏平衡点越低，说明项目盈利的可能性越大、亏损的可能性越小，因而项目有较大的抗经营风险能力。盈亏平衡点的表达形式有多种，盈亏平衡分析法本身也可以根据生产成本、销售收入与产量（销售量）之间是否呈线性关系，分为线性盈亏平衡分析和非线性盈亏平衡分析两类。

4. 决策矩阵法、决策树法

决策矩阵法以矩阵为基础，先分别计算出各备选方案在不同条件下的可能结果，然后按客观概率的大小，计算出各个备选方案的期望值。经过比较后，从中选择出优化的战略目标。矩阵决策法的基本要素如下。

(1)状态变量：指可能影响决策后果的各种客观外界情况或自然状态，是不可控因素。

(2)决策变量：指决策者拟采取的各种行动方案，是可控因素。

(3)概率：指各种自然状态出现的概率，可以是先验概率，也可以是后验概率。

(4)损益值：在每种自然状态下选取不同方案所得结果的损益值。

决策树法的基本原理，仍以收益矩阵决策为基础，所不同的是，决策树法是一种图解方式，对分析复杂的问题更为适用。决策树分析不仅能帮助人们进行系统的、有逻辑的、有条理的思考，而且有助于开展集体讨论，统一认识。对形成包含总目标、分目标、子目标在内的战略目标体系，尤其适用和实用。

决策树一般都是自上而下生成的。每个决策或事件即自然状态都可能引出两个或多个事件，导致不同的结果。把这种决策分支画成图形，很像一棵树的枝干，故称决策树。树状图一般由决策点、方案分支、自然状态点、概率分支和结果点几个关键部分构成。

5. 基准分析法

基准分析又称标杆管理，是指突破企业的职能分工界限和企业性质与行业局限，在全行业，甚至以更广阔的视野在全世界范围内，寻找基准，向具有“最佳实践”或“足为楷模”，或“出类拔萃”的一流公司进行全方位的学习，以它们为标杆，与它们“对标”，向它们看齐。把它们整体上的最优业绩，或在业务、流程、环节等局部或“片断”上的最佳指标，作为企业设定战略目标的重要参考，甚或直接作为自身的战略目标。

基准分析的核心，是不断地寻找和研究业内或业外一流公司的最佳，并以此为基准与本企业进行比较、分析、判断，从而设置具有挑战性的目标，旨在赶超一流公司。该方法对大公司或小企业都同样适用，它为组织提供了一个清楚地认识自我的工具，也提供了辨识行业内外最佳企业业绩及其实践的途径，更重要的是，明确了追赶的目标。通过基准分析，企业能够明确在产品、服务、财务、流程、能力等方面的最高标准。由于这些标准的目标含义明确，可行可信，且已有可达到的途径，使企业可以坚信自身的绩效完全有办法提高到最佳。由此设定的战略目标，其激励作用更为显著。

6. 博弈论法

博弈论又称为对策论，最初是在军事上被用来研究如何战胜对方的最佳策略，后来被企业单位广泛采用。博弈论通过数学方法来研究有利害冲突的双方，如何在竞争性环境和错综复杂的相互影响中，找出并制定战胜对手的最优策略。博弈分为合作博弈和非合作博弈、完全信息博弈和不完全信息博弈等多种类型，其中，每一参与者对其余所有参与者的策略空间及策略组合下的支付充分了解，称为完全信息；反之，则称为不完全信息。

博弈论对指定战略目标具有方法论上的指导意义。在经营活动中，由于竞争的普遍存在且竞争各方各自具有不同的利益诉求，为了达到各自的目标和利益，对手的各种可能的行动方案，并力图选取对自己最为有利或最为合理的方案。如果每一方都只站在自己的立场，一厢情愿地期望获取最大的利益目标，而不考虑别人的利益，其结果很可能是事与愿违。

因此，在制定战略目标时，企业必须跳出自身看自身，跳出行业看行业，把自己的规划和目标的设定，放在一个利益相互影响、彼此纠缠的局势中考量。要对局势和竞争的整体状况进行分析，确定局势特征。

7. 模拟模型法

模型是现实系统的一个抽象，用以简化地描述现实系统的本质属性，形态特征的变化规律，是在研究范围内更普遍、更集中、更深刻地描述实体特征的工具。模型种类很多，在复杂的社会、经济和企业管理系统中，常用的有以下两类。

(1)图表模型。如通常用的统筹图、网络图、生产计划图表等。用以描述工厂生产、组织、生产流程及事件的状态、过程或顺序关系。

(2)数学模型。这是对研究对象的高度抽象和概括，应用最为广泛。常用的有线性规划、投入产出、系统动力学、层次分析模型等。

模拟是应用模型进行实验的方法。通过对模型进行分析试验，以观察并掌握客观现象运动变化的规律，从而以较小的代价和较短的时间，找出错综复杂问题的解决方案。模拟模型法旨在通过先给各种模型输入不同的数据，再观察这些模拟的运转和可能产生的结果，然后得出想要的数据，这些数据即为企业的战略目标值。

本章小结

本章重点在于介绍战略管理过程中的一些基本概念，使管理者对企业的愿景、使命、目标及战略有深刻的认识。

愿景是在汇集企业每个员工个人心愿基础上形成的全体员工共同心愿的美好远景，是为企业描述未来的发展方向，是企业战略的重要组成部分。企业使命是管理者为企业确定的较长时期的生产经营的总方向、总目的、总特征和总的指导思想，企业愿景与企业使命有着本质的区别。企业愿景考虑的是我们将会成为什么样的企业这一问题，即考虑企业未来的发展道路；而企业的使命则考虑我们的业务是什么的问题，考虑如何将经营的重点放在企业已有业务与活动上，以满足所服务的客户需求。战略目标是企业在实现其愿景、使命过程中所追求的结果，是对企业使命的进一步具体化，它反映企业在一定时期内经营活动的方向和所要达到的水平、状态。

本章还介绍了企业战略目标的内容、体系构成、制定过程以及设定方法。

练习与思考

1. 企业使命是否随时间、环境而产生相应的变化？为什么？
2. 精心策划、措辞恰当的愿景陈述的真正价值体现在哪几个方面？
3. 一个有效的企业使命应该具有哪些特征？
4. 企业整体战略的目标是什么？这些目标的类型、结构和范围怎么样？
5. 企业战略目标设定的基本方法有哪些？

案例

使命——让沈鼓一路创造奇迹

翻开沈阳鼓风机集团股份有限公司(以下简称沈鼓)的发展历程,给人最大的感触是,它是一个时代的缩影,让人看到最早一代国有企业不同寻常的成长步伐,沈鼓人怀揣国家的使命,经过一代又一代人的努力,创造了一个又一个奇迹,始终让沈鼓的优势产品处于领先地位,并代表了我国风机行业的最高水平,同时创新地攻克了许多技术难关,为我国重大装备国产化做出了重大贡献,为我国经济发展的安全提供了保障。

《通用机械》杂志创刊 10 周年之际,特别采访了被沈鼓人称为“沈鼓之魂”的苏永强董事长,他将给我们诠释沈鼓的发展历程。

GM 记者:苏总您作为沈鼓发展的见证人和带头人,是怎样的一种精神和使命让您殚精竭虑为企业奉献了 42 年?

苏永强:沈鼓是与新中国一起成长、发展及壮大的国有企业,虽然沈鼓是一个地方企业,但沈鼓在国民经济中有它的特殊地位,它为石油、化工、冶金、煤炭、电力、轻纺、环保、国防和科研等十几个行业提供重大工程技术装置。

回顾沈鼓所取得的成绩,让我们感到骄傲和自豪,它为国家的经济发展做了贡献,打破了外商的垄断,不仅为国家节约了大量的外汇,更重要的是显示了我国的经济实力,尽管我们在这个过程中经历了许多痛苦,但民族自豪感和责任感孕育着我们身在其中并享受着快乐。我入厂 42 年,一直孜孜不倦地为这一事业奋斗,就是这种责任感和使命感,同时还有员工的期盼,让我不遗余力,反过来员工的稳定又促进了企业的发展。

GM 记者:沈鼓技术的发展从某种意义上反映了我国在重大装备国产化的进步,除了国家给予的支持外,企业自身又做出了哪些努力?

苏永强:新中国成立后,由于我国工业相对比较落后,所以沈鼓从国外进口了 13 套大化肥,4 套大乙烯,7 套小乙烯,不夸张地说,不仅当年全套设备需要进口,甚至包括一颗螺钉都是进口的,正因为国家看到了我国工业落后的现状,党中央国务院决定在全国布点,设立为石油化工等领域提供装备的国产化依托单位,沈鼓从那时起就肩负起了重大装备国产化的重任。以石油化工百万吨乙烯为例,项目总投入需要近 200 亿元,沈鼓提供的乙烯三机(丙烯压缩机、乙烯压缩机和裂解氯压缩机)是核心设备,设备投资虽然只是总价值的 1%左右,但整个项目成功与否,却起着非常大的作用,如果运行稳定,会创造 100%的效益,一旦有了问题,则会造成 100%的损失,所以它承载着我国重化工大型装备的使命,从这一点而言,绝不仅仅是企业提供一台产品,而是重大装备发展的责任和一种国家的使命。

沈鼓从引进、消化、应用到将产品推向市场,基本满足了当时产品具有国际先进水平的程度,在引进的同时沈鼓也不断创新,从 1985 年开始,沈鼓对现有产品进行了二次创新,使引进的技术得到了进一步的提升,通过相当长一段时间的创新,使沈鼓的产品一直处于行业领先的水平。

总结沈鼓所走过的路,主要有以下几个方面:一是以自我为主体研发和提升技术,沈鼓建立了博士后工作站,引进博士进站工作,并通过国内外引智工作,为企业做项目;二是产、学、研相结合,与大专院校、科研院所进行合作,沈鼓建立了国家级的研发中心、国家级技术中心,在全国建立了国家级研发、技术分中心,现在沈鼓有三个研究院,三个分中心,分别是大连理工大学、西安交大和沈鼓的研究院,经过这一系列的技术手段与措施,使沈鼓产品的整体技术水平得到很大提高;三是继续与国外进行合作生产;四是继续引进国外的先进技术。

总之,国家这种使命落在沈鼓的肩上,不仅仅关系到一个企业的发展和风机制造业的水平,而且关系到我国重化工发展以及国家装备制造业的水平。目前沈鼓的大型离心压缩机、大型泵、大型往复机基本代表了国家的水平，同时具有国际先进水平，个别的单元机组可以代表国际领先水平。

GM 记者：2011 年 10 月 18 日，受国家能源局委托，中国机械工业联合会和中石油集团公司在沈鼓主持召开“天然气长输管线压缩机”新产品鉴定会，对沈鼓研制的天然气长输管线压缩机做出了高度评价：“填补国内空白，实现技术重大突破，达到国际领先水平。”请您谈一下我国天然气长输管线压缩机研制的难度在哪儿？沈鼓又是如何克服困难的？

苏永强：天然气长输管线压缩机的研制成功，进一步证明了沈鼓有能力完成重要领域重大产品的国产化任务，这一产品被用户称为天然气领域的“两弹一星”，因为之前这一产品一直被国外少数企业垄断，沈鼓打破了这一领域国外企业长期垄断的局面，使得我国在这一领域不再受制于人。

天然气长输管线压缩机组是由压缩机、变频器和电动机组成，各自都有难点。以压缩机为例，首先要解决机组的效率达到国际先进水平，效率是靠基本级来实现的，我们一共开发了 7 个基本级，然后形成了系列，把开发的成果直接应用到产品设计中，解决了一个高效的核心问题；然后是机组的安全稳定问题，这个机组属于高压 100 千克级的压力，属易燃易爆气体，另外机组长期在荒郊野外工作，作业环境比较恶劣，天寒地冻风沙大，属于远程监控，所以在材料的选择上沈鼓下了足够的功夫，包括高压筒型机组的外壳，所有设计现在都已经实现了突破，这个机组的气动性能和力学性能都已经达到国际先进水平，使机组的安全稳定性非常高。从变频和电动机来讲，都是我国第一次生产这么大功率的变频器和这么高转速的电动机，无论是电动机的升温问题、绝缘问题还是间隙问题、稳定性问题等，解决了很多技术难点，经过不断的调整，最终试车成功。我们排除了许多质疑，最终用非常理想的结果证明沈鼓行。

GM 记者：随着国家对“振兴东北老工业基地”及“重大技术装备国产化”等政策的深度推进，面对“十二五”规划等如此契机，沈鼓集团将会怎样迎接新机遇和新挑战？

苏永强：沈鼓“十二五”规划基本已经敲定，仍然继续坚持自主创新，加大科研新品开发力度，2011 年沈鼓的销售额是 100 亿，产值 110 亿，我们的目标是在“十二五”将现有的指标翻一番，管理上等级，跻身于世界同类企业的前列。“十二五”沈鼓要紧跟国家的政治导向，大力发展国家提倡和发展的项目，使沈鼓在“十二五”跃上一个新台阶。

首先，大力培育和发展与战略性新兴产业相关的产品。战略性新兴产业的许多内容和沈鼓有关，如说清洁能源、智能化制造、信息化及节能减排，这几个领域都和沈鼓的产品直接相关，特别在节能减排上，沈鼓要推出一些适应国家节能减排装备需要的产品。

其次，通过两化融合整合资源，提升能力。沈鼓被定为两化融合的示范企业，“十二五”期间在两化融合上沈鼓推出了云制造的概念，借鉴云计算的理念把整个资源整合，用信息化手段推进沈鼓的整体发展。主要是将管理上的、工程上的 ERP 及协同办公系统的整个版本升级，然后在全集团形成一种共用的平台和网络，同时让沈鼓的优势资源为全社会共享。

最后，发展现代服务业。沈鼓正在做大型成套，如 PTA、ITCC 制冷系统、小炼油、地铁等，下一步要将成套做大，解决从提供单一设备到系统集成、系统一揽子工程。

比如，江苏一家企业 PTA 项目，整个厂房，除了土建之外，包括机组、辅机、强电、弱电、水气及管路等设备都是沈鼓总承的；还有沈阳地铁的通风系统、空分整套装置、天然气工程等，这些项目沈鼓给客户提供的不仅是成套的设备，更是一种服务，也就是从制造服务向服务制造转变。

几年来沈鼓将客户服务体系进行了整合，现在客户服用中心具备销售服务、远程监控、备品备用件的提供、长期服务、安装检修及国内外产品升级改造这几大功能。下一步沈鼓还将着力打造云制造平台、自动控制及物流系统，这都是国家所提倡的现代服务业的发展方向。

《通用机械》杂志编者按：

沈鼓承载着国家赋予的使命，不断探索创新之路，从引进、消化吸收、应用到二次创新、自主创新，在风机领域迅速攀升至可以与世界强敌站在同一起跑线上竞争的态势，让中国人民扬眉吐气，让我们这个民族为之骄傲和自豪，今后的路依然充满挑战，期待沈鼓创造更多的奇迹，给出更多的惊喜！

（资料来源：邱明杰，聂常松. 使命——让沈鼓一路创造奇迹——访沈阳鼓风机集团股份有限公司董事长苏永强. 通用机械，2012 年第 2 期.）

案例讨论题

1. 沈鼓将如何面对美好的前景和巨大的挑战？
2. 沈鼓的企业使命是什么？将如何实现？

第3章

企业战略外部环境分析

本章学习目的：

1. 掌握宏观环境分析的内容；
2. 掌握行业经济特征及关键因素分析的内容和方法；
4. 掌握行业演变过程及各阶段的特征；
4. 重点掌握行业竞争力结构分析及行业内战略集团分析。

案例

复旦光华科技公司外部环境分析

上海复旦光华信息科技股份公司是一家国有大型股份制信息企业，公司于1998年6月成立，出资方为复旦大学、上海电信和上海市科技信息中心，是国家863计划成果产业化基地、国家规划布局内重点软件企业，是中国软件欧美出口工程A类试点企业和试点基地、经国家科技部认定的骨干软件企业。

一、企业环境PEST分析

1．政治环境分析

中央在加强经济结构调整的部署工作会中指出了从整体角度发展信息产业的发展方向，积极发展信息技术产业，其中以信息技术产业为主要代表，也包括信息服务业。为了进一步缩小发展过程中的地域差异，继西部大开发战略取得重要进展以后，党中央提出振兴发展东北地区等老工业基地的发展战略，为实现均衡发展提供了契机。

中央下达的一系列关于大力发展信息产业的战略决策，充分显示了新一代领导集体对信息产业的高度重视和大力支持，对信息安全行业的发展方向起到了进一步的指导作用，发展过程中的一些制度保障正在逐步完善之中。

美国“棱镜门”爆出之后，全国范围内的网络安全工作方向有了明确转变，由原先的笃信外国大牌产品转为依靠民族品牌。特别是机关单位和央企单位等部门已经明令限制了对国外网络设备和安全设备的采购。这给国有品牌带来了新的发展机遇，同时也对民族品牌能否满足市场需求、满足企业技术指标要求提出了新的挑战。

2．经济环境分析

近几年来，我国信息技术市场仍然保持高速发展的态势，但各种信息业务的普及率依然较低。国民经济的稳步持续快速健康发展、信息业务用户消费能力不断提高的需求和不断推进的社会信息化进程，将持续推动信息行业市场需求的健康发展。我国信息业务市场规模在今后几年还将继续稳步扩大，预计今后几年信息行业市场规模的增长速度仍然将保持 5%~10%。

近几年随着信息技术行业市场竞争格局初步成形，信息技术行业体制改革不断推进，在信息技术行业市场的竞争中，用户消费意识逐步形成并且日益成熟。用户对企业的服务质量要求不断提高，用户的消费也向定制型发展，这种趋势会在将来变得更加明显。

企业用户消费心理的普遍成熟，和信息技术行业市场规模的不断扩大，不仅为信息技术行业企业的进一步发展提供了机遇，同时又迫使复旦光华公司等信息技术企业不断提高竞争力去面临挑战。能否顺应经济发展客观规律的要求，是复旦光华等信息企业生存发展的关键。

二、国际国内技术环境分析

1. 国际技术环境分析

20 世纪 70 年代末，随着现代科技革命的全面展开，科技革命直接影响世界经济发展方式的革新与质的改变，进入了知识经济时代，现代科技革命的核心就是高新科技的产业化。高科技术和科技二者的迅速发展，在全球范围内推动了庞大的高科技术企业队伍的诞生，并促进了这些高新技术企业的发展。如今的高新技术产业转变为世界经济发展的新动力和先导力量，有效带动了世界经济快速向前发展。在这些高科技企业之中，有相当一部分是网络安全技术企业。

2. 国内技术环境分析

国内的信息化安全工作开展较晚，技术发展环境在不同时期有着不同的发展阶段。

三、五力分析模型策略分析

(1) 供应商的讨价还价能力。复旦光华与众多产业内电子元件和生产设备厂商有着长期良好的合作关系，这使得复旦光华的产品在保证技术要求和良好性能的前提下，在价格方面也具有市场竞争优势。公司实行规避市场询价的价格保密政策，避免恶性竞争。

(2) 购买者的讨价还价能力。复旦光华的技术产品多拥有固定的企业消费群体，加上国家政策的鼓励和保障，比同行业的竞争对手更具竞争优势。公司从提高客户体验着手，为了保证客户群体权益而努力。

(3) 潜在进入者的威胁。由于目前的市场格局和技术的先进性，新的进入者对复旦光华的影响不会太大，但新进入者可能会结合一些固定的有效因素，来瓜分复旦光华的产品市场，所以复旦光华的及时跟进显得尤为重要。

(4) 替代品的威胁。复旦光华的产品可以根据客户习惯和特殊技术要求，为客户企业定制所需的安全技术产品，这样就保证了本企业产品与其他同类型产品的功能上的差异性。

(5) 同业公司竞争。国家对相关行业的审查机制与技术壁垒，加之复旦光华与长期合作的大型固定客户群保持良好的合作关系，积极提高企业的服务意识，以公安、电信、政府、检查、教育、烟草企业等为重点服务行业，培养了客户对复旦光华企业品牌的忠诚度。

四、总结

企业外部环境分析对企业发展战略的制定起着举足轻重的作用。通过对企业外部环境的综合性了解和分析，总结出外部因素对企业的影响作用，是机会更多还是威胁更多，是战略分析要做的一项非常重要的工作，也是企业健康可持续发展的强劲推力。

（资料来源：王伟波. 复旦光华科技公司外部环境分析. 中外企业家，2015 年第 3 期.）

企业外部环境（Enterprise External Environment）是对企业外部的政治环境、社会环境、技术环境、经济环境的总称。企业与环境之间存在着密切的联系。一方面，环境是企业赖以生存的基础。企业经营的一切要素都要从外部环境中获取，如人力、材料、能源、资金、技术、信息等，没有这些要素，企业就无法进行生产经营活动。同时，企业的产品也必须通过外部市场进行营销，没有市场，企业的产品就无法得到社会承认，企业也就无法生存和发展。同时，环境能给企业带来机遇，也会造成威胁。问题在于企业如何去认识环境、把握机遇、避开威胁。另一方面，企业是一种具有活力的社会组织，它并不是只能被动地为环境所支配，而是在适应环境的同时也对环境产生影响，推动社会进步和经济繁荣。企业与环境之间的基本关系，是在局部与整体的基本架构之下的相互依存和互动的动态平衡关系。因此，企业必须研究环境，主动适应环境，在环境中求得生存和发展。

3.1 企业宏观环境分析

构成企业宏观环境的要素是指对企业经营与企业前途具有战略性影响的变量，是各类企业生存发展的共同空间，是企业环境因素中一个比较广泛的方面。决定企业胜负的很多因素都存在于宏观环境之中，这些因素不只是通过影响企业所在的行业而改变着企业的生存与发展条件，有的还会对企业产生直接的影响。因此，对企业宏观环境进行分析是制定战略时必须进行的一项基础性工作。宏观环境分析的意义，就在于如何确认和评价政治法律、经济、科技、文化、社会与物质等宏观环境因素对企业战略目标和战略选择的影响。

3.1.1 PEST 分析

1. 政治法律环境

政治法律因素是指对企业经营活动具有现存的和潜在的作用与影响的政治力量和对企业经营活动加以约束和要求的法律和法规条文等。主要包括企业所在国家或地区的政治稳定状况、政治经济制度与体制、执政党所要推行的基础政策和这些政策的稳定性与连续性，以及企业所在国家或地区的法律、法规等。这些因素常常制约、影响着企业的经营行为，尤其是影响企业较长期的投资经营活动。

就国内来看，企业所在国家或地区的政局与社会稳定状况往往是企业能够顺利开展生产经营活动的基础条件之一。内战、罢工及与周边地区的武装冲突都会影响企业的正常经营，甚至停产关门；一国的政治经济制度与体制也是企业生产经营活动的基本影响因素，首先决定企业的产权制度与结构，进而影响企业的经营机制；一国或地区执政党的路线、方针和政策又是影响和制约企业生产经营的一股重要政治力量。以产业政策为例，国家确定的重点产业总是处于优先发展的地位，重点行业的企业增长机会多，发展潜力大。而非重点行业的企业，发展速度缓慢，甚至停滞不前，很难有所突破。此外，法律是用来调整法人之间的关系的，法律的变化可能直接鼓励和限制某些商品的生产和销售。例如，我国对爆竹、雷管和炸药等危险品行业就要求由定点企业来进行生产。另外，我国禁止多数企业生产枪支、弹药和安乐死药片等。目前，世界上很多国家都对企业的商务活动做了大量的立法，对企业的影响和约束在不断加强。就我国而言，党的“十四大”以后，我国的商业立法工作也在不断加强，已经初步形成了一个较为完整的社会主义市场经济法律体系框架，国家颁布了乡镇企业法、公司法、证券交易法、房地产管理法、反不正当竞争法、预算法、物价法、劳动保护法等法律法规。

就国外而言，从事国际化经营的企业，还要重点研究将要打交道国家的政治法律因素。例如，那些国家的方针、政治、法律、政局状况等。对于经常处于政局动荡，内战频繁发生的国家，像发展中的拉美和非洲一些国家，与这些国家做生意就应格外慎重。

政治法律环境因素对企业来说是不可控的，带有明显强制性的约束力，只有适应这些环境的要求，使自己的行为符合国家的政治路线、政策、法律和法规的要求，企业才能稳定而持续的生存和发展。

2. 经济环境

经济环境是指一个国家的宏观经济的总体状况，指国民经济发展的总概况，是构成企业生存和发展的社会经济状况及国家经济政策。社会经济状况包括经济要素的性质、水平结构、变动趋势等多方面内容，涉及国家、社会、市场及自然等多个领域。国家经济政策是国家履行经济管理职能，调控宏观经济水平结构，实施国家经济发展战略的指导方针，对企业经济环境有重要的影响。

企业经济环境是一个多元化的动态系统，主要由经济发展水平、经济体制和经济结构和宏观经济政策四个要素构成。经济发展水平是指一个国家经济发展的规模、速度和所达到的目标。常用的衡量指标有国民生产总值、国民收入、人均国民收入、经济增长速度等。对企业自身来说，从这些目标中可以看到国家近期的发展状况和水平，利用全国各地区和企业自身的条件对比，可以从中认识到宏观经济形势对企业经营环境的影响，对企业是有帮助和指导意义的。

经济体制是指国家组织经济的形式。经济体制规定了国家与企业、企业与企业、企业与各经济部门之间的关系。调控和影响社会经济流动的范围、内容和方式等。因此，经济体制对企业的生存与发展的形式、内容、途径等都提出了系统的基本规则与条件。

经济结构主要包括产业结构、分配结构、消费结构、技术结构等。其中最重要的是产业结构。企业应时刻关注经济结构的变化动向，以便及时地调整企业经营活动内容，主动适应变化的经济结构环境，安全、健康地推动企业向前的发展。

经济政策是国家制定的在一定时间内，实现国家经济发展目标的战略与策略。包括全民经济发展战略和产业政策、国民收入分配政策、价格政策、对外贸易政策、物资流通政策、全面货币政策等。经济政策规定了企业活动的范围和原则，引导和规范企业经营的方向，有效地协调企业之间、各经济部门之间的关系。因此，企业必须严格遵守国家制定的各项经济政策，保证企业经营的正常运转，保证社会经济的正常运转，保证国民经济发展目标与任务的正常实现。

综上所述，以上四要素构成了企业外部的经济环境，它们综合地影响着企业的生存与发展。为了取得经营上的成功，企业的经营者必须识别出那些能够影响战略决策的关键的经济力量，增强对企业宏观经济环境分析的意识，这样才能使企业在复杂多变的经济环境中取得生存与发展。

3. 社会文化环境

社会文化环境包括一个国家或地区的居民教育程度和文化水平、宗教信仰、风俗习惯、审美观点、价值观念等。文化水平会影响居民的需求层次；宗教信仰和风俗习惯会禁止或抵制某些活动的进行；价值观念会影响居民对组织目标、组织活动及组织存在本身的认可与否；审美观点则会影响人们对组织活动内容、活动方式及活动成果的态度。

中华民族的文化是我国企业赖以生存和发展的基础，构成了企业的文化环境。文化环境始终以一种不可违逆的方式影响着企业，影响着企业的目标和企业宗旨，影响着企业内部文化的底蕴和色彩，进而也会影响一个企业对于社会责任的态度。因此，研究企业战略，决不能忽视文化环境对企业的影响，只有全面了解企业所处的文化环境，才能真正把握企业经营战略与文化环境的内在联系，在更深层次上掌握企业经营行为的规律性。

文化的基本要素包括宗教、语言与文字、哲学、文学艺术等，它们共同构成文化系统，是企业文化环境的重要组成部分。

宗教作为文化的一部分，在其长期发展过程中对人们的心理、风俗习惯、文学艺术、哲学思想、科学技术及政治经济生活等都会产生深刻的影响；语言文字是一种传递信息、观念和规范的基本文化手段，是一个民族得以发展和流传的直接载体；哲学是文化的核心部分，在整个文化中起着主导作用，常以各种微妙的方式渗透到文化的各个方面，发挥着强大的影响作用；文化艺术往往是文化整体形象的具体表现，是社会现实生活的反映，对企业职工的个体心理、人生观、价值观、道德及审美观点的影响及导向是不容忽视的。

要充分认识文化在社会经济发展中的作用，文化对于人们认识经济发展规律，调整人们的经济活动，加速或延缓经济发展有重大作用。一般来讲，文化发达、文化水平高，有利于经济发展；文化落后、文化水平低，不利于经济发展。文化与工业发展之间有不可分割的关系，工业落后文化必然落后；文化落后工业也必然落后。文化的影响将会遍及企业生产和经营的各个领域，包括产品设计、生产、定价、促销、分销渠道的建立、产品包装及产品服务等。另外，企业一切生产经营活动都会受到环境文化价值观念的检验，有的产品受欢迎，有的产品则遭到排斥和抵制。因此，成功的企业不仅要了解环境中有关文化的具体知识，而且必须对文化有非常敏感的感受力和影响力，能够捕捉文化环境中对人们的价值观、人生观等有影响的抽象文化理念在产品以及市场中的需求和反应，这样才能够客观地评价和理解企业所处的文化环境，并以此作为制定企业战略的重要依据和参考。

4. 科技环境

科技环境要素是指目前社会技术总体水平及其变化趋势。不但指那些引起时代革命性变化的发明，而且还包括与企业生产有关的新技术、新工艺、新材料的出现，发展趋势及应用前景。它具有变化快、变化大、影响面大(跨越国界)等特点。

技术的发明和进步不仅影响行业的生存和发展，而且也影响多数企业具体的生产和销售活动。因此，世界上的成功企业都对新技术的利用给予了极大的重视。技术力量主要从两个方面影响企业战略的选择。首先，技术革新为企业提供了机会，表现在：第一，新技术的出现使得社会和新兴行业增加了对本行业产品的需求，从而使企业开辟了新的市场和新的经营范围；第二，技术进步可使企业通过利用新的材料、新的生产方法、新的生产工艺等各种途径，生产出高质量、高性能的产品，同时也使产品成本大大降低。另外，互联网技术的广泛推广和应用可以使企业在全球范围内实现最优成本采购和全球流通配送。同时也可使企业在不同的地点完成产品研发、设计、生产、销售和售后服务等不同的活动，以寻求产品的不断增值，真正地实现区位经济。其次，新技术的出现也使企业面临着挑战。技术进步会使社会对企业产品和服务的需求发生重大变化，技术进步对某一行业形成了机遇，对另一行业则可能构成威胁。目前许多塑料制品成为钢铁产品的替代品，塑料制品业的发展就在一定程度上对钢铁业形成了威胁。另外，竞争对手的新技术可能使本企业的产品或服务遭到淘汰，或使本企业的产品价格过高，从而丧失竞争力。因此，企业要认真分析技术革命对企业带来的影响，注意市场对新技术和新产品的需求，认清本企业和竞争对手在技术上的优势和劣势。最终目的就是要使企业和消费者从技术发明、技术创新的新产品中获益。

3.1.2 外部因素评价矩阵(EFE 矩阵)

1. EFE 矩阵简介

外部因素评价矩阵(External Factor Evaluation Matrix，EFE)是一种对外部环境进行分析的工具，其做法是从机会和威胁两个方面找出影响企业未来发展的关键因素，根据各个因素影响程度的大小确定权数，再按企业对各关键因素的有效反应程度对各关键因素进行评分，最后算出企业的总加权分数。通过 EFE，企业就可以把自己所面临的机会与威胁汇总，刻画出企业的全部吸引力。

2. EFE 矩阵的建立步骤

EFE 矩阵可以按如下五个步骤来建立。

(1)列出在外部分析过程中确认的关键因素：

① 因素总数在 10 ~ 20 个之间；

② 因素包括影响企业和所在产业的各种机会与威胁；

③ 首先列举机会，然后列举威胁；

④ 尽量具体，可能时采用百分比、比率和对比数字。

(2)赋予每个因素以权重：

① 数值由 0.0(不重要)到 1.0(非常重要)；

② 权重反映该因素对于企业在产业中取得成功的影响的相对大小性；

③ 机会往往比威胁得到更高的权重，但当威胁因素特别严重时也可得到高权重；

④ 确定权重的方法——对成功的和不成功的竞争者进行比较，以及通过集体讨论而达成共识；

⑤ 所有因素的权重总和必须等于 1。

(3)按照企业现行战略对关键因素的有效反应程度为各关键因素进行评分：

① 分值范围 1 ~ 4；

② 4 代表反应很好，3 代表反应超过平均水平；2 代表反应为平均水平；1 代表反应很差；

③ 评分反映了企业现行战略的有效性，因此它是以公司为基准的；

④ 步骤(2)的权重是以产业为基准的。

(4)用每个因素的权重乘以它的评分，即得到每个因素的加权分数。

(5)将所有因素的加权分数相加，以得到企业的总加权分数。

无论 EFE 矩阵包含多少因素，总加权分数的范围都是从最低的 1.0 到最高的 4.0，平均分为 2.5。高于 2.5 则说明企业对外部影响因素能做出反应。EFE 矩阵应包含 10 ~ 20 个关键因素，因素数不影响总加权分数的范围，因为权重总和永远等于 1。

案例

某移动增值服务公司外部因素评价矩阵分析

某移动增值服务公司，是一家专注于移动增值业务的服务提供商(SP)，主要业务为经营短信平台，提供彩铃、彩信、音乐下载，以及手机游戏等。该公司总部设在上海，在纳斯达克上市，目前已经有近千名员工，年营业收入超过亿元，上升势头非常好。但在另一方面，作为一个新兴行业的企业，该公司也面临很多威胁。这些来自外部的机会和威胁，既有对移动增值服务这一新兴行业产生影响的，也有对掌上灵通这一具体企业产生影响的。因此，以其为例，来分析 EFE 矩阵权重设置的当与不当之处，比较有代表性。

一、影响某移动增值服务公司的外部因素

机会：

1. 移动增值服务市场增长迅速；
2. 年轻人不断增加的消费能力；
3. 人们花在交通、参加会议等上面的时间增加；
4. 3G 网络为移动增值服务提供更多市场开拓空间；
5. 内容提供商大量涌入；
6. 纳斯达克上市提供了更多的资金支持。

威胁：

1. 移动运营商的产业链延伸；
2. 内容提供商的产业链延伸；
3. 社会舆论对资费陷阱和不良信息的反感；
4. 技术发展导致的技术门槛降低；
5. 海外上市导致的管理成本上升。

二、赋予上述因素以权重

全部为正值的办法来分析：

机　会	权重	威　胁	权重
1. 移动增值服务市场增长迅速	0.10	1. 移动运营商的产业链延伸	0.20
2. 年轻人不断增加的消费能力	0.05	2. 内容提供商的产业链延伸	0.05
3. 人们花在交通、参加会议等上的时间增加	0.10	3. 社会舆论对资费陷阱和不良信息的反感	0.15
4. 3G 网络将提供更多市场空间	0.05	4. 技术发展导致的技术门槛降低	0.10
5. 内容提供商大量涌入	0.05	5. 海外上市导致的管理成本上升	0.05
6. 纳斯达克上市提供了更多的资金支持	0.10		
机会和威胁的权重总计	1.00		

三、对各因素评分

评分的规则，范围为 1 ~ 4。

机　　会	权重	评分	威　　胁	权重	评分
1．移动增值服务市场增长迅速	0.10	3	1．移动运营商的产业链延伸	0.20	2
2．年轻人不断增加的消费能力	0.05	4	2．内容提供商的产业链延伸	0.05	3
3．人们花在交通、参加会议等上的时间增加	0.10	2	3．社会舆论对资费陷阱和不良信息的反感	0.15	2
4．3G 网络将提供更多市场空间	0.05	1	4．技术发展导致的技术门槛降低	0.10	1
5．内容提供商大量涌入	0.05	2	5．海外上市导致的管理成本上升	0.05	3
6．纳斯达克上市提供了更多的资金支持	0.10	4			

四、评分及加总

机　　会	权重	评分	加权分数	威　　胁	权重	评分	加权分数
1．移动增值服务市场增长迅速	0.10	3	0.30	1．移动运营商的产业链延伸	0.20	2	0.40
2．年轻人不断增加的消费能力	0.05	4	0.20	2．内容提供商的产业链延伸	0.05	3	0.15
3．人们花在交通、参加会议等上的时间增加	0.10	2	0.20	3. 社会舆论对资费陷阱和不良信息的反感	0.15	2	0.30
4．3G 网络将提供更多市场空间	0.05	1	0.05	4. 技术发展导致的技术门槛降低	0.10	1	0.10
5．内容提供商大量涌入	0.05	2	0.10	5. 海外上市导致的管理成本上升	0.05	3	0.15
6．纳斯达克上市提供了更多的资金支持	0.10	4	0.40				
加权分数总计	2.35						

五、分析

按照分析表，加权分数总计为 2.35，说明这家公司：

1. 在整个产业中对现有机会与威胁做出了反应，比较有效地利用了现有机会并抵消了部分外部威胁的不利影响；

2. 2.35 低于 2.5 的平均分数，这说明，该公司在利用机会，抵消外部威胁不良影响方面，并不是做得很好。

3.2　行业环境分析

行业环境分析的目的在于弄清楚行业的总体情况，把握行业中企业的竞争格局以及本行业和其他行业的关系。有效地发现行业环境中存在的威胁，努力寻找企业发展的机会，理顺竞争形势，从而进行行业的选择以及行业中所处位置的选择。

3.2.1　行业经济特征及关键因素分析

1. 行业经济特征

各个行业在特征和结构方面都有着很大的差别，所以进行行业竞争性分析首先要从整体上把握行业中主要的特征。行业经济特征是行业相互区别的标志，行业经济特征的主要内容有：

(1)行业性质；

(2)行业在国民经济中的地位与作用；

(3)行业的市场规模；

(4)行业竞争范围(当地性、区域性、全国性、国际性还是全球性)；

(5)行业市场增长速度或行业所处的生命周期阶段(投入期、成长期、成熟期、衰退期)；

(6)行业内生产厂家的数量及相对规模；

(7)行业内买方厂家数量及相对规模；

(8)行业前向及后向一体化的普遍程度；

(9)到达购买方的分销渠道的类型；

(10)技术革新(新材料、新产品、新性能、工艺革新等方面)的速度；

(11)产品差异化程度；

(12)实现规模经济的可能性；

(13)行业中某些活动是否存在学习效应及经验曲线；

(14)供应厂家的数量及相对规模；

(15)行业进入与退出障碍及难易程度；

(16)行业的盈利水平。

行业的经济特征对企业的战略制定有很大影响，因此对行业的经济特征进行分析就有着重要的意义。在世界汽车行业、电子通信行业中，如通用汽车公司、沃尔沃公司、梅塞得斯奔驰公司、摩托罗拉公司及三星公司等，近年来的研究开发费用占销售额的比例都在10%以上，这是一个让中国绝大多数企业都感到不可思议的比例。因此，对行业的经济特征分析，有利于企业根据行业特性来制定企业自身的发展战略、经营战略及一系列的职能战略。

2. 行业关键因素分析

1)行业关键因素的内涵

行业的关键因素是指那些影响行业成员能否在市场上获得竞争优势的最重要的因素，是最能够影响行业成员成功的特定的战略要素。关键成功因素涉及每一个行业成员所必须擅长的方面，它们是取得行业成功的前提条件。回答以下三个问题有助于确定行业的关键成功因素。

(1)顾客在各个竞争性品牌之间进行挑选的条件是什么?

(2)行业中企业获取持久竞争优势的方法和措施是什么?

(3)行业中的企业拥有怎样的资源和竞争能力才能保证竞争的成功性?

2)行业关键因素分析的战略意义

每家企业的资源都是有限的。那些在市场上获得成功的公司并不见得在所有方面都比竞争对手好，而是在对行业竞争有重要影响的一项或几项活动方面比对手出色而已。因此，确定行业的关键成功因素有重要的战略意义。公司的管理者如果能深刻地洞察出行业的关键成功因素，就可以把公司的战略建立在行业的关键成功因素上，然后竭尽全力地强化这些因素来获得持久的竞争优势。

3) 几种常见的关键成功因素

(1) 与技术相关的关键成功因素如下：

① 基础科学研究技能；

② 在产品生产工艺和过程中进行创造性改进的技术能力；

③ 产品革新能力；

④ 在既定技术上的专有技能，如运用因特网发布信息、承接订单、送货或提供服务的能力。

(2) 与技能相关的关键成功因素如下：

① 员工拥有卓越的才能(对于专业型的服务，如咨询、会计和投资银行)；

② 质量控制诀窍；

③ 设计方面的专有技能(在时装行业尤为重要)；

④ 能够开发出创造性的产品和取得创造性的产品改进；

⑤ 能够使产品快速地经过研究与开发阶段到达市场上；

⑥ 组织能力；

⑦ 卓越的信息系统；

⑧ 能够快速地对变化的市场环境做出反应；

⑨ 拥有比较多的经验和诀窍。

(3) 与制造相关的关键成功因素如下：

① 低成本生产效率(获得规模经济，取得经验曲线效应)；

② 很高的固定资产利用率(在资本密集型、高固定成本的行业中尤为重要)；

③ 低成本的生产工厂定位；

④ 能够获得足够的娴熟劳动力；

⑤ 高劳动生产率(对于劳动力成本很高的商品来说尤为重要)；

⑥ 成本低的产品设计和产品工程(降低制造成本)；

⑦ 能够灵活地生产一系列的模型和规格的产品，满足顾客的订单。

(4) 与分销相关的关键成功因素如下：

① 强大的批发分销商或特约经销商网络；

② 能够在零售商的货架上获得充足的空间；

③ 拥有自己的分销渠道和网点；

④ 分销成本低；

⑤ 送货速度快。

(5) 与市场营销相关的关键成功因素如下：

① 快速准确的技术支持；

② 礼貌、周到的客户服务；

③ 顾客订单的准确满足(订单返回很少或者没有出现错误)；

④ 产品线和可供选择的产品很宽；

⑤ 商品推销技巧；

⑥ 有吸引力的款式和包装；

⑦ 顾客保修和保险(对于邮购零售、大批量购买以及新推出的产品来说尤为重要)；

⑧ 精明的广告。

(6)其他类型的关键成功因素如下：

① 在购买者中间拥有有利的公司形象和声誉；

② 总成本很低(不仅仅是在制造中)；

③ 便利的设施选址(对于很多的零售业务都很重要)；

④ 能够获得财务资本(对高商业风险的新兴行业和资本密集行业来说是很重要的)；

⑤ 专利保护。

4)行业关键成功因素评价矩阵：

行业关键战略要素评价的矩阵分析方法是通过对行业关键战略要素的评价分值比较，展示出行业内各竞争者之间的相对竞争力量的强弱，所面临的机会与风险的大小，为企业制定经营战略提供一种用来识别本企业与竞争对手各自竞争优势、劣势的工具。建立行业关键战略要素评价矩阵可按以下四个步骤进行。

(1)由企业战略决策者识别行业中的关键战略要素。评价矩阵中一般要求 3 ~ 15 个关键战略要素。具体由战略决策者通过研究特定的行业环境与评价结论，针对与企业成功密切相关的要素达成共识。在分析中常见的关键战略要素有市场份额、产品组合度、规模经济性、价格优势、广告与促销效益、财务地位、管理水平、产品质量等。

(2)对每个关键战略要素确定一个适用于行业中所有竞争者分析的权重，以此表示该要素对于在行业中成功经济的相对重要性程度。权重值的确定可以通过考察成功竞争者与不成功部分者的经营效果，从中得到启发。每一要素权重值的变化范围从 0.0(最不重要)到 1.0(最重要)，且各要素权重值之和应为 1。

(3)对行业中各竞争者在每个关键战略要素上所表示的力量，相对强弱进行评价。评价的分数通常取为 1、2、3、4。依次为 1 表示最弱，2 表示较弱，3 表示较强，4 表示最强。评价中必须注意各分值的给定应尽可能以客观性的资料为依据，以便得到较科学的评价结论。

(4)将各关键战略要素的评价值与相应的权重值相乘，得出各竞争者在相应战略要素上相对力量强弱的加权评价值。最后对每个竞争者在每个战略要素上所得的加权评价值进行加总，从而得到每个竞争者在各关键战略要素上力量相对强弱情况的综合加权评价值。这一数值的大小就揭示了各竞争者之间在总体力量上相对强弱的情况。

表 3-1 提供了一个行业关键成功战略要素评价矩阵分析的示例。

表 3-1 行业关键战略要素评价矩阵示例

行业关键战略要素	权重	本企业		竞争者 1		竞争者 2	
		评价值	加权评价值	评价值	加权评价值	评价值	加权评价值
市场份额	0.20	3	0.6	2	0.4	2	0.4
价格竞争	0.20	1	0.2	4	0.8	1	0.2
财务地位	0.40	2	0.8	1	0.4	4	1.6
产品质量	0.10	4	0.4	3	0.3	3	0.3
用户信誉	0.10	3	0.3	3	0.3	3	0.3
综合加权评价值	1		2.3		2.2		2.8

表 3-1 中财务地位的权重值为 0.4，表明其为关系到企业经营战略成败的最重要的战略要素；本企业在产品质量方面的评价值为4，表示在产品质量方面本企业力量最强；竞争者2 在

财务地位与综合力量方面均属最强，其得分分别是 4 与 2.8；而竞争者1的综合加权评价值为 2.2，表示其在综合力量方面最弱。

3.2.2 行业演变的过程

现代社会经济与技术的快速发展使行业形态处于持续的变化之中。近些年来，许多行业的内部结构和特征正发生着重大而深刻的改变。其中一些行业向着高度集中的方向发展，另一些行业则趋向分散。在这种行业的重新组合与重新界定的巨大变化中，如果企业不能准确并及时地把握其行业的发展变化趋势，势必将要危及企业的生存和发展。

1. 行业演变的驱动因素分析

行业中发生的各种特殊事件、观点及经营策略都可能导致行业的特征和经营环境发生很大的变化，可以被看做行业演变的驱动因素。可能的驱动因素包括以下几个方面。

1) 行业顾客需求的变化

现代社会中顾客需求的含义十分复杂。通常它并非是满足某种基本的生理需要，而是在价值观念、文化习俗、受教育程度、经济收入水平乃至政府政策等诸多因素共同影响下形成的生活需要，因而准确判断一个社会群体的需求变化比较困难。同时，由于经济繁荣导致了消费潮流的多样化、情感化，使得趋势性的变化和令人眼花缭乱的市场短期变化交织在一起。因此，尽管顾客导向的观念早已广泛传播且根深蒂固，但真正能够预知需求变化的人却为数不多。企业领导者只有透过短暂的现象发现顾客的真正需要，发现这些需要中隐含的、持续的、不可逆转的变化趋势，才能为企业发展赢得重大转机。

2) 行业长期增长率的变化

行业增长率的上升或下降会影响行业供应和需求之间的平衡以及进入和退出之间的平衡。市场需求的长期攀升会吸引新进入者进入市场，鼓励现有厂商增加生产能力。而市场的收缩则会导致某些公司退出该行业，诱使剩下的厂商关闭效率低下的生产工厂并收缩业务量。

3) 目标顾客群以及顾客对产品使用方式的变化

这种变化可能改变行业竞争态势，迫使行业中的竞争厂商扩大或缩小产品线、改变行业的主要分销渠道、带来不同的广泛及营销方式、转换售后服务方式等。

4) 技术进步及产品革新

技术进步及产品革新可以从根本上动摇一个行业原有的竞争格局，如重新实现行业的增长、扩大行业的客户群、加大企业间的差别化程度、引起成本效率的大幅下降、导致企业市场地位的重大变化等。

5) 营销革新

如果竞争厂商能够成功地引入产品销售的新方式，就可以激起购买者的兴趣，扩大行业需求，提高产品差异性，降低单位成本。这其中的每一点都可以改变竞争对手的竞争地位，迫使竞争对手修整战略。

6) 大厂商的进入或退出

外资公司进入某个曾经为本土厂商所统治的市场几乎无一例外地会动摇市场的竞争环境。同样，当一家有着雄厚实力的多元化公司进入新行业时，通常会以某种创造性的方式运用其资源和经验，从而使得竞争朝着新的方向发展。大公司的进入往往会建立一些新的竞争规则，大公司的退出也会改变竞争格局。

7）技术诀窍的扩散

某行业的关键技术知识一旦扩散，那些因拥有这些诀窍而建立领先地位的公司，其竞争优势就会遭到侵蚀。随着能够获得技术诀窍的公司的增加，这些公司将凭借自己的低成本的制造能力同既有公司展开激烈竞争。

8）行业日益全球化

随着产品需求在更多的国家不断增长、贸易壁垒的降低、技术转移速度的加快，越来越多的行业日益全球化。全球化竞争通常会改变行业中重要竞争厂商之间的竞争模式，并且导致各个竞争厂商的地位进一步增强或走向衰落。

9）成本和效率的变化

行业内关键竞争厂商之间成本和效率差距的扩大或缩小往往会大大改变竞争的格局。

10）顾客购买的差别化偏好增强还是标准化偏好增强

在某些行业中，越来越多的购买者不再被拥有过多的华而不实的特色、性能和服务的高价品牌所吸引，转向标准化的低价产品。这种发展态势往往会使行业内的厂商展开激烈的价格竞争。与此相反的另一些行业中，对标准化产品的偏好减弱，这样的驱动因素就导致竞争厂商纷纷提高差异化的程度。

11）政府政策的变化

政府的政策转变常常会给行业带来重大变化。政府对行业管制的解除或放宽、政府对行业改革的推动、政府对外资公司投资政策的放宽或限制，将带来金融、保险、电力、电信、房地产、汽车、医疗等行业竞争变革。

12）社会关注点、态度和生活方式的变化

新出现的社会问题和人们价值观及生活方式的变化可以刺激行业变革。社会对环境保护的日益关注已经迫使各个行业增加经营费用，将控制污染的开支计入成本，人们对健康的重视已经产生了一些全新的行业。这些变化将促使竞争厂商的反应速度更快、更富有创造力，其产品的定位目标就是新趋势、新时尚、新环境。

2. 行业演变阶段

行业演变的各驱动因素的相互作用导致行业演变持续发生，与产品生命周期相似，一个行业的演变也可以划分为初创期、成长期、成熟期和衰退期四个阶段，如图 3-1 所示。

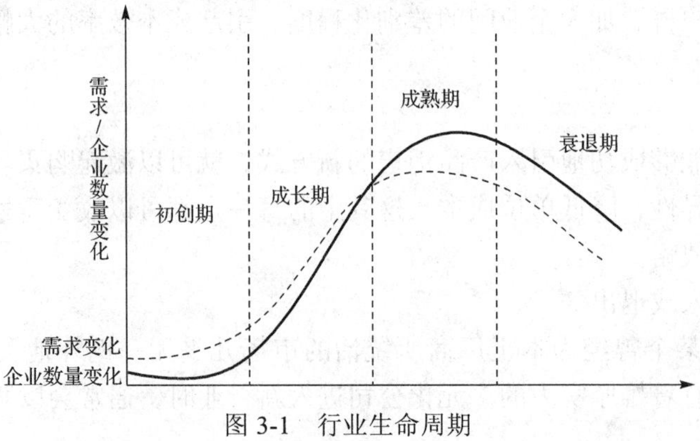

图 3-1　行业生命周期

在不同阶段，不仅市场需求和市场的增长率发生变化，而且顾客的需求特征、五种竞争力之间的关系以及竞争的游戏规则和成功关键因素都可能发生变化。特别是在行业从一个阶段过渡到另一个阶段时，如果企业依然沿用旧的战略方针，就难免在战略决策中步入误区。因此，认清行业演变的过程以及行业在不同阶段的主要特征，可以使企业更好地识别出行业演变中隐藏的机遇和威胁，对战略做出必要的调整。

1）行业初创期

所谓行业的初创期，既包括一个全新行业的兴起，也包括一些传统行业的再生。行业初创期的基本特征可以归结为技术、市场和竞争的不确定性。具体表现为以下几点。

(1)技术发展具有高度的不确定性。在产业初创期，由于技术体系还不成熟，无论产品还是其生产技术，都存在多种变化的可能。行业内对产品标准和技术发展的方向的认识也各不相同。

(2)顾客缺乏必要的产品知识，无法准确认定产品的优劣，甚至无法理解产品的价值，这往往成为企业开发市场的一大障碍。

(3)竞争的游戏规则不确定。这一时期的市场信息的传播机制还未形成，企业之间发生直接对抗的概率不大，因此每个企业采用的市场开拓方式各不相同，市场开发策略具有探索性和多变性。这些不确定性使得先期进入这一行业的企业承担着很大的风险，企业要建立起有影响力的品牌或声誉还需要一定的时间。一些先期进入的企业甚至由于对市场预期不足或抵御风险的能力弱小，很快遭遇到失败的厄运；其他企业的市场也容易发生变化。

2）行业成长期

行业成长期是新兴行业走向成熟的过渡阶段，技术和市场的不确定性逐步降低，竞争强度增加。这一阶段的主要特征有以下几点。

(1)市场需求呈现出强劲增长的势头。随着产品信息扩散和顾客产品知识的逐渐丰富，市场增长率在一定时期内居高不下。这种形势也会对行业外部的企业产生很大的吸引力。

(2)技术发展的不确定性逐步降低。尽管技术开发永远存在风险，但技术发展方向开始明朗化；产品的功能结构逐步趋向稳定，行业的技术标准开始形成。

(3)竞争的游戏规则由不确定到确定。市场信息的广泛传播使企业对竞争焦点的认识趋于一致，后进企业对领先企业的战略模仿也使得许多企业之间出现了相似的战略行为。

(4)企业数量由急剧增长逐步转向减少。在成长前期，一方面有大量的外部企业试图进入这一领域；另一方面行业内的企业也会发生裂变，造成企业数量不断增多。在这一阶段的后期，激烈的竞争导致一批企业被淘汰出局，企业数量不断减少。

3）行业成熟期

经历了一段时期的高速成长之后，所有的行业都会进入成熟阶段。这一阶段的特点如下。

(1)市场增长缓慢甚至停滞，行业生产能力的增长趋于平稳，市场饱和并持续保持供过于求的局面，价格竞争成为主要的竞争方式。

(2)产品和技术更加成熟，产品标准化程度达到很高的水平，行业技术的变化更多是围绕工艺技术进行的。行业内对那些技术是先导技术，那些是关键技术有着广泛的共识，这些技术的开发也成为行业内技术竞争的焦点。

(3)竞争的游戏规则格式化，企业数量逐步减少到最低水平。行业内的企业对竞争的焦点和获取竞争优势的途径已经形成相近的理解，并按照这种理解来部署自己的战略行动。行业内一些相关的活动变得很有规则。有些在竞争中处于弱势地位的企业会主动撤出这一领域，不能适应激烈竞争的企业被淘汰。

4)行业衰退期

一个行业步入衰退期后，整个行业的销售额会出现持续的不可逆转的下降趋势。还会出现市场增长率下降、需求下降、产品品种及竞争者数量减少等。事实上，经历了衰退期的行业，尽管其中一些可能极度萎缩，却很少会完全消失，有些行业受到重大技术创新成果的推动，还可能进入再生阶段。在衰退期内，价格竞争将会更加激烈，不少企业将会退出衰退产业。

从行业生存与发展的环境条件出发，可归纳出以下四种类型的衰退行业。

(1)资源性衰退。由于生产所赖以进行的资源即将枯竭，使行业无法在原有空间里继续生产。这种类型的行业大多数都是以不可再生的自然资源为原料。

(2)效率性衰退。主要是因为效率低下的比较劣势而引起的行业衰退。原先在甲地是有比较优势的行业，可能因为其将技术扩散到地租、原材料、劳动力等生产要素更低廉的乙地，而发生了比较优势的转移，使得甲地的该行业逐渐衰退。

(3)收入低弹性衰退。因需求—收入弹性较低而衰退的行业。人民生活在由低收入向高收入的发展中，行业间因产品需求量不同而产生发展速度、方向的变化。有的高速增长，有的低速增长或不增长，还有的可能是负增长，它反映了行业兴衰在社会经济发展与产品品种需求双重制约下的变化关系。

(4)聚焦过度性衰退。因经济过度聚焦的弊端而引起的行业衰退。就工业发展过程来看，行业聚焦到一定程度，就会走向反面和出现扩散。这种扩散一般由于三方面的原因：一是社会的，即通过扩散来实现社会全布局的均衡；二是经济的，过度集中已不再有经济性；三是发展上的，通过有选择地淘汰一些行业，腾出空间来发展效率更高、技术更先进的行业，反映了生产日益社会化的条件下，行业兴衰与全社会整体要求和整体利益的相互影响、相互依存的关系是行业发展受到社会、经济、布局均衡、环境保护等多重目标制约的结果。

多数行业由初创期、成长期进入成熟期后，有的行业成熟期很短，有的行业成熟期则很长，也有的行业从成熟期阶段又回到了成长期发展。因此说，行业的演变过程有时是一个往复的发展过程，这些都是由技术、社会、经济等影响因素综合决定的。

3.2.3 行业能力与潜在优势矩阵分析

1. 行业能力分析

行业能力，指行业中每个竞争者所具有能力的总和。行业能力分析，包括对行业现有能力与未来能力、存在的问题及其成因的分析，还包括对所做决策的分析。在行业能力分析过程中，要将宏观环境分析、行业分析、行业组织、行业演变、行业寿命周期、企业能力分析等因素结合起来进行。

2. 潜在优势矩阵分析

1)基本原理

潜在优势矩阵，是根据行业竞争优势潜力划分行业的一种方法。它根据能够取得竞争优势方法的数量来划分每个行业，以此反映对竞争者行之有效的战略的数量。还根据竞争优势的规模和变化划分每个行业，并由此反映各战略之间获利能力的差异。

2）矩阵分析

潜在优势矩阵分析图如图 3-2 所示。

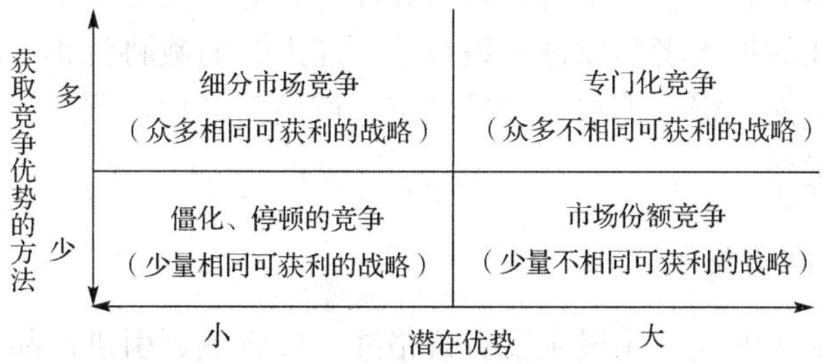

图 3-2　潜在优势矩阵分析图

(1)左下象限：行业可采取的战略少，只能取得较少优势，必须获取竞争优势的新方法。

(2)右下象限：可采取的有效战略少，企业多采用类似战略在市场份额上竞争，获利能力有较大的差异。

(3)右上象限：企业有许多不同竞争战略，进行多样化竞争，某些企业比其他企业有较多收益。

(4)左上象限：有许多可获取少量竞争优势的方法，努力在细分市场上进行竞争。

3）潜在优势矩阵分析的重要性

(1)企业总可以根据行业潜在优势矩阵，了解每一种类型的行业的销售量和投资量。

(2)企业可以根据潜在优势矩阵，有效地把企业的环境与企业竞争战略联系起来，做出适当的决策。

(3)企业可以根据矩阵，从一种竞争类型运动到另一种竞争类型，它能够说明行业演变的过程。

3.2.4　行业竞争力结构分析

按照波特的观点，一个行业中的竞争，远不止在原有竞争对手中进行，而是存在着五种基本的竞争力量，它们是行业新加入者的威胁、替代产品、购买商讨价还价的能力、供应商讨价还价的能力及现有竞争者之间的竞争，如图 3-3 所示。

这五种基本竞争力量的状况及综合强度，决定着行业的竞争激烈程度，从而决定着行业中获利的最终潜力。在竞争激烈的行业中，不会有一家企业能获得惊人的收益。在竞争相对缓和的行业中，各企业普遍获得较高的收益。现将五种竞争力量分述如下。

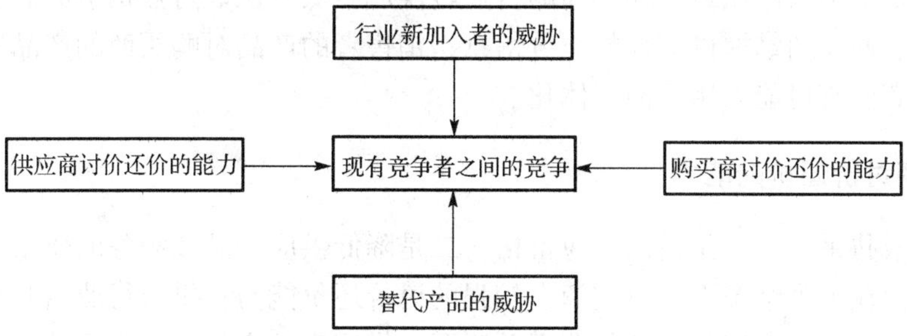

图 3-3　波特的五种竞争力模型

1. 行业新加入者的威胁

行业新加入者威胁的状况取决于进入障碍和原有企业的反击程度。如果进入障碍高，原有企业激烈反击，潜在的加入者难以进入该行业，加入者的威胁就小。决定进入障碍大小的主要因素有以下几个方面：资金需求、规模经济、产品差异化及顾客的忠诚度、分销渠道、转换成本和其他成本优势。

2. 现有竞争者之间的竞争

现有竞争者之间采用的竞争手段主要有价格战、广告战、引进产品及增加对消费者的服务和保修等。竞争的产生是由于一个或多个竞争者感受到了竞争的压力或看到了改善其地位的机会。如果一个企业的竞争行动对其他对手有显著影响，就会招致报复或抵制。如果竞争行动和反击行动逐步升级，则行业中所有企业都可能遭受损失，使处境更糟：现有企业之间的竞争会变得很激烈，有众多势均力敌的竞争者，行业中的总体生产规模和能力大幅度提高，行业增长缓慢，行业对企业兴衰至关重要，行业的产品没有差别或没有行业转换成本，行业具有非常高的固定成本或库存成本和退出行业的障碍很大。

3. 替代产品的威胁

替代产品是指那些与本行业的产品有同样功能的其他产品。替代产品的价格如果比较低，它投入市场就会使本行业产品的价格上限只能处在较低的水平，这就限制了本行业的收益。替代产品的价格越是有吸引力，这种限制作用也就越牢固，对本行业构成的压力也就越大。正因为如此，本行业与生产替代产品的其他行业进行的竞争，常常需要本行业所有企业采取共同措施和集体行动。下述的替代产品应引起该行业的注意：替代产品在价格和性能上优于该行业的产品；替代产品产自高收益率的行业。在后一种情况中，如果替代产业中某些发展变化加剧了那里的竞争，从而引起价格下跌或其经营活动的改善，则会使替代产品立即崭露头角。

4. 购买商讨价还价的能力

购买商可能要求降低产品的价格，要求高质的产品和更多的优质服务，其结果是使得行业的竞争者们互相竞争残杀，导致行业利润下降。在下列情况下，购买商们有较强的讨价还价能力：购买商们相对集中并且大量购买、购买商的利润很低、购买的产品占购买商全部费用或全部购买量中很大的比重、购买商的行业转换成本低、从该行业购买的产品属标准化或无差别的产品、购买商掌握供应商的充分信息、销售者的产品对购买商的产品质量或服务无关紧要和购买商们有可能采用后向一体化。

5. 供应商讨价还价的能力

供应商的威胁手段：一是提高供应价格；二是降低供应产品或服务的质量，从而使下游行业利润下降。在下列情况下，供应商有较强的讨价还价能力：供应行业由几家公司控制、无替代产品竞争、供应商所供应的行业无关紧要、供应商的产品是很重要的生产投入要素、供应商们的产品是有差别的和供应商对买主行业来说可构成前向一体化。

3.2.5 行业内战略集团分析

本节第四部分的行业竞争性分析的基点是确定广义的五种竞争力量的来源及强弱。这些力量决定了行业中竞争的性质和该行业中所具有的潜在利润。而行业内部结构分析则是来解释在同一行业中，企业之间在经营上的差异及这些差异与它们的战略地位的关系。为此，按照行业内各企业战略地位的差别，将企业划分成不同的战略集团。分析行业内各个战略集团之间的关系，从而进一步认识行业及其竞争的状况，并有助于确定谁是企业最主要的竞争对手。

1. 战略集团的概念

所谓战略集团，是指一个行业内执行同样或类似战略并具有类似战略特征的一组企业。在一个行业中，如果所有的企业都执行着基本相同的战略，则该行业中只有一个战略集团。如果每个企业都奉行着与众不同的战略，则该行业中有多少企业便有多少战略集团。当然在正常情况下，一个行业中仅有几个战略集团，它们使用着性质根本不同的战略。

在同一战略集团内的企业除了广义的战略方面外，还在许多方面彼此非常相近。它们在类似战略的影响下，会对外部环境做出类似的反应，采取类似的竞争行动，占有大致相同的市场份额。这种特征可以用战略集团图勾画出来，作为行业内部竞争分析的一种工具，如图 3-4 所示。

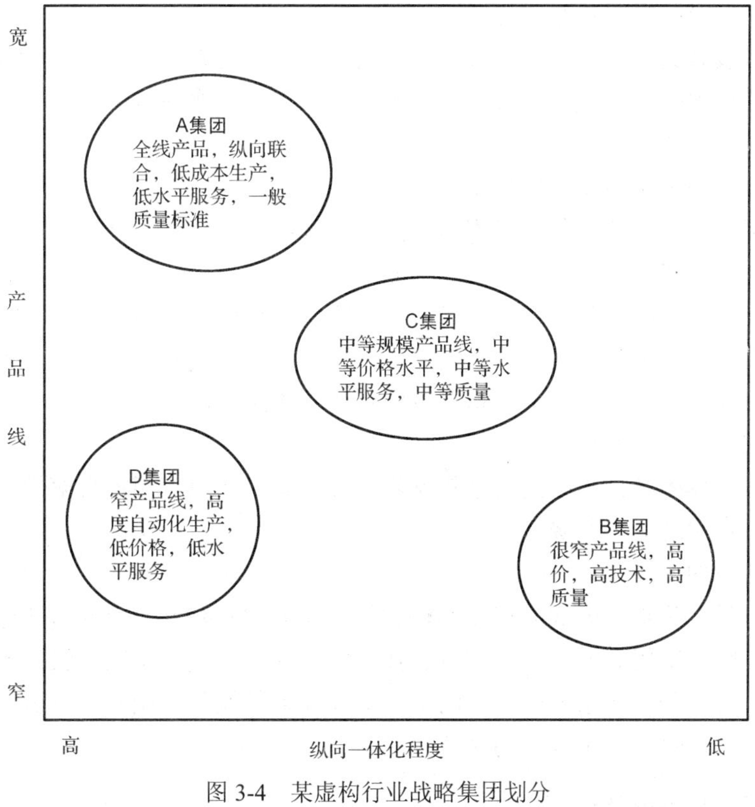

图 3-4 某虚构行业战略集团划分

在图 3-4 中，横轴代表纵向一体化程度，纵轴代表专业化程度。对于战略集团来说，这是两个重要的约束因素。实际上，战略分析者还可以根据行业的特点和需要，确定出不同的重要的战略约束因素，以便更清楚地勾画出行业中不同类型的战略集团。一般来讲，以标志图形的大小表示每一战略集团中企业市场占有率之和。

战略集团图作为一种分析工具，既不同于行业整体分析方法，也不同于单个企业的个别分析方法，而是介于两者之间。它是从行业中不同企业的战略管理中找出带有共性的事物，更准确地把握行业中竞争的方向和实质，避免以大代小或以小代大所造成的缺陷。在勾画战略集团时，必须选取少数战略变量作为图轴，所遵循的原则如下。

(1)用作图轴的最佳战略变量是那些对行业中战略集团的形成起决定作用的变量。

(2)所选的轴变量不可一同变化。例如，如果一切实行产品化的企业都具有宽产品线，则不应当将这两个变量都选为图轴，而应把反映行业中战略组成多样化程度的变量选为图轴。

(3)图轴变量无须一定是连续或单调的。

(4)对一个行业可以勾画数个战略集团图，利用战略方向的各种组合来认识最关键的竞争问题。

2. 战略集团间的竞争

一个行业中如果出现两个或两个以上的战略集团，则可能出现战略集团之间的竞争。也就是说会有价格、广告服务及其他变量的竞争。战略集团之间的竞争激烈程度不仅影响着整个行业的潜在利润，而且在对付潜在的行业进入者、替代产品、供应商和销售商讨价还价能力等方面表现出很大的差异性。一般来说，下列四个因素决定着一个行业中战略集团之间的竞争激烈程度。

1)战略集团数量及它们的相对规模

一个行业中战略集团数量越多且各个战略集团的市场份额越相近时，则战略集团间的竞争越激烈。战略集团数量多就意味着集团分散，某一集团采取削价或其他战术攻击其他集团的机会多，从而激发集团间的竞争。

2)战略集团间的市场相互牵连程度

所谓市场牵连程度，就是各战略集团为同一顾客进行争夺的程度，或者说是它们为争取不同细分市场中的顾客进行竞争的程度。当战略集团间的市场牵连很多时，战略集团间将导致剧烈的竞争。例如，在农药行业中，对所有战略集团来说顾客(农民)都相同。当战略集团将目标放在差别很大的细分市场上时，它们对他人的兴趣及相互影响就会小得多。当它们的销售对象区别很大时，其竞争就更像是在不同行业的集团间进行一样。

3)战略集团的产品差别化

如果各个战略集团各自不同的战略将顾客区分开来，并使他们各自偏爱某些品牌，则战略集团间的竞争程度就会大大降低。

4)各集团战略的差异

所谓战略差异，是指不同战略集团奉行的战略在关键战略方向上的离散程度。这些战略方向包括商标信誉、销售渠道、产品质量、技术领先程度、成本状况、服务质量、纵向一体化程度、价格、与母公司或东道国政府的关系等。如果其他条件相同，集团间的战略差异越大，集团间就越可能只发生小规模的摩擦。

3. 战略集团分析的战略意义

通过战略集团的分析，能够比较直观地确定出企业现在的或潜在的竞争对手。一般来说，在战略集团群体图上，战略群体之间相距越近，成员之间的竞争就越激烈。同一战略集团内的厂商是最直接的竞争对手，其次是相距最近的两个集团中的成员厂商。而两个相距甚远的战略集团的成员厂商几乎没有什么竞争可言。另外，还要考察战略集团之间是否存在利润水平的差异，以及行业驱动因素与行业竞争压力是否对其中一些战略集团有利而对另外一些不利，竞争厂商试图进入一个新的战略集团所做的努力总会加剧该集团的竞争程度。

本章小结

企业作为一个开放性系统，每时每刻都要与外界环境发生众多的物质和信息的交换。战略制定是一项分析推动型工作，它的完成不能仅依靠管理者的个人观点、个人经验和创造性的思维，还要结合企业外部的环境因素，对企业将要制定和实施的战略进行实事求是的分析。本章从战略的角度分析和探讨能够影响企业战略制定的外部环境因素，主要涉及以下两个方面。

(1) 企业宏观环境分析，主要包括政治法律环境、经济环境、科技环境、文化环境、社会与物质环境，这些因素的状态和变化趋势对企业战略往往产生着潜在而重大的影响，因此企业在进行外部环境调查时，首先应对企业的宏观环境因素进行详细的调查与分析。

(2) 行业环境分析，主要包括行业经济特征及关键因素分析、行业演变过程分析、行业能力与潜在优势矩阵分析、行业竞争力结构分析和行业内战略集团分析。

练习与思考

1. 怎样理解外部环境对战略形成的作用？
2. 宏观环境分析的内容及对企业战略的影响是什么？
3. 如何分析行业的经济特征？
4. 以房地产行业为例，试分析该行业的关键成功因素。
5. 以家电行业为对象，分析该行业内部的竞争结构和格局。
6. 行业变革的驱动因素有哪些？
7. 如何进行行业演变的阶段性划分？各阶段的特征是什么？
8. 划分行业内战略集团的标准是什么？战略集团的分析有什么战略意义？

案例

太阳能热水器行业的外部环境分析

PEST 分析法是现代管理中分析战略或组织外部环境的一种方法，通过 PEST 模型因素分析，从总体上把握宏观环境，并评价这些因素对组织目标和战略制定的影响。

一、我国太阳能热水器行业介绍

中国是全球太阳能热水器生产量和使用量最大的国家，规模已位居世界第一。太阳能热水器行业的发展已经形成了一定的规模，并带动了玻璃、金属、保温材料和真空设备等相关行业的发展。截至 2010 年年底，具有一定规模的生产企业达到 1300 多家。据统计，从 2003 年起，太阳能热利用行业保持着每年 30% 的增长，2009 年甚至超过了 40%。

近两年尽管遇到了一些困难，但是太阳能热利用行业仍然得到了平稳较快发展。2010年，全年总计生产太阳能热水器4900万平方米，同比增长16.7%；全国实际使用量达1.68亿平方米，同比增长15.9%；全年太阳能热利用产值达735亿元，同比增长22.5%。

我国太阳能热水器产量在过去5年增长了5.7倍，保有量增长了6.6倍。到2010年年末，产量占世界的60%，保有量占80%，每千人拥有量为123.5平方米。据预测，未来几年，我国的太阳能热水器产量、保有量和千人拥有量将会有较大幅度的提高。

二、对太阳能热水器宏观环境的分析

(一)政治环境

太阳能在新能源开发利用中占举足轻重的地位，中国太阳能资源极为丰富，太阳能资源最丰富带、很丰富带、较丰富带占国土面积的96%以上，有很大的利用价值空间。2009年，我国在哥本哈根气候变化大会承诺"到2020年单位GDP碳排放量比2005年降低40%~45%"，大力发展太阳能等可再生能源已经上升为国家战略。2006年年初，国务院出台了《国家中长期科学和技术发展规划纲要》，在能源主题中指出，到2020年，太阳能热水器总集热面积达到3亿平方米。2008年，国家出台了太阳能热水器鼓励支持发展的政策，全国40多个省、市建委出台了对12层以下房屋强制安装太阳能热水器的政策配套文件，极大地释放了城市市场空间。2009年上半年，出台了太阳能热水器下乡补贴政策，补贴率为太阳能热水器售价的13%，再次加速释放农村市场，近两年，全国每年均有几百亿元的市场销售额。

"十二五"期间，我国提出多项关于节能减排、发展清洁能源、可再生能源的目标措施，全力发展太阳能等可再生能源，要求12层以下城市建筑必须安装太阳能热水系统，到2015年，全国家庭太阳能热水器普及率达到20%~30%的目标。

(二)经济环境

改革开放以来，我国的经济实力得到迅速提升，经济增速保持在8%以上，2011年，我国GDP达到47万亿元，跃居世界第二位。人民群众的生活水平也不断提高。2005年以来，城乡居民收入快速增长，全社会消费品零售总额增加了几乎一倍。2010年，我国城镇居民人均可支配收入17175元，农村居民人均纯收入5153元。我国经济的持续健康快速增长以及城乡居民收入特别是农民收入、消费水平的不断提高，为扩大内需、开发国内市场创造了重要条件。

(三)社会文化环境

随着全球变暖，各国对石油等污染能源的抵制，能源危机严重影响经济发展和居民的日常生活，能源问题成为制约社会经济发展的瓶颈。居民的节能环保意识逐渐增强，越来越多的人注重环境保护，绿色、环保、健康已成为消费者购买商品时的重点考虑因素。太阳能热水器越来越受到人们的青睐。太阳能热水器相比传统能源具有显著的成本优势，人们对太阳能热水器的需求越来越迫切。

近几年，农村城市化的进程不断加快，太阳能热水器从城市逐步向农村市场延伸。随着家用热水使用量的进一步增加，其用途也从单独供给洗澡用热水扩展到洗漱、洗衣服、做饭等日常生活用水。欧美国家热水使用比例占家庭用水总量的80%，相比我国只占10%，因此太阳能热水器推广应用潜力巨大。

(四)技术环境

我国已经掌握了太阳能热水器的核心技术，有些技术已经达到了国际领先水平。适于建筑应用的承压过热智能保护太阳热水系统、三高全玻璃真空集热管、别墅用双回路承压太阳热水器、平板集热器选择性吸收涂层连续化生产技术及装备、太阳能热泵热水器等均具有自主知识产权。

早期的太阳能热水器使用平板集热器，由于其热性能差、成本高、寿命周期短、安装复杂等缺点，现已基本被市场淘汰，取而代之的是全玻璃真空集热管太阳能热水器。真空管由进行过真空处理的玻璃管制成，表面涂有太阳能吸收集热膜层。随着太阳能集热技术、保温技术和电加热补充技术管路热水传输技术及自动化控制技术的逐渐完善，太阳能热水器完全可以达到传统的燃气热水器和电热水器的使用效果。

太阳能热水器的使用效果是由太阳能热水器真空管的集热效果和水箱的保温技术水平决定的；同时，随着城市建筑高度的不断提升和太阳能核心技术的不断创新和发展，如何使太阳能热水器更好地与建筑物结合成为在城市发展太阳能的关键。今后，热转换技术、保温技术和太阳能与建筑结合技术是太阳能热水器行业技术研发的重点。

三、结语

通过运用 PEST 模型对太阳能热水器行业竞争环境的分析可以看出，尽管太阳能热水器行业面临诸多困难，但从另一方面来讲，太阳能行业发展前景却面临着很大的机遇，如果能抓住这些机遇，行业前景将十分乐观。

首先，由于国家政策以及地方法规和条例的促进，太阳能行业一直保持着稳定的增长趋势。其次，太阳能企业的国际化为太阳能行业的发展带来了新的契机。国际化的资本以及人才的输入为太阳能行业的发展注入了新的活力。企业吸引外资入股，主动融入全球性的生产管理与竞争中，可以积极吸取国外同行先进的生产、管理技术与经验，扩充自身的实力，将具有竞争力的太阳能产品推向国外市场。而且，太阳能企业国际化的同时也带来了国际化的竞争，这促使企业借鉴国际先进的技术，加快了太阳能行业整体的发展与进步。

最后，科技的进步也会推动太阳能行业的发展。这表现在几个方面：一是产品质量的改善依靠科技进步；二是科技的进步可以增加太阳能新产品的种类，研发出更符合顾客需求的高质量产品；三是由于太阳能热水器消费群体知识水平以及消费能力的提高，顾客对于美观、舒适度等要求增加，如何将热水器整体融入建筑感官、提高即热效果和承压能力是目前科技亟待解决的问题。因此，太阳能企业在高速发展的成长期应对消费者需求变化和未来产品发展方向保持高度敏感，注重技术的创新与升级，加强新产品的研发，改变同质化竞争严重的现象，以拓宽产业的发展空间。

(资料来源：丁娜等. 基于 PEST 模型的太阳能热水器行业宏观环境分析. 企业技术开发，2012 年第 9 期.)

案例讨论题

1. 结合本案例材料，说明热水器行业通过外部环境的分析，发现了哪些机会与威胁？如何利用市场机会、回避市场威胁？

2. 结合案例，谈谈企业外部环境分析的必要性。

第4章

企业内部环境分析

本章学习目的：

1. 认识企业内部环境是企业经营的基础，制定战略的出发点、依据和条件，是竞争取胜根本；

2. 学会分析行业竞争中的关键资源与能力，这些资源与能力对企业在行业竞争中的关键作用；

3. 掌握企业内部环境分析的方法，最大限度地发挥企业的优势，避开或克服企业的劣势，最终使企业战略目标得以实现。

案例

滴滴打车与快的打车的战略合并

一、背景

滴滴打车和快的打车是国内近些年兴起的两款实用的打车软件，它们借助移动互联网技术，为出租车司机和乘客搭建了一个信息交流平台，解决了他们之间存在的信息不对称的问题，有效地帮助出租车司机降低了出租车的空驶率，同时也减少了乘客“打车难”现象，使得供给与需求得到匹配。滴滴打车和快的打车分别于2012年9月和8月在北京和杭州上线，此后迅速在全国多个城市展开业务。两家公司都曾拿出高额资金补贴顾客，通过烧钱的方式抢占市场。其中，滴滴打车在补贴高峰期每天的补贴和运营成本达到1000万～2000万元，可见竞争的激烈。截至2014年年末，中国打车APP累计账户规模达1.72亿，其中快的打车、滴滴打车分别以56.5%、43.3%的比例占据中国打车APP市场累计账户份额领先位置。

2015年2月14日，滴滴与快的宣布实现战略合并，实行联合CEO制，滴滴打车CEO程维及快的打车CEO吕传伟将同时担任联合CEO。两家公司保留各自的品牌，保持业务的独立性，平行发展，人员架构也不变，开启了合作模式，这也是中国互联网行业最大的未上市公司的合并。合并以合股的方式完成，不涉及现金交易。

滴滴和快的合并是一种共赢的结果。双方已经在抢夺市场大战上付出高昂的代价，不可能再继续亏损补贴乘客；另外，双方势均力敌，背后的主要的两家投资方——腾讯和阿里巴巴也都是实力强劲的两家互联网企业，因而双方难分胜负，很难通过兼并或收购的方式发展，如果一定要用并购的方式进行融合，一定会出现激烈的收购和反收购之战，使得双方两败俱伤。而合并可以使两家公司在很大程度上维持原有的运作方式，不仅避免了敌对的局面，还有助于加强合作，为上市共同奋斗。

二、滴滴快的公司的SWOT分析

合并后的两家公司已运行一年，由于其财务报表并未对外公布，因而无法从财务数据上分析合并带来的收益情况。下面将对合并后的滴滴快的进行SWOT分析，从企业内部的优势、劣势、面临的机会和威胁四个角度分析合并后的企业在经营中的处境。

(一)内部优势分析

(1)滴滴快的的合并有助于两家的人力、信息、技术、资金等资源的整合，从而促进企业的进一步发展。(2)滴滴快的已经占据了很大的市场份额，有良好的客户群体作支撑。(3)滴滴快的身后有阿里巴巴、腾讯等诸多投资人，已获得了多轮融资，未来也有能力获得足够的资金支持。(4)滴滴快的拥有良好的营销资源，可以通过与其他企业、教育机构、研究机构等合作，开拓自己的业务。(5)滴滴快的拥有多种业务类型，除了常见的出租车、专车、顺风车、拼车外，还有滴滴巴士、一号专机、医疗服务等业务，业务类型扩大，真正实现了为客户服务的理念。

(二)内部劣势分析

(1)滴滴、快的两家公司各自维持着独立经营，合并后需要花费一段时间进行部门、人员等的融合。(2)虽然两家合并后减少了对客户的打车补贴，但为了与其他打车软件竞争，吸引更多顾客，就必须拿出资金给予顾客补贴，这也会花费很多资金。(3)快的打车曾经发生过一些不愉快的争议事件、查封事件和欺诈索赔事件等，这对两家公司未来的发展造成了不利影响。(4)技术水平有待提高。滴滴快的打车软件有时会出现技术故障，导致重复收费、叫车失败等现象，影响了乘客的出行。

(三)外部机会分析

(1)互联网改变着人们的生活方式，随着智能手机的普及，越来越多的人会用打车软件更高效地选择出租车。(2)可以使用滴滴、快的的城市主要是一些发达的一、二线城市，还有大部分中小型城市和县区还不能使用这些打车软件。虽然这些地区的出租车需求量相对较小，每一单的金额也相对较少，但这些需求也能带来巨大的利润，滴滴快的可以在大城市市场饱和时选择进军三四线城市。(3)随着人们的生活质量提高，人们对出行的要求也会更高，通常都会根据车辆的舒适性、安全性、经济性，甚至是外观上做出选择。滴滴、快的可以在现有的专车、顺风车、代驾、快车等业务的基础上开发出其他类型的业务，从而满足消费者更多的需求。另外也可以分出车型，给予消费者更大的选择空间。

(四)外部威胁分析

(1)虽然滴滴快的在中国本土的出行市场上已占有很大的市场份额，但仍然面临着来自竞争对手的挑战。2015年优步进入中国后，也推出了一系列高额补贴措施，吸引了大批年轻客户，这也是滴滴快的继续放出补贴的一个原因。(2)打车软件对移动网络和智能手机的依赖性很强，滴滴快的很难在网络不稳定或智能手机不够普及的地区开展业务。(3)互联网的出现冲击了传统出租车行业的发展，引起了部分出租车司机的不满。洛阳出租车司机曾围堵快的办事处，认为快的的出现使得他们原本的收入变少，因而众多司机联合起来，纷纷卸载了打车软件，这对滴滴快的的业务发展形成了阻碍。(4)某些地区的地方保护主义浓厚，由于打车软件帮助司机获取乘客的位置和目的地的信息，这就使得一些郊县的出租车进入市区接单，抢了市区出租车的生意，从而引起市区出租车司机的不满，这也会使得滴滴快的业务发展受阻。另外，一些正在使用滴滴、快的的出租车司机也怨声载道，认为使用这些软件后每公里的收费少了，打车软件让他们的收入减少。(5)法律法规的限制。有些私家车为获得更多经济来源，利用滴滴快的接私活，但一些地方法规明令禁止此种行为，这也阻碍了滴滴快的的业务发展。(6)消费者的理性选择。滴滴快的的业务迅速展开，在某种程度上也是因为他们给予了消费者很高的补贴，然而消费者都是理性的，一旦补贴力度降低或是完全没有补贴，消费者或许就会选择其他交通工具。(7)低碳生活方式的影响。在空气质量让人堪忧的今天，越来越多的人提倡绿色出行，尽可能地选择步行或乘坐公共交通工具，这也不利于滴滴快的业务量的增长。

三、总结

综合上述分析，滴滴打车和快的打车的合并是有益的。然而打车市场上仍然存在优步等竞争者，竞争仍在继续。此外，消费者都是理性的，当打车补贴较高时，消费者愿意使用打车软件，而当补贴取消或补贴较低时，消费者也许会更换出行方式，放弃打车，从而造成顾客的流失。给予补贴可以用来吸引顾客，但不是长久之计，因此滴滴快的还应该找出更有效的盈利模式，在保持现有市场的情况下进一步开拓新市场，这样才会实现真正的成长。此外，滴滴快的在保持优势的前提下还应努力克制劣势，规避风险，尽快解决与出租车司机之间的矛盾，加强与监管部门的沟通，加大对滴滴快的出租车司机的筛选力度，提高他们的服务意识，形成独特的服务风格。

（资料来源：刘昭郡. 滴滴打车、快的打车合并战略的分析. 江苏商论，2016 年第 11 期.）

4.1 企业资源分析

资源是企业决策的基本依据之一，是决定企业发展前景的主要要素。所谓资源是可以被利用以创造社会财富的一切有形和无形的客观存在，是指服务于企业生产经营过程中并能为企业所控制或拥有的有效要素的总和。而企业战略资源则是指能够给企业带来竞争优势的有效要素。进行资源分析的目的是为了明确资源在企业可持续发展的过程中的基础作用，从战略角度分析企业资源带来的能力大小。

4.1.1 企业资源的分类

一种较为简单和经典的分类就是把企业资源分为有形资源、无形资源与人力资源三类。

1. 有形资源

有形资源主要是指企业的固定资产和金融资产。固定资产主要包括企业的厂房、土地、机器设备等资产。金融资产主要指企业的筹资和借款。

从战略的角度看，资产负债表上所反映的资产价值是模糊的，有时甚至是一种误导，这是因为过去所做的成本报价并不能真实反映某项资产的市场价值。因此，当评估某项有形资产的战略价值时，不仅要看会计科目上的数目，也要注意评价其产生竞争优势的潜力。一项实物资源，其账面价值也许很高，但战略价值可能并不大。实物资源是否有战略价值不仅与其账面价值有关，而且还取决于其他因素，如设备的先进程度和适应性。

2. 无形资源

无形资源是指那些根植于企业历史、长期积累下来的、不容易辨识和量化的无形资产。如企业的创新能力、产品和服务的声誉、专利、版权、商标、专有知识、商业机密等均属无形资源。无形资源可归为两大类：技术资源和商誉资源。近些年来，企业社会责任这一思想正在兴起，通常指与主要利益相关者、价值相联系，遵守法律，并尊重人类、社会和环境的一系列政策和实践。

与有形资源相比，无形资源则更具潜力。目前在全球经济中，相对于有形资源，企业的成功更多地取决于知识产权、品牌、商誉、创新能力等无形资源。例如主要从事经济发展驱动力研究的经济学家约翰·肯德里克(John Kendrick)的研究表明，自 20 世纪 90 年代以来，无形资产对美国经济增长的贡献在逐渐增加。1929 年无形商业资本与有形商业资本的比例为 30%：70%；到 1990 年，该比例变为 63%：37%。可见，无形资源更难被竞争对手了解、购买、模仿或替代，企业也更愿意将其作为企业能力和核心竞争力的基础，从而无形资源的战略资源角色也日益重要。

3. 人力资源

一个企业最重要的资源是人力资源。在技术飞速发展和信息化加快的知识经济时代，人力资源在组织中的作用也越来越突出。

所谓人力资源主要是指企业成员向企业提供的技能、知识以及推理和决策能力，我们通常把这些能力称为人力资本。一个企业的能力不仅取决于其拥有的资源数量，而且更重要的是取决于它是否具有各种资源整合的能力。大量的研究发现，一个具有创造性和内聚力文化的企业具有更大的竞争优势，在这样的企业里，管理人员和企业员工分享共同的理念和价值观。日本企业的优势主要源于其团队竞争力，其中最重要的是弥漫于日本企业内的团队精神。

4.1.2 企业优势资源的特征

仅仅把一个企业的资源优势及其竞争潜能列举出来是远远不够的。真正体现一个企业个人或集体的优势的是这个企业在市场中的表现。企业资源优势必须具备以下几个特征。

1. 不可复制性

复制性是指企业的优势资源能被竞争对手轻易模仿和复制的可能性。企业的优势资源越容易被竞争对手模仿和复制，企业就越难以拥有获取高额利润的竞争优势，其优势资源的重要性就越低。

一项资源的模仿成本越高、难度越大，它的潜在竞争价值就越大。当资源比较独特时它往往难以复制(如不动产所在的优越的地理位置、专利保护)；需要经过一段时期以一种难以模仿的方式逐渐形成的(品牌名称、对技术的精湛掌握)；需要大量的资金(如建造一个有成本效益的工厂生产微处理器)。沃尔玛的竞争对手想要模仿其高效的物流配送和仓储能力，但却失败了。不可复制的优势和潜能是十分宝贵的竞争性资产，能提高企业的市场影响力并有助于获得持续的利润。

2. 持续性

持性是指企业优势资源作为利润源泉的持久程度。持久性并不是指企业的设备、产品等有形资源，而是指无形资源的持久性。因为随着技术进步的步伐不断加快、有形资源的生命周期越来越短已成为不争的事实，但是无论产品和设备如何变化，只要企业的运营能力和制度能力一如既往，无形资源价值的影响力就会体现在多代产品上并持久地发挥作用。可以说，持久性的无形特征越明显，优势资源的价值就越大。

一项优势资源持续的时间越长，它的价值就越大。有些优势资源很快就会丧失其竞争价值，那是因为技术或行业的环境在快速地变化。柯达公司所拥有的胶卷和胶卷处理方面的优势很快就被迅速流行起来的数码照相机削弱了。商业银行在各个分支机构的投资也正在迅速贬值，因为人们越来越多地使用直接存款、自动取款机以及电话和在线等方式办理银行业务。

3. 价值性

价值性是指能够使企业增加消费者价值，同时可以提高其经营绩效的属性。如果企业拥有与缺失某种资源相比，能够减少成本或增加收益，那么这种资源就具有价值。例如，日本索尼公司在设计、生产和销售微型化或微缩电子技术方面具有卓越的技术和丰富的经验。索尼公司利用这些资源开发了许多市场机会，包括便携式收录机和便携式唱片机等。美国3M公司运用其在感光底层、覆盖和粘贴胶上的技能和经验，与它对冒险和创新进行鼓励的企业文化结合在一起，开发了在生活和办公用品方面的无数市场机会，其中比较著名的产品有透明胶带和告示贴。

不同的企业资源在不同的运用方式下都可能具有其价值，即使这些企业在同一个产业内竞争。例如，劳力士和泰梅克斯公司在生产手表时，开发不同的价值性资源。前者强调产品的品质和良好信誉，生产质优价高的手表；而后者强调其大规模、低成本的制造技能，制造实用、准时和低价的手表。

最终决定资源价值的因素是其所生产的产品，因为资源实质上是一种引致需求或派生需求。也就是说，企业对资源或要素的需求根源于市场对产品本身的需求。一种有价值的资源必须能够创造满足某种市场需求的产品，也就是说，消费者愿意在某一价格水平上购买。

评价资源的价值，必须基于企业所处的竞争环境。因为其价值体现于它们与市场力量之间的相互作用过程。某种资源在某种特定的产业或环境中具有很高的价值，但是在其他不同环境中就不可能产生同样的价值。

4. 异质性

资源的异质性在市场竞争中能够成为一种保护企业经济租金或超额利润的市场力量即“竞争限制”，它在企业占有资源之后发挥作用，所以称之为“事后竞争限制”。资源异质性的强度决定竞争优势的持续性，因为市场竞争会通过增加资源的供给量而使超额利润逐步消散。企业只有有效地维护其资源所具有的异质性，才能够维持其市场竞争优势。假如这种异质性只是一种短期现象，那么以此为基础的经济租金就会很快地消失。

许多商业航空公司(美国航空公司、联合航空公司、新加坡航空公司)因为在提供安全、便捷可靠的空中运输服务和为旅客提供各种舒适的旅行环境方面而拥有的资源和能力而取得了市场竞争的成功。不过，西南航空公司却通过培养一种以更低的票价提供安全、便捷和较少项目的附加服务的能力的方式，一直能够取得更多的利润。人们在购买高档车时所考虑的品牌中，凯迪拉克和林肯等品牌逐渐不再占据主导地位。最近几年，奔驰、宝马和雷克萨斯等品牌逐渐推出一些最具有吸引力的高档豪华车。亚马逊公司的出现也逐渐使传统的“砖头加水泥”式书店的业务前景大大受挫。

绝大多数企业并不生来就拥有具有竞争价值的优势资源，能够顺利通过上述四项测试的具有上乘竞争价值的优势资源就更少了。绝大多数企业所拥有的都是各种资源的组合，其中一两种资源很有价值，其他的仅仅是令人满意或者是情况一般。而只有少数企业，通常是最强大的行业领导者或未来的挑战者，才拥有具有相当高的竞争价值的优势资源。

即使一家公司没有可以用来参与竞争的优势资源，它建立竞争优势的潜力也并没有丧失。有时一家公司可以从一系列一般性资源中获取重要的竞争活力，甚至还可以取得竞争优势——这些资源结合起来往往可以形成参与市场竞争的竞争力。东芝公司的笔记本电脑所占的市场份额在20世纪90年代的大部分时间里曾经一直是遥遥领先的——这就表明当时东芝公司在某些方面有过人之处。然而，东芝的笔记本电脑并不比竞争对手的同类产品要快多少，并不比竞争对手的产品性能更优越(如更大的屏幕、更大的存储空间等)，同时公司所提供的技术支持服务也并不是很出色。而且，东芝笔记本电脑不比其他品牌的同类型号的产品便宜。虽然东芝的笔记本电脑在总体性能方面并不比其他公司的产品更出色，但其产品在市场份额方面的领先地位来自于各种资源优势和能力的组合——与笔记本电脑的零部件供应商建立战略联盟，高效的装配能力、设计技能，选择高质量零部件的技能，推出较宽泛的机型系列，虽然价格没有吸引力但是各种型号产品的内置特色却很吸引人，并且产品的可靠性远远超出一般水平(购买者的评价)，此外还有相当好的技术支持服务(购买者的评价)。

4.1.3 企业资源分析过程

企业的成功源于对资源的成功开发和利用，因而必须做好企业资源分析。资源分析可遵循以下步骤。

1. 分析现有资源

对现有资源进行分析是为了确定企业目前拥有的资源量和可能获得的资源量。分析中既包括对有形资源的分析，也包括对无形资源的分析。经过分析，列出企业目前拥有和可能获得的资源清单。资源清单包括以下内容。

(1)管理者和管理组织资源。包括管理部门的构成特征及由此形成的管理优势；管理人员知识结构、年龄结构、专业资格、流动情况、管理风格、管理模式、综合素质、管理人员拥有量与需要量的平衡情况、与产业平均水平比较；企业内有关信息和沟通系统的有效程度；高级管理人员制定战略的能力等。

(2)企业员工资源。包括企业员工的实际拥有量与需要量的平衡情况、现有员工的经验、能力、素质、责任心、奉献精神、员工平均技术等级、专业资格、出勤率和流动率、与产业平均水平的比较、工资水平、激励政策的功效等。

(3)市场和营销资源。包括企业的营销力量状况、营销决策和营销管理水平；企业产品或服务所在市场及市场地位；企业对用户需求和竞争对手的了解程度。

(4)财务资源。包括企业资本结构的平衡状态；企业的现金流动、债务水平及盈利情况；

企业与银行的关系、融资能力、信用等级；企业财务对战略成功的影响。

(5)生产资源。包括生产效率和规模、低成本制造水平、存货水平、瓶颈所在、企业与供应商的关系等。

(6)设备和设施资源。包括设备和设施的现代化程度、加工制造的灵活性、对战略目标的满足程度等。

(7)组织资源。企业的组织结构类型以及各种计划体系、控制体系对战略的适应性及保证程度，是否需要进行组织再造。

(8)企业形象资源。包括企业商誉、品牌知名度、美誉度、品牌重购率、与供应商及分销商之间的关系等。

在对上述资源进行分析时，不仅需要分析企业目前已经拥有的资源，还要对经过努力可能获得的资源进行分析。

2. 识别现有资源的优势与劣势

企业所拥有的资源优势可能表现为以下几种形式。

1)一项技能或重要的专业知识

低成本制造能力、先进的电子商务专业知识、技术诀窍、改进生产流程的技术、一套无缺陷制造跟踪记录方法、能够不断提供上乘客户服务的专业知识、卓越的大规模销售技能或者独特的广告和促销能力。

2)宝贵的有形资产

一流的生产工厂和设备、吸引人的不动产地点、遍布全球的分销设施、对有价值的自然资源储备的所有权。

3)宝贵的人力资产

经验丰富、能力强的劳动力、关键领域里有才能的职员、一流的知识和智力资本，或者深深地根植于组织之中经过长时间建立起来的学习能力和管理诀窍。

4)宝贵的组织资产

经过检验的高质量的控制体系、专有技术、重要的专利、采矿权、一批经过良好培训的客户服务代表、大量的现金和可流通证券、强大的资产负债能力和很高的信用等级(方便企业融资)，广泛掌握客户的电子邮件地址以及其他信息等。

5)宝贵的无形资产

著名的品牌、作为技术先导的声誉、高度的顾客忠诚度和友好关系。

6)竞争能力

产品创新能力、新产品推向市场的较短的开发周期、强大的特约经销商网络、与关键供应商之间建立的强大的伙伴关系、对变化的市场环境和新机会做出反应的高度的组织灵敏性，一流的可以通过互联网开展商务活动的系统。

某种能够使企业拥有有利的市场地位的成就或属性，比如：很低的总体成本、市场份额占据领导地位、卓越的产品、宽泛的产品线、广阔的地理覆盖、强有力的品牌影响力、优秀的电子商务能力、超群的客户服务。

7)联盟或合作企业

与供应商形成有效的伙伴关系可以降低成本或者提高产品质量和绩效；联盟或合资企业

能够有助于获得有价值的技术、竞争能力或区域市场。

企业的资源劣势指的是企业某种缺少的东西或做得不好的事情（与其他企业相比较而言）或者指某种会使企业处于劣势的条件。

企业的内部劣势与以下因素有关：①缺乏有重要竞争意义的技能、专业知识或某种智力资本；②缺乏有重要竞争意义的有形资产，组织资产或无形资产；③在关键领域里缺乏某种竞争能力或竞争能力很弱。几乎所有企业都有一两项竞争劣势。某种劣势究竟是否会使企业在竞争中遭受伤害，取决于这项劣势在市场上的重要程度及其是否会被企业所拥有的优势所抵消或减弱。

表 4-1 中总结了判断企业资源优势和劣势时应该考虑的因素。评价一个企业资源的优势和劣势与编制一张企业战略平衡表有点相似——资源优势是竞争资产，而资源劣势是竞争负债。显而易见，最理想的情况是：企业的优势/竞争资产大大超过企业的劣势/竞争负债，肯定谁也不会希望出现各占 50%的平衡状况。

表 4-1 企业资源的优势与劣势分析

潜在的资源优势及潜力	潜在的资源劣势和缺陷
● 与产业成功因素相匹配的资源	● 没有与产业成功因素相匹配的资源
● 发展业务所需要充足的财务资源	● 缺乏发展业务所需要的财务资源
● 良好的品牌形象和企业声誉	● 较差的品牌形象和声誉
● 技术诀窍和优秀的专利	● 在技术研发和产品创新方面的欠缺
● 比竞争对手更低的成本优势	● 较低的盈利能力
● 出色的供应链管理能力	● 缺乏管理深度
● 改进制造过程的能力	● 较差的内部运营和过时的设备
● 通过联盟获得技术和市场的能力	● 没有充分利用市场和技术
● 广阔的地理分布全球配送能力	● 落后的电子商务能力
● 规模经济以及更好的学习曲线	● 相对较差的智力资本

3. 分析资源的利用情况

分析资源利用情况，原则上是运用产出与资源投入的比率来进行。具体可采用一些财务指标，本书将在分析企业能力时具体介绍。另外，对企业的不同职能活动还要采用其他一些指标，如对营销活动效率进行分析时可使用销售额与广告费用的比率、与销售费用的比率、与销售人员工资的比率以及与销售场地面积的比率等进行分析；对生产活动的分析可使用产出数量与废次品或返工产品的比率等指标进行分析。

分析资源利用情况还可以运用比较法，如将本企业资源实际利用情况分别与企业计划中设定的目标、与企业的历史最好水平、与企业所在产业的平均水平和最好水平、与竞争对手的情况进行比较。

4. 进行资源的平衡分析

关于资源的平衡分析存在两种观点。一种观点认为，为了保持资源的稳定平衡，应在企业内设立资源余量，例如设置一定水准的保险库存量，以防止物流供应上的意外，保持一定的备件数量以防止废次品，保持一定的富裕生产能力以应付订货量的突然增加等。另一种观点却认为，设置资源余量只会在企业内助长容忍差错和低效率的管理，日本企业采取的准时生产制就是基于这一观点。其实两种观点都有道理，应加以有机结合。对于反映管理水平、受企业可控因素影响较大、重置容易的资源，应通过加强管理来逐步降低甚至取消资源余量；对于受企业不可控因素影响较大，如受外部环境影响大、重置困难的资源应保持合理的资源余量，以应付环境变化。

进行资源平衡分析应主要做好以下四方面的平衡分析。

(1)业务平衡分析。即对企业各项业务的经营现状、发展趋势进行分析，以确定企业在各项业务上的资源分配是否合理。

(2)现金平衡分析。分析内容主要是企业是否拥有必要的现金储备或拥有应付战略期内现金需要的资金来源。

(3)高级管理者资源平衡分析。主要分析企业高级管理者资源的数量、质量、管理风格、管理模式等与制定、实施战略所需人力资源的适应程度。

(4)战略平衡分析。主要分析企业现时拥有的资源和战略期内可能获得的资源，对企业战略目标、战略方向的保证程度，即要确定企业资源是否符合实现战略目标的要求。若不符合，缺口在哪里？缺口有多大？哪些缺口需要填补？提高企业未来的资源基础需要采取什么措施？

总之，通过上述步骤进行企业资源分析，关键是要确定企业的资源优势和弱势。资源强势指的是企业所特有的能提高企业竞争力的资源，往往表现为：重要的专门技能(低成本制造诀窍、独特的广告和促销诀窍)、宝贵的有形资产(现代化生产工厂和设备、遍布全球的分销网络)、宝贵的人力资源(经验丰富、能力强的劳动力；积极上进、学习能力强的员工队伍；关键领域中的特殊人才)、宝贵的组织资源(高质量的计划体系和控制体系)、宝贵的无形资源(品牌形象、企业声誉、职员忠诚度、积极的工作环境和强大的企业文化)、宝贵的技术资源(短周期的新产品开发和上市、大量的专利和专有技术)。资源强势是形成企业核心能力的重要基础。

资源弱势指的是某种企业缺少或做得不好，使企业在竞争中处于劣势的资源，往往表现为：缺乏有着重要竞争意义的技能和专门技术，缺乏有着重要竞争意义的有形资产、人力资源、组织资源、无形资源。资源弱势制约企业竞争优势的形成，限制企业的战略发展空间。

依据现代战略学说，一个企业的资源强势是企业的竞争资产，而资源弱势则是企业的竞争负债。理想的状况是：企业的资源强势或竞争资产大大超过企业的资源弱势或竞争负债。进行企业资源分析的主要目的不是列出企业资源的数量、种类和品质清单，而是分析和判定相对于竞争对手企业的资源强势和弱势所在，进而确定形成企业核心能力和竞争优势的战略性资源。围绕战略性资源进行持续投入，以增加竞争资产，减少竞争负债，全面提高企业的资源基础。

4.2 企业能力分析

一个企业的资源优势与该企业的特殊技能和专业知识有关，如零存货控制。而有些时候，企业通过吸收不同企业的技术和知识，可以创造出自己的企业能力或竞争潜能。例如，在连续的产品创新上的能力或潜能来自于全体成员在市场调研、新产品研发、设计和制造、低成本生产和市场测试方面的专业知识。企业能力的范围包括完成一项简单任务的能力、核心能力和独特能力。

1. 能力

能力是一个组织擅长的事情。它通常来自于经验，体现了知识和企业内部活动熟练程度的积累。通常，一个企业的能力最初来自于其发展组织在某方面能力的努力，然而这通常是有缺陷并且低效的。这些努力包括挑选具备所需要的知识和技能的人才，根据需要更新和扩展员工的能力，然后把这些努力和个人的工作成果结合在一起，形成一种团队合作的努力，从而产生出组织的能力。然后，随着经验的积累(如企业某项业务的熟练程度不断提高，并且其花费的成本是可以接受的)，这种能力发展成为一种真正的能力和企业潜能。这些能力包括：广告推销和产品展示的精通程度、制作简单且吸引人的网站的能力、在特殊领域的技能知识、为批发商店寻找好的位置的能力以及和客户一起研究产品的新用途的能力。

2. 核心能力

核心能力是企业的一项熟练的内部业务活动，而且这项业务活动是企业战略和竞争力的核心。核心能力是一项比能力更宝贵的资源优势，这是由于这项业务活动在企业战略当中扮演着核心角色，并且对企业成功有很大的影响。核心能力可能与企业所在行业的某些方面有关：整合多种技术从而创造出一系列新产品的知识、创造并运营一个低成本的供应链技术诀窍、加快新产品推广的能力、杰出的售后服务能力、以低成本制造高质量产品的技术、快速准确地完成客户订单的能力。一个企业可能拥有不止一项的核心能力，但是几乎没有企业敢宣称拥有三项以上的核心能力。通常情况下，核心能力存在于企业的员工和企业的知识资产当中，而不体现在资产负债表上。而且，单独的一项资源并不能产生实际的核心能力，真正的核心能力往往是建立在各种知识和技能的跨部门有效整合的基础之上。所以说，企业的核心能力是企业若干项资源有机组合后的结果和表现。例如，一项好的技术必须与其配套的资金、设备和人员相结合，才能得以发挥作用，产生实际的生产能力，才有可能形成企业的核心能力。因此，企业拥有资源后，还要培养对各种资源进行整合，以发挥其潜在价值的能力。

3. 独特能力

独特能力是一项企业比其竞争对手做得更好的事情。因此独特能力体现了企业的一项优秀的竞争资源优势。可能一个企业的某项比较重要的业务活动做得很好，从而称其为具有差异性能力。但除非企业能够比竞争对手更好地完成这项业务活动从而获得某种竞争优越性，否则这种内部活动不可能转化为企业的独特能力。例如，绝大多数零售商都认为自己在产品选择和店内商品采购方面有核心能力，但是以这些能力为基础制定战略的企业在市场上都遇到了麻烦，因为它们的竞争对手在这些领域内做得更好。因此，核心能力只有在成为独特能力的时候才会成为竞争优势的基础。夏普公司在平板显示技术方面的独特能力使得它能够垄断全球的液晶显示器市场。丰田公司和本田公司在低成本、高质量的制造技术和很短的“设计—市场”周期方面的独特能力，一直是其在全球汽车市场上的竞争优势。英特尔在快速开发新一代更强大的半导体芯片方面所拥有的独特能力使其在个人计算机行业拥有了垄断地位。星巴克公司在店内气氛和创新性咖啡饮料方面所具有的独特能力使其成为咖啡零售业领域首屈一指的领头羊。

能力、核心能力和独特能力在概念上的差别使我们注意到竞争潜能都是不一样的。一些能力和竞争潜能仅仅能够使得企业在市场上生存，因为几乎所有的竞争对手都拥有这种能力。然而如果你不具备对手所具有的一些能力或潜能的话就会导致竞争劣势。核心能力要比普通能力重要得多，因为核心能力能推动战略的实施并且对市场定位和利润率有积极影响。有时，某个企业能拥有一项独特的竞争能力，而这项能力又满足了独特能力的标准并且可以向顾客传递价值，那么这项独特的竞争能力就可能转换成企业的竞争优势。

独特能力对战略制定的重要意义取决于它能否：(1)给企业带来某种对参与竞争有价值的能力；(2)成为企业战略奠基石的潜力；(3)为企业带来某种竞争优势。如果一家企业在那些对在市场上取得竞争成功具有重要意义的活动领域中拥有独特能力，如果它的竞争对手没有能够与这种独特能力相抗衡的独特能力，同时，如果竞争对手模仿这种独特能力的成本很高或需要花费大量的时间，那这家企业就很容易建立起竞争优势。因此，假如一个企业的独特能力不被竞争对手所拥有的某些更强有力的资源所超越的话，这个企业的独特能力是其成功的潜在的重要原因。

4.3 企业核心竞争力分析

在对企业战略资源、基本能力分析的基础上，可综合归纳出企业的竞争优势，这种优势是企业在激烈的市场竞争中取胜的法宝。企业拥有竞争优势，才能力克群雄，使自己立于不败之地。企业拥有的这种竞争优势就是企业核心竞争力，也叫核心竞争能力。

4.3.1 核心竞争力的内涵

1. 核心竞争力的含义

核心竞争能力(Core Competences)的英文原意是核心能力或核心技能，由于这一概念往往是一个企业与其竞争对手相比较而言的，因此用核心竞争能力更为确切。根据普拉哈拉德和哈默(1990)的定义，核心竞争能力是“组织中的积累性学识，特别是关于如何协调不同的生产技能和有机结合多种技术流的学识”。所以，核心竞争能力是某一企业内部一系列互补的技能和知识的组合，这种组合可以使企业的业务具有独特的竞争优势。说它是组合，是指它既包括科学技术，又包括管理、组织和营销方面的技能。这些技术和知识的结合方式决定着核心竞争能力的强弱，体现着竞争优势。

核心竞争能力既可能以某种先进技术的形式表现出来，如英特尔公司的计算机微处理技术、佳能公司的影像技术等，也可能以其他形式表现，如麦当劳公司快捷的服务体系、美孚公司的全球销售服务机构等。但无论形式如何，核心竞争能力都是多种先进技术和能力的协调集合。如微型化是索尼公司的核心竞争能力，它不仅包括产品市场和生产上的微型化，还包括对未来市场需求微型化选择模式的引导等。为了形成这一核心竞争能力，公司的技术人员、工程师以及营销人员必须对未来顾客需求的微型化发展方向和自身技术能力的微型化发展方向达成共识，以便于协调各方面的活动。表 4-2 列举了中外一些企业的核心竞争力。

2. 核心竞争能力、核心产品与最终产品

要正确认识核心竞争能力的内涵，还必须理解核心竞争能力与核心产品和最终产品的关系。核心产品是核心竞争能力的载体，是联系核心竞争能力与最终产品的纽带。同时核心产品又是最终产品的重要组成部分，它构筑了企业最终产品组合的平台。有的学者做了形象的

比喻：如果把一个企业比喻成一棵大树，树干和大树枝是核心产品，小树枝是业务单位，叶、花和果实是最终产品，那么提供水分、营养和保持稳定的根系就是核心竞争能力。

表 4-2　中外企业核心竞争力列举一览

公司名称	核心能力	出处
1.索尼	微型化技术	Prahalad/Hamel (1990)
2.3M	黏合剂、基质、涂复、先进材料研制	
3.佳能	精密仪器研制，光学、成像和微处理器控制方面	
4.惠普(分离前)	电子仪器研制——MC：测试仪器、电脑、通信	
5.本田	小发动机设计和开创性的市场营销和分销能力	
6.NEC	数字技术，特别是 VLSI 和系统集成技能	
7.松下公司	开发无与伦比的加工技术和大规模生产产品的分销能力	李建民(1998)
8.耐克公司	优越的市场营销和分销能力及在运动服装领域的产品设计能力	
9.微软公司	优秀的软件	高群耀(2000)
10.GE 公司	以前是技术，现在则是管理，尤其是人力资源培训	查得克(2000)
11.戴尔	直销能力	梅清豪(2001)
12.海尔	市场的整合能力，企业和市场机制及产品功能与用户需求的整合	张瑞敏(1999)
13.长虹	技术吸收、创新能力，低成本扩张能力	康荣平(1999)
14.中兴通讯	致力全面创新，涉及产品和管理的创新	许庆瑞(1999)
15.江苏春兰	管理体制和技术优势	宋洋洲(1999)
16.上海家化	核心创造力，其中心是技术创新，外层为经营理念、企业文化	葛文耀(1999)
17.正广和	营销网络	周夏斌(2000)
18.携程	CIMS，管理团队，CTRIP 理念，商业联盟与风险融资能力	范徽/范敏(2001)

企业为了维持核心竞争能力领域的领导地位，就必须在核心产品的生产上维持尽可能大的市场份额。因为企业竞争的目标实际上应是在某种核心竞争能力领域建立垄断或尽可能接近垄断地位。但建立最终产品的垄断地位会受到法律或分销渠道的约束，而一个企业核心产品的市场份额的增长就不存在这种限制，通过借助下游合作伙伴的销售渠道和品牌，所以，企业以原始设备或核心零部件供应商的身份向竞争对手或下游企业出售其核心产品，是迅速占领市场份额的一种有效途径。目前，越来越多的企业认识到出售核心产品的价值。

3. 核心竞争力的体现

企业的核心竞争力主要体现在以下三个方面。

1)市场和事业开拓的能力

核心竞争力可以为企业通往多种市场提供潜在通道。比如，拥有激光技术方面的专长，可以使企业开拓诸如 VCD、CD、计算机光驱这类多元化的市场；拥有显示系统方面的独特能力，可以使企业很容易地进入诸如电脑显示器、移动 PC、便携式计算机、彩电、液晶显示器这类产品的市场。

2)对消费者提供显著贡献的能力

核心竞争力应该能够使最终产品在显著提高消费者的福利水平方面有所贡献。例如，科龙电器利用分立多循环技术生产的冰箱，波音公司利用其在空气动力学、材料科学等方面的先进技术生产出高质量的民用飞机和航天器，以及戴姆勒—奔驰公司利用其在发动机制造技术方面的专长生产出汽车，都在给企业带来利润的同时，显著提高了消费者的福利水平。

3）防止竞争者模仿的能力

核心能力应使竞争者难以模仿。如果核心竞争力是某些无形资源和生产技能之间协调的产物，那么它就很难被模仿。竞争对手可能会获得包含核心竞争力的某些技术，但要想全面复制核心竞争力拥有者的内部协作和学习的总体方式会是一件非常困难的事情。

4.3.2 企业核心竞争力的分析

要在一个企业中牢固建立核心竞争能力观念，需要全体管理人员充分理解并积极参与以下五项关键的核心竞争能力管理工作。

1. 找出现有的核心竞争能力

管理人员如果对企业核心竞争能力的构成没有达成共识，就不能积极管理这些核心竞争能力。所以，衡量一家企业对核心竞争能力的管理水平，首先应该看这家企业对其核心竞争能力的定义是否明确，以及大家对这个定义的认同程度。因此，实施核心竞争能力管理的第一步就是核心竞争能力的识别。可以考虑采取以下几个步骤：

（1）列出企业竞争能力清单。管理者必须从产品焦点中转移出来，把注意力集中在产品隐含的技术、技能、知识及其人力资本的组织载体上。具体步骤如下。①辨别与某一产品或产品组，特别是拥有领先地位的产品或产品组有关的是哪些竞争能力。要注意，这里的竞争能力是指去除地理、原材料、市场垄断等非技术或非技能优势后的那些因素，同时，要考虑那些从关联企业和供应商所获得的知识与技能。②分析企业某一部门或单位是否隐藏某些竞争能力。③分析企业文化，以辨别那些可能隐藏在其中的知识或观念。④不仅要考虑竞争能力的内容，而且要判别它是以何种方式或流程体现在现有组织框架中及整个价值链系统中的。⑤进一步分析竞争能力存在于组织内的哪些具体部门和人员身上，这为开发、保护和发展该竞争能力提供了基础。通过以上分析并将同类因素加以适当合并，可以列出一个包含有若干细目的企业竞争能力清单。

（2）结合外部环境分析，决定这些竞争能力现在和未来 3 ~ 5 年内的顾客价值。

（3）判别竞争能力的相对强度。竞争能力相对强度既包括竞争能力区别于对手的程度，也包括其难以模仿和替代的程度。

可以将以上步骤的分析结果归纳在表 4-3 中。最后，根据各竞争能力的顾客价值的大小和相对强度，将不同性质的企业竞争能力分别置于图 4-1 所示的 4 个象限中，并分别采用不同的管理策略与方法。

表 4-3 竞争能力内容与基本性质判别表

技能和知识	存在处	顾客价值	独特性	难模仿性和替代性	产业变化及影响

竞争能力组合与判别矩阵给出了以下信息：第 1 象限中竞争能力的顾客价值和强度都较低，顾客不认为它们非常重要，竞争者和企业一样，甚至更好地掌握它们。这些竞争能力在市场竞争是必需的，但不产生竞争优势。

在第 2 象限中的竞争能力被顾客赋予很高的重要性，但企业的竞争能力实力与竞争者相比存在差距。这一象限的竞争能力具有战略相关性，如果管理人员认为它们尚存在很大改进余地，而且用户也看重这种改进，它们就可能成为企业未来核心竞争能力的目标。在第 3 象限中，是比别人更擅长却对提高顾客价值没有贡献的竞争能力，被称为竞争能力潜力。由于企业没有真正抓住顾客的需求，或者市场竞争要素已经改变，可能导致原来的竞争能力价值大减。在第 4 象限中的竞争能力是企业的核心竞争能力，即这些竞争能力既高于竞争对手，又是对现在和未来(3 ~ 5 年)的顾客价值有重要作用。

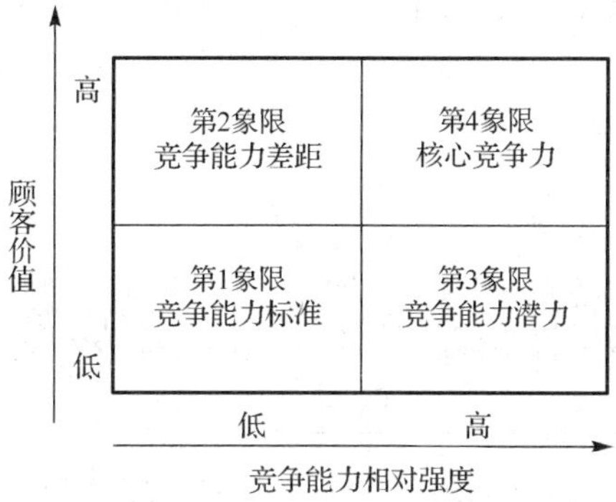

图 4-1　竞争能力组合与判别矩阵

通过以上步骤，企业可以初步确定其拥有的竞争能力状况及大致的竞争能力策略方向。比较理想的情形是：除必须具备的竞争能力标准外，企业还需具有几项核心竞争能力，一些竞争能力差距，或少量竞争能力潜力。在这种情况下，企业的竞争能力策略方向是：进行核心竞争能力的内部扩散和调配利用；考虑有选择地改进竞争能力差距或寻找新的市场机会利用竞争能力潜力；进行 5 ~ 10 年期的新的核心竞争能力的培养。

较差的情况是：企业竞争能力全部分布在第 1、2、3 象限，而这往往是大部分中小企业的现状。在这种情况下，企业的竞争能力策略方向是：考虑从第 2 象限中选取一些有希望的竞争能力，利用企业主要资源和合理的管理方式使之转化为核心竞争能力；考虑选取第 3 象限的竞争能力使之与市场发展机会相联系；进行 5 ~ 10 年期的新的核心竞争能力的培养。

2．制订获取核心竞争能力的计划

虽然一个企业的核心竞争能力的建立进程要根据它的战略发展框架来定，但绘制一份能力——产品矩阵图，可以帮助人们看清楚获取和部署能力的目标。这种矩阵图可区分现有能力与有待获取的能力，分辨现有产品市场与新发现的产品市场，如图 4-2 所示。

(1)填补空白。第 1 象限是企业现有核心竞争能力与现有产品或服务的组合。通过标出哪些核心竞争能力支持哪项产品市场，企业可以发现和引进企业内其他部门的与这个产品相关的核心竞争能力，以强化其在特定产品市场地位的商机。

(2)10 年后领先。第 2 象限提出了一个重要问题：现在企业应该建立什么样的核心竞争能力，才能确保 5 年或 10 年后用户能将我们当做首选供货厂家？这里的目标是了解需要建立何种核心竞争能力，方可保持并扩大企业在现有市场上购份额。

(3)过时的能力。第 2 象限还引出了另一个问题：目前用于满足现有顾客的能力，可能被哪些新能力取代或淘汰？企业的能力建立计划应包括了解将来可能取代自己传统技能的新能力。

(4)空白领域。第 3 象限是指那些不属于现有业务单位的产品——市场范畴的商机。企业要做的就是想象出这样的商机，来扩展现有的核心竞争能力，将其应用到新产品市场上去。例如，索尼公司依靠自己的录音机、耳机技能和微型化竞争能力，成功创造出随身听这一新产品。

(5)大商机。第4象限中标示的商机和企业目前在市场上的地位或现有的能力基础都没有任何关系，但如果这种商机意义重大，或十分诱人，也可以去捕捉。这时的战略手段可以是一系列规模不大但目的明确的并购或者联营，借此企业可取得并了解所需的能力，同时开始研究其潜在的用途。

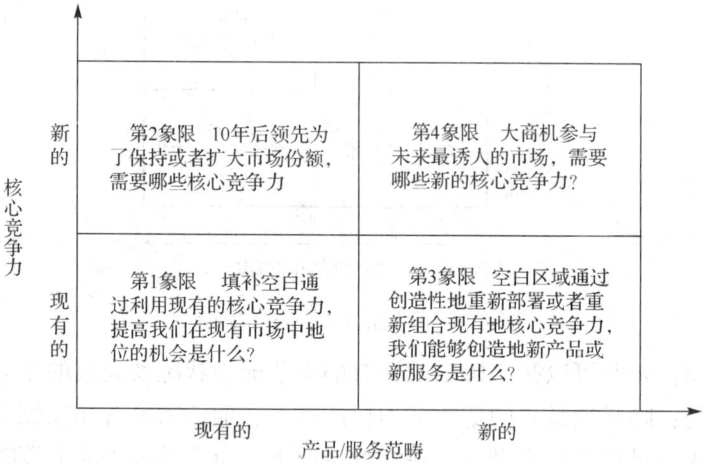

图4-2 培养竞争能力矩阵图

3. 培养新的核心竞争力

建立领先的核心竞争能力的关键在于持之以恒。而做到这一点，首先企业内部对建立与支持哪些能力应该意见一致。其次，负责建立能力的管理班子应保持相对稳定。除非高层管理人员对建立哪些能力达成一致意见，否则就不可能有长期一贯的努力。如果上层没有一致的意见，而各个业务单位又只顾建立自己的能力，那么整个企业在能力建立方面就不能集中力量，甚至根本无法建立新能力。培养新核心竞争能力的方法主要有以下几种。

(1)集中法。通过统一目标，将注意力集中在科研与产品开发等少量关键目标上，加大对核心技术的资金投入与人才配置，以及组建竞争能力开发团队等方法提高内部资源配置的效率。

(2)借用法。通过与其他厂商、研究机构、主要客户形成联盟，如合资、合营、授权等，从中获得并消化吸收合作伙伴的技术和技能。

(3)收购法。通过收购具有相关核心技术或竞争能力的企业或组织(并确保其在收购后不流失)，而快速强化目标专长或竞争能力。

(4)融合法。通过系统性思维将若干相关生产技术、各功能领域技术(研究与开发、生产、营销和服务等)、自己拥有的和借用或收购的技术等加以有效整合。

(5)重复法。通过在不同领域或活动中多次使用共享技术、技能、知识，并不断总结、学习与创新，以提高相加强竞争能力。

4. 核心竞争能力的部署

将核心竞争能力在企业内部进行扩散和重新部署，可以使一项核心竞争能力在多种业务或者新市场上发挥作用。善于部署自身的能力可以使企业能够有效地运用自己的能力。

(1)将注意力集中在能发挥核心竞争能力作用和增强核心竞争能力上来。可以对与企业核心竞争能力无关或关系不大的业务采取收缩或撤退策略；或在存在合适供应商的情况下，对企业价值链上的核心竞争能力关系不大的活动采取外包策略。

(2)在可以充分利用企业已有核心竞争能力的新领域或新产品范围，根据具体情况，可以分别采取收购、合资、内部开发等不同方式增加相应的产品和服务。

(3)核心竞争能力的内部扩散。下列措施有助于使企业的核心竞争能力在内部调配和扩散。

① 让战略经营单位参与制订企业战略，使企业各部门的经理对企业优先商机达成共识。

② 建立明确的核心竞争能力的分配部署机制，如对“空白领域”采用诸如“紧急项目小组”等高优先度的组织安排，并吸引企业各部门核心竞争能力载体的人员参加。

③ 建立促进核心竞争能力内部扩散和调配的人事安排与激励制度，如“紧急项目小组”有权将企业内若干关键人才加以调用，用于开发新商机或提升企业范围的业绩，并根据团队业绩对其进行考核和激励。

④ 对于那些已被充分理解并显性化的技能采用明确程序进行培训的扩散方式;对于只有隐秘性质的技能则采取“学徒式”方式进行内部扩散。

⑤ 在组织内部进行“最优的实践交流活动”，以促进若干关键技能的内部扩散与交流。

⑥ 在企业内培养一批自视为为企业核心竞争能力“携带者”的人员，使他们自成团体，进而促进技术与技能的交流与协调。

⑦ 促进非正式沟通网络在竞争能力扩散方面的作用,具体形式包括定期或不定期的内部讨论会、较频繁的个人面谈等。

5. 保持核心竞争力

由于核心竞争能力可以使企业在竞争中获得超额收益，竞争对手总是千方百计地对企业的核心竞争能力进行研究和模仿。核心竞争能力是通过长期的发展和强化建立起来的，核心竞争能力的丧失会带来无法估量的损失。所以，企业会在加强核心竞争能力培育的同时，一定要重视企业核心竞争能力的保持工作。为此，要针对核心竞争能力丧失的主要原因，努力构筑核心竞争能力的模仿障碍，尽量防止核心竞争能力的丧失，延缓核心竞争能力的扩散。

(1)核心竞争能力丧失的原因有以下几点。

① 核心竞争能力携带者的流失。核心竞争能力携带者是指体现和掌握核心竞争能力的技术人员或管理人员，他们在企业核心竞争能力的建立过程中曾起过中流砥柱的作用，一旦他们离开企业为竞争者效力，可能会导致企业关键技术的泄密，使核心竞争能力的优势大大削弱。

② 与其他企业的合作。企业在与其他企业合作时，常常会扩散自己的核心竞争能力。例如，日本一些企业通过战略联盟从西方合作伙伴中获得大量的技术能力，从而使西方企业的核心技术能力不再独享，它们的核心竞争能力也就不复存在了。

③ 放弃其他经营业务。例如，通用电气、摩托罗拉等公司从 1970 年至 1980 年间先后退出彩电行业，从而失去了各自在影视像技术方面的优势。

④ 核心竞争能力逐渐被竞争对手所模仿，成为行业中必备的能力。

(2)保护核心竞争能力有以下措施。

① 加强对核心竞争能力携带者的管理和控制。核心竞争能力的携带者是企业的宝贵财富，

企业高层管理人员必须清楚地识别他们，制定相关政策，防止这些人的流失。例如，可以通过股权激励给他们带上“金铐子”，使他们的利益与企业的利益保持一致，以及培养其忠诚度等。

② 自行设计和生产核心产品。核心产品是一种或几种核心竞争能力的物质体现，企业通过自行生产核心产品，可以防止秘密技术和独特技能的扩散，从而将核心竞争能力保持在企业内部。可口可乐公司自行配置糖浆就是一个很好的例子。

③ 谨慎处理某些经营不善的业务。在那些因短期市场前景暗淡而即将被企业放弃的业务中，可能含有某些具有潜在价值的核心竞争能力或其组成部分。企业在处理这些业务时必须谨慎，要充分考虑到业务的放弃或转让所造成的影响，看看是否对企业和竞争对手的核心竞争能力带来什么影响。

④ 加强对企业核心技术的保密措施与管理制度。

⑤ 在现有核心技术或技能融合模式基础上，利用全面质量管理或“小决策”不断对其进行改良与改进。

4.4 企业内部战略条件的分析技术

4.4.1 雷达图分析法

作为企业分析的重要工具，企业往往使用雷达图分析经济效益，从动态和静态两个方面分析企业的财务状况。静态分析将企业的各种财务比率与其他相似企业或整个行业的财务比率做横向比较：动态分析则把企业现时的财务比率与先前的财务比率做纵向比较，以揭示企业财务及经营情况的发展变化方向。雷达图把纵向和横向的分析比较方法结合起来，对企业财务状态和经营现状进行直观、形象的综合分析与评价，因其形状如雷达的放射波，而且具有指引经营“航向”的作用，故而得名。雷达图综合企业的收益性、成长性、安全性、流动性及生产性这五类指标，五类指标的解释如表 4-4 所示。

表 4-4 各指标解释

效益指标	分析目的
生产性指标	了解在一定时期内企业的生产经营能力、水平和成果的分配
流动性指标	观察企业在一定时期内的资金周转状况，掌握企业资金的运用效率
收益性指标	观察企业一定时期的收益及获利能力
安全性指标	观察企业经营的安全程度，也可以说是资金调度的安全性
成长性指标	观察企业在一定时期内经营能力的发展变化趋势，一个企业即使收益性高，但成长并不好，也就表明其未来盈利能力下降。因此，以发展的眼光看企业，动态地分析企业财务资料，对战略制定来讲特别重要

1. 生产性指标

分析生产性指标，目的在于了解一定时期内企业的生产经营能力、水平和成果分配。主要指标的基本含义和计算公式如表 4-5 所示。

2. 流动性指标

分析流动性指标，目的在于观察企业一定时期内资金的周转状况，以掌握企业资金的运用效率。主要指标的含义及计算公式如表 4-6 所示。

表 4-5　企业生产性指标

生产性指标	基本含义	计算公式
人均销售收入	反映企业人均销售能力	销售收入/平均职工人数
人均净利润	反映企业经营管理水平	净利润/平均职工人数
人均资产总额	反映企业生产经营水平	资产总额/平均职工人数
人均工资	反映企业成果分配状况	工资总额/平均职工人数

表 4-6　企业流动性指标

流动性指标	基 本 含 义	计 算 公 式
总资产周转率	反映全部资产的使用效率	销售收入/平均资产总额
固定资产周转率	反映固定资产的使用效率	销售收入/平均固定资产总额
流动资产周转率	反映流动资产的使用效率	销售收入/平均流动资产总额
应收账款周转率	反映年度内应收账款的变现速度	销售收入/平均应收账款
存货周转率	反映存货的变现速度	销售成本/平均存货

总资产周转率、固定资产周转率、流动资产周转率分别反映全部资产、固定资产和流动资产的使用效率。比率越高，说明资产利用率越高，获利能力越强；应收账款周转率反映年度内应收账款转为现金的平均次数，比率越高，说明企业催收账款的速度越快，坏账损失的可能性越小；存货周转率越高，说明投入存货至销售收回的平均周期就越短，资金回收越快，效率越高。

3. 收益性指标

分析收益性指标，目的在于观察企业一定时期内的收益及获利能力。主要指标含义及计算公式如表 4-7 所示。

4. 安全性指标

安全性指的是企业经营的安全程度，也可以说是资金调度的安全性。分析安全性指标，目的在于观察在一定时期内的偿债能力。主要指标含义及计算公式如表 4-8 所示。

表 4-7　企业收益性指标

收益性比率	基 本 含 义	计 算 公 式
资产报酬率	反映企业总资产的利用效果	(净收益+利息费用+所得税)/平均资产总额
所有者权益报酬率	反映所有者权益的回报	税后净利润/所有者权益
普通股权益报酬率	反映股东权益的报酬	(净利润–优先股股利)/平均普通股权益
普通股每股收益额	反映股东权益的报酬	(净利润–优先股股利)/普通股股数
股利发放率	反映股东权益的报酬	每股股利/每股利润
市盈率	反映股东权益的报酬	普通股每股市场价格/普通股每股利润
销售利税率	反映企业销售收入的收益水平	利税总额/净销售收入
毛利率	反映企业销售收入的收益水平	销售毛利/净销售收入
净利润率	反映企业销售收入的收益水平	净利润/净销售收入
成本费用利润率	反映企业为取得利润所付的代价	(净收益+利息费用+所得税)/成本费用总额

表 4-8　企业安全性指标

流动性指标	基 本 含 义	计 算 公 式
流动比率	反映企业短期偿债能力和信用状况	流动资产/流动负债
速动比率	反映企业立刻偿付流动负债的能力	速冻资产/流动负债
资产负债率	反映企业总资产中有多少是负债	负债总额/资产总额
所有者权益比率	反映企业总资产中有多少是所有者权益	所有者权益/资产总额
利息保障倍数	反映企业经营所得偿付借债利息的能力	(税前利润–利息费用)/利息费用

其中，流动负债说明每 1 元负债有多少流动资金作为保证，比率越高，流动负债偿还的保障就越大；但比率过高，则反映企业滞留在流动资产上的资金过多，未能有效利用，可能会影响企业的获利能力。经验表明，流动比率在 2∶1 左右比较合适。所谓“速动资产”，通俗地讲就是可以立即变现的资产，存货变现能力较差，从流动资产中扣除存货后则为“速动资产”。经验表明，速动比率在 1∶1 左右较为合适。资产负债率越高，企业借债资金在全部资金中所占比重越大，在负债所支付的利息率低于资产报酬率的条件下，股东的投资收益率就越高，对股东有利。但是，比率越高，借债越多，偿债能力就越差，财务风险就越大。而负债比率越低，说明企业在偿债时存在着资金缓冲。因此，资产负债率也要保持适当水平，一般说来，低于 50%的资产负债率比较好；所有者权益比率与资产负债率之和等于 1，所有者权益比率越大，资产负债率越小，财务风险就越小；利息保障倍数如果低于 1，说明企业经营所得还不足以偿付借款利息，因此，该比率至少应大于 1，比率越高，说明企业经营所得支付利息就越有保障。

5. 成长性指标

分析成长性指标，目的在于观察企业在一定时期内经营能力的发展变化趋势。一个企业即使收益性高，但若成长性不好，则其未来盈利能力也令人担忧。因此，以发展的眼光看企业，动态地分析企业财务资料，对战略制定来讲特别重要。计算这类指标比较简单，如表 4-9 所示。

上述企业财务能力的 5 类分析结果，可以用雷达图表示出来，如图 4-3 所示。

表 4-9　成长性指标

流动性指标	基 本 含 义	计 算 公 式
销售收入增长率	反映销售收入变化趋势	本期销售收入/前期销售收入
税前利润增长率	反映税前利润变化趋势	本期税前利润/前期税前利润
固定资产增长率	反映固定资产变化趋势	本期固定资产/前期固定资产
人员增长率	反映人员变化趋势	本期职工人数/前期职工人数
产品成本降低率	反映成本变化趋势	本期产品成本/前期产品成本

雷达图的绘制方法是：先画出三个同心圆，并将其等分成五个扇形区，分别表示生产性、安全性、收益性、流动性和成长性。通常，最小圆圈代表同行业平均水平的 1/2 或最低水平；中间圆圈代表同行业的平均水平，又称标准线；最大圆圈代表同行业的先进水平或者平均水平的 1.5 倍。在五个扇形区中，从圆心开始，分别以放射线形式画出 5～6 条主要的经营指标线，并标明指标名称及标度。指标线的比例尺及同心圆的大小，由该经营比率的量纲与同行业的水平来决定。然后，将企业同期的相应指标值用点标在图上，以线段依次连接相邻点，形成的多边形折线闭环，就构成了雷达图。它代表了企业的现实财务状况。

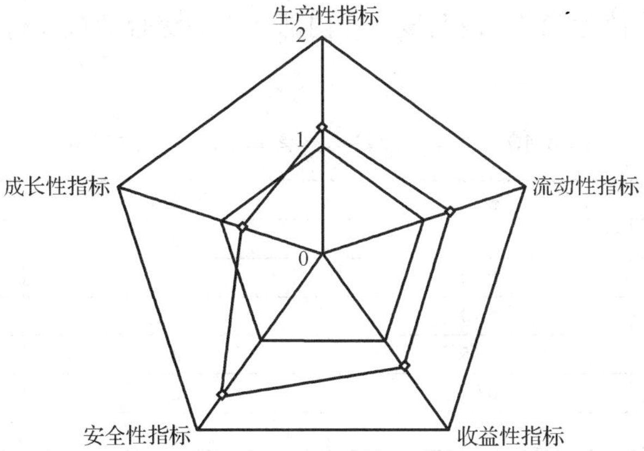

图 4-3　雷达图

就各经营指标来看，当指标值处于标准线以内时，说明该指标低于同行业平均水平，需要加以改进；若接近最小圆圈或处于其内，说明该指标处于极差状态，是企业经营的危险标志，应重点加以改进；若处于标准线外侧，说明该指标处于理想状态，是企业的优势，应采取措施加以巩固和发扬。

4.4.2　内部战略要素矩阵评价法（IFE 矩阵）

内部要素评价矩阵法是分析企业内部战略条件的有效方法，可以帮助企业战略决策者对企业内部各个职能领域的主要优势与劣势进行全面综合的评价。具体分析步骤如下。

(1) 由经营战略决策者识别企业内部战略条件中的关键战略要素。通常列出 10～15 个要素为宜，包括优势和劣势两个方面。首先列出优势，然后列出劣势，要尽可能具体，要采用百分比、比率和比较数字。

(2) 为每个关键战略要素指定一个权重以表明该要素对企业经营战略的相对重要程度。权重取值范围从 0.0（表示不重要）到 1.0，但必须使各要素权重值之和为 1.0；不论该要素是否具有优势，只要它会对企业经营战略产生最重要的影响，就可以指定为最大的权重值。

(3) 以 1、2、3、4 各评价值分别代表相应要素对于企业经营战略来说是主要劣势、一般劣势、一般优势、主要优势。

(4) 将每一要素的权重与相应的评价值相乘，即得到该要素的加权评价值。

(5) 将每一要素的加权评价值加总，就可求得企业内部战略条件的优势与劣势情况的综合加权评价值。

无论该矩阵包含多少因素，总加权分数的范围都是从最低的 1.0 到最高的 4.0，平均分为 2.5。总加权分数大大低于 2.5 的企业的内部状况处于弱势，而分数大大高于 2.5 的企业的内部状况则处于强势。因素数不影响总加权分数的范围，因为权重总和永远等于 1。当某种因素既构成优势又构成劣势时，该因素在矩阵中出现两次，而且将被分别给予权重和评分。例如，花花公子企业公司的标识语既帮助了该公司，又损害了该公司。标识语使《花花公子》杂志吸引了读者，但它同时又使“花花公子”有线电视频道被排除在很多地区的市场之外。

表 4-10 为某企业内部条件战略要素评价矩阵分析情况。从中可以看出：该企业的主要优势在于产品质量，评价值为 4，劣势在组织结构适应性差，评价值为 1；从加权评价值来看，产品质量为 0.8，职工士气为 0.6，这两个关键战略要素对企业经营战略可能产生的影响最大；

该企业的综合加权评价值为 2.4，说明该企业内部条件的综合地位在行业平均(2.5)以下，应引以高度的重视。

表 4-10　企业内部条件战略要素评价矩阵示例

关键战略要素	权重	评价值	加权评价值
职工士气	0.20	3	0.60
产品质量	0.10	4	0.80
营运资金	0.10	3	0.30
利润增长水平	0.15	2	0.30
技术开发人才	0.05	2	0.10
组织结构	0.30	1	0.30
综合加权评价值	1		2.40

4.5　价值链分析

4.5.1　价值链分析法概述

任何一个企业的商业活动大概由以下这些行为构成：设计、生产、营销、配送以及对产品或服务的支持。企业价值链是迈克尔·波特(Michaele Porter)在《竞争优势》一书中提出的。波特认为，企业每项生产经营活动都是其创造价值的经济活动；那么，企业所有的互不相同但又相互关联的生产经营活动，便构成了创造价值的一个动态过程，即价值链。

一个企业的价值链是由企业内部的一系列创造价值的活动组成的。正如图 4-4 所展示的，价值链有两大类活动组成：主要活动——那些在为客户创造价值中最重要的活动；辅助活动——对主要活动起到促进作用的活动。

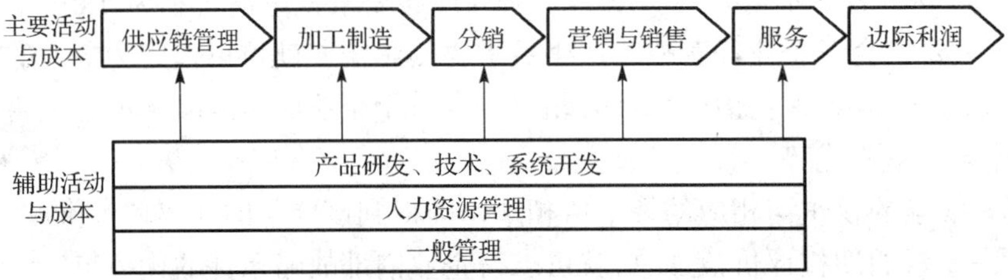

图 4-4　企业价值链

1. 主要活动

1)供应链管理

与以下方面相关的活动、成本和资产：从供应商处购买燃料、能源、原材料、零部件、半成品和消耗品；接受、储存与分配供应商提供的物资；检查和存货管理。

2)加工制造

与以下方面相关的活动、成本和资产：将供应商提供的物资转换成最终产品。

3)分销

与以下方面相关的活动、成本和资产：某种商品或服务从生产者向消费者转移的渠道管理。

4)营销与销售

与以下方面相关的活动、成本和资产：企业发现或挖掘准消费者需求，从整体氛围的营造以及自身产品形态的营造去推广和销售产品。

5)服务

与以下方面相关的活动、成本和资产：在商品出售以后所提供的各种服务活动，推销人员要采取各种形式的配合步骤，通过售后服务来提高企业的信誉，扩大产品的市场占有率，提高推销工作的效率及效益。

2. 辅助活动

1)产品研发、技术、系统开发

与以下方面相关的活动、成本和资产：产品研发、流程开发、流程设计促进、设备设计、电脑软件开发、通信系统、电脑辅助设计与制造、数据库能力、电脑支持系统的开发。

2)人力资源管理

与以下方面相关的活动、成本和资产：招聘、雇佣、培训、发展、所有职员的报酬、劳工关系活动、以知识为基础的技术与核心竞争力的开发。

3)一般管理

与以下方面相关的活动、成本和资产：一般管理、会计和财务、法律与法规事务、安全保障、管理信息系统、形成战略联盟与战略伙伴合作以及其他“间接”功能。

每个企业最主要的目标就是向客户传递价值，从而获得利润。一个企业的价值链及其完成各项活动的方式往往反映出企业业务及其内部运作、企业战略、企业战略执行的途径以及各项活动的基本经济特性的演变等，对不同的企业来说，价值链也存在相当大的差异。

企业所从事的每一项活动都会产生成本，当企业出售产品(服务)的价格比所有活动的叠加成本高时，企业就可以获得利润。从这个角度看，企业的竞争优势来源于企业能比竞争对手更便宜、更有效地完成那些具有战略意义的价值创造活动。

价值链分析法是将企业在向用户提供产品或服务过程中的一系列活动，按发生的时间顺序和对产品实体构成的作用，划分为在战略上相互关联的活动类，根据它们对形成企业价值的作用来理解企业的成本变化及引起变化的原因和方法。

价值链分析的第一步是确定企业的价值链构成，然后需要通过与外部独立活动对比的方法，确定每一项活动对企业整体价值的贡献。如果企业的成本低于市场交易价格，则该项活动就是可以为企业的最终价值作出贡献的活动，而如果企业自己从事某项活动的成本高于市场交易价格，则该项活动为企业提供的是负价值。

如果对某项活动，企业无法找到外部交易市场，则可以与竞争对手的成本进行比较，企业的成本低于竞争对手的成本，则该项活动为企业提供正价值；反之，则提供负价值。

总的来说，企业应该保留能为企业提供正价值的活动，对提供负价值的活动，则可以考虑出售，然后从市场上购入该项活动。对那些提供负价值，而又无法由市场购入的活动，就需要进一步分析这部分活动对企业整体价值的削弱情况。一旦从事该项活动使整个价值低于最低可接受水平，企业就需要果断地停止整个业务。

另外，还有一种情况需要进行例外考虑，即企业的某一项业务是为另一项表现为企业未来方向的业务服务的，这时，虽然该项活动中的某些活动不能提供正价值，也不一定就需要停止。

此时需要将该项业务与其服务的战略方向性业务捆扎在一起，作为一项完整的业务进行分析。

价值链分析法为企业对目前及潜在优势和劣势进行内部分析提供了有效的指导方法，再把企业所有活动进行系统分割，区分出各项价值活动并进行价值分析后，就可以从中找出关键的内部要素，并将其作为企业竞争优势的来源而作进一步的分析。

4.5.2 价值链系统分析

许多企业在进行了内部价值分析后，将那些由自己企业承担反而会使总价值降低的活动进行剥离，采取了从市场上购入而不是自己从事的方式，于是便产生了本企业的价值链与提供前后项活动的企业的价值链的连接问题。为此，企业在进行了本企业的价值分析后，还需要进行包括前后活动的提供者，即包括企业供应商和客户价值链在内的价值链系统分析（如图 4-5 所示）。

价值链系统分析包括以下两项内容。

一项是分析企业价值链与为自己提供前项或后项活动的价值链的接口。以与供应商价值链的接口为例，当企业将一部分活动（如某种零部件）的生产由自制改为外购后，企业价值链中该零部件的生产活动就消失了，供应商价值链中推销促销环节的任务也发生了根本变化，在双方的价值链能如同一个企业那样顺利衔接时，它们共同的成本将有所降低，而且还能取得流程连接、信息共享、更好地了解和满足客户的要求，进一步开发流程功能等方面的效果。

另一项分析是将企业的价值链系统与竞争对手的价值链系统进行对比分析。对绝大部分企业来说，其竞争对手与自己有共同的供应商和共同的客户，企业与竞争对手的竞争不但表现在自己的价值链功能与对手的价值链功能的竞争上，还表现在双方在与供应商和客户价值链连接的效果上，企业只有取得了价值链系统整体价值高于竞争对手时，才能在市场上表现出更高的竞争力。从这一点上看，企业不但要关心对自己价值链的培养，而且要关心对供应商和客户价值链的培养。

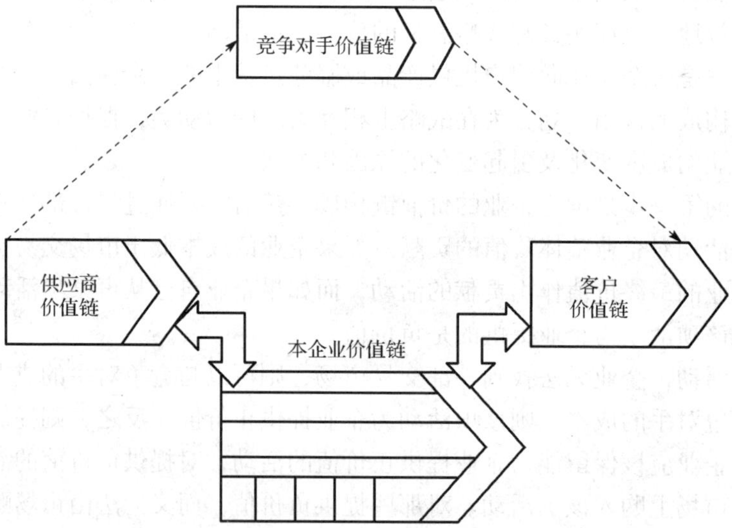

图 4-5 价值链系统

4.5.3 资源使用与控制的价值链分析

价值链分析的关键是要认识企业不是机器、货币和人员的随机组合，如果不将这些资源有效地组织起来，保证生产出最终顾客认为有价值的产品或服务，那么这些资源将毫无价值。因此，资源分析必须是一个从资源评估到对怎样使用这些资源的评估活动。

资源使用的价值链分析要明确以下几点。

1. 确认那些支持企业竞争优势的关键性活动

虽然价值链的每项活动，包括基本活动和支持活动都是企业成功所必经的环节，但是这些活动对组织竞争优势的影响是不同的。在关键价值活动的基础上建立和强化这种优势很可能获得成功。例如，北京燕京啤酒成功的关键在于其市场销售的优势，那些支持企业竞争优势的关键活动事实上就是企业的独特能力的一部分。

2. 明确价值链内部各种活动之间的联系

价值链中基本活动之间、基本活动与支持活动之间以及支持活动之间存在各种联系，选择或构筑最佳的联系方式对于提高价值创造和战略能力是十分重要的。例如，在基本活动之间，保持高水平的存货会使生产安排变得容易，并且可以对顾客的需求做出快速反应，但会增加经营成本，因此，应该评估一下是存货增加的价值多还是增加的成本多。

3. 明确价值系统内各项价值活动之间的联系

价值活动的联系不仅存在于企业价值链内部，而且存在于企业与企业之间的价值链之间。例如一个企业的采购和内部后勤活动与供应商的订单处理系统相互作用；同时，供应商的应用工程人员与企业的技术开发和生产人员之间也是可以协同工作的；供应商的产品特点以及它与企业价值链的其他接触点能够十分显著地影响企业的成本和产品。

但是，注意到以上所述的各种联系都会涉及交易成本，那么，选择企业价值链与供应商、分销商和客户价值链之间不同的联系方式，比如，是纵向一体化还是向市场购买，或是介于二者之间的其他方式，对企业竞争优势的影响是不言而喻的。参照表 4-11 所示数据，思考下列问题。

表 4-11　与制造和分销音乐 CD 相关的代表性成本和毛利

单位：美元

1. 录制公司的直接生产成本		2.40
艺术家及其作品	0.75	
CD 制作与包装	1.65	
版权		0.99
3. 录制公司的营销费用		1.50
4. 录制公司的管理费用		1.50
5. 录制公司的总成本		6.39
6. 录制公司的营运利润		1.86
7. 录制公司向分销商/批发商的销售价格		8.25
8. 包括分销活动和利润在内的平均批发分销毛利		1.50
9. 向零售商征收的平均批发价格		9.75
10. 超过零售成本		5.25
11. 向顾客零售的平均价格		15.00

思考：

(1)随着制作室开始销售可以下载的音乐专辑，以及顾客可以自己制作他们喜欢的专辑(或直接从计算机上播放)，传统价值链上的哪些成本已经不再存在？

(2)与传统的音乐制品产业价值链相比，销售可下载的音乐文件究竟具有怎样的成本有效性？

(3)你认为，随着可下载音乐的流行，它将会对传统的音乐制品产业有怎样的影响，以及其竞争力如何？

4.6　SWOT 模型分析法

SWOT 分析是一个常用的战略管理分析工具之一，一般包括以下几个方面的步骤，如图 4-6 所示：(1)识别企业资源优势和竞争能力；(2)识别企业劣势和竞争缺陷；(3)识别企业的市场机会；(4)识别影响企业未来利益的外部威胁。

分析企业的 SWOT 就是将企业的各种主要内部优势(Strength)、劣势(Weakness)、外部环境的机会(Opportunity)和威胁(Threats)，通过调查罗列出来，并依照一定的次序按矩阵形式排列起来，从中得出一系列相应结论。因此，SWOT 分析实际上是将对企业内外部条件各方面内容进行综合和概括，进而分析组织的优劣势、面临的机会和威胁的一种方法。

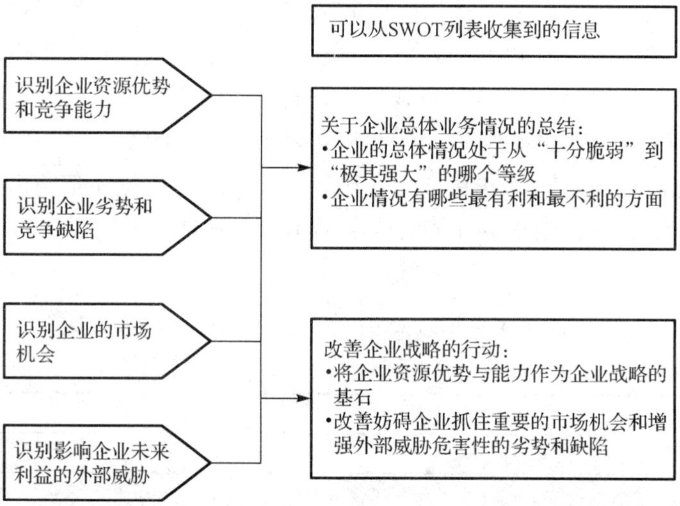

图 4-6　SWOT 战略分析的一般步骤：识别、总结和行动

4.6.1　SWOT 含义介绍

优劣势分析主要是着眼于企业自身的实力及其与竞争对手的比较，而机会和威胁分析将注意力放在外部环境的变化及对企业的可能影响上。在分析时，应把所有的内部因素(即优劣势)集中在一起，然后用外部的力量来对这些因素进行评估，如表 4-12 所示。

1. 机会与威胁分析(OT)

随着经济、社会、科技等方面的迅速发展，特别是经济全球化、一体化过程的加快，全球信息网络的建立和消费需求的多样化，企业所处的环境更为开放和动荡。这种变化几乎对所有企业都产生了深刻的影响。正因为如此，环境分析成为一种日益重要的企业职能。

表 4-12　基本战略方案

内部条件 / 外部环境	优势(S)	劣势(W)
机会(O)	SO 战略方案 (依靠内部优势，利用外部机会)	OW 战略方案 (利用外部机会，克服内部劣势)
威胁(T)	ST 战略方案 (利用内部优势，避开外部威胁)	WT 战略方案 (减少内部劣势，回避外部威胁)

环境发展趋势分为两大类：一类表示环境威胁，另一类表示环境机会。环境威胁指的是环境中一种不利的发展趋势所形成的挑战，如果不采取果断的战略行为，这种不利趋势将导致企业的竞争地位受到削弱。环境机会就是对企业行为富有吸引力的领域，在这一领域中，该企业将拥有竞争优势。

对环境的分析也可以有不同的角度。比如，一种简明扼要的方法就是 PEST 分析，即从政治(法律)的、经济的、社会文化的和技术的角度分析环境变化对本企业的影响。

另一种是哈佛大学教授迈克尔·波特的名著《竞争战略》中，提出的一种结构化的环境分析方法，有时也被称为“五力分析”。他选取的几种环境要素是：

产业新进入的威胁：进入本行业有哪些壁垒？它们阻碍新进入者的作用有多大？本企业怎样确定自己的地位(自己进入或者阻止对手进入)？

供货商的议价能力：供货商的品牌或价格特色，供货商的战略中本企业的地位，供货商之间的关系，从供货商之间转移的成本等，都影响企业与供货商的关系及其竞争优势。

买方的议价能力：本企业的部件或原材料产品占买方成本的比例，各买方之间是否有联合的危险、本企业与买方是否具有战略合作关系等。

替代品的威胁：替代品限定了企业产品的最高价，替代品对企业不仅有威胁，可能也带来机会。企业必须分析，替代品给企业的产品或服务带来的是“灭顶之灾”呢，还是提供了更高的利润或价值；购买者转而购买替代品的转移成本；企业可以采取什么措施来降低成本或增加附加值来降低消费者购买替代品的风险？

现有企业的竞争：行业内竞争者的均衡程度、增长速度、固定成本比例、本行业产品或服务的差异化程度、退出壁垒等，决定了一个行业内的竞争激烈程度。

显然，最危险的环境是进入壁垒低、存在替代品、由供货商或买方控制、行业内竞争激烈的产业环境。

2. 优势与劣势分析(SW)

每个企业都要定期检查自己的优势与劣势，这可通过“企业经营管理检核表”的方式进行。企业或企业外的咨询机构都可利用这一格式检查企业的营销、财务、制造和组织能力。每一要素都要按照特强、稍强、中等、稍弱或特弱划分等级。

当两个企业处在同一市场或者说它们都有能力向同一顾客群体提供产品和服务时，如果其中一个企业有更高的盈利率或盈利潜力，那么，我们就认为这个企业比另外一个企业更具有竞争优势。但值得注意的是：竞争优势并不一定完全体现在较高的盈利率上，因为有时企业更希望增加市场份额，或者多奖励管理人员或雇员。

竞争优势可以指消费者眼中一个企业或它的产品有别于其竞争对手的任何优越的东西，它可以是产品线的宽度、产品的大小、质量、可靠性、适用性、风格和形象以及服务的及时、态度的热情等。

由于企业是一个整体，并且由于竞争优势来源的广泛性，所以，在做优劣势分析时必须从整个价值链的每个环节上，将企业与竞争对手做详细的对比。如产品是否新颖，制造工艺是否复杂，销售渠道是否畅通，以及价格是否具有竞争性等。如果一个企业在某一方面或几个方面的优势正是该行业企业应具备的关键成功要素，那么，该企业的综合竞争优势也许就强一些。需要指出的是，衡量一个企业及其产品是否具有竞争优势，只能站在现有潜在用户角度上，而不是站在企业的角度上。

企业在维持竞争优势过程中，必须深刻认识自身的资源和能力，采取适当的措施。因为一个企业一旦在某一方面具有了竞争优势，势必会吸引到竞争对手的注意。一般地说，企业经过一段时期的努力，建立起某种竞争优势；然后就处于维持这种竞争优势的态势，竞争对手开始逐渐做出反应；如果竞争对手直接进攻企业的优势所在，或采取其他更为有力的策略，就会使这种优势受到削弱。

而影响企业竞争优势的持续时间，主要的是以下三个关键因素。(1)建立这种优势要多长时间？(2)能够获得的优势有多大？(3)竞争对手做出有力反应需要多长时间？如果企业分析清楚了这三个因素，就会明确自己在建立和维持竞争优势中的地位了。

波士顿咨询公司提出，能获胜的公司是取得公司内部优势的企业，而不仅仅是只抓住公司核心能力。每一公司必须管好某些基本程序，如新产品开发、原材料采购、对订单的销售引导、对客户订单的现金实现、顾客问题的解决时间等。每一程序都创造价值和需要内部部门协同工作。虽然每一部门都可以拥有一个核心能力，但如何管理这些优势能力的开发仍是一个挑战。

4.6.2 SWOT 矩阵的构建

SWOT 矩阵分析是用系统的思想将似乎独立的因素相互匹配起来进行综合分析。运用这个方法，有利于人们对组织所处情景进行全面、系统、准确的研究，有助于人们制定发展战略和计划，以及与之相应的发展计划或对策。SWOT 矩阵分析实际上是对企业内外部条件各方面内容进行综合和概括，进而分析组织的优劣势、面临的机会和威胁的一种方法。其中，优劣势分析主要是着眼于企业自身的实力及其与竞争对手的比较，而机会和威胁分析将注意力放在外部环境的变化及其对企业的可能影响上，但是，外部环境的同一变化给具有不同资源和能力的企业带来的机会与威胁却可能完全不同，因此，两者之间又有紧密地联系。

构造 SWOT 矩阵的过程包括如下八个步骤：

(1)列出公司的关键外部机会；

(2)列出公司的关键外部威胁；

(3)列出公司的关键内部优势；

(4)列出公司的关键内部劣势；

(5)将内部优势与外部机会相匹配，把作为结果的 SO 战略填入格中；

(6)将内部劣势与外部机会相匹配并记录得出 WO 战略；

(7)将内部优势与外部威胁相匹配并记录 ST 战略；

(8)将内部劣势与外部威胁相匹配并记录 WT 战略。

表 4-13 是对某公司进行 SWOT 分析的一部分。

在完成环境因素分析和 SWOT 矩阵的构造后，便可以制定出相应的行动计划。制订计划的基本思路：发挥优势因素，克服劣势因素，利用机会因素，化解威胁因素；考虑过去，立足当前，着眼未来。运用系统分析的综合分析方法，将排列与考虑的各种环境因素相互匹配起来加以组合，得出一系列公司未来发展的可选择战略。这些战略如图 4-7 所示。

第Ⅰ象限的企业，具有很好的内部优势及众多的外部机会，应当采取增长型战略，具体有集中化战略、中心多样化战略、垂直一体化战略等。企业通过严格的成本控制，以价格作为主要的竞争手段，在激烈的竞争中进一步发挥企业的市场优势。

表 4-13　SWOT 矩阵分析

优势与劣势 机会与威胁	优　势 (1)资金 (2)进入这个市场较早 (3)有比较完整的销售网络 (4)统计技术比较先进 (5)居于市场领先地位占有投资咨询行业相当大的份额 (6)知名度较高	劣　势 (1)监控系统是模拟式 (2)成本较高 (3)一次性投入大
机　会 (1)中国市场化进程向纵深延伸 (2)电视台事业化程度不断提高 (3)其他城市需求也在扩大	SO 战略 应该以市场为主导的身份力争扩大市场供给以满足日益增大的市场需求	WO 战略 应该努力降低成本，以更低的价格抢占市场
威　胁 (1)由于地方保护主义，致使有些分市场比较难以进入 (2)竞争者的实力相对较弱 (3)日记形式的监测系统因为成本便宜依然占据一定的市场空间	ST 战略 应该首先进入市场化程度较高的沿海大城市 应该用更快的速度抢占市场使得我们在竞争中处于更加有利的位置	WT 战略 应该先用模拟式的检测设备抢占市场，然后再根据电视数字化的进程逐步更新设备

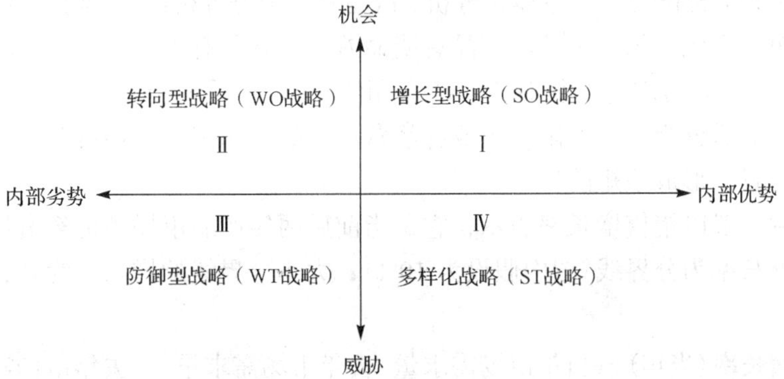

图 4-7　战略地位评估矩阵

第Ⅱ象限的企业，面临巨大的外部机会，却受到内部劣势的限制，应采取转向型战略，在弥补和消除内部劣势的同时，最大限度地利用外部环境带来的机会。

第Ⅲ象限的企业，内部存在劣势，外部面临强大的威胁，应采取防御型战略，这时企业不应该也没有实力实施扩张战略，因此适合采取比较保守的战略，以避开威胁并逐渐消除劣势。

第Ⅳ象限的企业，具有一定的内部优势，但外部环境存在威胁，应采取多样化可经营战略。这样可以利用自己的优势，同时通过多种经营分散环境带来的风险。

通过 SWOT 分析和战略地位评估，企业可以了解内部条件和外部环境的共同作用，明确自身的战略地位，并初步选定企业可能采取的竞争战略类型。

最小与最小战略(WT 战略)，即考虑劣势因素和威胁因素，目的是努力使这些因素都趋于最小。

最小与最大战略(WO 战略)，即着重考虑劣势因素和机会因素，目的是努力使劣势趋于最小，使机会趋于最大。

最大与最小战略(ST 战略)，即着重考虑优势因素和威胁因素，目的是努力使优势因素趋于最大，使威胁因素趋于最小。

最大与最大战略(SO 战略)，即着重考虑优势因素和机会因素，目的是在于努力使这两种因素都趋于最大。

可见，WT 战略是一种最为悲观的战略，是处在最困难的情况下不得不采取的对策；WO 战略和 ST 战略是一种苦乐参半的战略，是处在一般情况下采取的战略；SO 战略是一种最理想的战略，是处在最为顺畅的情况下十分乐于采取的战略。

由于具体情况所包括的各种因素及其分析结果所形成的战略都与时间跨度有着直接的关系，所以在进行 SWOT 分析时，可以先划分一定的时间段分别进行 SWOT 分析，最后对各个阶段的分析结果进行综合汇总，并进行整个时间段的 SWOT 矩阵分析。这样，分析的结果更加精确。

4.7 投资组合分析

4.7.1 基本 BCG 矩阵

这种方法由美国波士顿咨询公司(BCG)提出，所以又称为波士顿矩阵。它把公司经营的全部产品、事业的组合作为一个总体来分析，故也称“统筹分析法”。这种方法假定企业有两个以上的经营单位组成，每个单位的产品有明显差异，并具有不同的细分市场。在拟定每个产品发展战略时，主要考虑它的相对竞争地位(市场占有率)和业务增长率。以前者为横坐标，后者为纵坐标，然后分为 4 个象限，企业各经营单位的产品按其市场占有率和业务增长率高低填入相应的位置，形成该矩阵。

业务增长率一般以销售增长率表示，它是指前后两年产品市场销售额增长的百分比，可以行业的平均增长率为分界线(图中假设为 10%)，大于分界线的增长率为高，小于分界线的增长率为低。

销售增长率(当年)=(当年市场需求量−去年市场需求量)÷去年市场需求量

相对竞争地位以市场占有率表示。它是指本企业某种产品的市场份额与该产品在市场上最大的竞争对手的市场份额的比率(以 *X* 表示)，可用 1*X* 为分界线，高于此数的市场占有率为高，低于此数的市场占有率为低，如图 4-8 所示。

相对市场占有率=当年经营单位的销售额或数量÷当年主要竞争者的销售额或数量

或

相对市场占有率=当年经营单位的绝对市场占有率÷当年主要竞争者的绝对市场占有率

图 4-8 中反映的 4 种产品和实施的战略是典型的标准分析，下面对此分析如下。

第Ⅰ象限：明星产品。它的市场占有率和业务增长率都高，这表明该产品的利润增长较快。因此，对该产品应采取扩张战略，进行必要的投资，维持其有利的竞争地位。

第Ⅱ象限：金牛产品，顾名思义它能给企业带来巨大的利益。该产品市场占有率高，但由于业务增长率低，不宜大力发展，可采取维持巩固的稳定战略。也可少量投资。金牛所产生的大量利润，可用来满足明星产品的需要。

第Ⅲ象限：幼童产品，有人译为“顽童”，它是新生力量，但孩子的前途如何，要视其如何发展，所以又有人把这种产品称为“前途未卜”的问题产品。幼童产品业务增长率高，但市场占有率低。高速增长需要大量投资，而市场占有率低只能产生少量利润，因此企业应该进行必要的投资，使之成为明星产品。但如该幼童确属难以“教育成长”的，则应采取放弃战略。故而从总体上看，对这类产品应采取选择性发展战略。

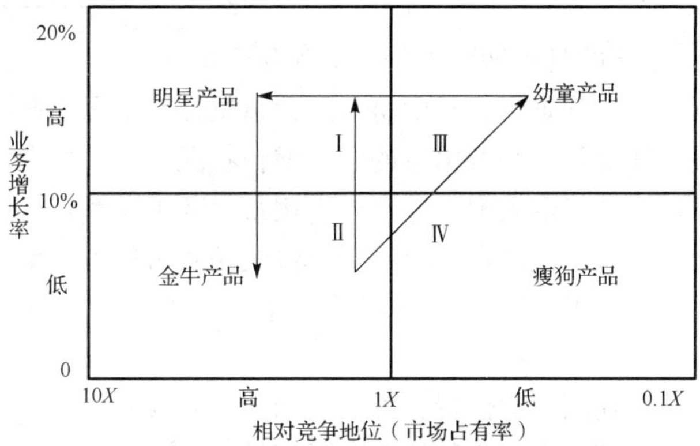

图 4-8　波士顿矩阵

第Ⅳ象限：瘦狗类产品，市场占有率和业务增长率都很低，因而带来的利润少，但却占用资金。这类产品没有发展前途，可采取收缩战略，如抽资、放弃、清算等方法。

从以上分析可以看出，企业资金流向应为金牛→明星→幼童，即金牛产品应为明星产品、幼童产品的发展提供资金，在图中用箭线表示。产品发展的方向是幼童→明星→金牛，即把幼童培养成为明星，在明星的业务增长率下降时，要使它变为金牛。要严格监视和控制“瘦狗类产品”的动向，在适当的时候予以放弃，在图中用实线加箭头表示。

上述例子是一种典型情况，事实上每个企业各种产品呈现出复杂的状况，在矩阵中的位置也各不相同，如图 4-9 所示。

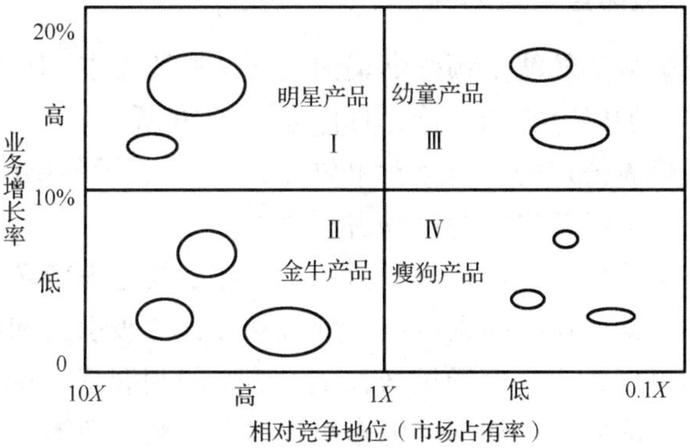

图 4-9　经营组合

在图 4-9 中的经营组合比较理想，因为有三只规模较大的金牛作为坚实的基础，为两个明星的发展提供资金，有两个较有希望的幼童靠近明星，几只狗被严格控制，可及时清算或放弃。

对于大多数企业来说，他们的经营单位分布于矩阵的每一象限，企业应采取的经营组合战略可概述如表 4-14。

表 4-14　应用 BCG 矩阵的战略选择

象限	战略选择	经营单位盈利性	所需投资	现金流量
明星	维护或扩大市场占有率	高	多	几乎为零
金牛	维护或筹资转向战略	高	少	极大剩余
幼童	扩大市场占有率 或放弃或筹资转向战略	低或为负值	非常多 不投资	负值 剩余
狗类	放弃或清算战略	低或为负值	不投资	剩余

利用波士顿(BCG)矩阵的具体做法可分为下列几个步骤。

(1)把企业分成不同的经营单位，其中每一经营单位拥有不同的产品。

(2)通过市场调查，确定每一经营单位的业务增长状况。

(3)确定每个经营单位的经营规模，即资产占用量，其中应特别注意资金分配量。

(4)通过与竞争对手的比较，决定每个经营单位的相对市场占有率。

(5)绘制公司的整体经营组合图。图中每个圆圈代表一个经营单位，其大小不同表示各单位的经营规模。

(6)根据每个经营单位在图中的位置，确定不同的产品战略。

(7)对产品战略的实施情况定期进行检查，了解战略的实行状况。

波士顿矩阵具有一定的局限性。首先是除了市场占有率和业务增长率以外，还有其他一些影响行业吸引力和企业战略的因素。另一问题是关于狗类产品的处理方法，有的专家认为位于低利润区域的经营业务可获得有价值的经验。此外，如果管理得当，某些狗类产品也能成为现金收入的重要来源。只有那些已经失效的狗类产品，才应作为放弃或清算的对象。

4.7.2　BCG 矩阵的改进

考虑到 BCG 矩阵的局限性，有关专家学者及企业提出了各种改进方案，以下简要介绍其中的几种。

1. 通用电气公司的战略经营规划网

美国通用电气公司的方法较波士顿咨询集团的方法有所发展，用“多因素投资组合矩阵”来对公司的战略经营单位加以分类和评价，具体如图 4-10 所示。

矩阵图中 7 个圆圈代表公司的 7 个经营单位，圆圈大小表示各单位所在行业市场的大小。圆圈内的阴影部分表示各个经营单位的市场占有率。

通用电气公司的方法认为，在评价各经营单位时除了要考虑市场增长率和市场占有率以外，还要考虑其他许多因素，这些因素可以分别包括在行业吸引力和业务实力两个变数中。其中行业吸引力包括：市场大小、市场年增长率、历史的利润率、竞争强度、技术要求、由通货膨胀引起的脆弱、性能要求、外部环境影响，以及社会、政治、法律等方面的因素。公司经营单位的业务实力包括：市场占有率、市场占有率增长、产品质量、品牌信誉、商业网、促销力量、生产能力、生产效率、单位成本、原料供应、研究与开发成绩及管理人员等。

公司战略管理人员对上述两大变数中的各个因素，可确定一个定值和权数。然后求出各个因素的加权平均数。从表 4-15 可看出经营单位 A 的行业吸引力的加权平均数为 3.45，业务实力的加权平均数为 3.90。

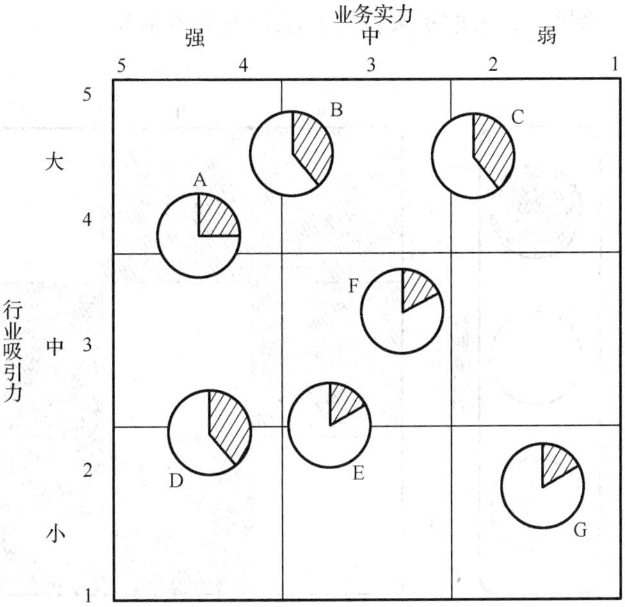

图 4-10　多因素投资组合矩阵

表 4-15　经营单位 A 的行业吸引力和业务实力表

项目	内容	定值	权数	加权值
行业吸引力	市场大小	4	0.20	0.8
	年市场增长率	5	0.20	1.00
	历史的利润率	4	0.15	0.6
	竞争强度	2	0.15	0.3
	技术要求	3	0.15	0.45
	由通货膨胀引起的脆弱性	3	0.05	0.15
	能源要求	2	0.05	0.1
	外部环境影响	1	0.05	0.01
	社会、政治、法律因素		必须是可接受的	
			1.00	3.45
业务实力	市场占有率	4	0.10	0.4
	市场占有率增长	4	0.15	0.6
	产品质量	4	0.10	0.4
	品牌信誉	5	0.10	0.5
	分销网	4	0.05	0.2
	促销力量	5	0.05	0.25
	生产能力	3	0.05	0.15
	生产效率	2	0.05	0.1
	单位成本	3	0.15	0.45
	原料供应	5	0.05	0.25
	研究与开发成绩	4	0.10	0.4
	管理人员	4	0.05	0.2
			1.00	3.9

多因素投资组合矩阵图还可用“红灯”战略方法表示。在图 4-11 的投资组合矩阵里可分为三个地带。

(1)左上角地带(又称为“绿色地带”)有三个以斜线画出的方格，其中有“大·强”、“中·强”、“大·中”三种状况，在这个地带行业吸引力和经营单位的业务实力都最为有利，公司对这个地带的经营单位应开“绿灯”，采取扩大投资、积极发展的战略。

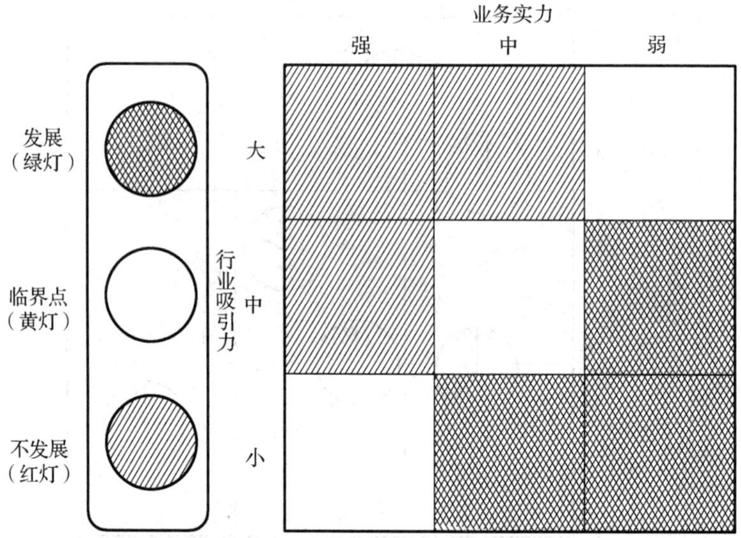

图 4-11 红灯战略

(2)从左下角到右上角的对角线地带(又称为“黄色地带”)。这个地带的三个小格以白色表示，包括“小·强”、“中·中”、“大·弱”三种情况。处于这个地带的经营单位，其行业吸引力和业务实力总体上属于中等。对这些经营单位，公司应开“黄灯”，采取维持原来投资水平和市场占有率的战略。

(3)右下角地带(又称“红色地带”)，图中以交叉线标出。这个地带的三个方格分别表示“小·弱”、“小·中”、“中·弱”三种情况，总的来说处于这一地带的经营单位，其行业吸引力偏小，业务实力较弱。因此，公司对这部分经营单位应开“红灯”，不予发展，采取适宜的抽资战略，或干脆放弃，把资源投向其他经营单位。

美国通用电气公司利用这种方法，对盈利少的一些经营单位采用“红灯战略”，取得了较好的效果。例如，1987 年 7 月，它把盈利很少的电子产品卖给了法国的汤姆森公司，同时从这家公司买进了技术水平高的医疗设备厂，并投入了更多的资金，结果当年收入就达 400 亿美元，盈利 29 亿美元，比 1986 年增长 16%。

2. 霍福尔产品-市场发展矩阵

波士顿和通用电气公司的评价方法有一个共同的缺点，就是没有反映经营单位产品所处的生命周期阶段。美国学者查尔斯·霍福尔对上述两种方法进行了改进；把矩阵扩充为 15 个区域，并按各经营单位的产品-市场发展阶段相竞争地位，画出了它们在霍福尔矩阵中的位置(如图 4-12 所示)。

图中横轴代表产品的竞争地位，纵轴代表产品-市场发展阶段，大小不同的圆圈代表行业不同的相对规模，圆圈的阴影部分代表该经营单位的市场占有率。

若公司有 7 个经营单位，它的 7 种产品用 A、B、C、D、E、F、G 来表示，按它们所处的地位画入矩阵。对各经营单位的事业或产品发展分析如下。

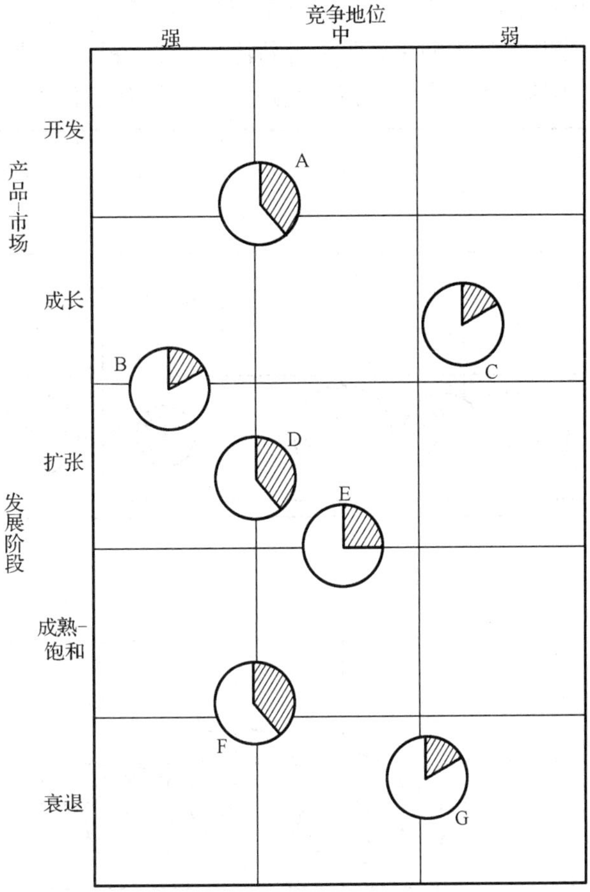

图 4-12　产品-市场发展矩阵

(1) 产品 A 市场占有率高，处于产品-市场发展的开发阶段，具有强大的竞争能力，是一颗潜在的明星。公司应采取大量投资、加快发展的战略。

(2) 产品 B 市场占有率低，但处于产品-市场的成长阶段，竞争地位较强，公司可采用增加投资，以求发展的战略。

(3) 产品 C 处于产品-市场发展的成长阶段。但行业规模较小，市场占有率又低，公司可采取放弃发展战略。

(4) 产品 D 处于产品-市场发展的扩张阶段，市场占有率高，具有较强的竞争地位。对该产品公司不宜进行大量投资，可采用维持或稳定战略。

(5) 产品 E 和 F 同处于成熟至饱和阶段，有较大的市场占有率，行业规模大，是能带来丰厚利润的金牛产品，无须扩大投资。同时 F 产品已从饱和阶段向衰退阶段过渡，更不宜扩大投资，应采取维持战略。

(6) 产品 G 处于衰退阶段，行业规模小，市场占有率低，是一个难以生存的狗类产品，公司应采取清算或放弃的战略。

根据公司追求的目标，霍福尔提出了三种理想的产品—市场组合战略，一是成长组合，二是盈利组合，三是平衡组合，如图 4-13 所示。

(1)成长组合战略。

公司采用这种组合的目的是，维持盈利的金牛产品，扶持明星或潜在明星产品；一旦金牛产品进入衰退期，潜在的明星转为明星，明星产品转为金牛产品。这种组合战略的目标是寄希望于未来，把开发新的产品、事业作为重点，它适合于那些资金雄厚、开发能力强的公司。

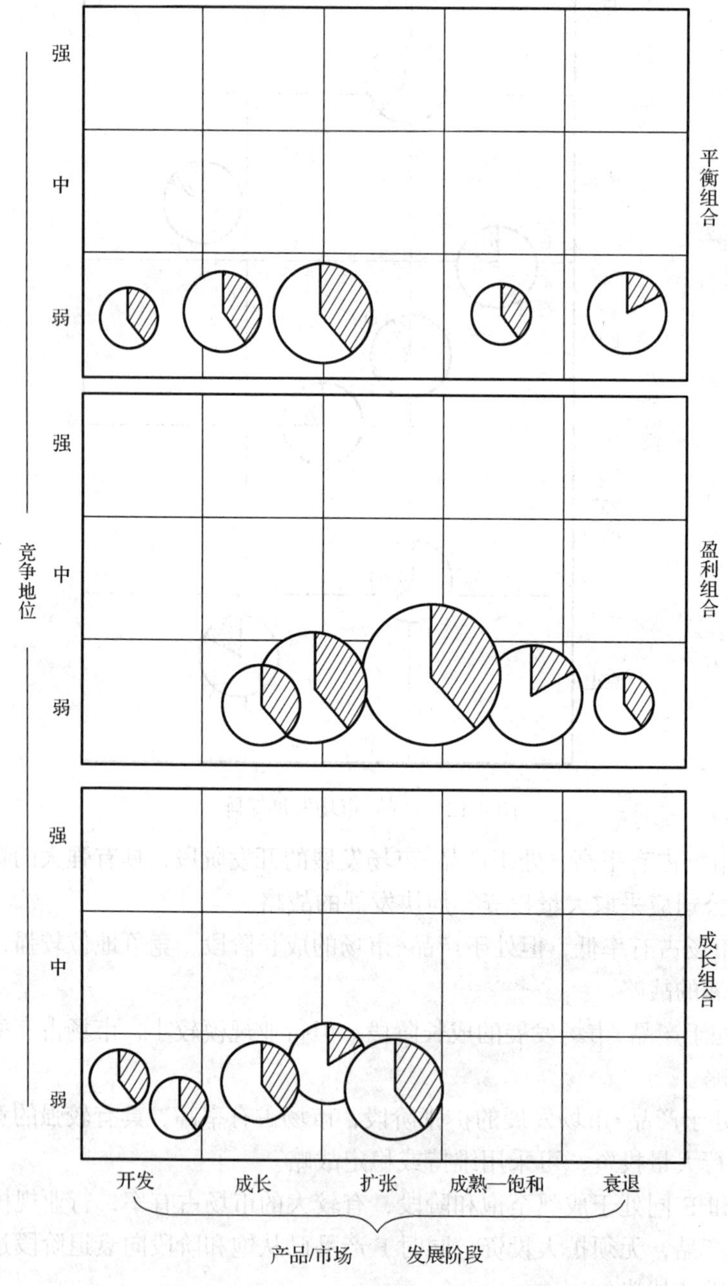

图 4-13　公司经营组合的三种理想模式

(2)盈利组合战略。

公司采用这种组合的目的是，充分利用现有的金牛产品，以增加赢利作为公司经营活动的核心。从图中可以看出，该组合中没有处于开发阶段的产品，处于其他发展阶段的产品有较高的市场占有率，有较强的竞争能力，可以使公司在近期内获得较多的利润。但这种组合战略后劲不足，经营风险较大。

(3) 平衡组合战略。

采用这种组合的公司，追求的是长期均衡的发展。利用平衡组合，公司能从金牛产品获得必要的资金，支持明星产品和潜在明星产品的发展，对衰退产品也能进行有效的控制，逐步淘汰老产品，实行资源转移。因此，平衡组合战略的主要特色，就在于它兼顾了今天的利益与将来的发展。

上述三种组合战略，孰优孰劣，很难断言，关键要看公司的追求目标。从表面上看，一、三两种组合较为稳妥，第二种组合具有一定的危险性。但如企业要从现有经营产品上撤退，准备实现资本转移，第二种组合也是可行的。

本 章 小 结

本章介绍了企业资源的分类，即可分为有形资源、无形资源和人力资源；描述了企业优势资源的特征，即不可复制性、持续性、价值性、异质性；概述了对企业资源的分析可以遵从以下步骤：分析现有资源；识别现有资源的优势与劣势；分析资源的利用情况；进行资源的平衡分析。

在介绍企业能力、核心能力和独特能力之后，本章重点介绍了核心竞争力，指出核心竞争力是某一企业内部一系列互补的技能和知识的组合，这种组合可以使企业的业务具有独特的竞争优势。企业的核心竞争力主要体现在三个方面：市场和事业开拓的能力；对消费者提供显著贡献的能力；防止竞争者模仿的能力。评价核心竞争力主要有 4 个标准：占用性、持久性、转移性和复制性。最后，从 5 个方面分析了如何管理企业核心竞争力：(1) 找出现有的核心竞争能力；(2) 制订获取核心竞争能力的计划；(3) 培养新的核心竞争力；(4) 核心竞争能力的部署；(5) 保持核心竞争力。

本章不但介绍了企业内部战略条件的分析方法，包括雷达图分析法、内部战略要素矩阵评价法（IFE 矩阵）等，还介绍了综合性的战略分析技术包括：SWOT 模型分析、价值链分析和投资组合分析等。

练习与思考

1．企业有哪些主要资源？
2．企业资源的可持续分别有哪几层？各包括哪些方面？
3．企业优势资源有哪些特征？
4．简述企业资源的分析过程。
5．什么是企业核心竞争力？评价企业核心竞争力的标准是什么？
6．企业如何培养新的核心竞争力？

案例

南方高科构建核心能力的得失

南方高科，一个采用现代制度建立起来的国有企业，短短两三年时间，就成为中国电子信息企业 50 强、国产手机企业四强，品牌价值达到38.99亿元，成为国内手机行业的一匹“黑马”。然而，一个年销售额达到40多亿元的国产手机主导品牌的企业，五年时间竟然负债15亿元，濒临破产，最终以17.8万元的低价卖出。

一、崛起之路

2001年7月3日，陈震临危受命上任南方高科总裁，成为公司第三任领导人。摆在陈震面前的第一道难关是资金问题，而这往往是机遇之神对于后来者的高难度挑战。经过努力，南方高科获得一家银行的3000万元贷款。暂时解决资金问题后，陈震开始进行大的战略规划与运作。在没有更多资本，也没有太多资源的情况下，陈震更加强调资源整合的战略：“要利用外部一切可以利用的资源，并愿意与他们分享利益成果。”在开展对外合作时，尽量让南方高科的合作伙伴满意，并根据实际情况创造出独特的合作模式。在供应链环节，与供应商协调付款的方式、交货与付款的期限，请供应商帮助南方高科进行资金方面的周转；在市场营销方面，给予经销商更多优惠，力求实现合作的双赢，与不同的经销商建立不同的利益共同体，这种模式使南方高科的市场网络迅速遍及全国，并开创“混合型”营销模式。

2001年7月，南方高科与韩国现代集团签署协议，联手打造中国最大的CDMA手机生产基地，使手机年产量达到1000万台，是中国最大的CDMA手机生产基地之一。与此同时，南方高科开始尝试手机外包，请东莞一家加工诺基亚手机的厂商做手机外包。2001年9月份，南方高科通过各方努力，获得国家CDMA手机定点生产企业的牌照，当时拥有CDMA手机牌照的厂商只有19家。

南方高科有关负责人认为，自主研发太需要时间与资金，在竞争对手都已遥遥领先的情况下，还埋下头去继续钻研技术，不但自不量力，而且有点掩耳盗铃、自欺欺人。而与现代集团的合作使南方高科体验到跨出国门后的豁然开朗，在最短的时间内完成强势资本和资源的有效嫁接。

为实现迅速扩张的目的，陈震提出混合营销的理论：“模仿波导的人海战术，把包销商引进来。”由于有备而来，南方高科CDMA手机销量大幅增长，2002年第一季度销售30多万台，与2001年全年持平，盈利状况理想。为抢占CDMA市场先机，2002年6月，南方高科与中国联通广东分公司结成战略联盟。双方在销售渠道、客户服务、售后保障等多方面进行合作，为用户提供一站式服务。南方高科与中国联通之间的战略合作，是移动通信领域中手机制造商和网络运营商首次成功的合作，也是南方高科向打造CDMA航母的目标迈出的重要一步。

2002年南方高科的发展思路主要体现在加大产品研发力度上，力争每个月研发一款新机型，形成丰富的产品线。2002年下半年，联通将上CDMA2000 1X，中国叫做2.5代，南方高科的CDMA2000 1X手机也随即问世。

2002年12月，南方高科与国际知名的高科技电子制造服务商签订战略合作伙伴协议。通过这个国际合作平台，南方高科一方面学习国际知名企业的核心技术，快速提升自身的研发实力，增强核心竞争能力。另一方面，提升自己的研发水平，增强竞争优势，以研发优势保证产品领先。

随着南方高科市场占有率逐步稳升，陈震意识到品牌形象的重要性。为全力打造南方高科的国际品牌形象，2002年6月，南方高科聘请日本知名广告公司做品牌包装与推广，成功设计南方高科新的VI系统与形象，充分凸显南方高科手机高科技特色。2002年年底，由张艺谋执导、章子怡主演的广告片《南方高科，创造彩色读图新时代》在中央电视台黄金广告时段、各省级电视台及香港凤凰卫视滚动播出。在2003年中央电视台黄金时段广告招标会上，南方高科以近6000万元巨资夺得三个广告段位的投放权，在行业内外引起巨大震动，被称为通信行业的一匹“黑马”。

在陈震的力挽狂澜之下，南方高科实现手机销售168万台，销售额从2001年的2.7亿迅速膨胀到2002

年的 21 亿元。南方高科在 2002 年取得增长 800%的高增长率，并名列中国电子信息百强企业第 53 名。作为一国有企业，南方高科取得如此迅猛的增长，堪称业界的一个“神话”。

二、过早来临的寒冬

2003 年南方高科产品销售更火，实现手机销售 420 万台，销售额 40 亿元，又取得同比 150%和 90%的增长，GSM 网手机与 CDMA 网手机的销售增长在国内外的十大品牌中独占鳌头，整体市场占有率位居国产品牌的前四名，国内外品牌合计第六名，把三星、西门子等国际品牌甩在身后。而在中国电子信息百强企业中排名前进 11 位，位居第 42 名。2004 年，南方高科总裁陈震被国际经理人协会、香港国际商学院、广州现代经理人研究会评选为 2003 年度“杰出经理人”。

2004 年，国产手机业遭遇销量暴跌的寒冬。与此同时，洋品牌们开始适应中国的市场环境，以摩托罗拉、诺基亚等为代表的国际巨头开始在央视打起广告，同时展开一系列“渠道下沉”的举措，国产手机厂商原有的渠道优势不复存在。而当这些国际手机厂商们进一步在中国推出 500 元以下的低价手机时，国产手机仅有的价格优势也荡然无存。

面对过早来临的手机产业寒冬，2003 年成为南方高科的分水岭。当年，公司凭借逾 40 亿元的销售成绩，实现税后净利润 6000 万元(官方数字 1 亿元)。此后，南方高科雄风不再。

而 2004 年南方高科手机总销量为 183 万部，其中 CDMA 手机销量为 46 万部。虽然从总销量来看，2004 年下滑得并不厉害，但态势却改为逐月下跌。2005 年第一季度南方高科 CDMA 的手机销售量还不到 1 万部。2004 年，南方高科某系列手机产品返修率高达 80%，光这一个项目，就让公司亏损近亿元，CDMA 业务已陷于停顿。2004 年 4 月 25 日，陈震宣布实施多元化转型的“龙腾数码”战略，公司以移动电话为主线，以消费类数码电子产品为轴的科技化、时尚化、国际化的大型企业集团。

为了实施“龙腾数码”战略，南方高科已成立南方高科电脑有限公司、南方高科信息技术有限公司、南方高科数码电子有限公司以及东莞协科注塑有限公司等。产品体系已经从手机拓展到商用电脑、笔记本电脑、MP3 等产品。占地 10 万平方米的数码科技园也已经破土动工。陈震说：“合适的时候还将收购、兼并有研发能力和制造能力的国内或者国外品牌。”

三、埋下债务“炸弹”

2004 年 7 月 27 日，长沙市南方高科电子有限公司正式成立。这个外商投资企业注册资本 500 万元：南方高科出资 50 万元，占 10%股份；香港亨威投资公司拿出 450 万元，控股 90%。同年 8 月，长沙市商业银行瑞昌支行给予长沙南方高科 5000 万元的授信。由此，长沙南方高科、南方高科、长沙市商业银行瑞昌支行开始承兑汇票业务。具体流程为：南方高科提供信用担保，长沙南方高科通过长沙市商业银行瑞昌支行贷款购买南方高科的手机，用于销售。

2004 年的 9 月到 11 月份，南方高科在长沙做了 1 个亿的业务。但就在 2004 年 11 月份后，情势恶化的南方高科就再没有发货到长沙。长沙市商业银行瑞昌支行借给长沙南方高科然后通过贷款流向南方高科的贷款有去无回。即便是 2004 年 11 月南方高科不再发货到长沙之后，贷款却一直以承兑汇票形式源源不断流向南方高科。后来，这成为南方高科 15 亿元债务“炸弹”的导火线。南方高科因此陷入绝境，这是后话。

2004 年 11 月 11 日，南方高科还和香港亨威投资公司签约，宣布在长沙经济技术开发区建设南方高科生产基地，初期投资 2000 万美元。在这个项目中，南方高科拥有 75%的股权，香港亨威拥有余下的 25%的股份，双方均以现金出资。南方高科还将围绕该项目建设长沙南方高科数码科技园，年规划产值高达 50 亿元。

南方高科建设新的生产基地已计划完毕，一切只待资金投入。就在这关键时刻，易美最先推倒国产手机的第一张多米诺骨牌。接着倒下的是“标王”熊猫和曾经的“国产手机第一品牌”中科健。而波导、TCL、夏新、康佳也同时出现大面积持续性亏损。在易美、熊猫、科健等厂商因财务问题被披露后，整个产业链的上下游企业人人自危。所有的银行都收到来自总行关于坚决收缩对手机生产、销售商信贷的铁令。如今南方高科预建的生产基地因为银行的铁令而成为泡影。

2004年11月，南方高科提前过冬——广州的银行开始疯狂收贷。就连广州开发区准备补充公司股本金的8000万元也被上海浦发银行广州分行收走。两三个月，被收走1.7亿元。在此情况下，几乎所有的银行都停止对南方高科新的授信和贷款。资金只出不进，南方高科资金链开始出现危机。在2004年国产手机销售低迷的情况下，南方高科销售乏力，公司只能靠大举借债而维持运转。公司的手机销售陷入空前困局，而所欠银行及经销商债务接近15亿元。在银行紧缩银根时，南方高科爆发债务危机只是时间问题。

长期以来南方高科的营销渠道并没有形成国内领先的“人海战术”“精细化渗透”“概念营销”等模式，而一直走比较粗放的经营模式。在CDMA手机的销售上则基本依赖联通的招标采购和联通营业厅间接销售，这种模式甚至还不如被称为技术工程师的MOTO有效。南方高科过分依赖卖场却在资金上舍不得投入，这正是它的渠道之殇。

四、一着不慎，满盘皆输

在国产手机销量普遍处境不佳的情况下，南方高科整体销售状况十分糟糕。由于行业竞争激烈，2004年供应商原本可以给手机企业的3个月账期也变成付现金，这些让南方高科原本脆弱的资金链绷得更紧。

2005年6月，南方高科终于招致灭顶之灾，公司因2000万元借款而引发连锁反应，南方高科的资金链彻底断裂。南方高科还没有爬上坡，就一摔到底。

2005年6月23日，长沙市中级人民法院在突然之间查封了南方高科存放手机成品的仓库。查封的起因是因为南方高科欠长沙市商业银行瑞昌支行2000万元到期的承兑汇票。南方高科与外地经销商和外地银行有一个三方承兑票据业务，从2004年9月直至2005年6月，通过十几张承兑汇票，南方高科向长沙某商业银行的借贷共有4750万元未能偿付，其中有2000万元到期。长沙当地银行在有关人员几次前往广州催债无果之下，先期以2000万元债权官司起诉南方高科。这种突然查封，使南方高科招致了灭顶之灾。

为了防止引起其他地方的法院再次查封，南方高科潜在大股东凯德控股迅速将南方高科起诉到广州开发区法院。广州开发区法院对南方高科实施了保护性查封，同时，在当天晚上，南方高科总部部分员工把南方高科的部分资产往外面转移。然而，在转移的过程中，陪同长沙中院法官前来执行查封的长沙商业银行的员工及其律师又赶到了南方高科，看到南方高科正在进行资产大转移，马上回去向长沙中院的法官报告。

第二天上午，当长沙中级人民法院法官再次赶到南方高科时，发现生产车间、设备都被贴上了广州开发区法院的封条，当时就激发了矛盾。长沙中院的执行法官认为南方高科故意在回避他们，于是一怒之下，把广州开发区法院没有查封的地方全部贴上了长沙中院的封条，包括电梯、所有办公室，甚至连财务室以及陈震的办公室都未能幸免。

在生产线被查封后，陈震为了维系南方高科手机的市场销售和市场信誉，还特意将手机生产业务委托给广东七喜电脑。不过，大部分手机经销商已经不愿意为南方高科承担任何风险，在销完存货后，纷纷将南方高科手机撤出柜台。

2005 年 6 月 28 日，陈震最后一次公开面对媒体，一句“南方高科不会因此而倒下”至今还回荡在耳边。原本以为与公司位置相隔咫尺、又是股东之一的广州金鹏会伸出援手，没想到广州金鹏因为自身经营等各种原因，拒绝接盘。南方高科在陈震带领下，公司高层集体动员力图重整旗鼓，但历时 5 个多月，任何关于公司重组的利好消息都没出现，员工纷纷离职。

2006 年 5 月 16 日广东粤诚会计师事务所以 2006 年 3 月 31 日为评估基准日出具评估报告书，评估结论确认上列委估资产价值为人民币 17.8 万元。南方高科近 40 亿元品牌价值，如今缩水到 17.8 万元。

案例思考题

1. 南方高科从崛起到鼎盛的过程中，你认为南方高科是否构建了其自身的核心能力，为什么？
2. 南方高科从鼎盛走向破产的根本原因是什么？

第5章

企业总体战略

本章学习目的：

1. 了解战略态势的含义和基本内容；
2. 掌握4种战略态势的概念、特征等；
3. 掌握4种战略态势的适用性和优缺点。

案例

吉利汽车是怎样炼成的

1998年8月8日，名不见经传的吉利集团从第一辆轿车下线上路，不到10年时间，就已经产销70余万辆，国内市场占有率达5%，连续4年进入全国企业五百强，中国汽车企业十强，被评为“中国汽车工业50年发展最快成长最好”的企业。

吉利的成功来之不易。

在国内汽车企业纷纷与外国企业合资的时候，吉利走上了一条自主造车之路。创业之初的艰辛不言而喻：缺人才，缺资金，缺技术，缺设备，除了造汽车的一腔热情，几乎什么也没有！与此同时吉利造车还承受着难以想象的巨大压力。“造老百姓买得起的好车”这一崇高的理想并不为社会、行业所理解和认同。没有人相信一个民营企业能够造得出汽车来。

但吉利人并没有被种种困难吓倒，而是知难而进，迎难而上。

一、创业之初上的第一课

1997年吉利开始造车时，李书福34岁，他在浙江台州的临海市与几个私企老板合建了一间汽车工厂，主要设备全是国产的，生产线大部分是自制的。靠着集体的智慧，吉利研发出第一款两厢车，取名为“豪情”。1998年8月，“豪情”下线，刚好赶上家用轿车的好时光。吉利“豪情”在车市上的对手只有天津“夏利”两厢车，卖得相当好。“豪情”以低于“夏利”的价格销售，结果一炮打响，在1999年就销了几千辆。接着，吉利又在宁波开了一间工厂，生产“美日”和“优利欧”，产品供不应求。2001年，吉利历经波折，终于取得国家轿车生产资格。

吉利当时虽然会设计车型和制造车身，也建立了自己的零部件体系，但没有能力制造发动机。吉利只好采购天津丰田发动机厂生产的8A发动机，并且天真地认为只要价格高一点，丰田一定会长期供货。对中国汽车市场觊觎已久的丰田公司被吉利的高速成长惊动了，以吉利的“美日”车标形似丰田车标等为由而提起诉讼，借机终止了发动机供货合同。没有发动机，就生产不了整车。尽管事情突然，吉利人沉着应对，化险为夷。在丰田停止供货的6个月之后，拥有自主知识产权的吉利 1.3L 发动机得以正式投产。从此以后，吉利研发出了 1.0L、1.5L、1.6L 和 1.8L 一系列高性能的发动机及与之配套的变速箱，全部通过国家 3C 认证，部分产品达到欧四标准，并拥有完全知识产权。

“同行是冤家”，丰田给吉利上了生动的一课。也使吉利从此走上自主创新之路。

(一)没有人才，就想方设法引进和培养

有那么几年，吉利什么人才都缺。公司领导者以锲而不舍的精神，奔波于海内外，寻找可用人才。韩国大宇国际主管研发的副总裁沈奉燮、曾任国家自动变速器课题组组长的徐滨宽、一汽汽车研究所的底盘专家华福林、一汽轿车分厂副厂长兼总工程师的智百年、参加过克莱斯勒发动机改进项目的发动机专家杨建中先后加盟了吉利。在 2006 年年底特律车展期间，李书福亲自与许多在美华人汽车工程师见面，结识了不少汽车专门人才，不少在海外工作的华人汽车工程师毅然回国，加入了吉利的行列。

重视人才培养是吉利的一个战略方针。在公司发展初期，吉利的决策者就采取了一系列措施去培养人才。比如，9 年前成立的浙江汽车职业技术学院，就为吉利和社会培养了数以万计的汽车产业工人；8 年前成立的北京吉利大学，不仅为吉利输送了大量管理和技术人才，其本身的发展也令业内侧目。今年，该校的在校生已达到 2.6 万人。2007 年 5 月，“吉利-同济汽车工程研究院”的成立，创造了企业与高校联合开发、办学的新模式。

吉利汽车还成立了自己的研究生院“浙江汽车工程学院”，聘请了一批知名教授和业内专家常年授课，专门为内部培养高学历人才。吉利在营销、法务、财务、生产管理等方面的人才，大部分都是用这些方法培养出来的。他们不仅适应吉利文化，忠诚度高，而且从基层慢慢做到高层，经验丰富，解决实际问题能力强。

目前，吉利集团员工近万人，其中工程技术人员 1800 多人，拥有两院院士 4 名、外国专家十几名、博士数十名、硕士、高级工程师及研究员级高级工程师数百名，并设立了博士后工作站。特别是吉利这些年来从国内外知名汽车公司引进的一大批高级技术人才和高级管理人才，在吉利产品研发、技术质量、生产经营、市场营销和教育事业等各方面发挥了重大作用。

(二)没有资金，就打造一个资本平台

在解决资金上，吉利人首先采用的措施是打造资本平台。2005 年 5 月，吉利集团宣布完成收购海外 PROPER GLORY 公司 100%的股权，控制国润控股(0175.HK)60.68%的股份，从而成功入主这间香港上市公司，并将公司名改为吉利汽车(0175.HK)。

4 年间，吉利汽车多次成功发行新股和可转换债券融资，以及运用税后利润滚动投资，共筹集资本金 27 亿港元。吉利汽车(0175.HK)将汽车业务精心梳理，让业务和资本密切结合，用筹得的资本金在国内成立了四间子公司和五间合资公司，从事汽车研发、生产和整车销售业务，形成了一条完整的资本链。

在资金的使用上，吉利挖空心思地降低成本，从管理、零部件、服务上控制成本，合理利用现有资源，充分调动各方面有利因素，进行资源重组，降低无谓损耗。另外通过与供应商进行战略合作，提高供应商技术水平和成本控制水平，降低零部件成本。路桥吉利汽车城的建成投产就是一个降成本的典型案例。以路桥为中心，台州是我国最集中的汽车零部件生产地之一，众多的汽车配件企业，形成了从设备到原料的集中供应与配套服务优势。选择路桥建汽车城，大大降低了吉利的生产和开发成本。汽车城建设资金的筹措问题则采取了由零部件厂商投资入股的灵活方式来加以解决。

（三）没有技术，就自力更生、自主研发

如果靠买国外现成的零部件来维持生产，价格昂贵还受制于人，自己永远不能占据主动的位置，永远都是在给外国人打工，为外国人赚取利润，并且会因为成本过高而造不出老百姓"买得起"的好车来。购买国外先进的核心技术更是一种不切实际的非分之想。除了靠自己探索，没有别的更好办法。吉利从自身实际出发，先从最简单的技术做起，从零部件做起，一步一个脚印地开始了艰难的自主创新历程。

2006 年 1 月 9 日至 15 日，我国首届科技创新重大成就展在北京开展，吉利集团的 4G18 发动机、JL-ZA 系列自动变速箱和智能电子助力转向装置(EPS)三大汽车产品被指定参展。

尽管吉利只有 10 年造车史，但由于有人才优势和资本支持，吉利人的学习能力和创新能力是业内最强的。吉利最近成功研制 BMBS 系统(爆胎预警和制动系统)，该系统是世界上首创的行车主动安全系统，系统可以在爆胎后 0.3 秒就启动控制系统，代替驾驶员尽快实施行车制动，降低车速，从而达到降低和化解爆胎风险的目的，这一核心技术将应用于吉利系列轿车，使其安全性能大大提高，该技术已申请了全球专利并在 2008 年 1 月美国底特律车展上向全球发布。

在汽车动力总成方面，吉利生产出国内第一款自动变速器，建立了国内第一个自动变速器的数据库，形成了国内第一个自动变速器 100%国产化的零部件产业链和检测设备的产业化平台，彻底打破了国外的技术封锁和市场垄断，创造了巨大的经济效益和社会效益。

目前，吉利集团投资数亿元建立了吉利汽车研究院，这里的技术人员有 1500 多名，从设计到实验设备一应俱全，具备了整车、发动机、变速器、汽车电子电器的开发能力。每年可以推出四到五款全新车型和机型。在汽车造型设计开发、发动机、变速器和汽车电子电器设计开发方面拥有行业顶尖的技术专家和技术力量，已经获得各种专利 417 项，发明专利 42 项。2006 年吉利集团被评定为国家级"企业技术中心"和"博士生工作站"。为今后的发展提供了强大的技术支持。

（资料来源：狄丽君. 吉利汽车是怎样炼成的. 现代企业文化，2008 年第 16 期.）

从案例中可以看出，吉利汽车发展成功的关键因素之一，可归功于吉利创立这么多年来企业战略的选择和实施。

企业总体战略是通过企业的内外部环境分析，根据企业宗旨和战略目标，依据企业在行业内所处的地位和水平，确定其在战略规划期限内的资源分配方向及业务领域发展战略。在面对不同的环境和基于不同的内部条件时，企业所采取的总体战略态势会各有差异。企业的总体战略主要有 4 种：稳定型战略、增长型战略、紧缩型战略和混合型战略。

吉利作为中国汽车自主品牌的杰出代表，建立至今采取的战略以增长型为主，以扩大规模、扩大势力范围为主要目标。在特定的环境下，稳定型战略、增长型战略、紧缩型战略和混合型战略都是明智的选择。本章将对四种战略的概念、类型、基本内容和适用范围做出阐释，并指出企业在挑选使用战略时的误区。

5.1 稳定型战略

5.1.1 稳定型战略的采用原因

企业采用稳定型战略可能有以下 5 种原因。

(1)企业高层领导者对过去的经营业绩感到满意,希望保持和追求与过去大体相同的业绩和目标，希望在市场占有率、产销规模、总体利润等方面保持现状或略有增加，从而稳定和巩固企业现有的竞争地位。

(2)企业不愿意冒改变现行战略而带来的风险。因为企业如果采用新的发展战略，会使企业经营者感到对新的产品或新的市场缺乏足够的认识和必要的准备。对于新上任不久的领导者来讲，采用稳定型战略会使他感到更加保险。

(3)企业外部环境相对比较稳定，无论企业资源充足或资源相对比较紧缺，都应采用稳定型战略。例如，企业宏观经济环境低速增长，或者行业发展速度较慢、行业与技术较为成熟。技术进步速度较慢，消费者需求增长缓慢，消费者偏好较为稳定或产品生命周期处于成熟期，市场规模变化不大。当然，若企业资源充足，可以在较宽的市场领域进行经营；若企业资源相对比较紧缺，可以在较窄的市场领域内经营。

(4)根据企业内部实力状况决定采用稳定型战略。例如，企业外部环境较好，为企业发展提供了进一步发展的机遇，但企业实力不足，如企业资金不足、研发力量薄弱、企业素质及管理落后等原因无法采取发展型战略，在这种情况下，企业只能采用稳定型战略，使企业有限的资源集中投入到自己最有优势的环节上去。若企业外部环境恶劣不利于企业发展，但企业资源丰富，实力较强，则企业也只能在这一业务单元采取稳定型战略，以静观外部环境的发展变化。

寡头垄断行业内竞争格局已经形成，一般要采用稳定型战略。某个行业内被少数几家厂商所垄断，控制了这一行业的供给，这就是寡头垄断行业。寡头垄断行业在国民经济中占有十分重要的地位。例如，在美国，钢铁、汽车、炼铝、石油、飞机制造和香烟等重要行业都是寡头垄断行业，这些行业中大部是几家公司的产量占全行业产量的70%以上，在日本、欧洲等发达国家也存在同样的现象。这种寡头垄断行业最重要的特征是规模经济效应十分明显，而其市场结构的重要特征是几家寡头企业之间相互依存性很大，即每家厂商在做出价格与产量决策时，不仅要考虑其本身的成本和收益，而且还要考虑这一决策对行业市场的影响，以及其他厂商可能做出的反应。这种行业进入壁垒非常高，行业竞争格局比较稳定，竞争对手之间很难有较大的业绩改变，因此，这种行业的企业有可能采用稳定型战略、以期保持稳定的收益。

5.1.2 稳定型战略的主要类型

1. 不变战略

采用不变战略可能有两种原因，一种原因是企业内外环境没有发生重大变化，基本稳定，而高层领导者认为企业过去经营相当成功，因此，没有必要对战略做出调整；另一种原因是企业经营不存在什么大的问题，而外部环境也比较稳定，如果此时对战略做出重大调整反而会使企业受损，企业收益反而有可能下降，因此企业高层领导不愿意对战略做重大调整。随着通货膨胀等因素的变化，企业也只作一些微调，对战略不作根本性改变。

2. 近利战略

企业以追求急功近利为目标，甚至不顾牺牲企业未来长远利益来维持目前的利润水平。

追求短期收益而忽略企业长期发展。例如，企业采用减少研发费用开支，停止设备维修，减少广告费等支出，尽量提高企业当前短期利润水平，新上任的企业领导人尽管还没有采取什么战略措施，但到年底却让企业财务主管把账上的利润做得很高，以显示新上任的领导人比前任企业领导人强。如果企业长期采用这种战略，将使企业丧失长期发展的后劲，企业不可能得到持续发展。

3. 暂停战略

暂停战略通常被认为是企业内部休整的临时战略。经营中往往会出现这样的情况，企业经过一段时间的快速发展后，可能会发现企业在某些方面的力量不足或资金紧张，或管理跟不上企业外界环境的变化，这时就可采取暂停战略，即在一段较短时间内放慢企业发展速度，临时性地降低增长目标的要求，腾出精力加强企业内部管理，以缓解资源供应紧张的状况。暂停战略可以达到积蓄企业能量，为今后发展做好各方面准备。

4. 谨慎前进战略

采用这种战略主要是由于企业外部环境中某些重要因素发生了显著变化，而企业对环境变化的未来发展趋势难以预测，把握不住。例如，企业的原材料供应突然变得紧张起来，或政府颁布了对企业经营有至大影响的新法规，或宏观经济形式变得捉摸不走，此时企业必须谨慎行事，很有必要采用稳定战略，重新审视企业内外环境变化，使企业稳步地向前发展。

5.1.3 稳定型战略的优缺点

1. 稳定型战略的优点

采用稳定型战略可以提高企业内部管理水平，苦练内功，增产挖掘，增效节约，平衡收支，加强企业技术改造与革新，努力降低成本，提高产品质量，培育核心能力，实现科学管理。在市场上赢得信誉. 提高产品竞争力。并且，企业可以休养生息，保存实力，集聚能量，等待时机，以便在今后东山再起。

2. 稳定型战略的缺点

长期采用稳定型战略，企业发展速度缓慢，在企业竞争非常激烈、企业外部环境变化十分迅速的情况下，企业仍维持原先的战略是十分危险的。从稳定型战略向其他战略过渡，需要打破原来的资源分配的平衡并建立新的平衡，这往往需要较长的启动时间。在稳定型战略的实施过程中，企业高层领导往往把眼光放在企业内部管理模式、组织结构调整，而对于企业外部环境变化及提供的机遇容易忽略，有时会错过企业发展的机遇，这是值得注意的。

5.2 增长型战略

增长型战略是一种使企业在现有的战略基础上向更高一级目标发展的战略。它以发展作为自己的核心内容，引导企业不断地开发新产品、开拓新市场，采用新的生产方式和管理方式。以便扩大企业的产销规模，提高竞争地位，增强企业的竞争实力。在实践中，增长型战略有许多不同类型，下面分别加以介绍。

5.2.1 密集增长战略

1. 密集增长战略的概念和特征

1) 密集增长战略的概念

密集增长战略是指企业在原有生产范围内充分利用现有产品和市场方面的潜力，以快于过去的增长速度来求得成长与发展的战略。该战略有时也称为集约化或专业化成长战略，是较为普遍采用的一种公司战略类型。一般而言，企业采用密集增长战略往往出于以下几方面的战略思考。

(1) 企业应该取得比别的同类企业，尤其是比主要竞争对手更快的增长速度，以取得大的竞争优势。

(2) 企业应该比整个市场需求的增长更快，在市场需求增长趋于停顿之前有比其他同类企业更大的市场份额。

(3) 企业应该取得高于社会平均值的利润率。

(4) 企业应该不受传统经营领域的束缚，不应该陷入无休止的同类企业、同类产品之间的价格竞争。

(5) 企业的增长应该基于产品的更新、市场的开拓和技术的创新来实现，以求得超常发展。

(6) 企业的增长不应该仅仅局限于被动适应外部环境的变化引导外部环境的变化，诱导市场需求，达到引领时代潮流的境界。

2) 密集增长战略的基本特征

从上述战略思路出发，与其他类型的战略态势相比，密集增长战略一般具有以下基本特征。

(1) 成功实施密集增长战略的企业的增长速度一般比企业所在的产品市场需求增长率要高。衡量企业增长速度一般可用销售额增长率或市场占有率等增长率指标。

(2) 成功实施密集增长战略的企业往往能够取得超过社会平均利润率的利润水平。销售额或市场占有率的增长带来企业规模扩大，而规模的扩大使企业能够获得较高的规模经济效益，这种效益的最终结果反映在企业的盈利水平上，即企业获得高于社会平均利润率的利润水平。

(3) 实施密集增长战略的企业一般倾向于采用非价格手段与竞争对手竞争。非价格竞争手段主要表现在产品差异化的创造上。实施密集增长战略的企业往往在产品开发、市场开拓和技术创新以及管理模式的变革上来取得竞争优势，他们并不纠缠在价格竞争上，而是关注于企业价值上的竞争优势。

(4) 实施密集增长战略的企业并不是简单地、被动地适应环境，而是倾向于通过以前并不存在的事物来影响或改变环境条件，使环境的发展变化趋势有利于自身。这种引导或创造合适环境的特点是内其“增长”特性决定的。

2. 密集增长战略的类型

密集增长战略一般可分为以下 3 种基本类型。

1) 市场渗透战略

市场渗透战略是企业通过更大的市场营销努力，提高现有产品或服务的现有市场份额，扩大产销量及生产经营规模，从而提高销售收入和盈利水平。这一战略被广泛地单独使用或同其他战略结合使用。下列5种情况尤其适合采用市场渗透战略。

(1)当企业的产品或服务在当前的市场中还未达到饱和时,企业采取市场渗透战略就具有潜力。

(2)当现有消费者对产品的使用率还可显著提高时,企业可以通过营销手段进一步提高产品的市场占有率。

(3)在整个行业的销售额增长时，企业竞争对手的市场份额却呈现下降局面，这样，企业就可获得市场份额的增加。

(4)企业在进行产品营销时，随着营销力度的增加，其销售呈上升趋势，二者高度相关性保证市场渗透战略的有效性，如果营销的收入并不能带来销售额的增加，则采取这一战略很难达到预期的目标。

(5)企业通过市场渗透战略取得市场份额的增加，使企业达到销售规模的增加，这种规模能够给企业带来显著的市场优势时，渗透战略才是有效的。否则，该种战略就是失败的。

通过市场渗透战略谋求企业的发展，必须系统地考虑市场、产品和营销组合策略。一般来说，企业要增加其现有产品在现有市场上的销售量，可以从影响销售量的因素入手。企业提高产品销售量有以下基本途径。

① 扩大产品使用人的数量。

A. 转变非使用人。企业通过努力把非使用人转变为本企业产品的使用人。例如，飞机货运服务公司的发展就要不断寻找新的用户，说服他们相信空运比陆地运输有更多的好处。

B. 努力发掘潜在的顾客。企业把产品卖给从未使用过本企业产品的用户。例如，本来为女士生产的护肤用品，现在又成功地推销给男士及儿童使用。

C. 吸引竞争对手的顾客。可以通过提升质量，降低成本，以及广告战、价格战、增加促销工作等方法，使竞争对手的顾客购买本企业的产品。

② 扩大产品使用人的使用频率。

A. 增加使用次数。企业可以通过强有力的营销活动，使顾客更频繁地使用本企业的产品。例如，肉联厂可以宣传它生产的火腿肠不仅可以夹在面包里吃，而且还可以放在菜里、放在汤里吃，这样就有利于扩大用户使用火腿肠的范围和提高使用频率。

B. 增加使用量。企业可以通过大量的宣传和说服工作使用户在每次使用时增加对本企业产品的使用量。例如，化妆品公司可以在其洗发产品说明中提示，每月使用产品的次数增加，则头发会更飘逸、柔软，更有利于保护头发等。

C. 增加新产品的新用途。企业应努力发现本企业产品的各种新用途并且使人们相信它有更多的用途。例如，为制作降落伞而发明了尼龙，后来发现尼龙还可以做成服装和在轮胎生产中使用，大大增加了它的用途。

③ 改进产品特性。

A. 提高产品质量。通常这种方法能有效地提高本企业产品的竞争力，吸引更多消费者，从而增加销量。

B. 增加产品的特点。如在规格、形状、重量、材料、附件等方面，使产品具有更多的功能和特征，提高产品使用的安全性、便利性和多功能性等，以此增加销路，吸引更多的消费者。例如，在开罐头的工具上增加了动力装置，使人们在打开铁包装罐头时既迅速又便利而且安全。

C．改进产品的式样。如每年的时装发布会，对服装的流行颜色进行公布，对流行款式进行创新设计，形成式样不断变换的流行趋势，以此不断吸引新的消费者。

2）市场开发战略

市场开发战略是由现有产品和新市场组合而产生的战略，是发展现有产品的新顾客群或新的地域市场，从而扩大产品销售量的战略。这个新的市场开发可以是国内的某一个地区或国外的某一个国家或地区的市场。特别适合于市场开发战略的情况主要有以下几种。

(1) 在空间上存在着未开发或未饱和的市场区域，为企业提供市场发展的空间。

(2) 企业可以获得新的、可靠的、经济的、高质量的销售渠道。

(3) 企业必须拥有扩大经营所需的资金、人力和物质资源。

(4) 企业存在过剩的生产能力。

当然，除满足以上条件外，更重要的一点是企业在目前的经营领域内获得了极大的成功，有实力进行新市场的开发。

实行市场开发战略主要有以下几种途径。

(1) 开发新市场。将本企业现有产品打人竞争对手的产品市场。竞争对手的市场有区域性市场、国内整体市场和国际市场等形式。如小屏幕彩色电视机在国内大中城市已经普及，出现滞销情况，那么企业可以考虑将小屏幕的彩色电视机销往农村市场，以扩大销售量，同时还可以考虑转向其他发展中国家，开辟国外的小屏幕彩色电视机市场。

(2) 在新市场中寻找现有产品的潜在用户。如计算机在进入市场的初期，其用户一直集中在科研部门、学校和企事业单位等集团用户。随着计算机价格的下降，大量应用软件的开发和销售，计算机逐渐成为家庭和个人消费品。这样一个产品市场存在着大量的、潜在的计算机用户，企业要考虑的就是如何把潜在用户转变为现实的需求。

(3) 通过增加新的销售渠道开辟新市场。在实践中，任何一个企业的产品都是通过一定的销售渠道把产品送到一定的消费群体中。这样一个过程和方法告诉企业，增加销售渠道就意味着扩大了市场范围或开发了一个新市场。就能形成产品销售量的增加。如有的护肤品可以放在药店中销售，有的企业建立自己的产品专卖店等方法，就是通过改变销售渠道，开发新的产品市场。

3）产品开发战略

产品开发战略是由现有市场与企业正准备投入生产的新产品组合而形成的战略，即对企业现有市场投放仿制的新产品或利用新技术改造现有产品，以此扩大市场占有率和增加销售额的企业发展战略。从某种意义上来说，这一战略属于企业发展战略的核心。

对企业来说，市场毕竟是难以控制的因素，而产品开发是企业可以努力做到的可控因素。一般认为，特别适合执行产品开发战略的有以下几种情况。

(1) 企业拥有成功的、处于产品生命周期中成熟阶段的产品，此时可以吸引老用户试用改进了的新产品，因为他们对企业现有产品或服务已具有满意的使用经验。

(2) 企业所参与竞争的产业属于快速发展着的高技术产业。

(3) 主要竞争对手以可比价格提供更高质量的产品。

实施产品开发战略一般有以下两种途径。

(1)产品革新。企业在现有市场上通过新技术的应用，推出新一代的产品。这一战略没有从成本控制、增加型号等方面来提高企业价值，而是从一个新的角度来为顾客创造新价值。但企业基本上还是沿着过去产品的思路进行革新，没有突破原有产品的范围。

(2)产品发明。指企业在现有市场上发明出别的企业从未生产销售过的新产品以创造新价值。这种新产品可以是一种与原有产品截然不同的新产品，也可以是一种与原有产品相关的新产品。

企业进行产品开发要遵循以下原则。

(1)关心市场定位。在选择市场机会和设计产品时要充分重视市场的作用，尤其要关心产品的市场定位而不是强力推行某个管理或技术人员所喜好的产品构思。

(2)构建技术基础。从战略角度讲，企业应重点开发以其核心能力和技术为基础的产品，并以此构建起长期发展的技术基础。

(3)加强管理，不断改进。在产品开发过程中充分借鉴顾客、供应商和销售人员的意见和建议，并尽可能与竞争对手的产品做出对比判断，同时要强调各部门之间的交流与协作，以及在必要时利用外部公司的技能等。

3. 企业密集增长战略的优点和风险

1)密集增长战略的优点

(1)从经济学意义上说，密集增长战略由于具有“专业化”的特点，有利于企业实现规模经济和学习效应的好处，获得较高的运作效率。

(2)由于企业将资源集中于一种产品或业务，因此，有可能在生产技术、产品开发、市场知名度、对顾客要求的敏感性和满足程度以及对市场的了解和营销、服务等涉及企业价值活动的诸多方面做得更好，在行业中或市场上建立起较强的竞争力和成本领先或差异化优势，同时，管理人员在对业务、技术、市场、管理等方面也会有更深的了解和更丰富的经验，这一切都有利于企业形成较强的核心能力和持久的竞争力，并提高企业的盈利能力，从而将某种产品或业务做大、做精、做强，使企业占据行业的领导地位，成为某一产品市场上的“专业化巨人”。

(3)该战略还具有对追加资源要求低、有利于发挥企业已有能力等优点。因此，密集增长战略适用条件较为广泛，取得经营成功的可能性也大。许多成功的企业都是通过这种发展战略成长壮大的。特别是在企业成长的初期，采取这种战略显得尤为重要。

2)密集增长战略的风险

虽然密集增长战略能使企业获得稳定发展。但内于产而市场范围所限，其发展总有尽头；加之企业将全部资源投入列单一行业、集中在单一市场上从事经营，使得竞争范围变窄，这犹如“将所有鸡蛋放入一个篮子里”，所以，当市场变得饱和或缺乏吸引力或因新技术、新产品出现使消费者快速转移导致其业务需求下降、行业发生萎缩时，采取这一战略的企业容易受到极大的打击。

因此，当企业面临所从事经营的产品(业务)是即将或已经进入衰退期的夕阳产业，没有发展前景，或整个行业产品市场需求下降，竞争过度，企业将长期处于微利、无利甚至亏损状态，生存艰难，更无发展前景时，企业应利用已经积累的资源，及早寻找并开拓新的经营领域或产品，通过多元化发展战略的转换，确立企业未来新的经营支柱产品(业务)，保证企业健康发展。

5.2.2 一体化战略

1. 一体化战略的概念和类型

1）企业一体化战略的概念

企业一体化战略又称企业整合战略，是指企业充分利用自己在产品、技术、市场上的优势，根据物质流动的方向，使企业不断地向所经营业务的深度和广度发展的一种战略。该战略是一种非常重要的成长战略，它有利于深化专业化分工协作。提高资源的利用深度和综合利用效率。

2）企业一体化战略的类型

企业一体化战略主要有两种类型，即纵向一体化战略和横向一体化战略。

（1）纵向一体化战略。

纵向一体化战略也称为垂直一体化战略，是指在生产或经营过程相互衔接、紧密联系的企业之间实现一体化。该战略实现的方式主要有3种：企业内部壮大、与其他企业实现契约式联合（联营）和并购其他企业。该战略又可分为后向一体化战略和前向一体化战略。

① 后向一体化战略，是指企业与供应企业之间的联合，目的是为了确保产品或服务所需的全部或部分原材料的供应，加强对所需原材料的控制而采取的一种战略形式。

当企业产品在市场上有明显优势，希望扩大规模、扩大生产和销售但由于原材料或零部件供应不上，或其成本过高，影响企业发展，这时企业可以依靠自身的力量扩大经营范围，来自己生产原材料或零配件，也可以兼并原材料或零配件供应商，或与供应商合资办企业，形成统一的经济组织，统一规划产品的生产和销售。例如，葡萄酒厂建立自己的葡萄种植基地、牛奶厂建立自己的奶牛养殖基地、烟草生产企业与烟农的合作、彩电企业与上游彩管企业的合作等，都属于这种战略形式。

② 前向一体化战略，是指企业与用户企业之间的联合，是为了促进和控制产品的需求而采取的一种战略形式。当企业在原材料及半成品方面的市场上占据优势时，为获取更大的经济效益，企业可以由自己制造成品，或者与成品企业联合，形成统一的经济组织，以促进企业不断地成长和发展。例如，纺织企业兴办服装企业、木材加工企业投资家具制造业、家电企业与中间商合作等，都属于这种战略形式。

（2）横向一体化战略。

横向一体化战略也称为水平一体化战略，是指处于相同行业、生产同类产品或工艺相近的企业实现联合。其实质是资本在同一产业或部门内的集中，目的是实现扩大规模、降低产品成本、巩固市场地位。

2. 纵向一体化战略的优点和缺点

1）纵向一体化战略的优点

企业实施纵向一体化战略的优点主要体现在以下3个方面。

（1）了解市场信息，提高产品差异化水平对于一些原材料制造企业来说，它们的产品如原油、煤炭、钢铁等很少有差异性，如果实行前向一体化，使企业进入制造领域，就非常有助于其实现产品差异化，从而摆脱价格竞争的不利因素。因此，朝着最终消费者的一体化趋向越大，形成产品差异化的机会越多，产品的附加价值就越高，给企业带来的经济利益就越大。

(2)降低成本。企业自制零部件的成本一般总是低于外购，自营批发也总可以增加盈利。但是，由于业务范围的扩大而增加的盈利是与投资的增加相联系的，需要考虑投资的机会成本等因素。企业除了需要考虑自制零部件扩大业务所带来的利润及成本的效益外，还要考虑那些行利于降低成本的因素。一般来说，可以降低成本的因素主要有以下几种。

① 由于某些职能的集中而降低的间接费用，包括由于采购环节减少而节省的采购费用、市场研究费用等。

② 出于成品和零部件归并成一个系统，使得一体化后的企业在生产、设计、营销上能更好地协调工作进而提高效率。

③ 企业一体化后，使生产链的前后环节紧密衔接，既保证了生产的均衡件，又有利于减少包装、储存、运输等费用。

④ 一体化的企业从总体优化出发，有利于减少设计与生产上的变更。对市场的变化反应更快，尤其有利于提高原有供应企业的应变能力，改变过去不能及时跟上用户需求变化、产品改进滞后等问题。

⑤ 通过加强生产链前后联系，有利于加强预测(至少能加快反馈速度)，从而使物流更均匀，供销更有保证，减少原来加班突击生产的现象。

(3)加强对生产过程的控制。纵向一体化可以避免由于供应中断或销售变动造成生产大幅度波动甚至被迫停工的情况发生，它可以削弱来自上游供应商和用户的讨价还价压力，能够取得原来不能取得的信息，从而有利于提高管理的效率，并便于对它做出衡量。由于企业一体化规模扩大、成本降低和控制能力得到加强，提高了行业的进入壁垒。对关键零部件设计的控制力加强，有可能更好地满足不同市场层面用户的特殊需求，强化差异化的竞争力，从而增强对最终用户的控制，同时也有更多机会通过使用特殊原材料、零部件或技术等途径等寻求区别于同行业竞争者的特色。

2)纵向一体化战略的缺点

实施纵向一体化战略的缺点主要体现在以下方面。

(1)弱化激励效应。纵向一体化意味着通过内部的关系来进行购买与销售，把市场交易转化为企业内部交易，这样可能会减弱激励效应，从而降低企业的内部运作效率。例如，我国国有企业以前的“大而全”模式就是弱化激励效应的典型实例。为了纠正这种弊端，很多企业实施了“企业内部市场化”的做法，收到了较好的效果。

(2)加大了管理难度。实行一体化战略之后，两个或多个不同企业合并或联合在一起，企业的管理层次和管理幅度都会加大，企业在供应、生产、销售、质量和服务等各方面的管理职能要求更加复杂，这对管理者的思想素质、经营素质和技术素质都提出了更高的要求。

(3)降低经营灵活性。企业选择纵向一体化会导致产品设计方面的局限性，对厂房和原材料来源的巨额投资，常常阻碍新的产品设计或材料品种的完善。如果企业不实行这种战略，企业可以根据外部环境而削减原材料的采购量，或转向其他供应企业，而采取厂纵向一体化战略的企业缺乏这种机动性，同时调整经营方向也更加困难，也就加大了经营风险。

(4)需要较多的资金。虽然企业实行纵向一体化战略以后，一些零部件和原材料内企业内制而不需要外购，而且成本也比外购低，但自制所需要的生产资金、储备资金和材料资金等要比外购多得多，如果企业的财力不够雄厚就不可能实行这种战略。

3. 横向一体化战略的优点和缺点

1) 横向一体化战略的优点

(1) 规模经济。横向一体化可通过收购同类企业达到规模扩张，尤其是在规模经济性明显的行业，可以使企业获取充分的规模经济，从而大大降低成本，取得竞争优势。同时，通过收购还可以获取被收购企业的专利、品牌等无形资产。

(2) 减少竞争对手。横向一体化是一种收购竞争对手的增长战略。通过实施横向一体化战略，可以减少竞争对手的数量，降低行业内企业相互间竞争的程度，为企业的进一步发展创造一个良好的行业环境。

(3) 较容易实现生产能力扩张。横向一体化是企业生产能力扩张的一种形式，通过合并或联合，可以迅速提高企业的生产能力与规模，与企业自身的内部扩张相比，这种扩张形式较为简单与迅速。

2) 横向一体化战略的缺点

(1) 管理问题。收购一家企业往往涉及母子公司管理上的协调问题。由于母子公司的历史背景、人员组成、业务风格、企业文化、管理思想、管理理念和管理体制等方面存在着较大的差异，因此，母子公司的多方面协调工作非常困难，将导致管理成本的增加。

(2) 产品质量难以保证。企业兼并收购后，尽管兼并企业派了管理者和员工到被兼并企业去参与管理及生产经营工作，但由于上述原因使产品质量很难在短期内达到兼并企业的要求，也会造成成本的增加。

(3) 政府法规限制。横向一体化战略容易造成行业内的垄断，这对消费者和行业的发展都是极为不利的。因此，各国法律都对此做出了限制。如美国《反托拉斯法》在确定合并的企业是否合法时需要考虑的因素主要有：

① 这一合并是否导致过高的行业集中程度；

② 这一合并是否大幅提高合并企业对其他企业的竞争优势；

③ 进入该行业是否困难；

④ 该行业是否已经存在合并的倾向；

⑤ 被合并企业的经济实力；

⑥ 对该行业产品的需求是否处于增长阶段；

⑦ 这一合并是否有激发其他企业进行合并的危险。

企业在考虑对其他企业实施一体化时也要提防可能被别的企业实施一体化。即使是优势企业，在一定情况下也很难使自己的经营业务不成为其他企业进行一体化的目标。为此，企业可以采取下列措施来减少被一体化的可能性：

① 尽力保持经营业务的效能和获利能力，以使准备一体化的企业在经营上感到困难；

② 整合与对方相关的经营业务，提高自己与准备一体化的企业的抗衡能力；

③ 不断进行革新进取，获得良好的利润和收益的增长；

④ 使流动资金保持在低且安全的水平上，不至于引起急需流动资金的企业的注意，而成为被整合的目标。

5.2.3 多元化战略

1. 企业多元化战略概念及类型

多元化战略，也称为多样化或多角化成长战略，是指企业的发展、扩张是在现有产品或业务的基础上增加新的产品或业务。这是一种产品市场战略，企业实行这种战略是为了长期稳定地经营和追求最大的经济效益。

1)按照经营业务领域之间的关联程度分类

(1)相关多元化战略，是指企业新发展的业务与原有业务相互间只奋战略上的适应性，它们在技术、工艺、销售渠道、市场管理技巧和产品等方面具有共同或相似的特点。该战略也可分为以下两种形式。

① 同心多元化战略，是指虽然与现有的产品、市场领域有些关系，但是通过开发完全异质的产品、市场来使业务领域多样化。该战略可以在现有技术、现有市场营销、现有资源的基础上进行。例如，玻璃生产商向生产照相机镜头玻璃、玻璃器皿、眼镜等方向发展；冰箱企业发展空调、冰柜等业务都属于这种战略类型。

② 水平多元化战略，是指以现有的产品市场为中心，向水平方向扩展，也称为横向多元化或专业多样化，如零售行业中的百货店、自我服务廉价商店、超级市场、便利店等都属于这种战略类型。

(2)不相关多元化战略，又称离心多元化，是多元化战略的一种。它是指企业新发展的业务与原有业务之间没有明显的战略适应性，所增加的产品是新产品，服务领域。企业采用该战略的主要目的是从财务上考虑平衡现金流或获取新的利润增长点。即企业所开拓的新业务与原有的产品、市场没有相关之处，所需要的技术、经营方法、销售渠道必须重新取得。例如，生产烟草的企业同时兼营房地产、纺织、化工等就属于这种战略类型。

2)按照产品组合的特点分类

(1)单一产品战略，是指企业的一项产品的销售收入占销售总收入的 95%以上。目前该类型的企业比较少。

(2)优势产品战略，是指企业的一项产品的销售收入占销售总收入的 70%～95%。例如，格力电器 2015 年营业收入的 85.65%来自空调产品销售。常州柴油机厂的柴油机销售收入占总销售收入的 81%，这些企业的战略形式就是优势产品战略。

(3)相关产品战略，是指企业的一项产品的销售收入低于销售总收入的 70%，但其相关联的产品群的销售收入高于销售总收入的 70%。这里相关联的产品群有以下 3 种情况。

① 技术相关联产品群。如照相机、胃镜、经纬仪等产品，虽然市场营销存在很大的差别，但它们存在较强的技术关联性，企业能够在技术上产生协同作用，增强产品的竞争力。

② 市场相关联产品群。如农用机械、农药、化肥等产品，虽然在技术上存在很大的差别性，但它们在市场营销的许多方面存在较大的关联性。

③ 市场技术相关联的产品群。即技术相关和市场相关的产品群之和。

(4)非相关产品战略，是指企业市场相关产品的销售收入和技术相关产品的销售收入之和低于总销售收入的 70%。例如，广州白云山制药厂除生产人用药品外。还生产兽药、护肤品、医疗器械，从事建筑装修、汽车修配、文化体育用品等。该企业的战略形式就是非相关产品战略。

2. 企业选择多元化战略的原因分析

1) 企业选择多元化经营战略的外部原因

(1) 产品需求趋向停滞。当企业的原有产品处于其寿命周期的衰退期时，原有产品由于需求停滞而无法满足企业发展的要求，企业必须寻求需求增长快的新产品和新市场，从而开展多元化经营。

(2) 市场的集中程度。当市场的集中程度高时，产品由少数卖方企业控制。在这样的行业中，企业要想得到更高的增长率，一般是用降低价格、扩大供应能力和支付高额广告费等方法蚕食竞争对手的市场占有率。但用这些方法既增加费用又有风险，因此，在这种情况下，企业想追求较高的增长率和收益率，只有涉足本企业主营业务以外的新产品、新市场。企业所在行业的集中程度越高，越能诱发企业从事多元化经营。

(3) 需求的不确定性。由于市场需求的不确定性，企业经营单一产品或服务便会而面临很大的风险，其增长率和收益率会为该产品的需求动向所左右。如果该产品的需求动向存在很大的不确定性，企业为了分散风险，便要开发其他产品，从事多元化经营。即使原来已从事多元化经营的企业，而原有产品市场需求有很大风险时，为了分散风险也将积极从事多元化经营。

2) 企业选择多元化经营战略的内在原因

(1) 纠正企业目标差距。企业制定有关增长率、收益率目标，并根据这些目标的实际完成情况决定下一阶段的行动方针。当实际完成情况低于既定目标而产生目标差距时，企业不得不以从事多元化经营的方式来弥补。以实现预期目标。一般来说，目标差距越大，企业从事多元化经营的可能性就越大。

(2) 挖掘企业内部资源潜力。企业在日常的经营活动中常常积累有未能充分利用的资源，企业可以通过多元化经营来充分利用富余的资源，提高企业的经济效益。

(3) 实现企业规模经济。企业规模是一种经营资源。为了实现规模经济，企业要考虑是使用职能要素还是产品要素获得最低单位成本，即实现最佳使用密度。导致规模经济的具体要素一般有特殊用途的机器设备、专门的技术技能、专门的营销服务与专门的信息网络等。为此，企业从事多元化经营，扩大企业规模，能在质量和数量方面占有丰富的经营资源，也就能享受规模经济效益。同时，企业进行多元化经营，可以弥补企业规模不大的弱点，提高企业的盈利水平。

(4) 实现范围经济。范围经济是指企业同时生产和出售多种产品的成本会低于单独生产和出售同样数量的单一产品的成本的现象。在这方面，企业考虑如何使用与生产环节或产品无关的要素以获得最少的单位生产间接费用，并因此达到最佳的使用广度。导致范围经济的非具体要素一般有通用机器设备、普通应用的技术技能、一般的营销服务和通用的信息网络部。从寻求范围经济的角度出发，企业希望在两个或多个经营单位中分享，如制造设施、分销渠道、研究开发等资源，以减少在各经营单位的投资，降低成本。

(5) 转移竞争能力。在这方面，企业进行多元化经营，是希望将企业中现有的竞争能力转移到新的经营业务中去，改善新的经营单位的竞争能力。企业也可以通过并购，将具有竞争能力的企业或经营单位并入本企业，形成差别化的竞争优势。

(6) 协同效应原理。协同效应是指两个事物有机地结合在一起，发挥出超过两个事物简单联合的效果。企业进行多元化战略之后，新的业务之间在生产、技术、市场营销等方面若具有一定的联系，存在资源共享性，则可相互促进，产生协同效应。企业的协同效应表现在管理、市场营销及生产技术上。

(7)形成内部资本与人力资源的市场效益。实行多元化的企业可以在其内部建立资本市场(如内部银行)，通过资金在不同业务之间的流动来实现整个业务领域的资金需求。同样，也可以通过内部人力资源市场来促进人力流动并节约成本。

3. 企业选择多元化战略应注意的问题和经营失败的原因分析

1)企业选择多元化战略需要注意的问题

(1)客观评价企业多元化经营的必要与能力。企业在采取多元化战略之前，必须客观评估实行多元化经营的必要，尤其要进行对企业自身能力的评估。不仅要考虑企业现有的资源状况，还要考虑企业是否只有把新业务培育成利润增长点的资源能力。如果企业不具备这些资源和能力，其他业务的预期收益即使很好也不要轻易进入这些新领域。

(2)要处理好主导业务和多元化经营之间的关系。主导业务是企业具有竞争优势的业务，是企业利润的主要来源和企业生存的基础。企业应尽可能采取措施来保持和扩大自己的主导业务，挖掘主导业务的发展潜力，扩大其市场占有率，追求规模经济效益的最大化。在此基础上，企业再兼顾多元化经营。

(3)注意新业务和原业务领域之间的关系。企业在实行多元化经营时，选择新业务首先考虑是否与原业务领域具有一定的战略关联性，选择那些与主导业务及核心能力联系密切的业务作为多元化主要进入目标。这样可以使企业在不同业务之间分享共同的技术、品牌、设备和管理等资源，依托在主导业务领域建立起来的优势地位和核心能力，以较低的成本和风险建立起新业务的优势地位。

(4)注意建立横向组织，加强不同业务之间的管理。企业实行多元化经营战略，其组织结构也必然要适应这种战略模式。由于企业不同的业务领域分属于不同的部门管理，而各部门又往往站在本部门利益上强调自己业务的重要性，这样，势必带来一些部门利益和企业整体利益不协调的现象，出现一些企业难以克服的组织障碍，如管理协调难度加大、激励效应的弱化、集权与分权的矛盾等。所以，企业应建立横向组织，加强企业组织结构中不同业务部门之间的管理，使企业的组织结构适合采取多元化经营战略。

2)多元化战略经营失败的原因分析

在现实中，并不是每个企业都适合采用多元化战略，有些企业采用多元化战略并没有达到预期的效果，甚至遭到严重失败，分析其原因主要有以下两点。

(1)对新进入的经营领域预测失误。本来这一领域已经进入成熟期，不会有太大的市场机会了，但决策者却认为要进入的经营领域尚处在发展期，认为该领域有很好的发展机会，故进入该领域实施多元化经营，造成多元化经营的失败。企业实行多元化经营战略，未能使新的经营领域与原有的经营领域在生产技术、市场营销及管理等方面形成正面效应，取得事半功倍的效果。但如果预测错误，不仅形不成正面效应，还会产生负面效应，不仅企业在新的经营领域无法成长，还会对企业原来的经营领域产生干扰。一般而言，在某一领域的市场上，当原有企业发现有新企业加入时，它们会立即采取降价、推出新产品等手段与其竞争，如果新进入的企业对此没有认识和准备，认识不到竞争的激烈程度，那么企业陷入经营上的被动也就在所难免了。

(2)盲目相信本企业的能力，多元化程度过高。有的企业对自己的经营能力和资源盲目自信，认为自己有足以应对新业务的能力。但是，由于企业对新领域较为陌生，一旦进入该领域时，很快发现事情远非预想的那么简单，新的经营领域所需要的经营能力和水平、经营资源远高于本企业的现有实力，感到力不从心或根本不能应付，最终宣告失败。企业多元化程度过高，从而使企业资源及领导层精力被迫分散而最终失败。

5.3 紧缩型战略

一般来讲，企业要实行紧缩型战略是短期的，其根本目的是从某一经营领域撤出后，再进入到其他对企业发展更为有利的领域中去，是以退为进的战略。从企业经营风险的角度来讲，紧缩型战略是企业从风险较大，有可能使企业遭受更大损失的经营领域退出来，是企业躲避风险的战略。从企业发展来讲，可能因外部环境恶化迫使企业采取紧缩型战略，是保持企业生存迫使向后退的战略。紧缩型战略共有 4 种类型，即转变战略、放弃战略、附庸战略和清偿战略。

5.3.1 转变战略

转变战略的实施对象是陷入危机境地而又值得挽救的企业，其目标是尽可能地遏止和逆转公司的竞争或财务劣势，管理部门的首要任务是寻找业绩低的根源。销售的意外下降是由脆弱的经济导致的，是内部竞争战略制定的错误，是因为对一个本来可行的战略执行得是否得力，是运作费用很高，是因为存在重大的资源缺陷，还是因为债务过重，现有的业务是可以被挽救还是业务所面临的形势没有希望？理解现有业务的问题之所在以及问题的严重程度是很关键的，因为对不同问题的不同诊断往往会产生不同的转变战略。

业务困难最常见的原因有：承担的债务较多，对销售增长的前景估计过于乐观；由于不能充分地利用生产能力而导致间接费用过高，冒险地投入大量的资金用于研究与开发以提高竞争地位和盈利能力却没有获得有效改进的革新发明，对战略做频繁的变动(因为原来的战略并不奏效)，被那些成功的竞争对手所享有的优势击败。医治这些问题将公司转变过来可能涉及下列一些行动。

1. 变卖资产

产生现金的最可行的办法包括如下内容。

(1)变卖公司的一部分资产。

(2)收缩(去除产品线中的薄利产品，关闭或变卖老式的生产工厂，减少人员，从广泛的市场上收缩回来，减少顾客服务等)。那么，资产减少和收缩战略就起着核心作用。在有些情况下，陷于危机的公司变卖资产与其说是解除衰退业务负担，还不如既是遏制现金的流失以拯救和加强余留的业务活动。

2. 战略变动

如果业绩衰退是由于糟糕的战略所导致的。那么战略大检查可以沿着下面的步骤进行。

(1)转向一个新的竞争途径，重新建立公司的市场位置。

(2)彻底检查内部的活动、资源能力及职能战略以便更好地支持原来的业务战略。

(3)与同行业中的另一家公司合并，制定一个新的战略，以新合并的公司的强势为基础。

最诱人的途径取决于主要的行业环境、公司的资源强势和资源弱势、公司的竞争能力及危机的严重程度。一般来说，成功的战略变动必须与弱小公司的短期竞争能力紧密相连，直接瞄准公司最好的市场机会。

3. 提高收入

为提高收入而采取的努力其目的在于不断提高销售量。提高销售量的选择很多：降价、加强促销力度、扩大销售队伍、增强顾客服务、快速对产品进行改善。在下列情况下，必须采取措施提高收入。

(1)在业务的经营运作中，削减费用同时又确保盈利的余地很小或者没有这种余地。

(2)恢复盈利水平的关键是提高对现行生产能力的利用。如果因为存在差别化的特色而使得购买者的需求对价格并不具有特别的敏感性。那么提高短期收入的最快途径就是提高价格而不是选择提高销量的削价行动。

4. 削减成本

削减成本的转变战略在下列情况下最奏效：不景气的公司价值链和成本结构有着足够的灵活性允许进行大的手术；公司可以确定并矫正经营运作的缺陷；公司的成本中有着明显的"肿块"，同时有很多地方能够快速实现成本的节约；公司相对来说比较接近平衡点。除了采用一般的紧缩性政策之外，还应该加强对下列措施的重视：削减管理费用；推迟非关键性的资本花销；进行债务重组；减少利息成本和延长支付期。

5. 联合措施

采取联合措施的转变战略在严厉的环境下通常很关键，因为这种环境要求在一个比较宽的战线上采取快速的行动。同样地，如果公司聘用了新的管理者并给予他们以自主决策权力来采取各种他们认为合适的行动，那么联合性的措施也常常会走上竞争的舞台。公司所面临的问题越严重，解决方案涉及符合战略行动的可能性就越大。

5.3.2 放弃战略

放弃战略是指企业在衰退期将其经营不善的某一个或几个经营单位、生产线出卖或停止经营，企业在实行转变战略无效时，可采用放弃战略。放弃战略的主要目的是找到肯出高于固定资产市价的买主，所以企业的管理人员要尽力说服买主，使他们认识到购买这些技术和资源能够增加利润。企业在实施放弃战略时，要注意把握时机，以免决策过早或过晚。因为如果过早，企业可能还没有衰退，需求还没有下降这样企业便面临巨大的风险，一旦决策失误，企业将蒙受巨大损失。如果时间过晚，行业内外的购买者就有较强的谈判能力，使企业处于被动地位。

实施放弃战略对任何管理者来说都是一个艰难的决策。公司采取这一战略的障碍主要来自 3 个方面。

(1)结构上的障碍。一项业务的技术以及固定资产和流动资产的特点可能会阻止管理者放弃。

(2)内部依存关系的障碍。公司中各种经营单位之间的联系可能使组织放弃某一特定的经营单位。

(3)管理方面的障碍。公司决策过程的某些方面阻止放弃一个不盈利的业务。这些方面包括：放弃对管理者的荣耀是一种打击；放弃在外界看来是失败的象征；放弃威胁管理人员的前途；对管理人员的激励体制与放弃某一业务背道而驰。

5.3.3 附庸战略

小企业把本企业的生产经营与发展嫁接在某个大企业集团上，使其成为该集团系列化生产中的一个组成部分，从而实现专业化生产与开发。对于大量的小企业来说，“附庸”是在专业基础上实现企业一体化的有效途径，而不是低人一等。日本小企业的生存与发展大都采用这种附庸战略，即当企业处于困境又想维持自身生存时，可以争取成为大企业的依附者，借此生存下去。此时小企业虽独立，但已变成了用户的“卫星”企业。

例如，丰田汽车公司周围依附着几百家小企业。它们专门为丰田汽车公司提供优质的汽车零配件，它们与丰田公司结成了紧密的经济联系，随着丰田汽车公司的发展，这些小企业也都得到了发展。选择依附型经营战略，小企业还可以得到相对稳定的供销渠道，产品的开发方向也较为单一、明确，可以发挥专长，在一定程度避开市场激烈竞争的压力。另外还能通过协作关系进行联合开发，依靠大企业的技术开发能力和实力，突破自身在资金、人才、设备、情报等方面的限制。

5.3.4 清偿战略

清偿战略又称清理战略。是指企业由于无力清偿其债务，而停止营业进行清理。显然清偿对于任何企业来说都是最不具备吸引力的战略，是一种痛苦的抉择。对单一经营的企业来说，清算意味着结束了企业的生存；对多种经营的企业来说，清算则意味着关掉一定的经营单位和解雇一定数量的员工或进行培训转岗。通常在其他战略都失败而别无选择时才运用此战略，但是在确实没有希望的情况下，若能尽快地实施清偿战略，企业可有计划地降低其股票的市价，尽可能多地收回企业资产，以减少股东的损失。

清算分为自动清算和强制清算。自动清算一般由企业的股东决定，而强制清算则由法庭决定。清算战略是所有战略选择中最为痛苦的决定，在企业发展演化过程中，只有在其他所有战略都实施失灵时才会采用。通常情况下，因企业内经营不善无法挽回而不再有希望时，及时进行清算较之固执地维持经营，可能是更适宜的战略。从纯粹经济效益上考虑，早期清算比被迫破产更有利于股东的利益。

5.4 混合型战略

5.4.1 混合型战略的概念

为了实现不同的战略目标，企业可以选择前几节所述的任何一种战略单独使用，也可以将几种战略组合起来使用。前面所讲的稳定型战略、增长型战略和紧缩型战略既可以单独使用，也可以混合起来使用。由于企业环境的复杂性，实现企业战略目标途径的多样性以及企业内部组织结构的差异性，在实际的战略选择中，企业多侧重于运用战略组合来实现自己的战略目标。事实上，大多数有一定规模的企业并不只实行一种战略，如格兰仕的发展历程中则采用了增长型战略，紧缩型战略及本节要论述的混合型战略等。

所谓混合型战略是指稳定型战略、增长型战略和紧缩型战略三种战略态势的一种战略，组成混合战略的称之为子战略。

从混合型战略的特点来看，一般是较大型的企业采用较多，因为大型企业相对来说拥有较多的战略业务单位，这些业务单位分布在完全不同的行业和产业群之中，它们所面临的外界环境，所需要的资源条件不完全相同。因而若对所有的战略业务单位都采取统一的战略态势，显然是很不合理的，这会导致由于战略与具体战略业务单位的情况不相一致而使企业总体的效益受到伤害。因此，混合型战略是大企业在特定历史发展阶段的必然选择。

5.4.2 混合型战略的分类及适用范围

不同的分类方式，混合型战略可以分为不同的种类，本节将按照各子战略构成的不同和战略组合的顺序不同进行分类。

1. 按构成不同分类

按照各子战略的构成不同，混合型战略可分为如下两类。

1)同一类型战略组合

所谓同一类型战略组合指企业采取稳定、增长和紧缩中的一种战略态势作为主要战略方案，但具体的战略业务单位是由不同类型的同一种战略态势来指导。严格意义上来说，同一类型战略组合并不是“混合型战略”，因为它只不过是在某一战略态势中的不同具体类型的组合。

2)不同类型战略组合

这是指企业采用稳定、增长和紧缩中的两种以上战略态势的组合，因而这是严格意义上的混合型战略，也可以称为狭义混合型战略。不同类型战略组合与同类型战略组合相比，其管理上相对更为复杂，因为它要求最高管理层能很好地协调和沟通企业内部各战略业务单位之间的关系。事实上，作为任何一个被要求采用紧缩战略的业务单位管理者都或多或少会产生抵触心理。

2. 按组合顺序分类

按照战略组合的顺序不同，混合型战略可分如下几种。

1)同时性战略组合

这是指不同类型的战略被同时在不同战略业务单位执行而组合在一起的混合型战略。在同一战略时期内同时运用几种相关战略，以实现企业整体的战略目标。在企业具有多种不同经营业务或多个事业部的情况下，通常采用同时组合的战略方式。战略的不同组合可以有许多种，但常见的主要是以下几种。

(1)在撤销某一战略经营单位、产品系列或经营部门的同时，增加其他一些战略经营单位、产品系列或经营部门。这其实是对一个部门采取放弃或清算战略，同时对另一部门实行增长战略。

(2)在某些领域或产品中实行抽资转向战略的同时，在其他领域或产品中实施增长战略。这种情况下，企业实行紧缩的战略业务单位还并未恶化到应该放弃或清算的地步，甚至有可能是仍旧有发展潜力的部门，但为了为其他部门提供发展所需的资源，只有实行紧缩战略。

(3) 在某些产品或业务领域中实行稳定战略，而在其他一些产品或部门中实行增长战略这种战略组合一般适用于资源相对丰富的企业，因为它要求企业在并没有靠实行紧缩而获取资源的情况下，以自己的积累来投入需要增长的业务领域。

由于同时组合很难在同一时期内同时采用几种不同的战略，因此在运用这种战略组合时应注意以下几点。

(1) 可供给的企业资源。由于同时组合可能造成企业现有资源的分散使用，因此企业必须充分估计自己的资源的可供给程度，以确保各种战略能同时得以实施而不会造成企业资源的枯竭。

(2) 各种战略方案的组合优势。各种方案的组合是为了发挥各个方案的优势，扬长避短。因此，企业战略的同时组合必须是具有兼容性的战略组合，从而使企业的整体战略达到最优。

(3) 明确主从战略的关系。在一定时期内，企业为实现关键性的总体战略目标而确立的战略是企业的主体战略，而其他战略则处于相对从属的战略位置。在战略组合实施的过程中，必须明确主从战略的关系，合理而有效地分配企业的资源。

总之，对大多数企业来说，可采用的战略方案是多种多样的。管理者既可以来用一种战略方案，也可以同时采用多种战略方案，形成一套战略组合。

战略类型的选择也随行业类型而有所不同。增长战略在复合的行业中被采用得最多、而在工业品行业中采用率最低。组合战略的情况与增长战略相类似。对于稳定型战略，最常采用的行业是建筑、采掘业与石油业，最少采用的是复合行业和消费品行业。

2) 顺序性战略组合

顺序性战略组合指一个企业根据生存与发展的需要，先后采用不同的战略方案，从而形成自身的混合型战略方案。按照战略方案实施的先后顺序，顺次运用各种相关战略。如在一定时期内采取增长战略，然后在一定时期内实施稳定发展战略；或者先使用紧缩型战略，待企业条件有了改善之后再采取发展战略等。另一种顺序组合的典型范例是依据产品的市场生命周期采取不同的战略。常见的顺序性战略组合有以下几种。

(1) 在某一特定时期实施增长战略，然后在另一特定时期使用稳定战略。其好处是能够发挥稳定战略的“能量积聚”作用。

(2) 首先使用抽资转向战略，然后在情况好转时再实施增长战略。采用这种战略的企业主要是利用紧缩战略来避开外界环境的不利条件。

总的来说，对大多数企业的管理层而言，可采用的战略选择的数量和种类都相当宽泛。明确识别这些战略方案，是挑选出一个特定企业最为适合的方案的先决步骤。

本章小结

1. 企业总体战略是通过企业的内外部环境分析，根据企业宗旨和战略目标，依据企业在行业内所处的地位和水平，确定其在战略规划期限内的资源分配方向及业务领域发展战略。在面对不同的环境和基于不同的内部条件时，企业所采取的总体战略态势会各有差异。

2. 大多数有一定规模的企业并不只实行一种战略，为了实现不同的战略目标，企业可以选择前几节所述的任何一种战略单独使用，也可以将几种战略组合起来使用。稳定型战略、增长型战略和紧缩型战略三种战略态势可以混合使用。

3. 由于企业环境的复杂性，实现企业战略目标途径的多样性及企业内部组织结构的差异性，在实际的战略选择中，企业多侧重于运用战略组合来实现自己的战略目标。

练习与思考

1. 什么是企业战略？主要分为哪几类？
2. 不同企业战略的适用条件是什么？
3. 增长性战略的优缺点和风险分别是什么？

案例

海尔集团战略

从 1984 年创业至今，海尔集团经过了名牌战略发展阶段、多元化战略发展阶段、国际化战略发展阶段、全球化品牌战略发展阶段 4 个阶段，2012 年 12 月，海尔集团进入第五个发展阶段——网络化战略阶段。

一、名牌战略发展阶段（1984—1991 年）

名牌战略阶段，海尔抓住改革开放的机遇，以过硬的质量奠定了在中国冰箱行业的第一品牌。1985 年中国电冰箱市场“爆炸式增长”，市场供不应求，很多厂家大上产量，但不注重质量，但海尔树立 “要么不干，要干就要争第一”的品牌意识，不盲目上产量，扎扎实实做质量。

这时，海尔发生了“砸冰箱”事件，连海尔的上级主管部门都点名批评海尔，正因为这事件，唤醒了海尔人“零缺陷”的质量意识。后来，著名导演吴天明拍摄了电影《首席执行官》再现了“砸冰箱”的场景。1989 年市场疲软，很多冰箱厂家降价销售，但海尔提价 12%仍然受到用户抢购，当时一张海尔冰箱票的价格甚至被炒到上千元。海尔创业仅用四年时间，拿到了中国冰箱行业的第一枚质量金牌。

二、多元化战略发展阶段(1991—1998 年)

1991 年开始，海尔进入多元化战略阶段。借着邓小平同志南行讲话的机遇，海尔兼并了 18 家亏损企业，从只干冰箱一种产品发展到多元化，包括洗衣机、空调、热水器等。

那时，舆论称“海尔走上了不规则之路”，行业也认为企业要做专业化，而不是“百货商场”，而海尔则认为“东方亮了再亮西方”，海尔冰箱已做到第一，在管理、企业文化方面有了可移植的模式。另外，不管是专业化还是多元化，本质在于有没有高质量的产品和服务体系。

海尔的兼并与众不同，并不去投入资金和技术，而是输入管理理念和企业文化，用无形资产盘活有形资产，以海尔文化激活“休克鱼”。海尔文化激活“休克鱼”这个案例在 1998 年被写入哈佛案例库。

三、国际化战略发展阶段(1998—2005 年)

20 世纪 90 年代末，海尔进入国际化战略。海尔认为“国门之内无名牌”“不是出口创汇，而是出口创牌”，并且提出“下棋找高手”“先难后易”，首先进入发达国家创名牌，再以高屋建瓴之势进入发展中国家。

1999 年，海尔在美国建立第一个海外工业园时，受到很多质疑，当时很多媒体说，美国的工厂都到中国来设厂，海尔反其道而行地跑到美国去设厂，最后肯定以失败告终。

只看当时，海尔到美国去设厂肯定没有成本优势，但从今天来看，这无疑是个前瞻的、正确的决定，今天海尔满足美国当地消费者需求正是依托于美国南卡的海尔工厂。2001 年，美国当地政府为感谢海尔在当地所做的贡献，无偿命名工厂附近一条道路为海尔路，这是美国唯一一条以中国品牌命名的道路。

海尔打造国际化品牌就是按照“走出去、走进去、走上去”的“三步走”思路。“走出去”阶段，海尔以缝隙产品进入国外主流市场；“走进去”阶段，海尔以主流产品进入当地主流渠道；“走上去”阶段，海尔以高端产品成为当地主流品牌。

这样，海尔逐渐在国际上树立品牌，成为中国品牌走向全球的代表。

四、全球化品牌战略发展阶段(2005—2012 年)

从 2005 年开始，海尔进入全球化品牌战略阶段，全球化和国际化的不同在于其核心是本土化，这和国内企业 OEM 不同，也和日韩企业派驻本国员工到全球各地不同，海尔是创立自主品牌，在海外建立本土化设计、本土化制造、本土化营销的“三位一体”中心，员工都是当地人，更了解当地用户的个性化需求。

现在海尔已经在全球建立五大研发中心，21 个工业园，66 个营销中心，全球员工总数超过 6 万人。

在这个阶段的标志事件是：2012 年，海尔收购三洋电机在日本和东南亚的洗衣机、冰箱等多项业务，成功实现了跨文化融合；之后，海尔还成功并购新西兰高端家电品牌斐雪派克(Fisher&Paykel)；2016 年 1 月 15 日，海尔全球化进程又开启了历史性的一页——海尔与 GE 签署战略合作备忘录，整合通用电气家电业务，不仅树立了中美大企业合作的新典范，而且形成大企业之间超越价格交易的新联盟模式，《华尔街日报》形容海尔创造了“中国惊喜”。海尔在国际市场真正“走上去”，成为全球大型家用电器的第一品牌。

五、网络化战略发展阶段(2012—2019 年)

网络化战略阶段，海尔从传统制造家电产品的企业转型为面向全社会孵化创客的平台，致力于成为互联网企业，颠覆传统企业自成体系的封闭系统，而是变成网络互联中的节点，互联互通各种资源，打造共创共赢新平台，实现利益攸关各方的共赢增值。

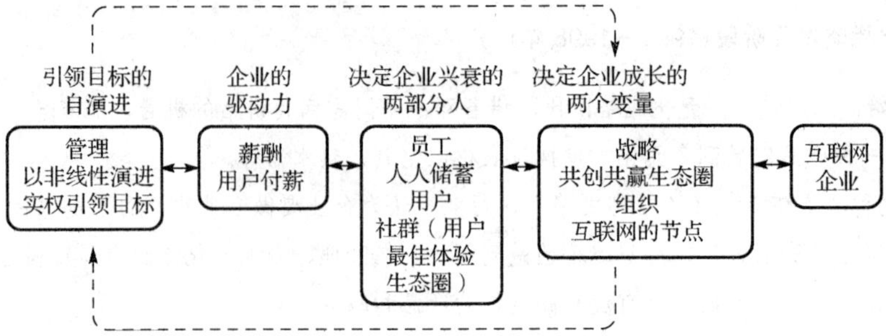

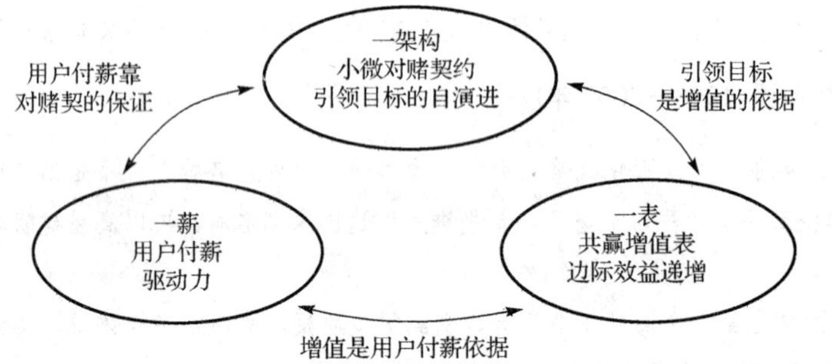

为此，海尔在战略、组织、员工、用户、薪酬和管理 6 个方面进行了颠覆性探索，打造出一个动态循环体系，加速推进互联网转型。在战略上，建立以用户为中心的共创共赢生态圈，实现生态圈中各攸关方的共赢增值；在组织上，变传统的自我封闭到开放的互联网节点，颠覆科层制为网状组织。在这一过程中，员工从雇佣者、执行者转变为创业者、动态合伙人，目的是要构建社群最佳体验生态圈，满足用户的个性化需求。在薪酬机制上，将“企业付薪”变为“用户付薪”，驱动员工转型为真正的创业者，在为用户创造价值的同时实现自身价值；在管理创新上，通过对非线性管理的探索，最终实现引领目标的自演进。

2016 年海尔的战略方向是以诚信为核心竞争力，以社群为基本单元，建立后电商时代的共创共赢新平台。海尔将重点聚焦把“一薪一表一架构”融入转型的六个要素中。“一薪”即用户付薪，是互联网转型的驱动力；“一表”为共赢增值表，目的是促进边际效应递增；“一架构”是“小微对赌”契约，可以引领目标的自演进。三者相互关联，形成闭合链条，共同推进互联网转型。

（资料来源：海尔集团官方网站）

第 6 章

企业竞争战略

本章学习目的：

1. 掌握竞争战略的定义和重要性；
2. 了解竞争战略类型、条件及保持竞争优势的途径；
3. 熟悉不同行业的竞争战略，知道其存在的风险性。

案例

成本战略与差异化战略——以京东商城为例

作为中国电子商务自主平台的领军企业——京东商城，以一己之力自 2012 年以来搅动了整个电商行业大规模开展促销活动，引发多轮“价格战”；京东商城是成本战略和差异化战略的践行者，成本战略最直接的表现就是“以更低的价格提供同样的产品”。京东商城实行这一战略的主要方式就是“价格战”。

2010 年 12 月 8 日，当当网登陆美国纽约证券交易所，随后京东商城宣布图书全面降价 20%，当当网不得不宣布用大规模的资金投入迎战，在之后的 6 个交易日内，当当股价连跌 6 天累计下挫超 30%，价格战从图书蔓延至整个 B2C 领域。

2012 年 8 月 15 日，号称史上最惨烈的电商价格战如期打响。这次价格战的主角是京东商城和苏宁易购。当天 10 点 15 分，京东媒体沟通会上刘强东回应“不正当竞争”质疑，称价格战到现在为止没有低于进货价，属于法律允许的范围内；50 分钟后，海尔电子商务总经理宋宝爱表示：“因京东价格打得太低，我们已于今年 8 月份停止与其合作。目前还与国美、苏宁合作，因为他们都是统一集采，我们无法回避。”可以看出此起彼伏的价格战不仅影响了京东的形象，还对其与上游供应商之间的关系产生不利影响。

差异化战略的直接表现是“价格保持不变，生产的产品质量更加优越”。放在京东身上，也就是价格保持不变，提供的产品或服务质量更加优越。具体来说，京东商城是通过自建物流体系来践行这一战略的，下面对京东自建物流体系及其效应进行分析。

2009 年，京东商城陆续在天津、苏州、杭州、南京、深圳等 23 座重点城市建立了配送站，以覆盖全国 200 座城市，由自建快递公司提供物流配送、货到付款、POS 机刷卡、上门取换件业务等服务。目前，分布在华北、华东、华南的三大物流中心覆盖了全国各大城市。2009 年 3 月，京东商城花 2000 万元成立了上海圆迈速递公司。该公司主要承接华东地区的业务，因此在不借助三通一达的情况下，京东大大提升了其在华东区乃至全国的配送效率和服务质量。2010 年，京东在北京等城市率先推出“211 限时送达”配送服务，在全国实现“售后 100 分”服务承诺，随后又推出“全国上门取件”、“先行赔付”、7×24 小时客户服务电话等专业服务。

不难看出，京东自建的物流体系不仅为用户提供了更好的服务，更重要的是缩短了供应链流程，大大缩减了运营成本。商品从厂商生产基地直接到京东库房，再到配送站，最后送达客户，只经过三个环节，总成本大大降低，用户得到最大的实惠。

自建物流体系一方面提升了用户体验，提升了京东的形象，同时也是使京东区别于其他 B2C 网站的有力抓手；长期来看，自建物流使京东面临严峻的资金压力。

结合京东商城的事例，出于长期发展的考虑，企业应采取差异化战略。而实行差异化战略时，也应结合企业自身发展，不可采取单一方式，应寻求多元化的发展合作方式。就京东商城而言，应放弃“价格战”这一战略，须从其他角度来降低成本；另一方面，京东可集中精力将自身打造成“物流服务供应平台”。

(资料来源：戚雅婷，李丽. 成本战略与差异化战略——以京东商城为例. 商，2015 年第 29 期.)

6.1 顾客矩阵与生产者矩阵

6.1.1 顾客矩阵

1. 顾客矩阵的概念

公司为获得顾客而竞争，因此，竞争战略的主要目的是为了能比竞争对手更加有效地满足顾客的需要。向顾客提供价值是竞争战略的基础。无论在何种市场条件下，企业都是为赢得顾客而参与竞争的。因此，企业竞争的主要目标就是为了能比其他竞争对手更加有效地满足顾客的需要，从而赢得顾客，赢得市场。顾客矩阵就是用来分析企业竞争优势的一种简单工具。

顾客价值矩阵是由世界著名的战略管理学家福克纳和鲍曼在其所著的《竞争战略》一书中提出的专用于企业竞争战略研究的方法。强调为了实现可持续竞争优势，公司必须以最低的可觉察价格(Perceived Price，PP)向顾客提供最高的可觉察使用价值(Perceived Use Valve，PUV)两组变量构成的两维坐标。在他们看来，“竞争战略的主要目的是为了能比你的竞争者更加满足顾客提的需求。”一个企业要获取竞争优势，就必须以最低的可察觉价格向顾客提供最高的可察觉的使用价值。按照这一原则，在顾客矩阵中一个企业有两种基本的战略选择：一是削减价格；二是增加可察觉的使用价值。一个企业到底选择哪种战略，还必须以企业对核心能力的开发与使用状况为依据。

2. 顾客矩阵的构成

顾客矩阵的构成如图 6-1 所示。

图 6-1 是一个简单的顾客矩阵。其纵轴为可察觉使用价值(PUV)，表示顾客在购买和使用某种商品或从某项服务中得到的满意程度，即顾客在购买和使用某种商品或从某项服务中获取的全部利益。其横轴为可察觉价格，表示顾客所关心的要素价格。例如，在购买燃气热

水器时，顾客不仅关心初装费用(热水器、水管、水阀、气阀等材料的价格)，还会关心以后热水器的运行费用(燃气费、维护费等)及其花费的时间和精力等。

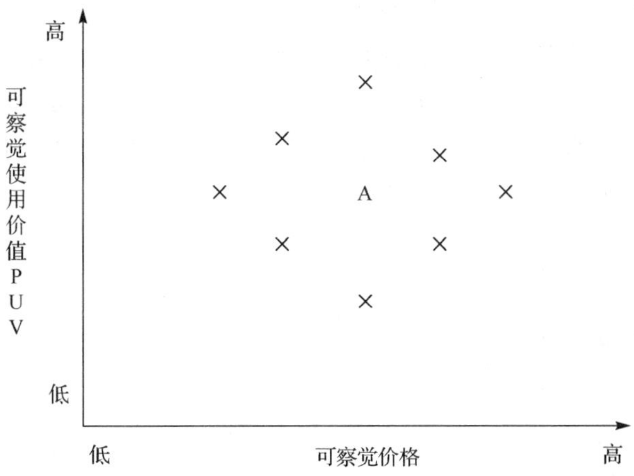

图 6-1　顾客矩阵

假如，一个企业的产品位于图 6-1 中的 A 点，而被顾客认为可替代该产品的其他企业的产品位于 A 点的周围(如图 6-1 中的×)，这表明在顾客看来所有企业提供的产品都是同质的，无差别的，而且价格也是相近的。

如果一个企业面临图 6-1 中的情况，那么企业应该如何改善竞争地位争取顾客呢？当所有企业都可能占有相同的市场份额时，A 企业要想提高自己的市场占有率，可以选择降低产品或服务价格，或者沿顾客矩阵的纵轴向上提高其产品或服务的可察觉使用价值(PUV)。

顾客矩阵图可以用来反映本公司产品相对于竞争对手产品在顾客市场上所占据地位。图 6-1 表示的是本公司的产品 A 与竞争对手处于同样的市场地位，即在顾客的心目中这些公司所提供的产品满意程度都是相同的，价格也是相近的。

3. 企业竞争与顾客矩阵

1)顾客矩阵是一种分析企业竞争优势的工具

无论在何种市场条件下，企业都是为赢得顾客而参与竞争的。因此，企业竞争的主要目标就是为了能比其他竞争对手更加有效地满足顾客的需要，从而赢得顾客，赢得市场。顾客矩阵就是用来分析企业竞争优势的一种简单工具。

(1)削减价格。

如图 6-2 所示，企业 A 向顾客矩阵的左方移动，即以更低的价格向顾客提供与竞争对手相同的可察觉使用价值 PUV，于是企业 A 可望提高其市场份额。但是，要取得这个结果，还必须取决于企业所提供产品或服务的类型。人们通常有一种观念，认为“便宜无好货”，此时的顾客是以价格作为衡量使用价值的标准，如人们在购买高级音响设备时通常就是以价格作为价值标准来减少其购买风险的。此时 A 企业削价，将使其向左下方移动到以低价格提供低的可察觉使用价值 PUV 的位置(如图 6-2 中的 B 点)。显然，降价对企业极为不利。

如果顾客不是以价格来衡量其所购买的商品或服务的可察觉使用价值 PUV，那么削价的结果可能增加 A 企业的销售量。然而，在实际的市场竞争中，A 企业的削价会使其他企业也跟着削价。价格竞争的最后结果是整个行业的市场价格和利润水平下降。此时，A 企业要想通过削价来实现可持续竞争优势，就必须持续地降低价格，并且能在较长时期内保持比竞争对手更低的价格。显然，A 企业要达到这一目的，要么在行业中拥有最低的成本，要么在一定时期内利用企业其他收入或政府补贴去弥补因削价造成的损失。因此，当一个企业在决定进行价格竞争时，必须具有比竞争对手更低的成本，这就要求企业努力地发现所有与降低成本有关的，但又不改变其产品或服务的可察觉使用价值 PUV 的因素。企业只有在完全掌握了自己的和竞争者的成本状况，确信自己已达到了最低的成本水平时，才能通过维持低价格将竞争对手逐出市场，否则，企业将陷入削价的恶性循环之中。

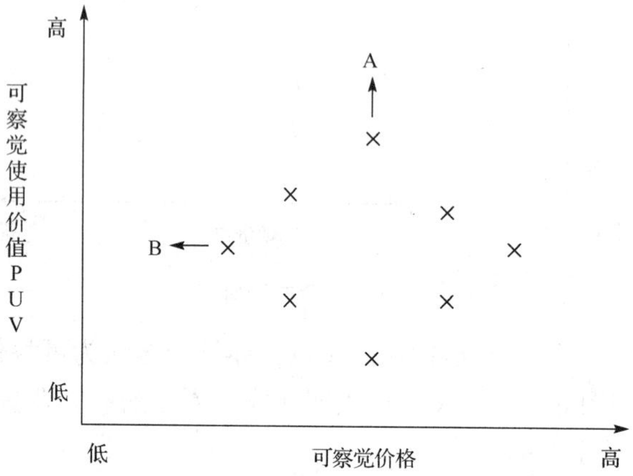

图 6-2　顾客矩阵中竞争的基本运行情况

(2)增加可察觉使用价值 PUV。

除了通过削价争取竞争优势外，企业 A 还可以向上移动，即按与竞争对手相同的价格向顾客提供更高的可察觉使用价值 PUV。实施这一策略，企业必须非常清楚自己的目标顾客群体及其需要，必须通过详细的市场调查与研究，不断地听取顾客的意见，系统了解他们的需要和建议，进而确认自己的产品或服务价值之所在，以及如何改善顾客所重视的可察觉使用价值 PUV。如果把众多顾客的共同需要作为细分市场的标准，就可以借助图 6-3 来分析目标市场顾客所重视的可察觉使用价值 PUV 的组成。

图 6-3 中横轴的可察觉使用价值 PUV 的重要组成要素是某种产品的式样、性能等，是根据顾客的评价，将 A 企业的产品与竞争对手 B 企业和 C 企业的产品按可察觉使用价值 PUV 对顾客的重要性排列的。很显然，A 企业的产品在 PUV 的重要组成要素上远不及竞争对手的产品，而在顾客所忽视的 PUV 的其他方面却表现甚佳。此时，如果 A 企业希望向顾客矩阵上方移动，必须通过有效的促销手段改变顾客对其产品的看法，使其产品在 PUV 组成要素上比竞争对手有更大的改善。否则，它将落后于竞争对手，处于顾客矩阵中的平均水平之下。

企业增加 PUV 的关键是竞争对手增加 PUV 的难易程度。如果企业先于竞争对手增加其产品的 PUV，自然会使其市场份额提高；如果增加了的 PUV 很容易被模仿，那么行业竞争将更加激烈。因此，在市场竞争中，企业必须在 PUV 不断提高的基础上，维持竞争优势的持久性，一方面，在保证较高 PUV 的基础上继续创新，改良产品，永远领先于竞争对手一步；另一方面，降低价格，或者最终同时选择两种方案，实施超越战略。

2)中国企业迫切需要构建顾客矩阵

企业参与市场竞争的战略选择似乎很简单，但要实现竞争优势却是非常困难的。对于中国企业来说，竞争战略的选择和竞争优势的维持更加复杂。因此，选用一种结构化的方法来评价企业在竞争中的地位，并以此方法分析企业单一的需求细分，之后将其应用到其他的目标细分市场，构建自己的顾客矩阵，这对现实中的中国企业显得尤为迫切。那么如何构建自己的顾客矩阵呢？顾客矩阵的建立可以从如下几个方面加以考虑。

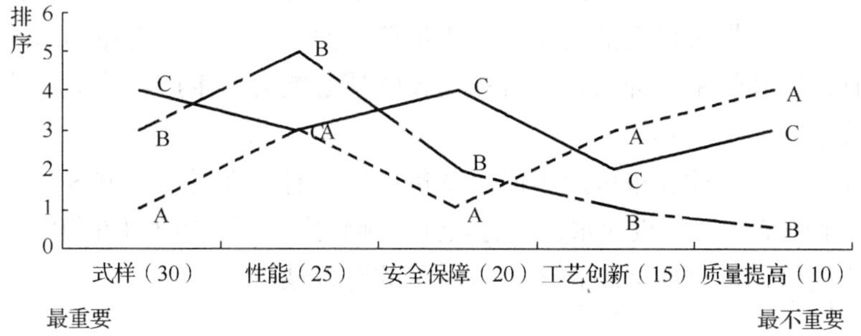

图 6-3　可察觉使用价值的组成

(1) 根据顾客需要确定细分市场。

首先需要确定一个有代表性的顾客，然后将与之具有相同需要的其他潜在顾客集中在一起，就可以划分出一个具有相同需求的细分市场。重复这一过程，可以确定其他需求的细分市场。而对于不属于任何细分市场的顾客来说，则需做大量的判断，以确定其更接近哪个细分市场。

(2) 根据细分市场确定产品的 PUV 组成。

确定产品 PUV 的组成，必须了解顾客对产品特性的看法。这只有通过市场调查来完成。做这一工作时必须注意，一定不要向顾客提供有关产品特性的清单，让顾客毫无顾忌地表示他们对产品的各种需要。这样，企业才能确定顾客所重视的，满足其需求的价值组成。

(3) 对产品的 PUV 组成进行排序。

在第二步的基础上，企业如果认为 PUV 由 5 部分组成，则可以将 100 分分配于这 5 个最主要的组成，每个组成所得分数表示其重要程度。这必须对顾客需要进行认真分析、归纳，方能做出判断。

(4) 在顾客矩阵中定位。

根据上述分析得到的 PUV 组成与相关的价格结合起来，企业可以在顾客矩阵上绘出主要竞争对手的位置，从而为本企业产品定位，如图 6-4 所示。通常为了检查产品 PUV 排序是否可靠，需要将排序结果与竞争者近期市场份额的相对变化情况进行比较。如果一个竞争者产品的 PUV 全部组成的排序都很高，而且相对于其他竞争者的产品价格，其产品价格又没有提高，那么这个竞争者的市场份额就可能增加；如果排序结果与实际调查得出的市场份额不一致，说明本企业在矩阵中的定位可能出现了错误，如在第二步中所选择的产品 PUV 组成不符合实际或者是市场份额指标存在滞后问题等。

图 6-4 中显示的情况清楚地表明本企业的产品 A 在市场占有率方面不如竞争对手，虽然在价格上具有一定的优势，但要在竞争中取得优势，还必须对产品的 PUV 组成加以改善，以适应顾客的需要。

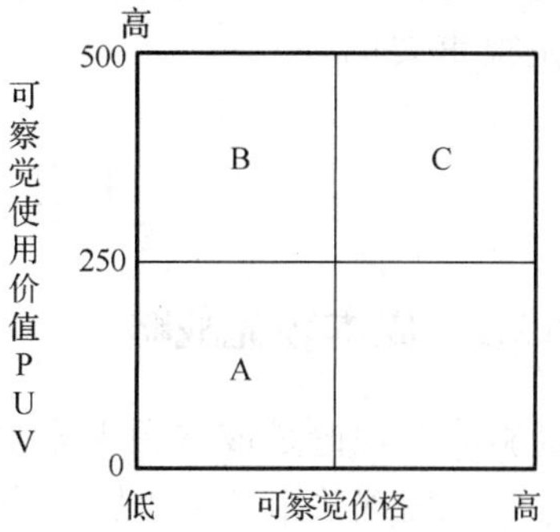

图 6-4　在顾客矩阵中测定竞争对手的产品位置

6.1.2 生产者矩阵

1. 生产者矩阵的概念

前文介绍过福克纳和鲍曼提出的顾客矩阵，为了实现可持续竞争优势，公司必须以最低的可觉察价格和向顾客提供最高的可觉察使用价值。而一个公司能否做到这一点，则取决于该公司的相对有效性和效率，即与竞争者相比较的核心能力。生产者价值矩阵就是分析公司相对有效性与效率的一个工具。

生产者矩阵是由有效性和单位成本两个变量构成。有效性是产生顾客预期价值的关键，而单位成本是产生价值所需的投入水平。有效性必须转换为顾客矩阵中的 PUV 才能够实现真正的可持续竞争优势，有效性必须强于竞争对手的有效性。

2. 生产者矩阵的构成

生产者矩阵如图 6-5 所示，其中纵轴表示公司的有效能力，即公司要保持竞争优势应具备的能力，如产品质量保障能力，产品、服务的改进能力，产品创新能力，市场的运作能力等。它们与产品的价值提升有着密切的关系，横轴表示公司相对竞争对手所具有的产品或服务的单位成本。

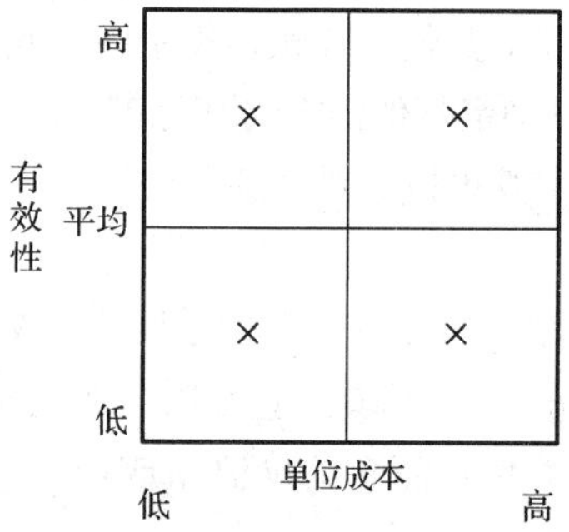

图 6-5 生产者矩阵

3. 生产者矩阵与顾客矩阵的关系

顾客矩阵说明的是产品被顾客接受的状况，而生产者矩阵则说明的是导致产品市场地位的内在要素的水平状况。从这个意义上来理解，公司产品今天在生产者矩阵中的状况实质是对其在顾客矩阵状况未来变化的预期。事实上，只有“生产者矩阵”中的有效能力得到改善，才有可能使“顾客矩阵”中的 PUV 获得提高，只有当公司的效率改善、成本降低，才能实现产品价格的灵活控制。

另一方面，我们要认识到公司要取得可持续的竞争优势，最终是通过顾客矩阵实现的，只有将“生产者矩阵”的移动转换为“顾客矩阵”相应的移动，即公司的任何努力只有被顾客认可、接受，产品的价值才能实现；否则，有可能出现“生产者矩阵”的移动没有引起“顾客矩阵”相应反应的情况。因此，竞争优势最终是由顾客决定的，正因为如此，应根据顾客需求设计公司有效能力的改善计划，并让顾客充分认识公司的每个努力是很重要的。

6.2 竞争战略的基本类型

6.2.1 成本领先战略

经验曲线理论是成本领先竞争战略的基础。经验曲线由美国波士顿咨询公司于 20 世纪六七十年代发现并用于企业战略分析。经验曲线理论的基本概念是指总产量增加时，标准产品的制造成本会以某一固定的、可以预计的方式下降。例如，产量增加 1 倍，单位制造成本下降20%。由此可以得出：在存在经验曲线效应的情况下，产出规模大的企业的制造成本会低于产出规模小的企业，因而形成成本优势。

1. 经验曲线效用

经验曲线降低成本的作用主要来自于以下几个方面。

(1) 操作经验作用。由于重复进行同样的操作，使员工和管理人员积累了经验，工作效率因而提高，对重复操作活动的培训可以使这一作用更加明显。

(2) 新的劳动组织方式的作用。例如，提高专业化水平、重新安排流程、组织结构合理化等劳动组织方式的改变，都能使生产的经济性提高。

(3) 新工艺、工艺改善或创新的作用。采用新工艺或对原来的工艺进行改善甚至创新，会提高作业效率、降低成本。

(4) 改变资源配比的作用。例如，在劳动力成本高的行业，多用机器来代替人的使用量能起到降低成本的作用。

(5) 产品标准化的作用。标准化可以直接形成成本利益。

(6) 技术的经验作用。即在获得经验之后，同样的设备可以使工作质量标准提高。

(7) 产品再设计作用。供需双方更了解产品的生产要求，因而可以对产品进行再设计，在同样的材料及劳动力投入的情况下取得更大的产品效用。

(8) 规模经济作用。一般来说，在规模经济作用范围内，生产规模越大，经验曲线下降的速度就越快。虽然静态规模对经验曲线斜率的影响较小，但经验曲线的时间改善作用却很大。所以，产量高的企业不但能获得静态的规模经济性，还能够获得较快的成本下降速度。

2. 经验曲线分析考虑因素

在进行经验曲线分析时，还需要考虑以下几个因素的影响。

(1) 共享经验。企业生产的若干产品可能共享某一共同的资源或活动。特别是在产品生产初期，差别化程度较低，资源共享的情况更为普遍。企业应该尽可能多地寻找可以共享的经验，以取得更大的相对于对手的优势。

(2) 分析环境特征。某些生产或供应的瓶颈区或是某些部件成本的突然变化、较高的通货膨胀率、人为的对成本逐年下降的期望等因素都会影响分析的正确性。所以，在进行经验曲线分析时，要去除分析数据中的通货膨胀的影响。另外，需要认识到成本是随经验的积累而降低的，不是随时间的增加而降低的。具有同样生产年份的企业的经验可以是不同的。

(3) 数据。因为各企业成本数据的基础和处理方法、处理时间、会计方法都可以不同，而且许多企业的成本不是按产品划分，而是按部门划分的，这些数据处理上的差别会造成分析结果的偏差，导致错误的战略决策。另外，有关对手和供应商的数据很难获得，即使获得了，也无法证实其正确性，无法了解其中包含的共享经验的成分。所以，在估计外购件的未来价格时，应尽可能估计外购件的经验及共享经验的影响。

(4) 进入时间。产业中各对手进入的时间是不同的，这也影响了他们的经验。一般来说，后进入者因为能观察先进入者的活动，能雇用先进入者的员工，能更多地利用在设备和工艺上的技术进步成果，利用零部件供应商经验增加而使外购成本下降的优势等，其初始成本比先进入者要低。而且，后进入企业还能开发先进入企业未能利用的共享经验，或是能通过更为合适的组织结构来取得生产及营销上的相对优势，这些都会使进入时间不同的企业有不同的经验曲线。

经验曲线的作用是客观存在的，对经验曲线作用的认识和恰当运用，有利于企业形成竞争优势和进行战略选择。但同时，企业也需要了解到过度追求经验曲线效用，也会引起一些副作用。例如，过度追求生产能力的扩大会提高资本资产对销售额的比重，使固定成本提高，从而提高了盈亏平衡点。又如，为了取得共享经验，企业会进行对供应商的兼并，使业务多样化程度提高，由此降低了经营灵活性和创新能力，还会使管理复杂性提高，管理费用增加。况且，不同产业和行业的经验曲线效应的大小是不同的，企业在对其进行利用时还要进行具体分析。

3. 成本领先战略

1)成本领先战略的概念

成本领先战略又叫低成本战略，这种战略的指导思想是，要在较长时期内在价值链的各个环节上使企业产品成本保持同行业中的领先水平，并按照这一目标采取一系列措施，使企业获得同行业平均水平以上的利润。

成本领先战略适用于以下情况：在市场竞争中价格竞争占有主导地位的行业，如在钢铁、煤炭、石油、水泥、化肥、木材等行业中，所有企业生产的都是标准化产品，产品差异较小。价格竞争成为市场竞争的主要手段，该战略的使用效果显著。购买者从一个销售商向另一个销售商的转移成本很低或几乎没有，则购买者倾向于价格更低的销售者。

成本领先战略的理论基础有以下两个：

(1)规模经济效益，即单位产品成本随生产规模增大而下降；

(2)学习曲线效应，即单位产品成本随企业累积产量增加而下降。

这主要是因为随着产品积累数量的增加，员工生产经验越丰富，生产技术更为熟练，使劳动生产率提高，因而使单位产品成本下降。同时，随着产量的增加，员工被更有效地组织和管理起来，因而提高了劳动生产率，使单位产品成本下降。

2)实施成本领先战略的条件

实施成本领先战略必须满足以下几个条件。

(1)战略适用于大批量生产的企业，产量要达到经济规模，这样才会有较低的成本。

(2)要有较高的市场占有率，就要严格控制产品定价和初始亏损，以此来创立较高的市场份额。

(3)企业必须使用先进的生产设备，因为先进的设备使生产效率提高，能使产品成本进一步降低。由于有较高的市场占有率，就有可能获得较高的利润，以此利润又可对设备投资，进一步购买更先进的设备，以维护成本领先的地位。应当说，这种再投资往往是保持低成本状态的先决条件，由于使用先进的生产设备，使得生产批量加大，其经济规模加大，经济规模加大后，就要求市场占有率更加提高，市场占有率提高后，企业收益进一步增加，于是又可从收益中拿出一部分资金再投资到更先进的生产设备，如此循环下去，这就是实施成本领先战略的条件。

(4)要严格控制一切费用开支，全力以赴地降低成本。最大限度地减少研究开发、服务、推销、广告及其他费用。

由上述 4 个条件，可以总结归纳为成本领先战略的循环，如图 6-6 所示。

3）成本领先战略的优势

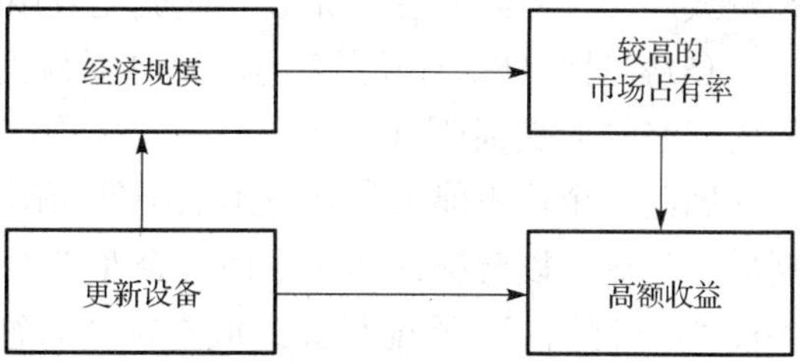

图 6-6　成本领先战略的循环

低成本企业在行业中有明显的优势：可以低价位与竞争对手展开竞争，扩大销售，提高市场占有率，获得高于同行业平均水平的收益；可以在与客户的谈判中争取到更大的生存空间；有较强的原材料上涨的价格承受能力；可以依托低成本所形成的竞争优势，形成进入障碍，限制新的加入者；可以削弱弱势产品的竞争力量。具体而言，企业采用成本领先战略的主要益处如下。

（1）形成进入障碍。企业的生产经营水平低，可以对那些欲进入本行业的潜在进入者设置较高的进入障碍，使那些生产技术尚不成熟，经营上缺乏规模经济的企业很难进入此行业。低成本的领导者也处于一个比较好的位置，当它感受到威胁时，可以采取降价的策略。一个新的竞争对手很难赢得顾客，低成本生产商的削价能力是新进入者的一个障碍。因为那些潜在的进入者如果真的进入这个市场的话，不可避免地要面对这些问题：生产技术尚不成熟；品牌缺乏知名度，市场占有率低；生产经营上缺乏规模经济导致总成本极高。面对来自成本领先者的降价压力，新的进入者往往无力回击，所以企业要进入此行业困难重重。

（2）增强企业的讨价还价能力。企业的成本低，可以使自己与供应者的讨价还价能力增强，降低投入因素变化所产生的影响。同时企业成本低，可以提高自己对购买者的讨价还价能力，对抗强有力的购买者。

（3）降低替代品的威胁。企业的成本低，在与竞争者竞争时，仍然可以凭借其低成本的产品和服务吸引大量的顾客，降低或缓解替代品的威胁，使自己处于有利的竞争地位。

（4）保持价格领先的竞争地位。在迎接竞争对于挑战方面，低成本公司在下列各方面处于有利地位：以价格为基础的竞争，利用低价格的吸引力可以从竞争对手那里挤占销售份额和市场份额；可以在竞争对手毫无利润的水平上保持盈利，在残酷的价格战中存活下来并获得高于行业平均水平的利润率（其基础是利润较高或者是总的销售量较大）；而高于同行的获利水平，使得成本领先者可以在营销、研发上投入更多的资金，进一步打击对手，保持绝对竞争优势的地位。可见，如果市场上的很多购买者对价格都很敏感，而且价格竞争很激烈，那么低成本就是一种强大的防御力量。

4）成本领先战略的风险

风险与收益并存，采用成本领先战略虽然有很多好处，但也存在着很多风险。

（1）降价过度引起利润率降低。至少应该将降价幅度控制在总体利润不减少的范围之内，除非出于抢占市场等其他战略目标实现的需要。

（2）新加入者可能后来居上。行业中新加入有通过模仿、总结前人经验或购买更先进的生产设备，使得他们的成本更低，以更低的成本起点参与竞争，后来居上。这时，企业会丧失成本领先地位。

（3）丧失对市场变化的能动反应。如果采用成本领先战略的企业一味强调降低产品成本，从而对市场变化的预见能力降低，最终导致虽然企业的产品价格很低，但也不为顾客所欣赏和接受。

(4) 技术变化降低企业资源的效用。生产技术的变化或新技术的出现可能使得过去的设备投资或产品学习经验变得无效、变成无效用的资源。

(5) 容易受外部环境的影响。遭遇供应商的歧视性提价，势必提高企业的生产成本，成本领先战略将会受到严重影响。

因此，企业不能太注重成本的降低而削弱了企业的可持续发展能力，学者们提出了"战略成本"概念以解决此问题。而且企业必须采取重要措施确保成本优势的持久性。同时企业不能"一叶障目"，不能仅关注成本领先而忽视产品其他方面（如产品性能、质量、差异化等）的变化。

5）开发成本优势的途径

成本领先战略要求一如既往地建立起高效规模的生产设备，在经验的基础上全力以赴降低成本，抓紧成本与管理费用的控制，以及最大限度地减小研究开发、服务、推销和广告等方面的成本费用。为了达到这些目标，就要在管理方面对成本给予高度的重视。尽管质量、服务以及其他方面也不容忽视，但贯穿于整个战略之中的是使成本低于竞争对手。要获得成本优势，企业价值链上的累积成本必须低于竞争对手的累积成本，达到这个目的有如下两个途径。

(1) 控制成本驱动因素。这是指比竞争对手更有效地开展内部价值链活动，更好地管理推动价值链活动成本的各个因素，主要包括规模经济或不经济、学习及经验曲线效应、关键资源的投入成本、与企业中或行业价值链中其他活动的联系、在企业内部同其他组织或业务单元进行成本分享及垂直一体化对外部寻源所具有的利益。

(2) 改造企业的价值链。改造企业的价值链，省略或跨越一些高成本的价值链活动。主要途径包括简化产品设计、削减产品或服务的附加、寻求各种途径避免高成本的原材料和零部件、再造业务流程和加强客户关系管理等。

6.2.2 差异化战略

1. 差异化战略的概念

这种战略的指导思想：在价值链的某些环节上，企业提供的产品与服务在产业中具有独特性，即具有与众不同的特色，这些特色可以表现在产品设计、技术特性、产品品牌、产品形象、服务方式、销售方式、促销手段等某一方面，也可以同时表现在几个方面。这种产品由于具有与众不同的特色，因而赢得一部分用户的信任，使同产业内的其他企业一时难以与之竞争，其替代品也很难在这个特定的领域与之抗衡。

总之，产品差异化使同一产业内不同企业的产品减少了可替代性，这意味着产业市场垄断因素的增强。

2. 实施产品差异化战略的条件

实施产品差异化战略有以下几个条件。

(1) 企业要有很强的研究开发能力，企业要具备一定数量的研发人员，要求这些研发人员要有很强的市场意识和创新眼光，及时了解客户需求，不断地在产品设计及服务中创造出独特性。

(2) 企业在产品或服务上要具有领先的声望，要具有很高的知名度和美誉度。

(3)企业要具有很强的市场营销能力。致使企业内部的研究开发、生产制造、市场营销职能部门有很好的协调性。

3. 差异化战略的优势

(1)设置进入的障碍。企业存在差异化的基础上，拥有了一定的消费群体。由于产品和服务的特色，赢得了消费群体的信任和忠诚，便为潜在进入者设置了较高的进入障碍。潜在的竞争者要与企业进行竞争，则要克服这种差异化所带来的独特性。

(2)降低替代品的威胁。替代品能否替代现有的产品，主要取决于两种产品的性价比。如果企业的成本领先战略可以通过价格优势提高现有产品的性价比，降低替代品的威胁，则企业的产品差异化战略同样可以通过性能优势来提高现有产品的性价比，降低替代品的威胁，在一定程度上不被替代品所替代，保持自己的竞争地位。

(3)增强讨价还价的能力。企业具有差异化的优势，可以为企业产生较高的边际收益，增强了企业应对供应商讨价还价的主动性和灵活性。同样，企业差异化的优势在增强购买者对产品品牌忠诚度的同时，也降低了购买者对产品价格的敏感程度，因而削弱了购买者讨价还价的能力。

(4)保持领先的地位。企业的差异化优势主要体现在与行业内的竞争对手的比较上。企业面对日新月异的市场挑战，能不断适应市场的需求，在提供产品和服务的差异上一直领先于行业内的竞争者，在拥有一批固定的顾客群体的同时也吸引新的顾客群体，从而保持企业在行业内的领先地位。

4. 产品差异化的风险

(1)差异化的成本过高。企业要保持产品和服务的差异化。一般情况下，都要以成本的增加为前提，因此，企业如果采用产品差异化战略不能有效控制其限度和范围，便有可能将实施产品差异化战略所取得的利润中的相当一部分被成本的上升所抵消，以致造成企业利润的滑坡。

(2)竞争对手的模仿。当企业的产品和服务具有差异化的优势时，竞争对手往往会采取合法的模仿，形成与企业相似的差异化优势，给企业的经营活动造成困境，这种情况会随着产业的成熟而不断发生。尤其是由于企业对自己新开发的具有某种特殊功能的产品未能加以保护，更有可能被竞争对手抢先申请专利保护和抢先仿制，从而给企业造成难以预料的影响。

(3)顾客爱好的转移。一般情况下，实施差异化战略的企业，其关注点是消费群体对产品和服务的特殊需求。如果形成差异的成本高出一定的限度，超过消费群体所能接受的价格范围，便可能造成消费群体敬而远之，使原有的消费群体的爱好发生转移，这样势必影响企业的市场竞争地位。

5. 实行差异化战略的途径

形成产品或服务的差异化的方法有以下两种。

1)产品内在因素的差异化

这是指企业在产品性能、设计、质量及附加功能等方面为顾客创造价值，并创造与竞争对手相区别的独特性。即应当认清购买者是谁，然后要认清购买者所看重的价值是什么，要在客户看重的价值链环节中为客户创造与众不同的价值。

2)产品外在因素的差异化

这是指企业要利用产品的包装、定价、商标、销售渠道及促销手段，使其与竞争对手在营销组合方面形成差异化，从而开创独特的市场。

(1)企业可以采用重新定价、改进包装、树立名牌的方法实现产品差异化。即高价显示高贵，精美包装显示优质，借此树立企业产品的形象。

(2)通过宣传，利用广告形成产品的差异化。要通过各种媒体和传播手段，将有关产品特征的信息传达到国际市场，使顾客感到产品差异，从而在顾客心目中树立与众不同的形象。

(3)通过优质服务来实现产品差异化。如采用免费送货、分期付款、一定时间内实行保修等方法，使产品形成差异化。

(4)通过分销渠道来实现产品差异化。如采用零售或上门推销等方法，使产品直接与顾客接触，使产品形象在顾客心目中产生差异。

产品外在因素的差异有时与能否满足消费者的物质需求没多大关系，但它却能够使消费者心理上得到满足，感到实现了某种愿望，使顾客愿意为其所喜欢的商品支付更高的价格，从而建立起公司的信誉和顾客对企业产品的忠诚，使竞争对手难以与之竞争。

6.2.3 集中化战略

1. 集中化战略的概念

美国迈克尔•波特提出了第三种企业基本竞争战略，即集中化战略。该战略通过满足特定消费者群体的特殊需要或者集中服务于某一有限的区域市场，来建立企业的竞争优势并确立其市场地位，中小型企业比较适合采用此战略。集中化战略最突出的特征是专门服务于总体市场的一部分，即对某一类型的顾客或某一地区性市场作密集型的经营。这种战略的优点在于企业能够控制一定的产品势力范围，在此势力范围内其他竞争者不易与之竞争，故其竞争优势地位较为稳定。

2. 实施集中化战略的条件

(1)在行业中或在某一地区有特殊需求的顾客存在。

(2)没有其他竞争对手试图在上述目标细分市场中采取集中战略。

(3)企业经营实力较弱，不足以追求广泛的市场目标。

(4)产品在细分市场的规模、成长速度、获利能力和竞争强度等方面有较大的差别，因而使部分细分市场有一定吸引力。

3. 集中化战略的优点

(1)经营目标集中，管理简单方便，可以集中企业的人、财、物等资源。

(2)有条件深入钻研以至于精通有关的专门技术，熟悉产品的市场、用户及同行业竞争方面的情况，因此有可能提高企业的实力，取得产品及市场优势。

(3)由于生产高度专业化，可以达到规模经济效益，降低成本，增加收益。

这种战略适用于中小企业，能够高度集中的专业化中小企业对国民经济做出重要贡献，成为“小型巨人”。即小企业采用单一产品市场战略可以以小补大、以专补缺、以精取胜，成为受大公司欢迎为其提供配套的友好伙伴。

4. 集中化战略的缺点

(1) 当市场发生变化、技术创新或新的替代品出现时，该产品需求量下降，企业就要受到严重的冲击。

(2) 这种企业对环境的适应能力差、经营风险大，应当看到市场上大多数产品或迟或早终究要退出市场的，因此采用此战略应当有应变的准备，做好产品的更新改造工作。

企业采用集中化战略要注意防止来自以下三方面的威胁，并采取相应措施维护企业的竞争优势。

(1) 以广泛市场为目标的竞争对手，很可能将该目标细分市场纳入其竞争范围，甚至已经在该目标细分市场中竞争，它也可能成为该细分市场的潜在进入者，造成了对企业的威胁。这时选用集中战略的企业要在产品及市场营销等各方面保持和加大其差异性，产品的差异性越大，集中战略的维持力也就越强。

(2) 该行业的其他企业也采用集中化战略，或者以更小的细分市场为目标，造成了对企业的威胁。这时选用集中化战略的企业要建立防止模仿的障碍，当然其障碍壁垒的高低取决于特定的市场细分结构。另外，目标细分市场的规模也会造成对集小战略的威胁，如果在一个新兴的、利润不断增长的较大的目标细分市场上采用集中化战略，就有可能被其他企业在更为狭窄的目标细分市场上也采用集中化战略，剥夺了原先用集小化战略的企业的竞争优势。

(3) 集中化战略的细分市场中，由于有替代品或消费者偏好发生变化，价值观念更新，社会政治、经济、法律、文化等环境的变化，技术的突破和创新等方面的原因引起目标细分市场的替代，导致市场结构性变化，此时集中化战略的优势也将随之消失。

5. 实施集中化战略的原则与形式

1) 集中化战略的原则

企业实施集中化战略的关键是选好战略目标。一般原则是，企业要尽可能地选择那些竞争对手最薄弱的目标和最容易受替代产品冲击的目标。在选择目标之前，企业必须确认以下几个方面。

(1) 购买群体在需求上存在差异。

(2) 在企业的目标市场上，没有其他竞争对手试图采用集中战略。

(3) 企业的目标市场在市场容量、成长速度、获利能力和竞争强度方面具有相对的吸引力。

(4) 本企业的资源实力有限，不能追求更大的目标市场。

2) 集中化战略的形式

集中化战略一般有两种形式，即成本集中和差异化集中。这两种形式的集中都是面向企业选定一个特定细分市场。具体形式包括以下几点。

(1) 产品线的集中战略。对于产品开发和工艺装备成本较高的行业，部分企业可以产品线的某一部分作为经营重点。例如，日本汽车厂商一直将经营重点放在节能型小汽车的生产和销售上，而我国的民营企业万向集团则始终以生产汽车产品的零配件方向为主。

(2) 用户集中化战略。即企业将经营重点放在特殊需求的顾客群上。例如，当美国耐克公司基本控制跑鞋市场时，阿迪达斯公司则集中力量开发符合 12～17 岁青少年需要的运动鞋，以同耐克竞争。

(3)地区集中战略。即按照地区的消费习惯和特点来细分市场。企业则选择部分地区有针对性地组织生产。例如，海尔公司则根据西南地区农民用洗衣机洗地瓜的特点，开发出既可以洗衣服又可以洗地瓜的洗衣机，就是地区集中战略。

6.3 动态竞争战略

6.3.1 进攻战略

1. 进攻战略的一般概念

进攻战略又称增长战略，即在企业现有战略基础水平上向更高一级的方向发展。要发展就必须增加资源和提高现有资源的利用效率，挖掘和充分发挥企业的潜能。它以发展作为企业的核心，引导企业不断地开发新产品，开拓新市场，提高销售量，扩大市场占有率，扩大经营规模与范围，降低财务成本，提高盈利能力，采用新的生产方式和管理方式，使企业的各项经济技术指标超过和达到行业的先进水平，提高企业的竞争地位。对于一些有良好经营基础和人才优势的企业来说，通常可选择进攻型战略。

竞争优势几乎总是通过采取成功的进攻型战略而获得，如获得成本优势、培养差异化优势、产生资源或潜能优势。确立竞争优势所花的时间越长，竞争对手就越有可能准确地发现并针对你所采取的行动而制定一些应对措施。进攻型战略能很快地建立公司的竞争优势，让竞争对手来不及研究你的战略措施，从而获得竞争优势力量。

进攻战略具有以下特征。

(1)企业的发展速度往往比其产品所在的市场增长快。

(2)实施进攻战略的企业往往取得大大超过社会平均利润率的利润水平。

(3)采用进攻战略态势的企业倾向于采用非价格的手段同竞争对手抗衡。

(4)进攻战略鼓励企业的发展立足于创新。

(5)与简单地适应外部条件不同,采用进攻型战略的企业倾向于通过创造以前本身并不存在的某物或对某物的需求来改变外部环境并使之适合自身。

2. 进攻战略应具备的条件

1)外部环境和产业经济状况理想

企业必须分析战略规划期内宏观经济景气度和产业经济状况。企业要实施进攻型战略，就必须从环境中获得更多的资源。如果未来阶段宏观环境和行业微观环境较好的话，企业比较容易获得这些资源，所以就降低了实施该战略的成本。从需求的角度看，如果宏观和中观环境的走势都较为乐观的话，消费品需求者和投资品需求者都会有一种理性的预期，认为未来的收入会有所提高，因而其需求将会有相应的增长，保证了企业进攻型发展战略的需求充足。

2)企业有能力获得充分的资源和提高潜能

进攻型战略的实施需要较多的资源投入和较强的潜能作为支撑，企业能否从内部和外部获得资源和提升潜能就显得十分重要。进攻战略的实施时间较长，企业在销售、规模、财务等各方面的增长都必须以消耗一定的资源为基础。同时，要具备足够强的潜能来充分发挥这些消耗资源的作用。一旦资源和潜能二者在战略实施某阶段缺失，企业的进攻型战略就不能获得预期的效果。

3)具备与进攻战略相符的企业文化氛围

一个企业要实施进攻战略，其企业文化应该是以激情、进取为其主旋律，这样战略的实施就避免了相应的文化阻力。积极和有效的企业文化的培育必须以企业战略作为指导依据，与企业战略不相符的企业文化可能会给战略的实施带来一定的阻力；反之，与企业战略相适应的企业文化对企业战略的实施有一定的促进作用。

4)拥有一种持久的竞争优势

企业要采取进攻战略必须拥有一种超过竞争对手的明显的、持久的竞争优势。如果低成本的优势，企业能够靠削价获得相对竞争对手的地位改善，或者以行业平均价格赚更高的差额，从而使企业能在销售或技术开发上再投资。如果是别具一格的优势，它将提高价格和针对竞争对手的销售成本最小化。企业拥有持久的竞争优势确保企业在竞争对手能进行模仿之前有足够长的时间来填补市场份额。

5)具备阻挡竞争对手报复的办法

企业必须有某种办法部分或全部地抵消竞争对手的其他固有优势。企业还必须有阻挡竞争对手报复的办法，必须让竞争对手不愿或不能对企业实施持久的报复。如果没有一些阻挡报复的办法，采取进攻战略将促使竞争对手做出不顾自己竞争优势的反应策略。一些拥有资源和稳固市场地位的竞争对手一旦被迫采取报复手段，将给企业带来无法承受的经济损失。

3. 实施进攻战略的优缺点

1)实施进攻战略的优点

引导企业由目前的水平向更高一级的方向发展，以更快的速度压倒竞争对手和战胜竞争对手，从而发展扩大自身价值，获得更多的市场份额和绝对财富。进攻战略的实施成果在某种程度上会带来企业员工财富、荣誉和责任感的增加，对员工的工作行为有很大的激励作用，成为企业进一步发展的动力。

进攻战略就是发现和争取以前不具有的新的市场机会，避免企业组织的老化，使企业总是充满生机和活力。进攻战略使企业能通过不断变革来创造更高的生产经营效率与效益。进攻战略能保持企业的竞争实力，实现特定的竞争优势。进攻型战略可以帮助企业扩大规模和销售，可以使企业利用经验曲线或规模经济效益降低生产成本。

2)实施进攻战略的缺点

许多企业管理者把进攻或增长等同于成功，这是一种认识上的错误。因为他们没有意识到简单的总量增长有时可能意味着效率和效益的下降。进攻战略可以带来企业市场份额、销售量、总资产的快速增长，这些让一些好大喜功的管理者容易忽视或掩饰企业的许多失误和低效率行为。企业增长得越快，企业管理者就越容易得到升迁或奖励，这是由最高管理者或最高管理集体所持有的价值观决定的。

采用进攻型战略获得的初期效果很可能导致盲目冒进，有可能破坏企业的资源和潜能的平衡，或不顾企业现有的资源和潜能水平，从而造成企业发展后劲不足。过快的发展很可能降低企业的整体能力水平，虽然在某一方面企业取得很大成功，但有可能这些成功是以牺牲企业某些领域的增长为代价而得来的，如为追求企业销售量的增长而不顾员工身体状况和反对情绪，最后出现内部危机和混乱。

另外，进攻战略很可能使企业的管理者更多地注重投资结构、收益率、市场占有率、企业的组织结构等问题，而忽视产品的服务或质量，重视宏观发展而忽视微观问题，因而不能使企业达到最佳状态。克服这一弊端，需要企业管理者对增长战略有一个正确而全面的理解。要意识到企业的战略态势是企业战略体系中的一个部分，因而在实施过程中必须全面考虑。

4. 利用进攻战略获得竞争优势的行动

1）赶超竞争对手的行动

一个有效的进攻战略是在向竞争对手挑战时提供更好且有特色的产品，同时价格又低，这就是在低成本、产品差异性方面与竞争对手相比占优。当企业拥有卓越的产品或拥有卓越的组织资源和潜能时，面对竞争对手，采取进攻战略很可能就会取得成功。直接对竞争对手的强势提出挑战的效果取决于进攻性行动的成本以及进攻性成本所获得的利益这二者之间的平衡。而且不但要增强盈利水平，还要增强公司的市场竞争地位，这样才能超越竞争对手。当然，要赶超竞争对手必须保证更好的产品和服务质量。企业从竞争对手那里夺得市场份额，如果产品销售量的增长足以抵消产品降价和单位产品利润率降低所产生的影响，企业的利润就会有大幅度的增长，即常说的薄利多销，以生产规模大战胜对手。

赶超竞争对手还可采取如下行动：快速开发和应用新技术，使竞争对手的产品技术构成和生产工艺过时；扩大对产品广告的投入；在竞争对手的领地建造大型的生产工厂；扩大产品线，使本企业的产品特性接近占优势的对手的产品，并通过开发本企业的产品独特性，比竞争对手的产品更吸引顾客，向顾客提供比竞争对手更加优越的产品售后服务。

2）利用竞争对手的弱势

进攻战略成功的另一个要点是瞄准竞争对手的劣势，集中企业的资源和潜能进入竞争对手的劣势领域击垮对手。可以采取如下行动：在那些竞争对手市场份额很小或者竞争力量不强的区域集中本企业的竞争力量；特别关注竞争对手忽视或者竞争对手不能很好服务的顾客；对于那些产品质量、特色或产品性能处于劣势的竞争对手，夺取他们的客户；对于那些客户服务水平低于平均水平的竞争对手、向他们的客户展开特别的销售攻势；对于那些广告及品牌认知度很低的竞争对手，以自己的营销技巧和品牌优势从他们手里赢得客户；寻找竞争对手产品线中的缺口，推出新的产品，进入新的细分市场。一般来说，利用竞争对手的缺点，采取进攻性行动，对于挑战竞争对手的强势来说更有成功的希望。

3）同时从多条战线出击

进攻战略的实施是一个系统工程，往往涉及企业的各个职能部门，跨越很宽的地形区域，包括多种行动（降价、加强广告力度、推出新产品、免费使用样品、促销等）。全面的进攻战略可以使竞争对手失去平衡，在各个方向上注意力被分散，难以保护各个市场、各种群体的顾客。如果企业能够推出特别有吸引力的产品和服务，而且有着很好的品牌和声誉来保证广泛的分销，则全面进攻战略有可能取得成功。

4）终结性行动

终结性的进攻战略行动是避免面对面地与竞争对手发生冲突，而是与竞争对手进行周旋，抓住那些没有被占领或竞争强度不够激烈的市场领域，改变竞争规则，并使其对本企业有利。如在竞争对手介入不深或没有介入的市场领域采取措施建立强大的市场地位；使推出的产品具有不同的属性和性能，能够更好地满足特定购买者的需要，从而创造一个细分市场。成功的终结性行动可以方便本企业在一个新的市场领域获得先动优势。

5）游击性行动

游击性的进攻行动适合于没有足够资源和潜能，因而没有足够的能力来对行业的领导者发起全面攻击的小企业。可以采取以下行动策略：着眼于主要竞争对手不太注意的顾客，着眼于那些对竞争对手品牌忠诚度最弱的顾客；对竞争对手鞭长莫及而且资源分布很稀薄的地区集中资源和精力；运用一些如随机性降价的不确定策略，对竞争对手进行小型、分散、随机的攻击；出其不意地采取一些临时但集中的促销活动来抓住那些如果没有促销活动就会选择竞争对手的顾客等。

6.3.2 防御战略

防御战略又称稳定战略，是企业较普遍采用的发展战略。企业在战略规划期使企业的资源分配和经营状况基本保持在目前状态和水平上，降低竞争对手进攻的可能性，把进攻引向威胁更小的方面或者减少进攻的强度，适合于希望维持现状，或等待时机再图扩张，还有那些暂时稳定，逐步紧缩的企业。

1. 防御战略的一般概念

防御战略在本质上不是增加企业的竞争优势而是使它更持久。几乎所有有效的防御战略都有一定的机会成本，即企业放弃某些短期盈利以提高持续能力。成功的防御战略应该把稳定和防御结合起来。按照防御战略，企业目前所遵循的经营方向及其正在从事经营的产品和面向的市场领域大致不变，企业在其经营领域内所达到的产销规模和市场地位也大致不变或以较小的幅度增长或减少。防御战略的风险是相对较小的，对于那些曾经成功的，现正处于上升趋势的行业和一个不大变化的环境中的企业会很有效。防御战略具有如下特征。

（1）企业对过去的经营业绩表示满意，决定追求既定的或与过去相似的经营目标，防止竞争对手的进攻行为破坏企业的经营目标和经营现状。

（2）企业战略规划期内所追求的绩效按大体的比例递增。实施防御战略的企业，总是在市场占有率、产销规模或总体利润水平上保持现状或略有增加，能避免因战略改变而改变资源分配的困难，从而稳定和巩固企业现有的竞争地位。

（3）企业准备以过去相同的或基本相同的产品或劳务服务于社会，这意味着企业在产品的创新上较少考虑，以防止发展过快和盲目创新投资而导致的种种弊端。

（4）企业既不在现有的产品和市场上向竞争对手采取进攻性行为，也防止竞争对手夺取本企业的市场份额和忠诚顾客，以给企业一个较好的休整期，方便企业积聚更多的能量，以便为今后的发展做好准备。

（5）在实施防御战略期间，企业的销售收入、利润和企业的规模等有一些小幅度的涨落，但不会有大的波动，企业的经营风险相对较小，企业将尽力维持现有的市场份额。

（6）警惕企业外部环境的变化信息，并制定相应的应对措施。企业内沉稳、谨慎、保守的思想占据战略指导思想的主要地位，企业偶尔对弱小的竞争对手所采取的行动予以强有力的反击，从而提升公司坚强的防卫者的形象。

2. 防御战略的实施条件

防御战略的执行是以市场需求、竞争格局等内外条件基本稳定为前提的。防御战略可以成为这两种战略转换的过渡战略形式，是企业战略调整的需要。实施防御型战略必须有一定的前提条件。如在一个新兴产业中，市场机会较多，顾客对产品的认同感逐渐上升，且竞争对手各尽所能开发新产品抢夺市场和拓展市场，企业在这种形式下就不能采用防御战略，采用进攻战略更有成效。而在一个成熟产业中，产业市场竞争趋于稳定或者仅有较小动荡，本企业的市场份额较大、盈利率也高，企业所面临的竞争挑战和发展机会都相对较少，或企业资源状况不足以使其抓住新的发展机会，这时采用防御战略比采用其他战略更有效。所以防御战略应该以所在行业的状况(包括企业间竞争激烈程度、竞争的趋向和产业政策等)为前提。只有同时掌握了企业内外环境和所在行业的发展状况、才能确保防御型战略的有效性。具体来说，应该考虑以下条件。

(1)宏观经济的慢速增长会使某一产业的增长速度也降低，对此该产业内的企业倾向于采用防御型战略，以适应外部环境。

(2)产业技术相对成熟，技术更新速度较慢，企业过去采用的技术和生产的产品无须经过较大的调整就能满足消费者的需求并能与竞争者抗衡，这样使得产品系列及其需求保持稳定。

(3)消费者需求偏好变化不大，需求较为稳定。

(4)产品需求、市场规模趋于稳定，产品技术成熟。新产品的开发尤其是以新技术为基础的新产品的开发难以取得成功，因此以产品为对象的技术变动频率低，同时竞争对手的数目和竞争地位都趋于稳定。这时提高企业的市场占有率、改变市场的机会很少。

(5)如果行业的进入壁垒非常高，或由于其他原因产业的竞争格局相对稳定，竞争对手之间很难有较为悬殊的业绩改变，企业采用防御战略可以获得最大的收益。外部环境的稳定是实施防御战略的条件之一，如果企业资源不充分，如资金不足、研发力量较弱或人力资源有缺陷无法满足增长性战略的要求时，就无法采用扩大市场占有率的战略。在这种情况下，企业可以采取以局部市场为目标的防御战略，以使企业有限的资源能集中在自己有优势的细分市场，维护竞争地位。

3. 防御战略行动

防御型战略的目的是降低被攻击的风险，减弱任何已有的竞争性行动所产生的影响，影响挑战者从而使他们的行动瞄准其他竞争对手，这样有助于加强公司的竞争地位，捍卫公司最有价值的资源和能力不被模仿，维护公司已有的竞争优势。多数防御战略行动是高成本的，并且是靠减少短期利润来提高企业的长期持续能力，或靠降价的规模经营来构筑阻止竞争对手进入的壁垒。防御战略不是绝对的和长久性的。防御战略又分主动性防御和被动性防御，二者是有区别的。主动性性防御是企业主动地提前构建防御堡垒，阻止竞争对手的疯狂进攻行为，这样的防御成本较高，且需要有准确的产业竞争情况的预测，但防御的效果一般较好。而被动性防御是在竞争已经很激烈，或遭受竞争对手的进攻行为打击，企业有损失后，一种临时的、仓促的防御行为，这种防御行为的投入成本较低，但防御效果较差，有时防御不力，企业将遭受灭顶之灾。

实践中，企业在不同的内外部环境中有不同的防御行为，以下几种是企业防御战略的基础。

1) 设置竞争对手的进入障碍——阻止

设置竞争对的手进入障碍即封锁竞争对手的各种进攻路线。如企业可以填补产品或配置的缺口，当企业填补其产品种类的缺口成优先占领某一领域时，竞争对于在瞄准这些目标时就会遇到较高的障碍，本企业可以利用这些优势抵消产品成本的溢价。又如：企业可以封锁销售渠道入口，如超过商标专利、产品技术专利等构筑防御性障碍；企业可以提高买主的转换成本，提高产品实验的成本；企业可以防御性地增加规模经济，如果规模经济增长，竞争对手的进入障碍也会提高；企业可以防御性地增加对资本和原材料的需求，减少竞争对手的资源可获得量，使竞争对手的进攻行为失去后盾；企业还可以通过结盟或联合竞争对手来构筑防御壁垒。

2) 显示对竞争对手进攻的报复威胁

防御战略行为成功的一个要点是主动防御，即针对竞争对手的可能进攻行为，制定相应的应对措施。显示对竞争对手进攻的报复信号是遏制竞争对手进攻行动的有力武器，但这种威胁一定要让竞争对手觉察得到。企业可以显示防御意图和初始障碍，增加企业未来的可预见报复。企业可以显示竞争对手进攻性行动的代价，提高竞争对手推出竞争商品的代价。企业可以积累报复资源，显示竞争对手进攻行动失败的实例。防御战略的重要方式是向挑战者发出这种信号：如果挑战者发起进攻的话，他们将受到很强的报复。其目的是劝说挑战者根本不要进攻，或者至少使他们采取那些对防卫者来说威胁性更小的行动。另外，企业可公开宣告将维持公司现行的市场份额，提前发布有关新产品、技术突破以及计划推出的重要新品种或者模型的有关信息。

3) 减少竞争对手的进攻诱因

实施防御战略的企业可以减少吸引竞争对手进攻的诱因，并增加进攻成本，从而为企业创造一个稳定的防御环境。一般来说，利润是竞争对手向本企业发起进攻行动的主要诱因。竞争对手预期成功会带来的利润是企业自己利润的目标，是竞争对手对未来市场条件所持的假设。因此，防御行动要降低企业的利润目标，并对外界隐瞒利润信息，或向外界发布不真实的低利润信息来迷惑竞争对手，降低竞争对手假设的利润，使竞争对手觉得进攻行动无利可图。而对于已经向本企业发出挑战行动的竞争对手，可以采取有力的报复给予回击，抢夺他们的顾客和市场，降低他们的销售量和利润，并建立充分的报复威胁。

4) 防御战略的一些具体措施

可以选择的防御战略的具体方式有：招聘额外的职员以扩大或者提升公司在关键领域内的核心能力，从而战胜那些模仿公司技巧和资源的竞争对手；提高公司的资源和能力的灵活性，以便公司可以进行很好、很快的资源再分配，或者根据变化的市场环境进行调整。从而使公司适应新发展态势的敏捷性比竞争对手相应的敏捷性要强；扩大公司的产品线，堵住挑战者可能进入的市场点和市场缺口；推出新的模型或者品种，做到与挑战者的模型已有或者可能将要有的特色相匹配；对于那些能够同竞争对手相匹配的模型要保持较低的价格；同特约经销商和分销商签订排他性合同，使竞争对手不能使用这些渠道；授予特约经销商和分销商一定的销量折让利益，以阻止他们对其他供应商的产品进行试销；给产品用户提供免费的或者低成本的培训；通过一些方式尽量阻止购买者使用竞争对手的产品，如向那些容易受试用产品诱惑的购买者提供彩票和赠送样品，或对即将推出的新产品或者价格变动提前进行宣布以取得潜在购买者，并使他们保持品牌的转换。

上述这些行动可以为公司的现有地位树立一个坚强的堡垒。保护现状是不够的，必须做到对变化的行业环境做出快速的调整，同时在某些情况下首先采取行动阻止可能的挑战者或者先于挑战者采取行动，流动的防卫要优于固定的防卫。

6.4 不同行业的竞争战略

6.4.1 新兴行业中的竞争战略

1. 新兴行业的产生与特点

由于技术创新、新的消费需求的出现、相对成本关系发生变化或其他宏观经济和社会因素的变化，为企业提供了新的业务机会，推动某种新产品或服务的创造，一些企业共同生产类似的产品，形成了相当的规模，即产生了新兴行业。新兴行业包括新形成的和重新形成的行业。例如，目前在国内外正在形成的一些高科技行业，如电子信息产品、生物医学产品、新材料等。新兴行业具有相对性，会随着行业规则、产品标准的形成而发展为成熟行业。从战略角度看，新兴行业的基本特征是尚未形成行业规则，即企业缺乏可以作为依据的所有相互交往和竞争的规则。但尽管各种类型的新兴行业各具特色，大部分的新兴行业具有不确定性、风险性、相对优势性等方面的特点。

1）不确定性

在信息约束和各种因素多变的条件下，会导致企业决策困难和行为不稳定。具体表现在以下几个方面。

(1) 技术不确定性。新兴行业中有关产品的技术、工艺和操作过程都还不成熟，需要不断地调试，为使生产过程达到最有效，需要不断在生产技术上进行创新。技术的不稳定性则要求企业不断投入研究和开发成本，引起企业成本构成的改变。

(2) 战略的不确定性。这是与技术的不确定性紧密联系的。在新兴行业中，由于产品技术的不确定性，会导致市场的不稳定。具体而言是由于市场需求的不确定及竞争对手的不确定，企业很难获得可靠的行业销售量和市场份额等方面的信息。最终使企业在产品市场定位、营销、服务等方面无法确定相应的长远战略，而具有短期随机应变的性质。

(3) 组织的不确定性。新产品的试制及生产，必然引起企业内部组织状态的变动，这种组织状态变动的作用及影响一般难以事先完全预料，而且对企业文化、企业内部利益分配格局都会产生影响。

2）风险性

风险性是指企业在信息约束和多种因素突变的干扰下，使企业战略的实际结果有可能与预测发生背离，从而导致收益损失。因为创新活动存在各种不确定性，当然有失败的可能性。

3）相对优势性

这里的相对优势性是指技术创新活动较之常规活动所具有的多方面积极进取效应实现的可能性。尽管新兴行业存在风险，但同时也使企业面对很多发展的机会。技术创新不仅能给企业带来更高的经济效益，而且是全面加速企业发展的根本动力，例如，创新活动对企业成员素质的提高、技术管理水平的提高都是一种巨大的推动。

4）缺乏统一的行业标准和完善的社会协作体系

在行业处于初建阶段时，由于表现在企业规模、数量、管理及技术等方面的多种不确定性，从而使有关行业活动、行业规则、行业关系等统一被接受的标准尚未形成。这一时期首先进入该行业的企业往往可以使自己企业的产品特征、经营方式、分销渠道、组织方式或销售组合成为行业标准的基础，从而成为该企业的特殊优势。这种优势将会成为阻碍其他潜在竞争者进入市场的有力障碍。

此外，在行业发展的幼稚期，尚未形成完备的行业协作系统。此时进入该行业的企业得不到行业分工体系的支持，而只能依靠自己的力量形成一些为核心业务服务的能力。

5)进入障碍的存在

新兴行业的进入障碍表现为：专有技术、获得分销的渠道、得到适当成本和质量的原材料和其他投入(如熟练劳动力)经验造成的成本优势(由于技术和竞争不确定性使其更为显著)及风险使资金的有效成本增加，因而增加了有效的资本壁垒。这几方面的壁垒随着行业的发展，其重要性将有下降或消失的趋势。典型的早期壁垒，较少来源于需要掌握巨大资源，更多的是来源于承担风险的能力、技术上的创造性及做出前瞻性决策的能力。

2. 新兴行业中的风险

1)供应与销售方面的风险

新兴行业的供销关系是不稳定的。新兴行业的发展要求出现新供应商或现存的供应商增加产出或修改原材料零部件，以满足行业的需要。在这一过程中，原材料和零部件的严重短缺在新兴行业中是很常见的，从而导致一些重要原材料的价格会大幅上涨。但是当供应商扩展或行业参与者合力解决瓶颈问题时，原材料价格将趋于下降。如果原材料供应不能比较容易地增加的话，那么原材料的价格下降一般不会发生。

2)来自顾客方面的风险

新兴行业在技术方面存在不确定性及缺乏行业技术标准，这种情况增加了顾客在购买该行业企业所生产的产品时的风险感,从而使许多顾客对该行业及其产品采取等待观望的态度，其结果就会在一定程度上限制该行业市场的发展。

3)来自被替代品的风险

在面临新产品替代威胁时，被替代产品生产厂商会采用各种办法降低替代品的威胁。被替代产品防范新产品的最佳战略可能是进一步降低成本，而且，受到替代威胁的行业，往往会采取放弃利润的价格政策或采用进攻性投资降低成本，以保持产量。这些又会使新兴行业中的企业的战略选择增加了风险。

3. 企业的风险战略选择

1)进入时机的选择

对于新兴行业中的企业来说，一个重要的战略是选择正确的进入时机。早期进入涉及低进入壁垒，并可能获得高收益，但可能涉及高风险。一般在出现以下情况时采取早期进入是比较适当的：如果企业的形象和声望对顾客至关重要，企业可以通过成为先驱者或早期进入者而发展和提高声望；通过早期对原材料供应、分销渠道等承诺可带来绝对的成本利益。而在下列情况下，早期进入是非常危险的：开辟市场代价昂贵，其中包括技术开发、分销渠道开拓等，而开辟市场的利益无法成为企业专有；技术变化将使早期投资过时，而使晚期进入的企业因拥有最新的产品和工艺而获益。

2) 目标市场选择战略

进行市场细分及选择目标市场主要应考虑如下因素。

(1) 用户的需求。考虑用户购买新产品所获得的效益，包括性能上的效益和服务方面的效益。

(2) 用户使用新产品导致失败的代价和风险。如用户要把新产品应用到他们的整个技术系统中去，一旦该技术系统因使用该产品而不能取得预期效果，将导致很大的损失。这时用户一般不会早期购买。

3) 促进行业发展

对于行业结构正处于形成中的新兴行业，企业在行业的基础经济性和资源的限制范围内，可通过企业产品策略、价格策略、营销手段和生产方针等方面对行业结构施加较大的影响，寻求确定行业规则，以使自身在长时期活动内获得最有利的地位。

4) 正确对待供应商与销售渠道的改变

在新兴行业中，供应商可能会变得希望满足企业某些方面的特殊需要，如产品规格、服务和交货等，而分销渠道可能变得更乐于作为企业合作伙伴而投资于设备、广告或其他方面。企业应及早分析这些变化方向，从而为制定战略提供依据。

5) 适应转变的主动性

在一个新兴行业中，早期的进入壁垒，如技术水平、销售渠道、成本和风险等方面可能会迅速发生变化。当行业在规模上发展了，技术上成熟了，这些壁垒经常被其他壁垒所代替或发生结构性的变化。对于新兴行业中的企业，不能仅仅依靠专有技术或独特的产品种类停滞不前，而应不断发现新方法、解决新问题；另一方面企业必须基于自身对现存和将来壁垒的判断的基础上，预测潜在的进入者的可能性，同时判断行业对各种企业的吸引力以及这些企业跨越壁垒的能力。

6.4.2 成熟行业中的竞争战略

1. 进入成熟期行业的特征

进入成熟期的行业虽然增长并未停止，但是增长速度已经明显放缓，产品和技术趋于稳定。具体来说，发展到这个时期的行业具有以下基本特点。

1) 竞争激烈且趋向国际化

日益增长的产品标准化趋势和技术扩散使该行业内部的竞争日益激烈，尤其是在成本和服务方面。而且，产品标准化趋势和技术扩散降低了进入国际市场的障碍，使得那些有实力的企业开始到国外寻觅市场和产品销售。最后，在激烈的国际竞争中，那些在世界上很多国家和地区占有较多市场份额并已确立牢固地位的大企业便可成为在全球范围内具有竞争性的企业。

2) 企业并购行为增加

由于行业内的竞争不断加剧，那些实力较弱、效率较低的企业在此期间已经难以维持自己的经营，一部分企业被逐出该行业，另一部分企业发生兼并或收购。整个行业处于结构性调整过程之中。

3) 产品研发、生产、营销方面发生变化

进入成熟期，产品技术成熟的企业投入研发的费用明显减少，生产也趋于标准化，销售手段也相应地发生变化，如注重品牌宣传、售后服务等。企业在竞争中更加注重成本售后服务，所有企业都设法向市场提供顾客所偏好的产品。产品降价、广告宣传增加及其他的进攻性手段已经被企业广泛使用。由于行业增长速度放慢，企业要根据市场变化来调整自己的生产。

4)行业增长速度放慢，盈利能力下降

行业增长率下降意味着企业生产能力的扩大受到阻碍，企业必须考虑由于生产能力增加过多，会对行业的盈利前景可能产生的负效应。此外，竞争加剧、购买者日益成熟等都是导致行业利润下降的原因。

2. 可供选择的战略形式

1)成本领先战略

激烈的价格竞争迫使企业必须重视成本问题。企业可用来降低成本的方式有：同供应商进行价格协商；形成更加经济的产品设计；删除经营成本链中某些不必要的环节；紧缩管理费用，提高产品制造和销售的效率。

2)创新战略

由于行业逐渐成熟，新产品开发越来越困难，使得企业更加注重技术创新，即工艺创新和产品创新。例如，改进产品的设计、生产方式、创新销售系统等措施都具有很高的竞争价值。

3)国际化经营战略

当国内行业市场已经趋于饱和时，企业可以采用开拓国际市场的战略。这一方面可以避免在饱和市场上的激烈竞争；另一方面进入那些该行业仍处于不成熟阶段的国家和地区，充分利用他国的经营资源使自己的生产经营更为经济，可获得比较优势。

4)集中战略

集中战略主要表现在以下两个方面。

(1)缩减产品系列。在以价格竞争为主要手段的成熟时期，企业要以产品结构分析为基础，进行产品结构系列调整，缩减或淘汰利润低的产品，将企业的生产能力和经营资源集中到那些利润较高的或有竞争优势的产品上，努力使产品结构合理化。

(2)集中增加对现有顾客的销售量。主要方法包括：增加某些互补产品和附属性服务，发现更多可供顾客使用的产品方式，以扩大对每一位顾客的销售量，为顾客提供更多的功能性经营活动。

6.4.3 衰退行业中的竞争战略

衰退行业指那些在相当长的一段时期，行业销售量持续下降，在行业构成中处于发展迟缓、停滞和萎缩的行业。这里的迟缓与停滞是一种相对的衰退，同一行业在不同的生产力水平下会有不同的兴衰阶段，在不同国家和地区衰退行业也具有相对性。

1. 行业衰退的动因、特征及影响

1)行业衰退的动因

(1)技术上的替代性。由于技术创新产生替代产品，或由于相应的产品成本及品质的变化而产生更优的替代产品，从而使原有行业发展速度减慢，甚至停滞。例如，彩色电视机替代黑白电视机。

(2)需求的变化。由于社会因素或其他原因使顾客的需求或偏好发生变化，转向那些更能适应时代特征和生活需要的新产品。

(3)人口因素。如果某一地区的消费者与某种行业的产品或服务联系比较密切，当该地区人口发生变化时，可能引起这一行业的衰退，从而引起该行业上下游行业的需求发生变化。

2)衰退行业的特征

(1)整个行业产品销量急剧下降，利润水平很低。由于顾客需求的饱和度或消费偏好和习惯转移，致使行业产量下降，从而影响到利润水平。

(2)大批竞争者开始退出市场。由于市场需求下滑，利润水平很低，一些企业开始实施转移战略，退出该行业。

(3)消费者的偏好和习惯已经转移，形成新的需求结构。但这里要注意，在行业总体衰退的情况下，企业原有的部分细分市场的需求可能会保持不变，甚至会有所增加。所以，企业可以利用这些细分市场，获得竞争优势。

(4)存在退出障碍。一般来说，绝大多数处于衰退期的行业都会存在不同程度的退出障碍，而且退出障碍越高，行业环境对于衰退期间留存的企业来说就越不利。造成退出障碍的因素有：企业有成本较高的耐用资产或专门化资产；退出费用高，如安置劳动力的费用；管理上或感情上的障碍；政府或社会的障碍等。

3)行业衰退的影响

行业衰退对本行业的企业产生的影响很大，且主要是负面影响。它不仅影响到了企业的利润，而且也使企业的组织结构、战略等方面受到影响，尤其是行业对一些企业造成的高退出壁垒，使企业难以转移资源，寻求更大的发展，只能停留在衰退行业中暂求生存，直至无法经营下去。从整个社会角度出发，行业衰退是生产力发展、技术进步的结果，对社会是具有积极影响的。

2. 战略形式及企业的选择

1)定位战略

企业首先要确定，在衰退行业内并非全部市场需求都处于衰退状况，至少还有一部分市场能带来一定的收益，企业应投资于特定的细分市场，在这一市场内形成或维护一段时期较强的地位。定位战略在行业内部一些企业已经实行了领先战略的情况下，可能会收到一些成效，但最终仍须转变为收获战略或迅速撤退战略。

2)领先战略

实施领先战略，首先要假定仅有少数企业留在这一衰退行业中，其他竞争者正在或将要逐渐退出。这样企业就可以通过提高产品质量、提高销售规模，在质量和成本上形成优势，从而在市场占有率方面有领先地位。实施领先战略的途径有以下两种。

(1)增加部分投资，承担一定的风险。增加用于市场营销或其他有关扩大市场份额的经营活动的投资来取得领先地位，但必然要承担一定风险。

(2)通过收购其他企业来获取竞争者的市场份额。这种途径同时也降低竞争者退出行业的壁垒，促使他们尽快退出该行业。

3)收获战略

收获战略又称抽资战略。指具有一定实力的企业在考虑退出衰退行业时所采取的一种战略，即逐渐减少在衰退行业新的投入，并把企业以前投资的潜力挖尽，最大限度地收回资金，并获取较多的利益。实施这一战略可选择的途径有以下几种。

(1) 削减或取消新的投资、减少生产设施的运用。

(2) 缩减研发费用、管理费用和销售费用，尤其是广告费用。

(3) 压缩销售渠道与某些服务项目。利用原有部分主要销售渠道和建立的信誉，继续销售产品，以获取最后的收益。

(4) 减少品牌的数量，压缩产品系列。

4) 迅速放弃战略

迅速放弃战略指在行业衰退加剧时，企业将拥有的部分或全部固定资产通过转让或出售的方式转移，达到尽快收回投资的目的。一般来说，企业出售越早，售价越高。因为在行业衰退早期，行业的衰退前景不明朗；而当行业的衰退前途已经确定时，行业内外的购买者就将具有较强的议价能力来压低企业的售价。

3. 企业战略的误区

1) 对行业形势估计不足

(1) 没有意识到行业衰退期的到来。一些企业缺乏对外部环境的了解，对行业前景过于乐观，从而采取与衰退行业完全不符的战略。例如，继续增加设备投资和广告方面的投入，导致企业经营的失败。

(2) 对行业发展持过于悲观的态度，过早地估计行业衰退的到来，从而错过了在该行业内获利和发展的良好机会。

2) 长期的消耗战

行业已进入衰退阶段，部分企业仍对其竞争对手的行动采取强烈的回应，与之针锋相对。例如，继续增加在销售、广告、研发、生产设备上的投入，结果耗费了大量的资源，加速了企业的废退。

3) 缺乏明显的实力却采取抽资战略

一般来说，实行抽资战略的前提是企业具有一定的，甚至很强的实力。因为企业实行抽资战略时会失去许多顾客，而且企业的价值随着抽资战略的实施也会逐渐降低。所以，企业在选择这一战略方式前，必须对将要承受的竞争风险和管理风险做出明确的评估。

本章小结

1. 现代企业竞争已从微观到宏观、从浅层到深层影响到企业的经营效率，对企业参与竞争和赢得竞争的能力提出了更高的要求，从而呈现出新的特征和趋势。在分析了顾客矩阵和生产者矩阵后，企业要选择竞争对手，进而选择三种基本竞争战略：成本领先战略、差异化战略和集中化战略。

2. 企业在经营过程发展中，内外部环境变化，竞争战略存在不确定性，这时候需要考虑选择动态竞争战略，如进攻战略和防御战略。无论选择基本战略还是动态战略，必须强调竞争导向，提高决策有效性，规避风险。

3. 在不同行业的竞争过程中，要注意新兴行业、成熟行业和衰退行业的特征、条件不同，进而根据行业特点、市场变化采取相应的竞争战略，努力提高市场占有率和企业核心竞争力，同时注意将竞争战略与企业整体战略规划相联结。

练习与思考

1．什么是竞争战略？

2．什么是生产者矩阵？生产者矩阵与顾客矩阵有什么关系？

3．竞争战略有哪些类型？各自适用条件是什么？

4．保持竞争优势的途径有哪些？

5．不同行业应采用哪些竞争战略？各自其存在什么风险？

案例

小米与海尔的互联网时代战略转型

小米：组织扁平化、管理极简化

小米在全球手机生产商中产量居前列。在短短几年之内小米能取得如此成绩，主要得益于他们对互联网时代特征的把握及在此之下的一系列创新实践。在管理方面雷军和他的团队也有很多创新的理念和做法。

与最聪明的人合作

雷军认为，人力资源 80%的时间应用在找人上，要找最聪明的人，跟最聪明的人合作。过去一直讲企业不一定要找最聪明的人，而是找最合适的人，但小米颠覆了人力资源的理念。小米强调一定要找到最聪明的人，为了找到聪明的人不惜一切代价。他们认为如果一个同事不够优秀，不但不能有效地帮助这个团队，反而有可能影响到整个团队的工作。你要把产品做到极致、要超越客户需求，人才必须要是超一流的，只有超一流人才才能做出超一流产品。

小米团队从 14 人发展到 400 人，整个团队平均年龄 33 岁，几乎每个员工都来自最优秀的公司，如谷歌、微软、金山、摩托罗拉。雷军的一半时间都用在招人上了，前 100 名员工，每位员工雷军都要亲自见面并沟通。它满足了一个公司在高速成长时候对优秀人才的迫切需要，而且那些优秀人才把别的公司的经验都带了过来。

组织扁平化和管理简化

他们认为，互联网时代要贴近客户、要走进客户的心里，企业就必须缩短跟消费者间的距离，得跟消费者融合到一起。只有融合到一起才能跟消费者互动，才能把消费者变为小米产品的推动者，变成小米的产品设计研发人才。要实现这些就要组织扁平化，组织尽量简化。这就是互联网时代很重要的一个理念，叫简约、速度、极致。

小米的组织完全是扁平化的，7 个合伙人各管一摊，形成一个自主经济体。小米组织架构基本上就是三级，核心创始人——部门领导——员工，一竿子插到底地执行。

团队一旦达到一定规模就要拆分，变成项目制。小米内部一切围绕市场、围绕客户价值，大家进行自动协同，然后承担各自的任务和责任。

强调责任感而不是指标

雷军说，小米一直是 6×12 个小时工作制，坚持了近 3 年，靠的是大家责任感。雷军在一份材料中写道，比如我的代码写完了，一定要别的工程师检查一下，别的工程师再忙也得第一时间亲自检查我的代码，然后再做自己的事。其他公司都有竞争制度，大家都为了竞争做事情，为创新而创新，而不一定是为了用户而创新。其他公司对工程师强调是把技术做好，但小米的要求是，工程师要对用户价值负责，为伙伴负责，而不是为技术而技术。此外，小米强调要建立透明的利益分享机制。在互联网时代，企业赚多少钱都是透明的，所以企业必须建立透明的利益分享机制，基于每个人的能力跟贡献分享利益。

文化和价值观管理

很多人说小米是去文化管理，其实它恰恰是文化和价值观管理。小米 7 个初始合伙人原本都是老板，能力和价值观不同，为了共同的理想和目标追求聚集在一起，把这个事情做了起来，靠的就是文化和价值观的趋同和凝聚。靠价值观凝聚人、牵引人，一切围绕客户价值，组织扁平化、管理简单化，强调速度，这是从小米的实践中看到的互联网时代管理的创新。

海尔：自主经营体和员工创客化

张瑞敏近几年来一直在研究海尔作为一个传统工业企业如何实现转型，张瑞敏讲要用互联网思维来升级传统制造行业，他最近提出一些理念。

第一，平台化企业与分布式管理。他认为，企业总部应是一个平台，进行资源的整合、运筹，形成一个生态圈，进行全球资源运筹与人才整合。

第二，人单合一自主经营体。这在海尔推行了差不多七八年了，以用户为中心的人单合一双赢模式。所谓人单合一双赢模式，就是他运用会计核算体系去核算每个员工为公司所创的价值，依据你所创的价值来进行企业价值分享，这叫双赢。这种模式就使几万人的企业在内部形成无数个小自主经营体，员工自我经营、自我驱动。

第三，员工创客化。海尔现有专门的创业基金、有合作的投资公司，员工只要有好主意、好点子，公司就可以给你资金成立项目组，鼓励你组建队伍去创业，而且让你持股。这样的话，企业内部就能变成一个个创业中心。海尔倡导员工创客化，那将来有可能在内部创出几百个公司来，那海尔就变成一个创业的集合体，这时候企业的利益就不再简单地来自于做家电了，它围绕整个价值链，什么都可以做。

第四，倒逼理论与去中心化领导。所谓“去中心化”就是让消费者去成为信号弹，让消费者倒逼员工提升素质、开发市场，让员工做 CEO 做的事情。每个人都是中心，人人都是 CEO，管理者成为资源提供者。强调企业不要提“以某某为核心”，而是每个员工都可变成核心，人人都成为自主经营体。

第五，利益共同体与超值分享。海尔提出，你只要超越你为公司创造的价值，我就让你分享这个超越的价值，建立分享的利益公共体。

像海尔这种传统企业，它已在用互联网思维来做产品和服务，用互联网思维在做管理。张瑞敏提出，海尔要实现转型升级就必须砸碎旧组织。所以 2013 年海尔就提倡企业平台化、员工创客化、用户个性化的“三化”改革。企业平台化是指总部不再是管控机构，而是一个平台化的资源配置与专业服务组织。同时还要管理无边界、去中心化，后端要实现模块化、专业化，前端(员工)强调个性化、创客化。

（资料来源：彭剑锋. 互联网时代战略转型的四个案例——小米、海尔、华为与阿里巴巴. 中外企业文化，2015 年第 2 期.）

第 7 章

协同战略与战略联盟

本章学习目的：

1. 熟悉协同效应与协同战略的概念；
2. 了解协同战略的产业链与企业集群模式；
3. 理解战略联盟的内涵与概念；
4. 熟悉战略联盟的形式；
5. 了解战略联盟产生的背景与动因；
6. 熟悉战略联盟的特点与优势。

案例

透视百事可乐的战略协同

任何战略都是有正负效应的。关键在于权衡利弊，做出最合算的抉择。面对是多元化还是专业化、是搞兼并还是建联盟时，尤其如此。

战略协同，利大？弊大？

“1+1＞2”是对协同概念最通俗的解释。对协同的经济性来源众说纷纭，但普遍认为：设备、人员、资金、技能、知识、关系等资源的共享会使各业务单位的成本摊低，产生协同效益。协同效应是企业采取多元化战略的重要理由和关注重点。

20 世纪 70 年至 80 年代是西方公司实施多元化战略，进行跨国业务扩张的高潮时期。它们通过大量并购活动努力扩大业务范围和地理区域，取得了暂时成功。但随后的整合过程却颇费周折，由于内部整合出现问题，从而导致关联多元化失败。20 世纪 90 年代开始，许多多元化的国际企业又纷纷剥离非核心业务，回归主业。

百事可乐多元化战略的终止，再一次从实践领域对战略协同理论提出质疑。回顾百事的战略变迁，对国内一些正在实施多元化战略的企业有一定借鉴意义。

百事在多元化中曾利益占尽

百事可乐公司始建于 1902 年。到了 20 世纪 40 年代末，百事发展成为成功的专业软饮料企业。1963—1986 年唐纳德·肯道尔任百事的首席执行官，自此百事的战略导向发生了巨大变化：百事在软饮料业一直居可口可乐之下，肯道尔要求公司对可口可乐从被动防守转向积极进攻，从此可乐之战连绵不绝，百事饮料的市场地位也大幅度提高；另一方面，肯道尔深信“快餐薯条与碳酸饮料密不可分，往往是顾客同时购买和消费的对象”，兼并快餐业与餐馆一定程度上可以增加自己的饮料业务销售点，这种协同效应至今仍是百事集团关注的战略要点。

1986—1996 年百事的首席执行官韦尼• 科勒威继续执行肯道尔的关联性多元化战略，形成了百事可乐组织的八大组成部分：百事可乐北美公司、百事可乐国际公司、弗里托雷公司、百事可乐食品国际公司、必胜客比萨饼世界公司、泰科、贝尔世界公司、肯德基炸鸡公司和百事可乐食品系统世界公司。八个部门分属软饮料、快餐和餐馆三大主营业务。1991 年销售额近 200 亿美元，其中软饮料 69.152 亿，快餐 55.658 亿，餐馆 71.269 亿，餐馆业务首次在销售额上超过软饮料。

此外，百事的多元化战略还包括：1968 年巨资购入了北美长途搬运公司，1970 年购入了威尔逊运动用品公司，1972 年购入亨利酒业公司。20 世纪 90 年代初百事的产品与服务五花八门，涉及饮料、食品、运动用品、货物运输和建筑工程等。

百事通过发展快餐业务提高了百事饮料的零售市场控制力，并且使整个公司收入大幅提高。如 1993 年可口可乐汽水销售量以 4∶1 压倒百事可乐，但后者总收入却高出前者 7.5%。协同效应被百事关注，但百事也非常注重避免协同的负效应，为保持各部门的积极性和灵活性，各业务主管基本都是直接向百事首席执行官韦尼 • 科勒威报告工作，各业务部门保持高度的自治权，总部仅仅对各业务部门的高层人事任免、战略规划、资本支出进行管理。为了防止高度自治的多元化带来各业务部门出现部门本位主义，百事赋予全体员工百事公司的股票期权，培养各部门形成对"百事可乐的认同感"，并沿着已经分散化的组织进一步下放权力。

为取得各业务部门的协同正效应，百事采取了非常有限的活动共享与横向沟通。

(1) 共同顾客任务小组：百事存在一些多个业务单位都需要接触和协调的重要顾客或供应商，如沃尔玛公司、马里奥特公司、ARA 公司等，小组成员来自各业务单元和总部，加强百事对外关系个协调性、有效性。

(2) 百事可乐公司的食品系统：1981 年成立了这个供应和分销部门，利用网络技术提供 24 小时在线订货登录能力和库存采购系统，为饮料、食品和餐馆提供部分可共享的供应、储存、运输、分销等服务，为各部门带来了成本节约，但是以餐馆连锁店为代表的部门坚持关键商品的采购控制自治，如肯德基自己采购全部鸡肉。

(3) 非正式协同：根据绩效评估提供的信息，工作调动在百事可乐中高层经理中是司空见惯的事情。由于拥有在百事多种连锁店工作的经验，所以一般不需要正式的调查和思想交流。

利弊兼收之后，回归主业

风云突变。恩里科 1996 年 4 月出任公司首席执行官，1997 年 1 月 23 日宣布重组计划：美国百事可乐公司将放弃不景气的快餐店，以便集中力量开发饮料市场的主体业务，与可口可乐一争高下。在不到一年时间内，他把包括肯德基、必胜客在内的餐饮业从百事可乐公司分离出去，并收购了 TROPICANA 果汁公司，还将百事可乐公司的瓶装公司成功上市。通过快餐业分离，解决了饮料制造和快餐业争夺资源的矛盾，而且保留了快餐网络支持可乐销售的功能。

但为时已晚。百事公司饮品在 1996 年美国市场的占有率落后于可口可乐 11 个百分点，是 20 年来差距最大的一次。同时在除中东以外的全球各大市场均遭惨败，在快餐业又有麦当劳与之抗衡。仅以炸鸡快餐为例，在国际市场麦当劳平均每天新开 10 家左右的新店，而肯德基平均每天才新开一家。百事的市场地位受到威胁，在恩里科的领导下百事向主业回归。百事的高速发展得益于关联性多元化，但发展之后协同的负效应也逐渐显现。对百事主回归的原因分析如下。

(1) 资金冲突。快餐店在经营上需要大量固定资产投资和广告宣传，需要大量的资金投入。

据统计，1994年快餐店占用资金量达到整个集团的48%，这还不包括由快餐店发展的快餐食品加工业。百事饮料主业资金投入不足，而可口可乐全力投入饮料业：对世界各地的瓶装厂进行参股或控股，或是构成战略联盟；在零售方面建立了规模庞大的自动售卖机系统；与重要零售商结为战略联盟，如麦当劳、迪斯尼等；并购软饮料和酒精饮料企业。

(2)管理能力。快餐业与饮料业虽说关联性很高，但是经营特点、管理方式全然不同，领导者的管理能力有一定局限性。同时由于存在多个高度自治的业务部门又使总部缺乏快速有效对环境做出反应的能力，这种不良影响一直在百事存在。

(3)多元化增加竞争压力。百事进军快餐业是为了借助快餐业广泛的营销网络，来促进饮料的销售，从而提高核心产品的市场竞争力，同时借助饮料核心业务所提供的资金发展关联产业，但却也使百事在多个领域增加竞争压力。

(4)非核心业务迅速膨胀损害核心能力。百事快餐业务的迅速膨胀使百事集团的业务结构发生了根本性改变，原来的核心业务——可乐制造只占总业务量的35%，原先拥有和潜在的饮料业务核心能力随着快餐业务的不断扩大不被重视，不断削弱。

百事战略协同的启示

百事可乐从多元化经营向主业回归给我们以下启示：(1)多元化的协同正效应是显在的，而负效应是潜在的、难以估算的；(2)企业可以通过战略联盟寻求外部协同，而不必将关联性业务纳入企业内部；(3)注意从属业务与核心业务可能存在的资源冲突和管理跨度；(4)调整企业管理组织结构，使管理层能够协调和控制各项业务的发展，以服从企业经营战略；(5)估算多元化经营最优规模，特别注意防止从属性行业“喧宾夺主”现象的发生，从而超越核心业务所能提供的资源补充范围，导致核心业务乃至企业的市场竞争力的削弱。

(资料来源：卜金涛. 透视百事可乐的战略协同. 中外管理，2001年第3期.)

7.1 协同效应

7.1.1 协同效应的概念

协同效应原本为一种物理化学现象，又称增效作用，是指两种或两种以上的成分相加或调配在一起，所产生的作用大于各种成分单独应用时作用的总和。20世纪60年代美国战略管理学家伊戈尔·安索夫(H. Igor Ansoff)将协同的理念引入企业管理领域，协同理论成为企业采取多元化战略的理论基础和重要依据。伊戈尔·安索夫在《公司战略》一书中，把协同作为企业战略的四要素之一，分析了基于协同理念的战略如何可以像纽带一样把企业多元化的业务有机联系起来，从而使企业可以更有效地利用现有的资源和优势开拓新的发展空间。多元化战略的协同效应主要表现为：通过人力、设备、资金、知识、技能、关系、品牌等资源的共享来降低成本、分散市场风险以及实现规模效益。哈佛大学教授莫斯·坎特(R. Moss Kanter)甚至指出：多元化公司存在的唯一理由就是获取协同效应。

安德鲁·坎贝尔等(2000)在《战略协同》一书中说：“通俗地讲，协同就是‘搭便车’。当从公司一个部分中积累的资源可以被同时且无成本地应用于公司的其他部分的时候，协同效应就发生了。”他还从资源形态或资产特性的角度区别了协同效应与互补效应，即“互补效应主要是通过对可见资源的使用来实现的，而协同效应则主要是通过对隐性资产的使用来实现的”。

蒂姆·欣德尔(2004)概括了坎贝尔等人关于企业协同的实现方式，指出企业可以通过共享技能、共享有形资源、协调的战略、垂直整合、与供应商的谈判和联合力量等方式实现协同。

一个企业可以是一个协同系统，协同是经营者有效利用资源的一种方式。这种使公司整体效益大于各个独立组成部分总和的效应，称为协同效应(Synergy Effects)。

协同效应简单地说，就是“1+1>2”的效应，经常被表述为“1+1>2”或“2+2=5”。

协同效应可分外部和内部两种情况，外部协同是指一个集群中的企业由于相互协作共享业务行为和特定资源，因而将比作为一个单独运作的企业取得更高的赢利能力；内部协同则指企业生产，营销，管理的不同环节，不同阶段，不同方面共同利用同一资源而产生的整体效应。

7.1.2 协同效应的类型

协同效应有很多种类型，最常见的有经营协同效应、管理协同效应和财务协同效应。

1. 经营协同效应

经营协同效应(Operating synergies)主要指实现协同后的企业生产经营活动在效率方面带来的变化及效率的提高所产生的效益，其含义为协同改善了公司的经营，从而提高了公司效益，包括产生的规模经济、优势互补、成本降低、市场份额扩大、更全面的服务等。

经营协同效应其主要表现在以下几个方面。

1)规模经济效应

规模经济是指随着生产规模扩大，单位产品所负担的固定费用下降从而导致收益率的提高。显然，规模经济效应的获取主要是针对横向协同而言的，两个产销相同(或相似)产品的企业进行协同后，有可能在经营过程的任何一个环节(供、产、销)和任何一个方面(人、财、物)获取规模经济效应。

2)纵向一体化效应

纵向一体化效应主要是针对纵向协同而言的，在纵向协同中，目标公司要么是原材料或零部件供应商，要么协同公司产品的买主或顾客。

纵向一体化效益主要表现在：

第一，可以减少商品流转的中间环节，节约交易成本；

第二，可以加强生产过程各环节的配合，有利于协作化生产；

第三，企业规模的扩大可以极大地节约营销费用，由于纵向协作化经营，不但可以使营销手段更为有效，还可以使单位产品的销售费用大幅度降低。

3)市场力或垄断权

获取市场力或垄断权主要是针对横向协同而言的(某些纵向协同和混合协同也可能会增加企业的市场力或垄断权，但不明显)，如横向并购，两个产销同一产品的公司相合并，有可能导致该行业的自由竞争程度降低；并购后的公司可以借机提高产品价格，获取垄断利润。因此，以获取市场力或垄断权为目的的协同往往对社会公众无益，也可能降低整个社会经济的运行效率。所以，对横向并购的管制历来就是各国反托拉斯法的重点。

4)资源互补

协同可以达到资源互补从而优化资源配置的目的，如有这样两家公司A和B，A公司在研究与开发方面有很强的实力，但是在市场营销方面十分薄弱，而B公司在市场营销方面实力很强，但在研究与开发方面能力不足，如果我们将这样的两个公司进行合并，就会把整个组织机构好的部分同本公司各部门结合与协调起来，而去除那些不需要的部分，使两个公司的能力达到协调有效的利用。

2. 管理协同效应

管理协同效应(Management Synergies)又称差别效率理论。管理协同效应主要指的是协同给企业管理活动在效率方面带来的变化及效率的提高所产生的效益。如果协同公司的管理效率不同，在管理效率高的公司与管理效率不高的另一个公司协同之后，低效率公司的管理效率得以提高，这就是所谓的管理协同效应。管理协同效应来源于行业和企业专属管理资源的不可分性。

以并购为例，管理协同效应主要表现在以下几个方面。

1)节省管理费用

例如，开展并购，通过协同将许多企业置于同一企业领导之下，企业一般管理费用在更多数量的产品中分摊，单位产品的管理费用可以大大减少。

2)提高企业运营效率

根据差别效率理论，如果A公司的管理层比B公司更有效率，在A公司收购了B公司之后，B公司的效率便被提高到A公司的水平，效率通过并购得到了提高，以至于使整个经济的效率水平将由于此类并购活动而提高。

3)充分利用过剩的管理资源

如果一家公司有一高效率的管理队伍，其一般管理能力和行业专属管理能力超过了公司日常的管理要求，该公司便可以通过收购一家在相关行业中管理效率较低的公司来使其过剩的管理资源得以充分利用，以实现管理协同效应。

管理协同效应对企业形成持续竞争力有重要作用，因此它成为企业协同的重要动机和协同后要实现的首要目标。深入理解管理协同的含义及作用机理是取得管理协同效应的前提。在操作中首先要选择合适的协同对象，其次要通过恰当的人力资源政策使得管理资源得到有效的转移和增加，最后还能忽视文化整合的作用。

3. 财务协同效应

财务协同效应(Financial synergies)是指协同的发生在财务方面给协同公司带来收益包括财务能力提高、合理避税和预期效应。例如，在企业并购中产生的财务协同效应就是指在企业兼并发生后，通过将收购企业的低资本成本的内部资金投资于被收购企业的高效益项目上从而使兼并后的企业资金使用效益更为提高。

财务协同效应能够为企业带来效益，同样以企业并购为例，财务协同效应主要表现在以下几个方面。

(1)企业内部现金流入更为充足，在时间分布上更为合理。企业兼并发生后，规模得以扩大，资金来源更为多样化。被兼并企业可以从收购企业得到闲置的资金，投向具有良好回报的项目；而良好的投资回报又可以为企业带来更多的资金收益。通过财务预算在企业中始终保持着一定数量的可调动的自由现金流量，从而达到优化内部资金时间分布的目的。

(2)企业内部资金流向更有效益的投资机会。混合兼并使得企业经营所涉及的行业不断增加，经营多样化为企业提供了丰富的投资选择方案。企业从中选取更为有利的项目。同时兼并后的企业相当于拥有一个小型资本市场，把原本属于外部资本市场的资金供给职能内部化了，使企业内部资金流向更有效益的投资机会，这最直接的后果就是提高企业投资报酬率并明显提高企业资金利用效率。而且，多样化的投资必然减少投资组会风险。投资组合理论认为只要投资项目的风险分布是非完全正相关的，则多样化的投资组合就能够起到降低风险的作用。

(3)企业资本扩大，破产风险相对降低，偿债能力和取得外部借款能力提高。企业兼并扩大了自有资本的数量，自有资本越大，由于企业破产而给债权人带来损失的风险就越小。因为一旦兼并成功，对企业负债能力的评价就不再是以单个企业为基础，而是以整个兼并后的企业为基础，这就使得原本属于高偿债能力企业的负债能力转移到低偿债能力的企业中，解决了偿债能力对企业融资带来的限制。另外那些信用等级较低的被兼并企业，通过兼并使其信用等级提高到收购企业的水平，为外部融资减少了障碍。无论是偿债能力的相对提高，破产风险的降低，还是信用等级的整体性提高，都可美化企业的外部形象，从而能更容易地从资本市场上取得资金。

(4)企业筹集费用降低。合并后企业可以根据整个企业的需要发行证券融资，避免了各自为战的发行方式，减少了发行次数。整体性发行证券的费用要明显小于各企业单独多次发行证券的费用之和。

7.2 协同战略

7.2.1 协同战略的概念

美国战略管理学家伊戈尔·安索夫(1965)首次向公司经理们提出了协同战略的理念，他认为协同就是企业通过识别自身能力与机遇的匹配关系来成功拓展新的事业，协同战略就是企业如何通过识别自身能力与机遇的匹配关系来成功地拓展新的事业达到企业整体价值有可能大于各部分价值的总和的企业战略。

长期以来许多国内外学者从不同的研究角度出发，对协同战略做出了不同的解释，其中较有代表性的有以下几个。

日本战略专家伊丹广之(Hiroyuki Itami，1987)认为，“协同战略就是企业通过对隐性资源的使用获得协同效果的一种企业战略”。

罗伯特·巴泽尔(Robert Buzzell，1998)认为，“协同战略就是能使相对于对各独立组成部分进行简单汇总而形成的业务表现而言的企业群整体的业务表现的一种企业战略。协同战略创造价值主要有四种：对资源或业务行为的共享、市场营销和研究开发的扩散效益、企业的相似性及对企业形象的共享”。

哈佛大学商学院教授罗莎贝斯·莫斯·坎特(R.Moss Kanter，2000)甚至认为，“协同战略就是为获取协同效益而实施的一种企业战略”。

国内学者李沈(2002)认为，“协同战略就是使企业内外部协同提高企业核心竞争力的一种企业战略”。

协同战略(Synergy Strategic)是公司战略中的一个重要的概念。协同战略就是具有两个以上业务单位的公司在确定长期目标、发展方向和资源配置的战略管理过程中，公司拥有的技能、资源在企业内部通过沟通和交流的方式形成核心竞争力，核心竞争力在各个业务单位之间转移和共享，从而获得公司整体业绩的提升。“1+1>2”就是对协同战略概念最通俗的解释。

协同战略包含两个相互联系的内涵：一是协同效应，即因为协同作用而获得好的结果；二是通过资源和能力的整合，识别和实现协同效应获得竞争优势的动态过程，是企业战略形态转换、战略体系在转换进程中保持相互协调能力和处于相对和谐的状态。因此，企业协同战略具有两层含义：一是企业现行战略形态与新战略形态在战略体系进程上的协同性，以保持企业战略安排在时间顺序上的动态协同；二是在一定时期内保持相对稳定性的战略体系的横向静态协同性。简而言之，战略协同具有“静态横向协同、动态的进程协同”特性。企业协同战略的目标是使企业的有限资源在战略作用下发挥最大的效用。

7.2.2 协同战略维度

对“企业协同战略”的理解可以从以下四个关键性维度加以把握。

1. 竞争合作性

企业间加剧的竞争促进了经济的迅速发展，社会资源的合理配置和科学技术的创新发展。企业纷纷制定各自的竞争战略，建立独特的竞争优势，使之能立于不败之地。但另一方面，竞争冲突的对称点协同合作，在合理配置资源、建立竞争优势中日趋扮演重要角色。企业在经营过程中要考虑战略联盟、伙伴关系，谋求相互合作。在合作的过程中，通过协同来发挥资源的最大效能，创造自己的竞争优势。

2. 共生共赢性

协同战略寻求共生共赢的发展模式，强调通过合作和知识共享寻求发展机遇。协同各方主要是一种协作关系，即使可能在某些方面存在竞争，也属于协同型竞争。协同战略并不是说消除竞争；相反，它要求企业更要加强自身的竞争能力。企业要实现协同发展，必须有自己的核心竞争能力，否则会被排斥在协作阵营之外。

3. 动态适应性

企业协同战略不是一成不变的，而根据外部环境、自身条件及企业目标的综合平衡而时刻保持动态变化。协同战略对象选择强调协同各方的适应，即基于任务相关性标准的战略适应和基于伙伴相关性标准的文化适应，而不仅仅从合作单方的角度来考虑；协同战略业务选择也必须因时因地制宜。

4. 系统全局性

协同战略应该包括整个企业系统的协同，既包括企业与竞争者的协同，也包括企业与合作者的协同，更包括企业与环境的协同。从根本上说，这是一种包括供应商、顾客及竞争对手的系统合作行为。单靠一家企业孤军奋战是无法实现的，只有市场环境系统内的主要成员——企业本身、供应商、顾客、竞争对手协同合作，才能达到目的。

7.2.3 协同战略的必要性

随着经济的全球化，跨国企业分布全球。目前国外企业通过协同战略等新战略形态拉大了与我国企业在规模、技术、产品等各方面的差距，增加了我国企业竞争的难度。因此，我国企业要想在国际市场分工和竞争中占有一席之地，实施借鉴协同战略应该成为当前及今后一段时期的急迫任务。因此，我国企业依靠自身的力量已无法应对挑战，只有通过与其他企业的“协同”合作，才能立足于当前及未来的激烈竞争的市场环境中。

我们可以从对资源利用的外向化、产品寿命周期变短、用户个性化需求的挑战、“快鱼吃慢鱼”的威胁等方面来认识我国企业借鉴协同战略理论的必要性。

1. 企业对资源利用的外向化

所谓外向化是指企业有利用外部资源的趋势。资源的有限性与市场需求的无限性是企业始终面临的主要矛盾，而技术创新压力、规模的不断扩大和瞬息万变的市场使企业仅靠其内部资源已力不从心。它迫切需要突破有形组织结构的界限，充分利用外部资源。随着敏捷制造、虚拟制造等先进生产模式的出现，传统的企业组织和资源配置方式发生了根本性的变化，使市场竞争不再是单一企业的竞争，而将是协同合作中的竞争，我国企业应顺应此发展潮流。

2. 产品寿命周期变短

国内外企业新产品的研制周期越来越短。如诺基亚时代，手机的生命周期可达数年，现在则只有一年左右，而且这一趋势还在不断加强。这使企业必须投入大量的研发力量，如资金和技术人才，而大多数国内企业在此等压力下捉襟见肘，从而不得不向本企业之外寻找合作伙伴，以获取可利用的资源。

3. 用户个性化需求的挑战

买方市场的到来使用户的个性化特征越来越明显，这给我国企业带来了新的挑战。传统的生产方式是“一对多”关系，即企业开发出一种产品后，可组织规模化大批量生产，用一种标准化产品满足不同消费者的需求。在新形势下，企业必须有根据顾客的特别要求定制产品或服务的能力，即所谓的“一对一”的定制化服务。这迫切需要企业协同合作，发挥整体优势。

4.“快鱼吃慢鱼”的威胁

近年来，竞争的主要因素在不断变化，20 世纪 60 年代，企业竞争的主要因素是成本，到 20 世纪 70 年代转变为质量，20 世纪 80 年代以后，主要因素转变为时间。这里所说的时间主要是指交货期和响应周期。用户不仅要求厂家按时交货，而要求的交货期越来越短。我国企业由于受自身战略资源的约束，“巧妇难为无米之炊”的窘境使其时刻面临着成为“慢鱼”被吃掉的威胁。另外，国外企业的纵向一体化和多元化战略也使得我国企业的战略生存空间不断地受到挤压，这些因素使得我国企业不得不采用“它山之石来攻企业发展之玉”，运用协同战略，增强竞争力。

7.2.4 协同战略模式

1. 协同战略的产业链模式

(1)整合企业内部价值链，着重于优势方面。企业集中于产业链的一个或几个环节，不断优化内部价值链，获得专业化优势和核心竞争力，同时以多种方式与产业链中其他环节的专业性企业进行高度协同和紧密合作。这样极大地提高了整个产业链的运作效率，也使得企业获得了低成本快速满足客户日益个性化需求的能力，从而击败原有占据绝对优势的寡头企业。

(2)强化与产业价值链上、下游协同合作关系，整体快速响应市场。企业通过投资、协同合作等战略手段深化与产业价值链上、下环节的企业的关系，在开发、生产和营销等环节上进行密切的协同和合作。

(3)关注产业链的薄弱环节，释放整体效能。企业注意强化产业价值链中的薄弱环节，主动帮助和改善制约自身价值链效率的上、下游企业的运作效率，从而提高整个产业链的运作效能，将使其竞争优势能建立在产业链释放的整体效率基础上，从而获得相对于其他链条上竞争对手的优势。具体的做法可以通过强势的高效率企业对低效企业进行控制和强制的手段，也可以通过建立战略合作伙伴的方法来解决，最后还可以通过产业链主导环节的领袖企业对产业链的系统整合来实现。

(4)抓住关键环节，重新组织产业链。企业必须识别和发现所在产业链的核心价值环节，也即高利润区，并将企业资源集中于此环节，培育核心能力，构建集中的竞争优势；然后借助这种关键环节的竞争优势获得对其他环节协同的主动性和资源整合的杠杆效益，这样使得企业可以成为产业链的主导，获得其他环节的利润或价值的转移，构建基于产业链协同的竞争优势。

(5)构建管理型产业链来提高系统协同效率。作为行业领袖的领先企业不能仅仅满足于已取得的行业内的竞争优势和领先地位，还需要通过以上几种产业链竞争模式的动态运用，去应对产业价值链上价值重心的不断转移和变化，使自己始终处在高价值的关键环节中，保持竞争优势。同时还要密切关注所在行业的发展和演进，主动承担起管理整个产业链的责任，这样才能获得产业链的合理结构和高效的协同效率。引领整个行业去应对其他相关行业的竞争冲击或发展要求，以保持整个行业的竞争力，谋求产业链的利益最大化。

谋求产业链的高度协同和系统效率的具体运作中，各环节企业，无论是主导企业，还是一般参与企业，都应当重视以下几点：一是强调产业链的共同利益最大化；二是产业链上各环节间的协同应是长期的且持续改进；三是合作的产业链中的企业之间应加强相互信任和认同；四是要注重对产业链中共同资源的管理和维护；五是各环节企业要在产业链的发展中增强自身的优势和竞争能力。

2. 协同战略的企业集群模式

一种是卫星式的企业群，即一系列的中小企业为大企业配套，它们之间可能是“寄生”，也可能是“共生”；二是串联式的企业群，即企业之间通过专业化分工所形成的具有行业特点或地区特点的企业聚集，它们之间通常是“共生”关系。通过相互信任，默契合作，聚集在某一有利的区域，无论在信息方面，还是技术方面和资源或服务的获得方面等都具有低的搜索成本、交易成本和运输成本的优势；与此同时，群体内的企业可以充分发挥自身的优势，在设计、服务、型号等方面实施差异化，如东莞古镇的照明灯饰；由于集群内的企业靠利益分配机制无形地结合在一起，它们在这个区域组织内形成了一致的声音，在对付外部环境不确定性方面(技术、市场和政策方面)能快速反应，如温州打火机行业集体应对欧盟方面的反倾销诉讼，在速度方面能够领先于竞争者从而来获取竞争优势，提高了竞争能力。

7.3 战略联盟

7.3.1 战略联盟的内涵

1. 战略联盟的概念

战略联盟的概念最早由美国DEC公司总裁简 • 霍普兰德(J. Hopland)和管理学家罗杰 • 奈格尔(R. Nigel)提出，他们认为，战略联盟指的是由两个或两个以上有着共同战略利益和对等经营实力的企业，为达到共同拥有市场、共同使用资源等战略目标，通过各种协议、契约而结成的优势互补或优势相长、风险共担、生产要素水平式双向或多向流动的一种松散的合作模式。

关于战略联盟的定义，学术界还存在着以下多种解释。

(1)布劳易斯等人将稳定的联盟称之为“准一体化”(Blois，1972)。

(2)交易成本经济学的代表人物威廉姆森称之为“非标准商业市场合同”(Williamson，1983)。

(3)巴特勒和卡尔奈称之为“被管理或被组织的市场”(Butler等，1983)。

(4)索雷利从联盟组织多边性出发，称之为“网络化”(Thorelli，1986)。

(5)汤普森等人将联盟描述为除市场和管理等级制之外的第三种社会经济活动协调工具(Thompson等，1991)。

(6)波特将联盟称之为“企业间达成的既超出正常交易，又达不到合并程度的长期协议”(Porter，1990)。

综合上述的诸多经典描述，可以将战略联盟定义为“两个或两个以上的独立组织为了实现各自的战略性目的而达成的一种长期或短期的合作关系”。这种合作是企业为了现实生存或长远发展的需要而采取的行动，具有明确的战略意图和目标，但合作关系本身则不一定是长期稳定的。

因为战略联盟要求共同承担责任，相互协调，精心谋求各类活动的相互合作，因而模糊了公司的界限，使得各个公司为了实现联盟的共同目标而采取一致或协同的行动。但是有一点是清楚的，联盟伙伴保持着既合作又竞争的关系。联盟伙伴虽然在部分领域中进行合作，但在协议之外的领域以及在公司活动的整体态势上仍然保持着经营管理的独立自主，相互间可能是竞争对手的关系。

2. 战略联盟的形式

1)合资

由两家或两家以上的企业共同出资、共担风险、共享收益而形成企业，是目前发展中国家尤其是亚非等地普遍的形式。合作各方将各自的优势资源投入到合资企业中，从而使其发挥单独一家企业所不能发挥的效益。

2)研发协议

为了某种新产品或新技术，合作各方鉴定一个联发协议，汇集各方的优势，大大提高了成功的可能性，加快了开发速度，各方共担开发费用，降低了各方开发费用与风险。

3)定牌生产

如果一方有知名品牌但生产力不足，另一方则有剩余生产能力，则另一方可以为对方定牌生产。一方可充分利用闲置生产能力，谋取一定利益；对于拥有品牌的一方，还可以降低投资或并购所生产的风险。

4)特许经营

通过特许的方式组成战略联盟，其中一方具有重要无形资产，可以与其他各方签署特许协议，允许其使用自身品牌、专利或专有技术，从而形成一种战略联盟。拥有方不仅可获取收益，并可利用规模优势加强无形资产的维护，受许可方当然利于扩大销售、谋取收益。

5)相互持股

合作各方为加强相互联系而持有对方一定数量的股份。这种战略联盟中各方的关系相对更加紧密，而双方的人员、资产无须合并。

当然，组建战略联盟一定要慎重选择合作伙伴，并建立合理的组织关系，合作各方加强沟通。

7.3.2 战略联盟产生的背景

20 世纪 80 年代以来，在全球经济一体化、竞争多样化的发展趋势下，战略联盟的发展日益迅猛，典型的例子有：

(1)丰田汽车与其零部件供应商之间的联盟(整车制造商——零部件独家供应商)；

(2)微软公司与英特尔公司之间的“Wintel”联盟(操作系统——中央处理器)；

(3)Google 与 HTC 之间的手机研发代工联盟(手机操作系统研发——手机研发与制造)；

(4)苹果公司与 AT&T 之间的联盟(信息终端 iPhone/iPad——通信网络服务)。

企业战略联盟的出现绝不是偶然的，是时代发展的产物。究其原因，战略联盟产生的大背景主要有以下几个。

1. 全球经济一体化

全球经济一体化为跨国公司的经营提供了很好的机会，因为只有全球的市场才能满足它们的巨大胃口。不过更为激烈的国际竞争也给跨国公司的经营带来了困难，迫使它们不得不寻找新的更为有效的竞争武器。尽管各跨国公司在调整过程中的具体目标各不相同或各有侧重，但多数都采取了战略联盟作为实现战略调整的手段和方法。

2. 科学技术的飞速发展

近五十年来科学技术的发展速度超过了有史以来的任何时期，而科技革命所带来的影响也是前所未有的，科研成果不断地将产品推向高科技化和复杂化，一种新产品的问世往往涉及越来越多的技术领域，经过越来越多的生产和经营环节。因此，无论从技术上还是以成本上讲，单个公司依靠自身的有限能力是无法面对当今科技发展的要求的。战略联盟可以把各种研究机构和企业联成一体，为着共同的战略目标组成灵活直辖式的网络，大于各简单成员相加之和。

7.3.3 战略联盟的动因

1. 直接动因

1)提升企业的竞争力

在产品技术日益分散化的今天，已经没有哪个企业能够长期拥有生产某种产品的全部最新技术，企业单纯依靠自己的能力已经很难掌握竞争的主动权。为此，大多数企业的对策是尽量采用外部资源并积极创造条件以实现内外资源的优势互补。其中一个比较典型的做法是与其他企业结成战略联盟，并将企业的信息网扩大到整个联盟范围内。借助与联盟内企业的合作，相互传递技术，加快研究与开发的进程，获取本企业缺乏的信息和知识，并带来不同企业文化的协同创造效应。

2)获得规模经济的同时分担风险与成本

激烈变动的外部环境对企业的研究开发提出了如下三点基本要求：不断缩短开发时间、降低研发成本、分散研发风险。对任何一个企业来说，研发一项新产品、新技术常常要受到自身能力、信息不完全、消费者态度等因素的制约，需要付出很高的代价。而且随着技术的日益复杂化，开发的成本也会越来越高。这些因素决定了新产品、新技术的研发需要很大的投入，具有很高的风险。在这种情况下，企业自然要从技术自给转向技术合作，通过建立战略联盟、扩大信息传递的密度与速度以避免单个企业在研发中的盲目性和因孤军作战引起的全社会范围内的重复劳动和资源浪费，从而降低风险。与此同时，市场和技术的全球化，提出了在相当大的规模和多个行业进行全球生产的要求，以实现最大的规模和范围经济，从而能在以单位成本为基础的全球竞争中赢得优势。

3)低成本进入新市场

战略联盟是以低成本克服新市场进入壁垒的有效途径。例如，在 20 世纪 80 年代中期，摩托罗拉开始进入日本的移动电话市场时，由于日本市场存在大量正式、非正式的贸易壁垒，使得摩托罗拉公司举步维艰。到 1987 年，它与东芝结盟制造微处理器，并由东芝提供市场营销帮助，此举大大提高了摩托罗拉与日本政府谈判的地位，最终获准进入日本的移动通信市场，成功地克服了日本市场的进入壁垒。1984 年，美国的长途电话业解除管制后，美国电报电话公司(AT&T)获得了产品经营的自由，进入了个人电脑市场。IBM 采取的反击措施是与 AT&T 在长途电话行业的主要竞争对手 MCI 结成联盟，并收购了 MCI 20%的股份，通过 MCI 在长途电话行业的低价战略来牵制 AT&T。

4)挑战“大企业病”

单个企业为了尽可能地控制企业的环境，必然要求致力于企业内部边界的扩大，这一努力过程不仅伴随巨大的投入成本，为企业的战略转移筑起难以逾越的退出壁垒，甚至将企业引入骑虎难下的尴尬境地，而且容易出现组织膨胀带来内耗过大的所谓“大企业病”现象。由于企业规模的扩大、管理层次的增加、协调成本上升使得一些大企业的行政效率向着官僚式的低效率迈进，致使企业决策缓慢，难以对瞬息万变的市场做出敏锐的反应。而战略联盟的经济性在于企业对自身资源配置机制的战略性革新，不涉及组织的膨胀，因而可以避免带来企业组织的过大及僵化，使企业保持灵活的经营机制并与迅速发展的技术和市场保持同步。与此同时，战略联盟还可避开反垄断法对企业规模过大的制裁。

2. 间接动因

1）组织学习理论的解释

该理论一反传统竞争优势的分析思路，从组织学习的角度出发，强调企业学习能力与动态竞争优势的紧密相关性。它把企业视为一个学习型组织，可以通过内部的“干中学”、“用中学”以及外部的“从相互作用中学习”、“产业间外溢”等基本的学习途径，不断提高，从而达到增强企业竞争优势，改善企业整体经营效率的目标。鉴于企业知识的多样性和复杂性以及在创新过程中重要性的不同，该理论引入知识的两个维度：编码化知识和经验性知识。编码化知识是指那些显性的、已成体系并可用正规系统的语言传播的知识。因此这种知识可以通过书本、技术规范、设计和机器附带的材料获得。相反，经验性知识是隐含的，根植于企业文化或人的大脑和身体中，很难系统地编辑和交流，只能通过某一特定情景中的行动、承诺和涉及程度来表达，并且也只能通过观察、模仿和实践经验才能获得。组织学习理论认为，战略联盟是组织学习的一种重要方式，其核心在于学习联盟伙伴的经验性知识。由于企业在技术创新中持久的竞争优势更多的是建立在企业拥有的经验性知识基础之上，而经验性知识存在于组织程序与文化中，其转移是一个复杂的学习过程。联盟则是解决经验性知识转移的有效途径。通过缔结战略联盟，创造一个便于知识分享、移动的宽松环境，采取人员交流、技术分享、访问参观联盟伙伴的设施，增强联盟各方的联系频率等办法，可以使经验性知识有效地移植到联盟各方，进而扩充乃至更新企业的核心能力，真正达到企业间合作的目的。以组织学习为本质的企业合作动机并不是以资源互补为中心，而是以获取企业核心能力为重要内容；以学习为中心建立的战略联盟不是被动地适应环境，而是主动去创造环境，因而极具生命力；同时，围绕以知识的不断创新为基础建立的战略联盟，能够适时地调整企业间的关系，促进不同价值观、知识和异文化在企业中的融合，使之成为企业革新的重要推动力。因此，通过学习过程来积累企业知识资产是企业选择合作而不是市场交易的一个重要原因。

2）基于资源（RBV）的联盟动因解释

基于资源的战略管理理论兴起于1989年，以维纳菲尔特、格兰特、巴尔奈等人为代表。该理论在探索企业竞争优势的形成机制中没有局限在具体的产品——市场层面上，而是聚焦于企业所拥有的一组资源，并试图用这些资源的构成和性质解释竞争中频繁出现的优胜劣汰现象。格兰特等人把企业资源分为财务资源、物化资源、技术资源、创新资源、商誉资源、人力资源和组织资源。除了资金和原材料等属于对所有企业有着同等意义的同质资源外，其他资源因含有活性因素如知识、经验、技能、判断力、适应力等使每一种资源都富于变化而呈现千差万别的形态，基本上属于异质性资源。正是这些资源形态各异的异质性资源造就了企业持久的竞争优势，也正是这种异质性为企业“独占”某些资源提供了可能，从而造成了其他企业所难以模仿的资源障碍。然而异质性资源的动态性和维系持久竞争优势的要求使得企业必须不断利用外部渠道，扩充企业所需的稀缺资源。战略联盟正是实现这一目标的有效途径。国际企业通过与具有互补性资源的公司建立伙伴关系，可以充分利用企业组织外部的

“共享”要素，发挥各自异质技术优势和管理经验，有效克服资源障碍，从而形成一种新的国际竞争优势和新的利益源泉。

3)战略缺口假说的联盟动因解释

由于20世纪90年代以来,国际竞争环境的深刻变化对公司的绩效目标造成了巨大压力。因而，当国际企业审视竞争环境并评价自身竞争力和资源时，经常发现在竞争环境客观要求它们取得的绩效目标与它们依靠自身资源和能力所能达到的目标之间存在一个缺口，这个缺口被称为战略缺口。根据这个发现，泰吉(Tyebjee)和奥斯兰(Osland)提出了战略缺口假说。他们认为，国际企业战略联盟的发展是其对国际经济、技术及竞争环境变化的一种战略反应，是国际总体竞争环境变化的产物。战略缺口在不同程度上限制了国际企业走一切依靠自身资源和能力自我发展的道路，在客观上要求它们走合作的道路。因此，战略缺口是推动国际企业在全球竞争中结成战略联盟的重要动力。企业的战略缺口越大，参与战略联盟的动力就越强烈。

战略缺口假说认为，通过合作，实现战略联盟的各方国际企业可以在以下方面增强在全球市场中的竞争力：

(1)聚集更多的技术创新资源，分摊技术创新的巨额投资和潜在风险；

(2)通过联合研究与开发，国际企业可以相互交流在不同领域、不同产品生产及不同行业的技术知识，适应当前科技发展的融合趋势；

(3)借助联合力量协调和建立新产品或生产工艺的世界统一标准；

(4)通过联盟实现经营范围的多样化和经营地区的扩张，以利用规模经济和范围经济；

(5)以战略联盟维系或增强已有的竞争地位；

(6)增强国际企业经营与组织结构的灵活性和对不确定环境变化的反应能力；

(7)通过战略联盟互相学习彼此的管理体系和管理经验。

4)价值链的理论解释

企业是一个综合设计、生产、销售、运送和管理等活动的集合体，其创造价值的过程可分解为一系列互不相同但又相互关联的增值活动，总和即构成“价值系统”。其中每一项经营管理活动就是这一“价值系统”中的“价值链”。企业的价值系统具体包括供应商价值链、生产单位价值链、销售渠道价值链和买方价值链等。

价值链由两种价值活动构成，即基本增值活动和辅助活动。基本增值活动是指一般意义上的生产经营环节，包括物料储运、生产加工、成品储运、市场营销和售后服务等。这些活动与产品的实体流转直接相关。辅助性增值活动包括管理基础工作、人力资源管理、科技管理和采购管理等。“价值链”各环节之间的相互联系、相互影响，一个环节的运行质量直接影响到其他环节的成本和效益。依照产品实体在价值链各环节的流转程序，企业的价值活动可分为“上游环节”和“下游环节”两大类。企业的基本价值活动中，原材料供应、产品开发、生产运行可被称为“上游环节”；成品储运、市场营销和售后服务可被称为“下游环节”。上游环节价值活动的中心是产品生产，与产品的技术特性紧密相关；下游环节的中心是满足顾客，与市场紧密相连。价值链各环节所要求的生产要素各不相同。产品开发环节要求受过高等教育、具有专业技术和首创精神的科技人员，宽松自由的组织环境以及鼓励创新、提倡独立思考的企业文化。产品的装配环节则需要大批普通工人和严格的劳动纪律、全面的质量管理和成本控制。任何企业都只能在“价值链”的某些环节上拥有优势，而不可能拥有全部的优势。为达到“双赢”的协同效应，彼此在各自的关键成功因素——价值链的优势环节上展开合作，可以求得整体收益的最大化，这是企业建立战略联盟的原动力。

5）网络理论的解释

网络理论认为，具有网络型组织的企业，对于增强企业组织的活力和形成企业之间的价值连锁起着很大的作用。网络理论并不要求形成严格的层级结构，而是将组织的各部分松散地结合起来。这有利于保持组织的灵活性，能够较好地适应市场因产品和技术周期缩短、竞争激烈所导致的动态发展要求。网络结构在协作群体企业的共同防御和相互配合中发挥重要作用。网络组织既有利于提高各成员企业的自律性，又有利于在相互协调、共同运作的基础上促进彼此的交流，从而不断提高企业对环境、技术和市场急剧变化的适应能力。

战略联盟是连接市场与企业的中介，发挥着“组织化市场”的功能，因而较好地体现了信息化时代把市场竞争和组织管理关联一体、综合运作的要求。传统的市场机制往往根据竞争者之间相互关系分配资源，而传统的组织则是根据企业组织管理的目标来配置资源，两者都不能使资源的获取成本降至最低。而战略联盟能发挥乘数效应，通过对联盟内资源进行有效组织，实现要素的共享，从而保证从投入到产出全过程的“节约”。当这种多主体和多组织相结合的联盟形式跨越行业界限时，联盟的出现有可能改变竞争的性质，产生更为复杂而难以预见的多行业综合竞争，这意味着企业必须从工业化时代的预测系统走向网络化时代的学习系统。战略联盟作为企业间的网络化系统，其最大着眼点是在经营活动中积极地利用外部规模经济。当企业内不能充分利用已积累的经验、技术和人才，或者缺乏这些资源时，可以通过建立战略联盟实现企业间的资源共享，相互弥补资源的不足，以避免对已有资源的浪费和在可获得资源方面的重复建设。战略联盟的建立，使企业对资源的使用界限扩大了，一方面可提高本企业资源的使用效率，减少沉没成本，另一方面又可节约企业在可获得资源方面的新的投入，降低转置成本，从而降低企业的进入和退出壁垒，提高了企业战略调整的灵活性。

7.3.4 战略联盟的特点

目前，网络或组织已成为企业组织发展的一种趋势，战略联盟正是具备网络组织的特点。

(1)边界模糊。战略联盟并不像传统的企业具有明确的层级和边界；而是一种你中有我，我中有你的局面。

(2)关系松散。战略联盟主要是契约式或联结起来的，因此合作各方之间的关系十分松散，兼具了市场机制与行政管理的特点，合作各方主要通过协商的方式解决各种问题。

(3)机动灵活。战略联盟组建过程也十分简单，无须大量附加投资。而且合作者之间关系十分松散，战略联盟存在时间不长，解散十分方便；所以战略联盟还适应变化的环境时可迅速将其解散。

(4)动作高效。合作各方将核心资源加入到联盟中来，联盟的各方面都是一流的；在这种条件下，联盟可以高效动作，完成一些企业很难完成的任务。

7.3.5 战略联盟成功的关键

战略联盟成功的四大关键在于：订立联盟策略；选择合适对象；建立联盟结构与管理制度；订立终止联盟计划。

任何企业都有各自的长处和短处，不同的阶段、不同的时间、不同的地点都应有自己的发展重点和不同的策略。为此，有必要通过开展合作，来达到优势互补的目的。

战略联盟具有非常显著的优势，如快速性、互补性、低成本、成效大等，是一个相对比较容易实施的策略。当然，也是有几点需要把握的：第一，订立联盟策略，在合适的时候发现自己的企业在哪些方面缺乏竞争优势，在哪些方面有竞争优势，从而制定策略；第二，选择合作伙伴，合作伙伴的选择要适合本公司的情况，有时候并不是越大的伙伴越好，而是适合自己的伙伴越好；第三，建立联盟结构与管理制度，同自己的策略联盟伙伴制定一个相互之间权利和义务的协定及出现问题的协商制度，这对于战略联盟合约的履行是至关重要的；第四，订立终止联盟计划，在开始的时候就应该考虑善始善终。

7.3.6 战略联盟的意义和作用

1. 实现企业战略目标

对于一个企业而言，通过有效的战略选择，最终实现企业的战略目标，是企业运营的指针。企业战略目标的实现，需要有各种类型的企业资源作为支撑。企业要发展壮大，就需要企业有能力获得源源不断的资源作为后盾。一旦企业所要实现的目标超出现有资源所能承载的范围，那么从外部获取资源就势在必行。由于市场的不完备性，很多资源无法通过市场交易的方式有效地获得，而采取兼并或收购的方式又容易在获取有用资源的同时为无用的资源付出较大的收购成本，而且容易受到自身实力的约束。通过战略联盟，企业可以根据自身需要，选择拥有自己所需资源的企业作为自己的合作伙伴，因而更容易实现资源获取上的多样性。美国通用汽车公司与日本丰田汽车公司的结盟则是很好的说明，前者在美国汽车产业中一直名列前茅，而后者则是日本实力最雄厚的汽车公司。20 世纪 80 年代初的美国汽车行业正陷入极为严重的衰退期，能源价格居高不下和消费者偏好的改变导致了对高质省油的小型车的巨大需求。通用公司为适应全球竞争的需要，加大了在研究与开发方面的投入，但收效甚微。丰田公司是当时世界上汽车行业中最具成本竞争力的生产者，又拥有生产小型车的经验，并有首创的丰田管理模式。然而，由于日本汽车的对美出口受到出口限额的限制，要积极的争取巨大的美国市场，需要丰田公司将生产基地向美国转移。如果双方进行合作，通用公司就可以从丰田公司获得小型车生产技术、改善车间管理的经验及稳定的供销关系等，而丰田公司则可以成功地打破汽车行业的贸易壁垒、积累在美国的海外运作经验等。双方于 1983 年 2 月签订协议，共同出资在美国加利福尼亚建立合资企业——新联合汽车制造公司。通过双方之间的股权合资，通用公司成功地引入了高新技术，提高了自己在中小型汽车领域的竞争实力。而丰田公司则通过合资成功地打入了美国市场，并且掌握了在美国从事汽车生产的经验，弥补了缺乏海外运作经验的缺陷。

2. 提升企业核心竞争力

自从帕拉哈德在《哈佛商业评论》的《企业的核心竞争力》一文中首次提出“核心竞争力”这一概念以来，它也立即成为各位企业经营者所关注的焦点。正是因为企业的核心竞争力具有价值性、稀缺性、难以模仿、不可替代等特点，更是成为企业持续竞争优势的来源。企业通过建立战略联盟，可以实现企业各自价值链环节之间的合作，将创造价值的重点从一味的企业内部转向跨越企业组织边界的外部关系，也使得企业的经营活动开始超越传统的组织边界。通过联盟伙伴间深入的价值链环节链接关系，企业战略联盟能够实现价值链环节之间链接的低成本和快速度，为企业创造更多价值以及创造传统组织结构无法比拟的竞争优势。通过联盟企业不仅可以扩大企业规模，从而获得规模经济效应、范围经济效应和共生经济效应，同时也可以通过提供差异化的以及更迅速的产品或服务，构建起相对于竞争对手的竞争优势，打造和提升自身核心竞争力。例如，IT 产业中最大的两家企业微软和英特尔之间结成的 Wintel 联盟。在 IT 产业中软件和硬件的相互依存，微软公司开发出功能更强的软件后，英特尔集成芯片需求量才会大量上升，同时也只有在英特尔生产出更快的集成芯片后，微软的软件才会更有价值。因此，双方通过联盟方式在技术领域进行分工协作，就强化了各自拥有的核心竞争优势，而彼此竞争优势的叠加既强化了它们在行业中的领先者地位，同时也为消费者提供更为优质价廉的产品和服务。

3. 实现战略多样性

企业所拥有的资源决定了企业所能够从事的经营活动的范围。战略理论认为，在企业资源和企业战略之间存在如下的路径依赖性：当前资源——当前战略——未来资源 ——未来战略。因此，企业在当前的战略选择，会间接影响到企业在未来的战略。商业环境的复杂性及技术创新的速度越来越快，更是需要企业通过战略多样性的方式来适应这些复杂性的要求。正如在自然界中具有生物多样性的生态系统更具活力一样，企业在自身的产品及战略组合上也应当有多样性。波士顿咨询公司曾经提出经典的成长——份额矩阵法，认为企业的业务可以分为明星、问题、金牛和瘦狗四类，成功的企业应该具有一个健康的业务组合。这在一定程度上已经反映出企业的战略应该具有多样性。通过与拥有不同技术或分处不同行业的企业结成联盟，有助于企业实现业务组合和战略的多样性，从而有效的抵御外部环境中不可预测的风险。微软公司正是通过战略联盟的方式，实现了自身的战略多样性。在微软最先推出 Windows 系列产品时，微软公司并没有预料到自己会取得如此的成功，因为当时 DOS 系列产品已经在市场上占据了主导的地位，绝大多数的计算机使用者已经习惯于 DOS 系统的操作，因此消费者很可能只是希望得到 DOS 的进化版本而不是像 Windows 视窗操作系统这样的革命。但微软公司正是通过战略联盟的方式，成功地实现了自身的战略多样性。微软与 IBM 合作，共同开发了 OS/2，另外微软采用 Mac 的标准开发了 Word 和 Excel 等一系列基于 Mac 的应用软件，并且与 SCO 这一当时个人电脑市场上 Unix 系统的最大供应商签署了市场协议，并将通过股权拥有的方式进行合作。这样，无论消费者的选择如何，微软公司都能较好的应对。如果 OS/2 成为市场主流，则微软公司可以与 IBM 公司共享财富；若 Mac 在竞争中胜出，虽然微软将失去自己在操作系统市场上的位置，但是在应用软件方面微软则将胜出；如果 Unix 获胜的话，那么即使微软不再是市场的主角，但也将和 SCO 一样是一个市场的参与者。

4. 促进研究和开发

研究和开发是战略联盟最重要的合作领域。研究表明，在所有的战略联盟当中，涉及研究和开发的占总数的一半以上。首先，企业通过建立战略联盟，可以共同承担技术开发风险，提高研究和开发成功的可能性。例如，在航空领域，波音公司为了开发新型的波音 777 喷气客机，就与实力强大的富士、三菱及川崎重工结成战略联盟进行联合开发。其次，企业通过结盟互相学习，进行技术优势互补，提高产品的竞争能力。福特公司与马自达公司的联盟始于 1979 年，通过十几年的合作，福特和马自达彼此教会了对方不少“绝活”；福特学到了重要的制造技术，作为回报，它向马自达提供了发动机废气排放电脑控制系统的技术，并提供了一些用于测量噪声和振幅的精密计算机程序。再次，企业只有通过建立战略联盟才能承担巨额的研究开发费用。在计算机、电子和航空等行业中尤为突出。比如，开发新一代记忆芯片至少需要 10 亿美元，建一家生产新一代芯片的工厂还需 10 亿美元，研制一种新车型的费用通常高达 20 多亿美元，开发一种新药需要 5 亿美元。如此高额的研发费用是任何一家企业，即使是大公司也无法负担的。最后，战略联盟也是发展中国家获得关键技术的捷径。在无法通过市场方式购得技术的前提下，以战略联盟的方式与技术先进的公司合作，然后通过组织学习的方式加以消化吸收，是发展中国家企业发挥后发优势、迅速提升自身水平的重要手段。例如，我国汽车产业中“上汽”与德国大众的合作，在以往生产层面合作的基础上正向核心的技术层面拓展。上海大众技术中心的造型设计，已经纳入德国大众全球的设计体系，同时上海大众的技术骨干，也被选派到德国大众本部最核心的技术开发中心，进行汽车全过程开发培训。

5. 防止过度竞争

在任何一个行业中，随着市场的不断饱和，激烈的竞争局面难免会出现。在一番你死我活的价格战之后，往往落下个两败俱伤的局面。唯一的解决之道就是主动与竞争对手合作，化敌为友。例如，世界石油产业中最大的 OPEC 组织，就是各大石油产油国为了避免彼此之间的过度竞争，通过协议合作的方式，以控制产量、保证石油价格和各自的收益。

本 章 小 结

本章首先介绍了协同效应的概念与类型，接下来对协同战略的概念、协同战略的维度进行了分析，对协同战略的必要性进行了阐述，并分析了协同战略的模式。

接下来对战略联盟的内涵、概念与形式进行了介绍，在此基础上，对战略联盟产生的背景、动因进行了分析，介绍了战略联盟的特点与优势，阐述了战略联盟的意义与作用。

练习与思考

1. 什么是协同效应与协同战略？
2. 简述协同战略的产业链与企业集群模式。
3. 战略联盟有哪些形式？
4. 战略联盟的特点是什么？
5. 战略联盟的优势是什么？

案例

信达集团协同经营策略

当前中国金融业已经进入到“集团协同”层面来经营管理，这对于金融业来说是一个全新的挑战。既有平安集团的成功样本，也有其他集团经营的难有起色。以不良资产经营为主业的信达集团，在协同经营方面颇有见地。我们期望通过对信达集团的协同策略梳理，为其他金融集团的发展提供有益的参考。

各业务平台的协同运营是信达 AMC 最重要的优先发展战略之一，受到集团层面高度重视，也已融入企业价值，形成了“同一个信达”的协同文化。信达 AMC 三大业务板块之间存在客户共享和渠道共享等诸多资源共享机会。经过十多年的发展，信达 AMC 持续完善多元化业务平台的构建，通过总部、分公司与子公司之间的高效协同运作与一体化发展，持续着力提高信达 AMC 的企业价值。

信达 AMC 的不良资产经营业务为信达协同战略的出发点积累了广泛的客户基础、遍布全国的网络渠道、长久深厚的政府关系以及人才储备和专业能力，为我们的投资及资产管理业务以及金融服务业务带来了众多机会。同时，投资及资产管理业务能够为不良资产经营提供更为灵活、创新的交易结构，让信达 AMC 把握未来增值的机会。金融服务业务更为信达 AMC 核心业务的客户提供更为多元化的产品及服务，如在企业现金流紧张时提供过桥资金及售后回租租赁，或通过资产重组上市盘活资产。通过三个业务板块之间的协同，信达 AMC 实现多产品的整合设计，是其具备为不同发展阶段的客户提供量身定制的金融解决方案的能力，同时提升信达 AMC 自身资产组合的价值，为其盈利模式的多元化奠定了坚实的基础。

一、客户协同

信达 AMC 拥有庞大的客户基础。在过去十多年的不良资产经营业务以及问题实体托管清算及重组业务中，信达 AMC 与地方政府、国内主要金融机构及众多企业建立了良好的合作关系。截至 2013 年 6 月末，信达 AMC 共与 343 户政府机构、金融机构、企业和其他机构(战略合作客户)签订了战略合作协议。根据战略合作协议，信达 AMC 与其战略合作客户将在不良资产收购与处置、资产重组与债务重组、金融资产与非金融资产盘活与证券化、授信与资金管理收购处置、客户渠道共享、业务互补互换、资产受托与代理、人员与专业知识交流等领域进行合作。在信达集团统一管理下，其各业务平台共享这些战略合作客户资源，为各自独立的业务拓展以及多业务的协同拓展提供了广泛的客户基础。

二、业务协同

1. 信达业务协同的基本思路

信达充分利用在不良资产经营业务所积累的丰富的行业经验、产品及风险管理的能力、优质的客户基础以及专业的人才队伍,成功将业务范围拓展至投资及资产管理。信达对问题金融机构进行托管清算和重组，并通过自行发起设立的方式获得具有稀缺性的金融牌照。同样，建立了综合性的金融服务平台，提供证券、期货、信托、融资租赁、资金管理及保险服务。

信达 AMC 业务协同能力源自信达集团多元且具差异化的产品线，相较于传统金融机构较为单一的功能，信达 AMC 可以协同多元化的业务平台，为客户提供包括财务与融资顾问(证券)、融资(租赁、信托与债券投资基金)、股权投资(股权投资基金)、保险(财险与寿险)、资产管理(证券、信托与基金)以及境外金融服务。信达 AMC 的子公司围绕着不良资产经营本业发展，作为重要的平台工具，持续提升信达 AMC 的主营业务平台价值。

为更好地推进业务协同，信达 AMC 已基本建成其集团产品库。于 2013 年 6 月月末，信达集团产品库包括该公司的 16 个产品和子公司的 152 个产品。信达 AMC 凭借提供量身定制金融服务的能力已与客户建立密切的合作关系，增强了客户黏性，为业务发展带来巨大潜力。

信达 AMC 还利用海外平台华建国际及其子公司的专业能力和资源，为客户提供境外服务，发挥境内外业务协同效应。例如，信达 AMC 通过信达国际境外投行的专业资格，作为某香港上市公司担保债务转让的财务顾问，实现了信达 AMC 分公司对该香港上市公司下属内地子公司的债权收购，充分体现了信达 AMC 发挥板块之间和境内外协同效应的能力。

2．信达业务协同的业绩表现

信达的业务板块相辅相成，形成了显著的业务协同效应。多年来，信达通过不良资产经营积累了广泛的客户基础、密切的政府关系及遍布全球的网络渠道，为其其他的业务带来了众多机会，提升了其他业务的业绩。

投资与资产管理业务能够为不良资产管理经营业务提供更为灵活、创新的交易结构，并且通过自有资金投资及管理资金的投资把握未来增值的机会，提高不良资产处置的总体回报。其金融服务业务为客户提供各种产品及服务。例如，其证券子公司为客户提供资本市场对接手段，信托公司为面临流动资金问题的客户提供额外资金，融资租赁子公司为企业客户提供设备融资解决方案。

信达 AMC 凭借着业务分部的协同发展，打造涵盖不良资产经营、私募股权、证券、信托及基金管理的综合性资产管理平台，以及提供证券、期货、信托、融资租赁、基金管理及保险等订制品和服务的多元化金融服务平台。该平台推动着信达 AMC 以可持续增长模式发展，同时提升了资产规模和企业价值。

三、机构网络协同

信达 AMC 通过对子公司业务的战略定位，配合信达集团的网络战略，全面实现信达 AMC 与子公司业务职能自上而下的协同运作。在子公司层面，信达 AMC 将提倡团队合作文化和科学的绩效考核机制相结合，促进各子公司在业务上的横向交流，以实现该集团协同运营的战略。

信达 AMC 在全国 30 个省设立了 31 家分公司。信达 AMC 的分公司作为不良资产经营等业务的经营主体，负责客户开拓和关系维护。信达 AMC 的分公司为子公司推荐客户和项目，子公司为分公司的客户提供产品和服务。截至 2013 年年中，信达 AMC 的 31 家分公司与全部 9 家一级子公司开展了集团协同业务。其中，信达 AMC 的分公司向信达租赁推荐客户，信达租赁最终与 29 家分公司推荐的此类客户完成 108 宗交易。

此外，信达 AMC 的境外业务平台华建国际利用香港市场投资机构集中、信息充分的优势，捕捉投资机会同时及时把信息传递给分公司，在最大程度上发挥协同作用。

四、信达品牌宣传协同

在集团层面，信达 AMC 实施“信达”品牌的集中品牌管理和推广，治理宣传资产管理专业机构的品牌形象，为现有业务快速发展和新业务领域拓展提供了强大的品牌支持。2010 年起，信达 AMC 在全国范围内开展品牌推广，利用媒体广告、户外广告、冠名赞助等多种形式，展现统一的视觉形象，提高公众对“信达”品牌的认知度，突出本集团在资产管理业务方面的专业水准及在综合金融服务方面的协同优势。

五、人才与业务经验共享

信达 AMC 通过既有的人才优势搭建了多元化的业务平台。信达 AMC 在发展初期就储备了一批证券、信托、房地产及金融租赁方面的专业人才。通过发挥这些人才的专业化技能和行业知识，信达 AMC 有选择地搭建了多元化的业务平台；这些优秀的专业人才成为多元化业务平台发展的强大人才基础，并为集团化协同运营战略的贯彻实施提供了保障。

（资料来源：诠资管“每日趋势研判”第 502 期.）

第8章

企业并购战略

本章学习目的：

1. 熟悉并购相关概念与类型；
2. 了解并购动因的相关理论；
3. 理解并购的现实动因；
4. 了解并购应注意的问题；
5. 掌握目标公司分析与价值估算方法；
6. 了解并购的实施步骤与阻碍因素。

案例

美的收购德国库卡

2016年4月份，国家工业和信息化部公布了“十三五”期间我国机器人产业发展蓝图，明确“到2020年，我国工业机器人年产量达到10万台，培育3家以上的龙头企业，打造5个以上机器人配套产业集群等”，在“工业4.0”的大背景下，我国工业机器人产业将有望迎来强势爆发，因此不少龙头企业也将触手伸向了工业机器人制造领域，家电巨头美的集团便是其中之一。

2016年5月18日，美的集团董事会通过议案，拟通过境外全资子公司MECCA International (BVI) Limited（简称“MECCA”）以每股115欧元的价格全面要约收购德国库卡集团(KUKAAktiengesellschaft，简称“KUKA”）至少30%以上的股权。

一、目标企业介绍

作为四大机器人企业之一，拥有百年历史的库卡集团堪称德国制造业典范。库卡集团在目前德国制造业网络化战略“工业4.0”中占据主导地位，在今年汉诺威工业展上更被德国总理默克尔誉为“德国工业的未来”。库卡集团旗下三个主要业务板块分别为库卡集团机器人板块(主要从事开发、制造并销售可应用于自动化制造过程的主要核心机器人)、库卡集团系统板块(主要从事设计和建设涵盖整个工厂价值链的自动化制造系统)、瑞仕格板块(为其他领域研发创新自动化提供解决方案)。

2014年，库卡集团前控股股东——自动生产装备集团Grenzbach家族将手上股票转让给著名的家族工业集团福伊特集团公司(Voith)，福伊特在2015年进而增持到25.1%股份，同期，美的集团通过国外二级市场也买入股票注资库卡集团。目前，福伊特公司是库卡集团第一大股东，美的集团持有 13.5%股份(第二大股东)，德国富翁 FriedhelmLoh 持有 10%股份(第三大股东)，另外持 3%以上股份的有私募基金、投资银行、信托公司等机构投资者小计约 35%股份，其他小型投资机构和散户手上的股份不超过 20%。2015 年度库卡集团营业收入约 217.7 亿元人民币，其中 45.74%来自欧洲，34.92%来自北美，约 19.34%来自亚洲和其他地区。此外，库卡集团 2014 年和 2015 年归属母公司净利润分别达 5.0 亿元人民币和 6.4 亿元人民币；截至 2015 年 12 月 31 日，库卡集团总资产约 174.8 亿元人民币(按照 2016 年 3 月 31 日中国人民银行公布的外汇牌价中间价计算)。

相对于均有“副业”的 ABB、发那科和安川，库卡集团是四大巨头中最聚焦于机器人业务的公司，从去年年报数据来看，库卡集团在四大机器人公司中体量也是最小的，这或许给美的集团全面收购库卡集团也带来了许多便利。

二、跌宕起伏的剧情

美的集团全面要约收购库卡集团公布后，2016 年 5 月中至 6 月初，首先是布鲁塞尔和柏林的高级官员齐声反对，欧盟数字经济委员京特 • 奥廷格表示，库卡集团公司在战略规划上很成功，对欧洲数字行业发展的未来具有至关重要的影响；德国副总理、经济部部长嘉布瑞尔在内阁会议中也表示了对此项收购的担忧，还有库卡集团小股东跳出来称中方控制库卡集团将使管理层失去独立性。在外媒舆论一边倒的紧要关头，美的集团一方面坦诚解释这宗交易对双方的双赢意义，另一方面告知德国政府和大众，中国公司收购不会导致库卡集团内部裁员和核心技术流失等影响。此时“巧遇”国际友人神助攻，期间路透社发表了一篇关于三一重工收购德国普茨迈斯特后成功整合的报道文章，也起到了一定的安抚作用。

美的集团深刻理解“擒贼先擒王”的兵法道理，集团 CEO 方洪波于 2016 年 6 月 10 日在香港与库卡集团大股东福伊特公司 CEO 休伯特 • 林哈德(Hubert Lienhard)会面，双方讨论了美的集团对库卡集团的本次要约收购，林哈德向方洪波问到是否欢迎福伊特继续作为持有 25%股份的股东存在？方洪波回答:“我认为你们不会(受欢迎)。”之后，福伊特公司在 2016 年 6 月 15 日举行的内部会议上达成一致，认为公司继续在美的集团身边作为小股东存在并不具备战略或经济意义。

2016 年 6 月 15 日，德国联邦金融监管局审核通过了就本次要约收购向其提交的要约收购文件(德文版本)，2016 年 6 月 16 日，美的集团发出了本次要约收购的要约文件。

2016 年 6 月 21 日，库卡集团(KUKA)监事会放手让首席执行官(CEO) Till Reuter 就中国美的集团提出的 45 亿欧元收购进行谈判，监事会一致支持 Reuter，他本人对美的集团的收购表示欢迎。监事会包括工程公司福伊特集团(Voith)的负责人 Hubert Lienhard，以及富翁 Friedhelm Loh，在这之前，库卡集团董事会也向全体股东推荐了本次的要约收购。

2016 年 6 月 24 日，福伊特集团(Voith)明确表示计划把持有的库卡集团 25.1%股份全部出售给美的集团，此举将为这笔收购交易的顺利完成铺平道路；随后，库卡集团第三大股东富翁弗莱德汉姆 • 洛(Friedhelm Loh)在接受采访时也暗示，他可能愿意出售其全部股份。

2016 年 6 月 28 日，要约收购再下一城，美的集团发布公告称，已与库卡集团签订约束性投资协议，美的集团再次强调将致力保持库卡集团的独立性，并表示没有订立控制协议或促使其退市的意愿。公告还称，这次签订协议的前提是，库卡集团监事会及执行管理委员会达成一致意见推荐库卡集团股东接受本次要约收购。

2016 年 7 月 3 日，库卡集团第一大股东福伊特公司宣布，公司将以大约 12 亿欧元(约合

13 亿美元）向美的集团出售所持有的 25.1%库卡集团股份；在美的集团承诺保留库卡集团工厂和员工至 2023 年年底后，库卡集团 CEO 蒂尔·劳伊特（TillReuter）表达了对于美的集团要约收购的支持。在福伊特集团宣布退出后，其他股东也呈土崩瓦解之势接受了美的集团要约收购，其中包括第三股东弗莱德汉姆·洛（Friedhelm Loh）和其他机构投资者。

2016 年 7 月 20 日，美的集团公布了最新进展，接受美的集团本次要约收购的股份已达 72.18%，收购完成后，美的集团将持有库卡集团 85.69%的股份。根据本次要约收购的进程安排，在上述要约接受结果公布后两周内（该两周的时间称为“额外要约期”），要约期内未接受要约的库卡集团股东可以继续决定接受要约，额外要约期将于 2016 年 7 月 21 日 0 时（德国法兰克福当地时间）开始，并将于 2016 年 8 月 3 日 24 时结束。

至此，美的集团这起全面要约收购成功地迈出了第一步。值得注意的是，本次收购交易还须通过欧盟、德国、美国、中国、俄罗斯、巴西、墨西哥的反垄断审查，包括通过德国联邦经济事务和能源部的审议，以及美国外资投资委员会（CFIUS）和国防贸易管制理事会（DDTC）的审查，预计 2017 年 3 月 31 日前完成。

三、大案带来的启发

纵观这起巨额收购交易前半场剧情，为走出去企业如何海外投资并购，以及全球资源整合配置，带来许多启发和借鉴，简单归纳如下。

1. 明确目标，提前布局。对于美的集团来说，传统家电业增长趋缓加上利润下降已是不争的事实，在一方面继续拓展国内外市场、维持主业的同时，投资库卡集团寻求新的增长点，不失为一招妙棋。美的集团希望借助库卡集团在工业机器人和自动化生产领域的经验和产品线，进一步提高生产效率，并推动美的集团制造升级；双方将联合开拓“广阔的中国机器人市场”，并通过优势互补与协同效应，有效提升美的集团业务多样性、全球业务布局及获利能力。

2. 化整为零，逐步增持。美的集团对库卡集团的兴趣要追溯到 2015 年 8 月首次在二级市场买入库卡集团 5.4%的股权，紧接着，美的集团在今年先后将股份增持到了10.2%与 13.5%。在前期逐步以相对较低的价格注资后，对库卡集团有了进一步了解。今年 5 月 18 日，美的集团才正式提出要约收购，拟报价 115 欧元/每股。通过逐步增持的方式谋求库卡集团这样优秀企业的控股权，既减少欧美政府和大众对于中国企业突然冒进的陌生感和资金压力，也规避了中外企业合并中经常出现的诸多冲突和操作风险，如此的战术堪称稳健又不失灵活，具有很强的指导意义。

3. 借助外力，寻求支援。在 2016 年 5 月份公布要约收购后，面对来自德国和欧洲的压力，美的集团首先在库卡集团公司内部谋求董事会和监事会的一致支持，并运用三一重工、均胜、潍柴等成功并购德国企业的先例说服众多担忧和反对者。此外，对于库卡集团这样的明星企业，利用德国总理默克尔 6 月 12 日至 14 日访华期间，通过领导人非公开接触和沟通，形成两国间正常贸易投资的默许与支持，为美的集团全面要约收购库卡集团敞开了大门。

4. 分清形势，重点突破。在这次“不请自来”的要约收购中（Unsolicitedtakeover），115 欧元每股的报价颇具杀伤力，这个价格不仅打动了小股东们，在美的集团答应库卡集团提出的 5 项承诺后，大股东福伊特集团（Voith）对这宗交易的态度即刻发生了反转。这份报价对于福伊特意义似乎大大超出了其原先设定的投资目标，根据当时库卡集团的股价，福伊特在 2014 年收购库卡集团 25.1%的股权差不多花了 3.7 亿欧元，而如今美的集团愿意以 12 亿欧元的价格收购其手中的股权，相当于2年净赚8亿多欧元，这对于在2015年还亏损9266万欧元的福伊特来讲无疑是一笔巨款。在美的集团签署5项承诺之后，福伊特果断同意转让全部所持股权。

5. 节制行事，精心谋划。美的集团为了这宗巨额交易，除了战略上精心谋划，在资金方面也做足了工夫。美的集团2015 年年报中显示，归属于上市公司股东的净利润127.07亿元，同比增长20.99%，而2016年Q1财报也显示，其当期经营活动产生的现金流净额为65.95亿元，同比增加163.94%，此外，美的集团在2015年全年产生的现金流净额高达267.64亿元人民币，现金流相当充裕。同时，美的集团也寻求了银行贷款，在公布的要约收购中显示，2016年6月2日，子公司MECCA(收购主体)向中国工商银行(欧洲)有限公司巴黎分行和中国工商银行法兰克福分行签订了一份融资协议。

6. 快速出击，巧取豪夺。美的集团的这次要约收购，拟以企业自有资金加银行贷款，以现金支付的方式全面要约收购，通过高昂的报价诱使控股股东主动退出；同时也是侧面考虑库卡集团是德国上市公司，如果通过发行新股或换股来收购，交易过程存在较大的不确定性和市场风险。从美的集团2016年6月16日发出要约收购，到2016年6月28日美的集团宣布与库卡集团签订约束性投资协议，前后不足两周时间，对于如此巨额的一宗交易，速度可谓神速，很好地抑制了库卡集团股票进一步上涨，节省了大量交易成本。这其中，除了美的集团去年已注资库卡集团的有利因素外，本次收购所采取的战术和效率都非常值得称赞。

7. 放眼未来，战略投资。美的集团收购库卡集团，志在必得。除了高昂的收购价格外，美的还做出了长达七年半的承诺(保持库卡集团的独立性、不退市、尊重库卡集团品牌及知识产权、保留工厂和员工至2023年年底、支持库卡集团的战略计划)，这一方面说明美的集团对机器人行业的未来相当看好，另一方面也显示出美的集团有信心做好收购后的整合。海外并购，不是短期买卖，而是一宗长期投资，就似一桩跨国婚姻，需要在交割后，耐心培养感情，精细管理。在手握一副好牌后，相信美的集团将做长远的战略规划。

四、结语

这次全面要约收购将是美的集团又一战略投资，与库卡集团合作有助于美的集团在机器人与自动化领域深入拓展，并强化战略布局。同时，本次交易将进一步为美的集团开拓海外业务，寻求新的业务增长点以及提高上市公司盈利能力奠定基础。

(资料来源：微信公众号华尔街俱乐部，作者：万成文)

8.1 并购战略概述

从发展路径上讲，企业不断发展壮大主要有两种方式。一种方式是通过自身积累，将其生产经营所获得利润进行再投资来实现发展壮大，或者通过发行股票、债券、向银行贷款筹集资金等方式扩大企业的经营规模，这种方式称为内涵式发展。另一种方式是通过外部扩张，收购、兼并其他企业来壮大自己，实现企业的迅速增长，此方式称为外延式发展。相对于企业内涵式的自身积累发展而言，作为外延式发展主要手段的收购、兼并，可以为企业带来一些重要的转机和大的跨越，能够在较短的时间内迅速适应市场的需求，迅速完成经营扩张、实现规模效应。

8.1.1 并购相关概念与类型

1. 并购相关概念

并购是指企业为获取其他企业的经营控制权，有偿地购买其他企业的部分或全部产权，以实现经营资产一体化的企业行为。并购的英文形式是 Merger & Acquisition（简称为 M&A），Merger 通常被翻译为兼并或合并，实际上并购是合并、兼并与收购的合称。

合并是指一家企业与另外一家或几家企业联合起来成为一家会计实体，这一单一实体继续从事以前分别独立的业务。通常来说，合并有三种形式，即吸收合并、新设合并和控制股权。吸收合并是指两家或两家以上的企业合并，其中一家因吸收了其他企业而成为存续企业的合并形式。新设合并是指两家或两家以上的企业通过合并创建一家新企业，原有的企业不复存在。控制股权是指一家企业通过长期投资取得了另一家或几家企业的控制股权，使被投资企业成为他的附属或子公司，自己成为母公司或控股公司。

根据《新大不列颠百科全书》中的解释，兼并（Mergers）是指两家或更多的独立的企业、公司合并成一家企业，通常由一家占优势的公司吸收另一家或者更多的公司。兼并行为既可以通过用现金或证券购买其他公司资产的方式，或者购买其他公司股份或者股票的方式来完成，也可以通过对其他公司的股东发行新股票，以换取所持有的股票，取得其他公司的资产和负债的方式来实现。

收购（Acquisitions）是指一家企业用现金、债券、股票等方式购买其他企业股票或资产，以谋求该企业经营或资产控制权的行为活动。收购可以分为收购资产和收购股份（股权）两种方式。收购资产是指收购方收购目标企业的全部或者部分资产；收购股份是指收购方收购目标企业的全部或者部分股权，并且使目标企业成为全资子公司或控股子公司。如果收购方是被收购公司的管理人员或管理层，则称为管理层收购（Management Buyout，MBO），其通常采用大量借债的方式获取收购所需的资金，这是杠杆收购的一种形式。

合并、兼并与收购既有共同点又有不同点。共同特点在于它们都是企业扩大自身实力和影响力的一种手段，都是通过资本的运营来达到控制另一家企业的目的，最终形成一个经济单位。但合并是由两个或以上的单位形成一个新的实体，而兼并和收购则是被收购方纳入到并购方公司体系之中。收购只会使企业的控制权发生转移，而兼并则导致一方或多方的解散及法人资格的灭失。但由于很少有被兼并或收购方进入后原有的公司不发生重大结构变化的，所以人们往往也把兼并和收购看成是一种合并，合并、兼并与收购通常被合称为并购。

2. 并购的类型

企业并购有多种类型，从不同的角度有不同的分类。

1）按并购双方在并购后的法律地位划分

（1）吸收型并购。吸收型并购（A+B=A）是参与合并的企业中一方被另一方吸收，被吸收的企业在法律上归于消灭，其债券、债务由吸收的企业承担。简言之，其中一个法人解散而为另一个法人所吸收。通常所说的兼并应属于吸收型合并，是在商品形态中相对独立的法人通过市场购买或者其他有偿转让的形式，获取其他法人的资产，从而实现产权转移的经济行为。

（2）新设法人型并购。新设法人型并购（A+B=C）又称创设合并，是指参与合并的企业重新组合成一家新的企业，原合并各方在法律上归于消灭，合并后的企业承担原来合并企业的债权和债务。简言之，即并购双方都解散后成立的一个新法人。

(3)控股型并购。即并购双方都不解散，但一方为另一方所控股。

2)按并购过程支付方式的不同划分

(1)现金收购。指收购公司向目标公司的股东支付一定数量的现金而获得目标公司的所有权。现金收购存在资本所得税的问题，这可能会增加是收购公司的成本，因此在采用这一方式的时候，必须考虑这项收购是否免税。另外现金收购会对收购公司的流动性、资产结构、负债等产生影响，所以应该综合进行权衡。

(2)股票收购。指收购公司通过增发股票的方式获得目标公司的所有权。这种方式，公司不需要对外付出现金，因此不至于对公司的财务状况发生影响，但是增发股票，会影响公司的股权结构，原有股东的控制权会受到冲击。

(3)综合证券收购。指在收购过程中，收购公司支付的不仅仅有现金、股票，而且还有认股权证、可转换债券等多种方式的混合。这种兼并方式具有现金收购和股票收购的特点，收购公司既可以避免支付过多的现金，保持良好的财务状况，又可以防止控制权的转移。

3)按并购双方所处的行业划分

(1)横向并购。横向并购是指处于同行业。生产同类产品或生产工艺相似的企业间的并购。这种并购实质上是资本在同一产业和部门内集中，迅速扩大生产规模，提高市场份额，增强企业的竞争能力和盈利能力。

(2)纵向并购。是指生产和经营过程相互衔接、紧密联系间的企业之间的并购。其实质是通过处于生产同一产品的不同阶段的企业之间的并购，从而实现纵向一体化。纵向并购除了可以扩大生产规模，节约共同费用之外，还可以促进生产过程的各个环节的密切配合，加速生产流程，缩短生产周期，节约运输、仓储费用和能源。

(3)混合并购。是指处于不同产业部门，不同市场，且这些产业部门之间没有特别的生产技术联系的企业之间的并购，包括以下三种形态：

① 产品扩张性并购，即生产相关产品的企业间的并购；

② 市场扩张性并购，即一个企业为了扩大竞争地盘而对其他地区的生产同类产品的企业进行的并购；

③ 纯粹的并购，即生产和经营彼此毫无关系的产品或服务的若干企业之间的并购。

混合并购可以降低一个企业长期从事一个行业所带来的经营风险，另外通过这种方式可以使企业的技术、原材料等各种资源得到充分利用。

4)按收购公司的动机划分

(1)善意并购。收购公司提出收购条件以后，如果目标公司接受收购条件，这种并购称为善意并购。在善意并购下，收购条件、价格、方式等可以由双方高层管理者协商进行并经董事会批准。由于双方都有合并的愿望，因此，这种方式的成功率较高。

(2)恶意并购。如果收购公司提出收购要求和条件后，目标公司不同意，收购公司只有在证券市场上强行收购，这种方式称为恶意收购。在恶意收购下，目标公司通常会采取各种措施对收购进行抵制，证券市场也会迅速做出反应，股价迅速提高，因此恶意收购中，除非收购公司有雄厚的实力，否则很难成功。

5)按并购方的身份划分

(1)产业资本并购，一般由非金融企业进行，为获得未来的产业利润。

(2)金融资本并购，一般由投资银行或非银行金融机构(如金融投资企业、私募基金、风险投资基金等)进行并购。一是金融资本直接与目标资本谈判，以一定的条件购买目标企业的所有权，或当目标企业增资扩股时，以一定的价格购买其股权；二是由金融资本在证券市场上收购目标企业的股票从而达到控股的目的。

6)按收购资金来源划分

(1)杠杆收购 LBO，收购方在实施企业收购时，如果其主体资金来源是对外负债，即在银行贷款或金融市场借贷的支持下完成。一般而言，收购者自有资本只占收购资本的10%～15%，银行贷款50%～70%，发行债券占20%～40%。

(2)非杠杆收购，收购方的主体资金来源是自有资金。

7)按是否通过中介机构进行划分

(1)直接收购。是指收购公司直接向目标公司提出并购要求，双方经过磋商，达成协议，从而完成收购活动。如果收购公司对目标公司的部分所有权提要求，目标公司可能会允许收购公司取得目标公司的新发行的股票；如果是全部产权的要求，双方可以通过协商，确定所有权的转移方式。由于在直接收购的条件下，双方可以密切配合，因此相对成本较低，成功的可能性较大。

(2)间接收购。指收购公司直接在证券市场上收购目标公司的股票，从而控制目标公司。由于间接收购方式很容易引起股价的剧烈上涨，同时可能会引起目标公司的激烈反应，因此会提高收购的成本，增加收购的难度。

8.1.2 并购动因理论

企业并购动因理论一般涉及四种经济学理论：新古典综合派理论、协同效应假说、委托-代理理论及新制度经济学理论。

1. 新古典综合派理论

新古典综合派有关并购动因的理论主要有规模效益理论、市场力假说及税赋效应理论。规模效益理论是指在一特定时期内，企业产品绝对量增加时，其单位成本下降，即扩大经营规模可以降低平均成本，从而提高利润水平。并购可以在两个层次上实现企业的规模效益，即产量的提高和单位成本的降低。并购给企业带来的内在规模经济在于：通过并购可以对资产进行补充和周整；横向并购可实现产品单一化生产，降低多种经营带来的不适应；纵向并购，将各生产流程纳入同一企业，节省交易成本。并购的外在规模经济在于：并购增强了企业整体实力，巩固了市场占有率，能提供全面的专业化生产服务，更好地满足不同市场的需要。

市场力假说将企业并购的动因归结于并购能够提高市场占有率。由于市场竞争对手的减少，优势企业可以增加对市场的控制能力。但市场占有率的提高并不意味着规模效益的达成，只有在横向或纵向并购中，优势企业既增加了市场占有率，又达成了规模经济，这一假说才能够成立。

税赋效应理论认为并购是由于一个企业有过多的账面盈余，因而必须承担高额税收，为减轻税收负担而采取的行为。被兼并企业往往由于税收负担过重无法持续经营而出售。由于亏损可以在若干年内税前弥补，一个有高额盈余的企业并购一个亏损企业，无疑会带来税收的好处。

2. 协同效应假说

由 Weston 提出的协同效应假说认为公司并购对整个社会而言是有益的，这主要通过协同效应体现在效率的改进上。所谓协同效应，是指两个公司实施并购后的产出比并购前两个公司产出之和要大，即 2+2>4。对于并购公司而言，2+2>4 的效应主要体现在经营协同效应、财务协同效应、管理协同效应等方面，该假说主要为企业间的横向并购提供了理论基础。

1）经营协同效应主要来源于规模经济和范围经济

通过并购方式可以扩大企业生产规模，达到规模经济的生产范围，从而降低生产成本。该理论的假设前提是，在行业中存在着规模经济，并且在企业并购活动之前，公司的经营水平和经营规模都达不到实现规模经济的潜在要求。范围经济指企业能够利用现有产品的生产销售经验以较低的成本生产相关的附加产品。

2）财务协同效应的来源主要是可以取得较低成本的内部融资和外部融资

例如，合并公司的举债能力可能大于合并前各个公司之和，从而可带来税收上的节约，或者举债成本更低，从而可带来财务费用上的节约。该理论隐含的假设前提是，企业并购活动产生的税收减免大于并购成本，但是这种情况只有在特定的条件下才会出现。

3）管理协同效应主要来源于管理能力层次不同的企业合并所带来效率的改善

假设两个公司的管理效率不同，在高管理效率公司并购另一个公司之后，通过资产重组、业务整合，可以改善低效率公司的管理效率以创造价值。

3. 委托－代理理论

代理问题的产生是由于公司管理层与股东两者的利益是不一致的，其根本原因在于管理者（决策或控制代理人）和所有者（风险承担者）之间的合约不可能无代价地签订和执行，由此而产生了代理成本。该理论对企业并购动因的解释可归纳为以下三点。

1）并购可以降低代理成本

公司的代理问题可经由适当的组织设计解决，即当公司的经营权与所有权分离时，决策的拟定和执行与决策的评估和控制应加以分离，前者是代理人的职权，后者归所有者管理，这是通过内部机制设计来控制代理问题。而 Manne（1965）认为收购事实上可以提供一种控制代理问题的外部机制，当目标公司代理人有代理问题产生时，收购或代理权的竞争可以降低代理成本。另一方面，Fama和Jensen（1983）提出的自由现金流假说认为与管理者和股东之间在自由现金流支出方面的冲突联系在一起的代理成本是并购活动的一个主要原因。

2）经理主义

Mueller（1969）提出的经理主义假说认为代理人的报酬决定于公司的规模，因此代理人有动机通过收购使公司规模扩大，而忽视公司的实际投资收益率。但 Lewellen 和 Huntsman（1970）的实证分析表明，代理人的报酬与企业利润率相关而与销售水平无关，此结果与 Muller 的假设相反。持反对意见者则认为收购本身实际就是代理问题的表现形式，因为公司管理层可能会为了其自身利益而做出损害股东利益的并购决策。

3) 自大假说

Roll(1986)提出的自大假说认为，并购企业决策者过多地关注目标企业的未来价值，从而忽视或有意回避两家公司合并后可能产生的负面协同作用，而并购企业的过高估价来自于自大——他们的过度自信。这一理论的提出，从一个侧面增加了人们对企业并购动机的认识。这意味着企业管理者的意图是增加企业的资产，但其决策违背了股东的利益，并购价格过高。

4. 新制度经济学理论

新制度经济学认为并购的动因在于对并购后公司潜在效率的追求，包括节约交易费用、效率最优化等。Coase(1937)提出的交易费用理论为理解公司并购提供了一个较有力的解释基础。交易费用理论认为推动企业兼并有两种基本力量：一是技术关联性决定的兼并，二是存在垄断和寡头的兼并，即“技术决定论”和“市场缺陷论”。商品经济的交易方式分为两种：一种是交易市场的交易，一种是企业内部交易。市场交易发生在企业之间，由市场来调节、控制，这种交易存在很大的不确定性，风险大，费用也高。因此，通过纵向兼并能够将上游产品和下游产品纳入同一企业组织结构内，可降低市场交易费用，达到最终降低成本的目的。

8.1.3 并购的现实动因

1. 实现协同效应

并购后两个企业的协同效应主要体现在生产协同，经营协同，财务协同，人才、技术协同。

(1)生产协同。企业并购后的生产协同主要通过工厂规模经济取得。并购后，企业可以对原有企业之间的资产即规模进行调整，使其实现最佳规模，降低生产成本；原有企业间相同的产品可以由专门的生产部门进行生产，从而提高生产和设备的专业化，提高生产效率；原有企业间相互衔接的生产过程或工序，并购后可以加强生产的协作，使生产得以流畅进行，还可以降低中间环节的运输、储存成本。

(2)经营协同。经营协同可以通过企业的规模经济来实现。企业并购后，管理机构和人员可以精简，使管理费用由更多的产品进行分担，从而节省管理费用；原来企业的营销网络、营销活动可以进行合并，节约营销费用；研究与开发费用可以由更多的产品进行分担，从而可以迅速采用新技术，推出新产品。并购后，由于企业规模的扩大，还可以增强企业抵御风险的能力。

(3)财务协同。并购后的企业可以对资金统一调度，增强企业资金的利用效果，由于规模和实力的扩大，企业筹资能力可以大大增强，满足企业发展过程中对资金的需求。另外，并购后的企业由于在会计上统一处理，可以在企业中互相弥补产生的亏损，从而达到避税的效果。

(4)人才、技术的协同。并购后，原有企业的人才、技术可以共享，充分发挥人才、技术的作用，增强企业的竞争力，尤其是一些专有技术，企业通过其他方法很难获得，通过并购，因为获取了对该企业的控制，而获得该项专利或技术，促进企业的发展。

2. 实现快速发展

在激烈的市场竞争中，企业只有不断发展才能生存下去，通常情况下企业既可以通过内部投资获得发展，也可以通过并购获得发展，两者相比，并购方式的效率更高，其主要表现在以下几个方面。

(1)并购可以节省时间。企业的经营与发展是处在一个动态的环境之中的，在企业发展的同时，竞争对手也在谋求发展，因此，在发展过程中必须把握好时机，尽可能抢在竞争对手之前获取有利的地位。如果企业采取内部投资的方式，将会受到项目的建设周期、资源的获取以及配置方面的限制，制约企业的发展速度。而且通过并购的方式，企业可以在极短的时间内将企业规模作大，提高竞争能力，将竞争对手击败。尤其是在进入新行业的情况下，谁领先一步，就可以取得原材料、渠道、声誉等方面的优势，在行业内迅速建立领先优势，优势一旦建立，别的竞争者就难以取代，在这种情况下，如果通过内部投资、逐渐发展，显然不可能满足竞争和发展的需要。因此，并购可以使企业把握时机，赢得先机，获取竞争优势。

(2)并购可以降低进入壁垒和企业发展的风险。企业进入一个新的行业会遇到各种各样的壁垒，包括资金、技术、渠道、顾客、经验等，这些壁垒不仅增加了企业进入这一行业的难度，而且提高了进入的成本和风险。如果企业采用并购的方式，先控制该行业的原有的一个企业，则可以绕开这一系列的壁垒，这样可以使企业以较低的成本和风险迅速进入这一行业。

尤其是有的行业受到规模的限制，而企业进入这一行业必须达到一定的规模，这必将导致生产能力的过剩，引起其他企业的剧烈反抗，产品价格可能会迅速降低，如果需求不能相应得到提高的话，该企业的进入将会破坏这一行业的盈利能力。而通过并购的方式进入这一行业，不会导致生产能力的大幅度扩张，从而保护这一行业，使企业进入后有利可图。

(3)并购可以促进企业的跨国发展。竞争全球化的格局已基本形成，跨国发展已经成为经营的一个新趋势，企业进入国外的新市场，面临着比进入国内新市场更多的困难。其主要包括企业的经营管理方式、经营环境的差别、政府法规的限制等。采用并购当地已有的一个企业的方式的进入，不但可以加快进入速度，而且可以利用原有企业的运作系统、经营条件、管理资源等，使企业在今后阶段顺利发展。另外，由于被并购的企业与进入国的经济紧密融为一体，不会对该国经济产生太大的冲击，因此，政府的限制相对较少。这有助于跨国发展的成功。

3. 加强市场控制

在横向并购中，通过并购可以获取竞争对手的市场份额，迅速扩大市场占有率，增强企业在市场上的竞争能力。另外，由于减少了一个竞争对手，尤其是在市场竞争者不多的情况下，可以增加讨价还价的能力，因此企业可以以更低的价格获取原材料，以更高的价格向市场出售产品，从而扩大企业的盈利水平。

4. 获取投资收益

在证券市场中，从理论上来讲公司的股票市价总额应当等同于公司的实际价值，但是由于环境的影响，信息对不对称和未来的不确定性等方面的影响，上市公司的价值经常被低估。如果企业认为自己可以比原来的经营者做得更好，那么该企业可以收购这家公司，通过对其经营获取更多的收益，该企业也可以将目标公司收购后重新出售，从而在短期内获得巨额收益。

5. 实现合法避税

各国公司法中一般都有规定，一个企业的亏损可以用今后若干年度的利润进行抵补，抵补后再缴纳所得税。因此，如果一个企业历史上存在着未抵补完的正额亏损，而收购企业每年生产大量的利润，则收购企业可以低价获取这一公司的控制权，利用其亏损进行避税。

8.2 并购战略的实施

8.2.1 并购应该注意的问题

并购对企业发展具有重大的意义，但是从实际情况来看，由许多并购案都是失败的。为保证企业并购的成功，应该注意以下几个问题。

1. 在战略指导下选择目标公司

在并购一个企业之前，必须明确本企业的发展战略，在此基础上对目标企业所从事的业务、资源状况进行调查，如果对其收购后，其能够很好地与本企业的战略相配合，从而通过对目标企业的收购，增强本企业的实力，提高整个系统的运作效率，最终增强竞争优势，这样才可以考虑对目标企业进行收购。反之，如果目标企业与本企业的发展战略不能很好地吻合的话，那么即使目标企业十分便宜，也应该慎重行事，因为对其收购后，不但不会通过企业间的协作、资源的共享或的竞争优势，反而会分散购买方的力量，削弱其竞争能力，最终导致并购失败。

2. 进行详细的审查

许多并购的失败是由于事先没有能够很好地对目标企业进行详细的审查造成的，在并购过程中，由于信息不对称，买方很难像卖方一样对目标企业有着充分的了解，但是许多收购方在事前都想当然地以为自己已经很了解目标企业，并通过对目标企业的良好运营发挥出更大的价值。但是，许多企业在收购程序结束后，才发现事实并非想象中的那样，目标企业中可能会存在着没有注意到的重大问题，以前所设想的机会可能根本就不存在，或者双方的企业文化、管理制度、管理风格很难相融合，因此很难将目标公司融合到整个企业的运作体系当中，从而导致并购的失败。

3. 合理估计自身实力

在并购过程中，并购方的实力对于并购能否成功有着很大的影响，因为在并购中收购方通常要向外支付大量的现金，这必须以企业的实力和良好的现金流量为支撑，否则企业就要大规模举债，造成自身财务状况的恶化，企业很容易因为沉重的利息负担或者到期不能归还本金而导致破产，这种情况在并购中经常出现。

4. 迅速有效的整合

目标公司被收购以后，很容易形成经营混乱的局面，尤其是在恶意收购的情况下，这时许多管理人员纷纷离去，客户流失，生产混乱，因此需要对目标公司进行迅速有效的整合。通过向目标公司派驻高级管理人员稳定目标公司的经营，然后对各个方面进行的整合。其中企业文化整合尤其应该受到重视，因为许多研究发现：很多并购的失败都是由于双方企业文化不能很好地融合所造成的。通过对目标公司的整合，使其经营重新步入正轨并与整个企业的运作系统的各个部分有效配合。

杜拉克企业并购决策的五项基本原则

著名管理学家杜拉克关于企业并购决策提出五项基本原则。

(1)并购企业必须能为被并购企业做贡献。并购企业只有彻底考虑了能够为被并购的企业做出什么贡献，而不是被并购企业能为并购企业做出什么贡献时，并购才可能会成功。对并购企业的贡献可以是多种多样的，包括技术、管理和销售能力，而不仅仅是资金。

(2)企业要想通过并购来成功地开展多种经营，需要由一个团结的核心，有共同的语言，从而将他们合成一个整体，也就是说，并购与被并购企业之间在文化上要能够整合，要有共同的文化基础，至少要有一定的联系。

(3)并购必须是情投意合。并购企业必须尊重被并购企业的员工、产品、市场和消费者。

(4)并购企业必须能够为被并购企业提供高层管理人员，帮助被并购企业改善管理。

(5)在并购的第一年之内，要让双方的管理人员大部分都得到晋升，使得双方的管理人员都相信，并购给公司带来了机会。

8.2.2 目标公司分析

在收购一家公司之前，必须对其进行全面的分析，以确定其是否与公司的整体发展战略相吻合。了解目标公司的价值，审查其经营业绩及面临的机会和障碍。从而决定是否对其进行收购、收购目标公司的价格及收购后如何对其进行整合。

审查过程中，可以先从外部获得各方面有关目标公司的信息，然后再与目标公司进行接触，如果能够得到目标公司的配合，可以得到目标公司的详细资料，对其进行周密分析。分析的重点一般包括产业、法律、经营、财务等方面。

1. 产业分析

任何公司都是处在某个产业之中的，公司所处的产业状况对其经营与发展有着决定性的影响。产业分析主要包括以下几个方面的内容。

(1)产业总体状况。产业总体状况包括产业所出生命周期的阶段和其在国民经济中的地位、国家对该产业的政策等。

大部分产业在发展过程中都要经历一个由产生、成长、成熟到衰退的周期，处于生命周期不同阶段的各个产业发展状况是不同的，这也决定位于该产业的公司的发展。如果一个公司位于一个处于成长阶段的产业，则这个公司的市场发展前景就较好；反之，若一个企业处于衰退期的产业，其发展就会受到相对的限制。

各个产业在经济发展的不同时期在国民经济中的地位是不同的，一定时期内一些产业处于领导地位，在国民经济发展中发挥巨大作用，这些产业很容易受到国家重视，得到政策的扶持，如果位于这些产业中，容易从中受益。

(2)产业结构状况。这可以根据波特的五种基本竞争力量：潜在进入者、替代品生产者、供应者、购买者和行业现有竞争力量来进行分析。五种竞争力量组成了产业结构的状况。公司所处的不同行业结构状况对公司的经营有着重要影响,如果一个公司所处的行业结构不好，即使经营者付出很大努力，也很难获得一个好的回报。

(3)产业内战略集团状况。产业内各竞争者可以按照不同的战略地位划分为不同的战略集团，一个产业中各战略集团的位置、战略集团之间的相互关系对产业内企业的竞争有着很大的影响。如果一个产业内各战略集团分布合理，公司处于战略集团的有利位置，对公司经营十分重要。

通过以上对目标公司所处的产业状况分析，可以判断对目标公司的并购是否与公司的整体发展战略相符；并购后是否可以通过对目标公司的良好经营为公司获取收益。

2. 法律分析

对目标公司的法律分析，主要集中在以下几个方面。

(1) 审查公司的组织、章程。在对公司的组织、章程的审查过程中，应该注意对收购、兼并、资产出售等方面的认可，在并购中经过百分之几以上的投票认可方能进行的规定；公司章程和组织中有无特别投票权和限制。另外，对公司董事会会议记录也应当进行审查。

(2) 审查财产清单。应审查公司对财产的所有权以及投保状况，对租赁资产应看其契约条件是否有利。

(3) 审查对外书面合约。应该对被收购公司使用外界商标、专利权或授权他人使用的约定，以及租赁、代理、借贷、技术授权等重要契约进行审查，注意在目标公司控制权转移之后这些合约还是否有效。

(4) 审查公司债务。注意其偿还期限、利率及债权人对其是否有限制，如是否规定了公司的控制权发生转移时，债务是否立即到期。

(5) 审查诉讼案件。对公司的过去诉讼案件或有诉讼进行审查，看是否有对公司经营有重大影响的诉讼案件。

3. 经营分析

对目标公司的经营分析，主要包括目标公司运营的大致状况、管理状况和重要资源等。

(1) 运营状况。通过对目标公司近几年的经营状况的了解，分析其利润、销售额、市场占有率等指标的变化趋势，对今后的运营状况做大致的预测，同时找出问题所在，为并购后的管理提供基础。

(2) 管理状况。调查分析目标公司的管理风格、管理制度、管理能力、营销能力，分析并购后是否能与母公司的管理相融合。

(3) 重要资源。通过分析目标公司的人才、技术、设备、无形资产，以备在并购后充分保护和发挥这些资源的作用，促进整个公司的发展。

4. 财务分析

对目标公司的财务分析十分重要，主要是为了确定目标公司所提供的财务报表是否真实地反映其财务状况。这一工作可以委托会计师事务所进行，审查的重点主要包括资产、负债和税款。审查资产时应注意各项资产的所有权是否为目标公司所有；资产的计价是否合理；应收账款的可回收性，有无提取足额的坏账准备；存货的损耗状况；无形资产价值评估是否合理等。对债务的审查主要集中在查明有无漏列的负债，如有应提请公司调整。另外，应查明以前各其税款是否足额及时缴纳，防止收购后由收购公司缴纳并被税务部门罚款。

8.2.3 目标公司价值估算

在并购实施过程中，收购方必须对目标公司的价值进行估算，从而为公司的出价提供依据，另外通过估算目标公司的价值和其现金流量，可以决定相应的融资方法。由于公司是市场经济中的一种特殊商品，其价值是由多种因素决定的，公司的盈利能力则是它的使用价值，因此目标公司的定价是一个十分复杂的问题，一般在公司的并购中，目标公司的价值估算可以用三种方法进行。

1. 净值法

所谓净值法是指利用公司的净资产的价值作为目标公司的价值，净值法是估算公司价值的基本依据。利用这种方法估算公司的价值，一般是在目标公司不适合继续经营或收购的主要目的是为了获取目标公司资产时使用。使用这一方法的关键是正确评估目标公司资产和负债的实际价值，因此必须在保证目标公司资产负债表准确的基础上进行。

(1) 资产的估算。在资产估算的计算中以下项目应该注意：有价证券一般应该以其市值为基础进行计算，而非以账面价值为基础进行计算；外币应计算汇兑损益；应收账款应注意其可回收性及是否已经提取足额的坏账准备；存货应合理估算其目前的市价；固定资产按其净值算；无形资产采用合理的方式评估其价值。

(2) 负债的估算。应对目标公司的负债进行审查，查明有无漏列的负债，另外，目标公司的或有负债应该进行合理的处理。

目标公司的资产和负债净值计算出来之后，两者相减即得出其净值，作为目标公司的价值。

2. 市场比较法

市场比较法是以公司的股价或目前市场上有成交公司的价值作为标准，估算目标公司的价值。

(1) 公开交易公司的股价。尤其是对于没有公开上市的公司，可以根据已上市的同类型的公司的市价作为标准，估算目标公司的价值。具体操作是先找出产品、市场、目前获利能力、未来业绩成长等方面与目标公司类似的若干家上市公司，将这些公司的各种指标和股价的比率作为参考，计算目标公司大约的市场价值。在实施中，可以根据收购公司的目的不同，选择不同的标准，尽可能使估算价值趋向于实际价值。

(2) 相似公司过去的收购价格。如果最近市场上有同类的公司成交的案例，以这些公司成交的价格作为参考对象。这种方法由于所采用的标准是收购公司支付的真实价值，且由于继续经营的溢价和清算的折价均已经包含在收购公司的成交价格中，所以相对较为准确。但这种方法很难找到经营项目、财务业绩、规模等十分相似的公司作为参考，且不同的目标公司由于收购公司的战略、经营条件的不同，对收购公司有不同的意义，因此这一溢价很难确定，对这一方法的采用构成了很大的局限。

3. 净现值法

如果收购公司的目标是为了继续对其进行经营，那么对目标公司的价值估算就应该以净现值法为宜。净现值法是预计目标公司未来的现金流量，再以某以折现率将其折现为现值作为目标公司的价值。

这一方法将收购公司的利润资本化作为目标公司的价值，是基于目标公司未来的获利能力，而不是基于其资产价值来估算其价值。这符合公司价值特殊资产的本质，因为在收购后对目标公司继续经营的情况下，目标公司的使用价值是其获利能力，而非资产本身。传统上用以往年度目标公司的会计盈余为基础估算公司的价值，忽略了货币的时间价值，且没有反映未来时期公司的盈利能力、经营风险，因此无法反映收购后继续运营的价值。由于上述原因，净现值法是一种非常常用的方法。

由于净现值法是将目标公司的未来的现金流量折现为现值估算其价值，因此这一方法的关键在于未来的现金流量和折现率的确定，在具体操作中所需要注意以下事项。

(1) 现金流入量。在净现值法下，现金流入公式为：现金净流入=税后净利+非现金费用+税后利息费用-固定资产与运营资金投入。这个公式是假设在无债务负担的情况下的目标公司的价值，因此在计算出目标公司的价值后再减去负债总额就是目标公司的估算价值。

(2) 残值计算。在最后一年计算残值时，不应以会计折旧的概念来计算残值，通常以最后一年现金流入除以折现率来计算。

(3) 年限确定。在确定公司的现金流入年限时，应根据企业的具体情况进行，一般经营状况稳定的企业时间可以长一些，而经营状况变化快的企业，如高科技企业则可以短一些。

(4) 折现率的确定。在确定折现率时，一般应该以买方企业购买目标企业的资金成本来确定折现率，因为不同的资金成本要求不同的回报率。

以上三种方法在估算目标公司的价值时经常被采用，这三种方法适合于不同的场合，并不存在优劣之分，在并购之中可以灵活使用，也可以几种方法同时使用。

8.2.4 并购后的整合策略

企业并购的目的是通过对目标企业的运营来谋求目标企业的发展，实现企业的经营目标，因此，通过一系列程序取得了目标企业的控制权，只是完成了并购目标的一半。在收购完成后，必须对目标企业进行整合，使其与企业的整体战略、经营协调相一致、互相配合，具体包括战略整合、业务整合、制度整合、组织人事整合和企业文化整合。

1. 战略整合

如果被并购的企业战略不能与收购企业的战略相配合、相互融合，那么两者之间很难发挥出战略的协同效应。只有在并购后对目标企业的战略进行整合，使其符合整个企业的发展战略，这样才能使收购方与目标企业相互配合，使目标企业发挥出比以前更大的效应，促进整个企业的发展。因此，在并购以后，必须对整个企业的战略，规划目标企业在整个战略实现过程中的地位与作用，然后对目标企业的战略进行调整，使整个企业中的各个业务单位之间形成一个相互关联、互相配合的战略体系。

2. 业务整合

在对目标公司进行战略整合的基础上继续对其业务进行整合，根据其在整个体系中的作用及其与其他部门的关系，重新设置其经营业务，将一些与本业务单位战略不相符的业务剥离给其他业务单位或者合并掉，将整个企业其他业务单位中的某些业务规划到本单位之中，通过整个运作体系的分工配合以提高协作、发挥规模效应和协作优势。相应地，对其资产也应该重新进行配置，以适应业务整合后生产经营的需要。

3. 制度整合

管理制度对企业的经营与发展有着重要的影响，因此并购后必须重视对目标公司的制度进行整合。如果目标企业原有的管理制度十分有效，收购方则不必加以修改，可以直接利用目标企业原有的管理制度，甚至可以将目标企业的管理制度引进到收购企业中，对收购企业的制度进行改进。假如目标企业的管理制度与收购方的要求不相符，则收购方可以将自身的一些优良制度引进到目标公司之中，如存货控制、生产过程、销售分析等。通过对这种制度输出，对目标公司原有资源进行整合，使其发挥出更好的效益。尤其是收购后买方拟将目标公司纳入自己的整体，为了沟通和整体性管理的需要，买方应该逐步地将规划与控制制度纳入目标公司中。

在新制度的引入和推行过程中，常常会遇到很多方面的问题，如引入的新制度与目标公司某些相关的制度不配套，甚至互相冲突，影响新制度作用的发挥。在很多情况下，引入新制度还会受到目标公司管理者的抵制，他们通常会认为买方企业的管理者并不了解目标企业的实际情况，而盲目地改变目标企业的管理制度。因此，在对目标企业引入新制度时，必须详细调查目标企业的实际情况，对各种影响因素做出细致的分析之后，再制订出周密可行的策略和计划，为制度整合的成功奠定基础。

4. 组织人事整合

在收购后，目标公司的组织和人事应该根据对其战略、业务和制度的重新设置进行整合。根据并购后对目标企业职能的要求，设置相应的部门，安排适当的人员。一般在收购后，目标企业和买方在财务、法律、研发等专业的部门和人员可以合并，从而发挥规模优势，降低这方面的费用，如果并购后，双方的营销网络可以共享，则营销部门和人员也应该相应的合并。总之，通过组织和人事整合，可以使目标企业高效运作，发挥协同优势，使整个企业的运作系统互相配合，实现资源共享，发挥规模优势、降低费用，提高企业的效益。

5. 文化整合

企业文化是企业经营中最基本、最核心的部分，企业文化影响着企业运作的方方面面，并购后，只有买方与目标企业在文化上达到整合，才意味着双方真正的融合，因此对目标企业文化的整合，对于并购后整个企业能否真正协调运作有关键的影响。在对目标企业的文化整合过程中，应深入分析目标企业文化形成的历史背景，判断其优缺点，分析其与买方文化融合的可能性，在此基础上，吸收双方文化的优点，摈弃其缺点，从而形成一种优秀的，有利于企业战略实现的文化，并很好地在目标企业中推行，使双方实现真正的融合。

8.2.5 筹资分析

在企业并购中，收购公司要付给目标公司巨额的资金，因此，如何筹集这些资金成为公司并购实施过程中一个重大的问题。

1. 筹资渠道的选择

从筹集资金来源的角度看，筹资渠道可以分为企业的内部筹资渠道和外部筹资渠道。

(1)内部筹资渠道。企业内部筹资渠道是指从企业内部开辟资金来源。从企业内部开辟资金来源有三个方面：企业自由资金、企业应付税利和利息、企业未使用或未分配的专项基金。

一般在企业并购中，企业都尽可能选择这一渠道，因为这种方式保密性好，企业不必向外支付借款成本，因而风险很小。

(2)外部筹资渠道。外部筹资渠道是指企业从外部所开辟的资金来源，其主要包括专业银行信贷资金、非金融机构资金、其他企业资金、民间资金和外资。从企业外部筹资具有速度快、弹性大、资金量大的优点，因此，在并购过程中一般是筹集资金的主要来源。但其缺点是保密性差，企业需要负担高额成本，因此产生较高的风险，在使用过程中应当注意。

2. 筹资方式的选择

随着我国金融市场的发展，企业的筹资有多种方式可以选择，在并购中企业可以根据自身的实际情况选择合理的方式。

(1)借款。企业可以向银行、非金融机构借款以满足并购的需要。这一方式手续简便，企业可以在较短时间内取得所需的资金，保密性也很好。但企业需要负担固定利息，到期必须还本归息，如果企业不能合理安排还贷资金就会引起企业财务状况的恶化。

(2)发行债券。债券使公司筹集资本，按法定程序发行并承担在指定的时间内支付一定的利息和偿还本金义务的有价证券。这一方式与借款有很大的共同点，但债券融资的来源更广，筹集资金的余地更大。

(3)普通股融资。普通股是股份公司资本构成中最基本、最主要的股份。普通股不需要还本，股息也不需要向借款和债券一样需要定期定额支付，因此风险很低。但采取这一方式筹资会引起原有股东控制权的分散。

(4)优先股融资。优先股综合了债券和普通股的优点，既无到期还本的压力，也并不必担心股东控制权的分散。但这一种方式税后资金成本要高于负债的税后资本成本，且优先股股东虽然负担了相当比例的风险，却只能取得固定的报酬，所以发行效果上不如债券。

(5)可转换证券融资。可转换证券是指可以被持有人转换为普通股的债券或优先股。可转换债券由于具有转换成普通股的利益，因此其成本一般较低，且可转换债券到期转换成普通股后，企业就不必还本，而获得长期使用的资本。但这一方式可能会引起公司控制权的分散，且如到期后股市大涨而高于转换价格时会使公司蒙受财务损失。

(6)购股权证融资。购股权证是一种由公司发行的长期选择权，允许持有人按某一特定价格买入既定数量的股票，其一般随公司长期债券一起发行，以吸引投资者购买利率低于正常水平的长期债券，另外在金融紧缩期和公司处于信任危机边缘时，给予投资者的一种补偿，鼓励投资者购买本公司的债券，与可转换债券的区别是，可转换债券到期转换为普通股并不增加公司资本量，而认股权证被使用时，原有发行的公司债并未收回，因此可增加流入公司的资金。

3. 筹资成本分析

资金成本是指公司为取得并使用资金而付出代价，其中包括支付给股东的股息和债权人的利息等。在并购筹资过程中，公司必须对筹资风险与筹资成本之间做出权衡，以使公司保持一个合理的资本结构，保障良好的运营。一般公司在并购过程中都是从多种来源筹集并购所需资金，因此各种资金的成本也是不同的，为了估算全部融资的综合成本，需要对资金成本进行加权计算，其公式为：

$$K = \sum_{i=1}^{n} W_i R_i$$

式中，K——加权平均资金成本率；

W_i——第 i 种资金占全部资金总额的额比例；

R_i——第 i 种资金的资金成本率。

8.2.6 战略并购的实施

1. 并购准备阶段

本阶段的主要内容包括：组建并购整合领导小组和执行小组，指定整合负责人；制订基于价值驱动分析上的详尽整合计划；准备对突发情况的应急措施。

并购整合小组应由全面了解公司的运营情况的人员组成，他们需要熟知销售、生产、财务、技术、市场等有关并购后公司要面对的主要问题，且人数应控制在 5～7 人，这有助于高效地开展工作，他们还将是实施操作整合的主要成员。选定正确的专门的整合负责人是并购成功极为重要的一个方面，是并购公司需慎重考虑的问题。整合管理者是特殊时期的特殊领导者，需极富潜质，且富有并购经验，最好能为两公司之间建立有社会联系的人员，任命正确的整合负责人可加速并购过程，为并购活动筹划基本框架，帮助并购活动取得短期成本。在国外开展的成功并购活动中，很多公司在选择整合负责人方面很多宝贵的经验，如通用电气财务公司有专门的并购部门，从实际经验出发，把并购活动提升到标准的层面。而执行小组重要的工作是将为价值驱动制定具体的行动计划，并将在实施阶段进行操作。

所谓价值驱动分析，以递增的财政影响度为纵轴，递增的成功概率为横轴，让所有关键骨干和部门经理提供信息，根据对并购后公司价值驱动分级，做出集中利用资源的决策，目标是通过开展 20%的工作达到 80%的效果。这部分计划是整合工作开展后见到整合成效、鼓舞士气的基础成果。整合计划还包括开展相关的整合活动的详尽计划，如开展经营战略整合，需要采取的行动、行动时间安排、行动预期结果和可能遇到的问题及其解决方案等。

当向外部宣告并购活动后，并购公司和目标公司的相关利益者都提高了警惕，思索自身将会受到何种影响。外部供应商考虑你的原材料需求是增加还是减少，会不会中断合作，所欠货款能否按期支付等；目标公司内部员工会考虑可能发生裁员问题，技术人员或中层管理者可能不支持并购而准备离开公司；而所有人都会在整合开始后找寻答案，若出现可能有损自身利益的消息，公司将可能陷入混乱状况。整合小组需要对可能出现的突发情况做出应对方案。

2. 并购实施阶段

整合过程进入实质性阶段，也是影响战略并购活动成功的关键时期，在这个阶段，行动就是一切。关键点就是过渡执行小组，小组成员重要的能力就是执行，他们的重要工作就是把制定的整合计划变为现实。

本阶段的目标就是追求整合速度。普华永道对并购公司调查，若他们能重新来一次，他们将采取何种不同做法，89%的公司回答：将会加快整合速度。若认为往后拖延，让员工适应一下新情况再采取行动，那将犯了可能带给公司灾难性的错误。整合时间的延长，不可预见的情况出现概率增加，且会出现高昂的整合费用，市场份额缩小，生产滑坡，利润萎缩，不能快速地开展整合活动将可能造成关键人员流失，股东对并购活动正确性产生怀疑等等。在特殊时期，经济价值在很大程度上是速度的函数，只有果断地开展行动，用行动解释整合过程，则更容易获得成功。整合越早越快越好，可以加快最终的融合过程。沟通是执行小组开展工作的基础。只有统一认识，明确所要达到的目标，才能保证执行的顺利进行。在沟通的基础上，具体的执行需结合整合内容开展。给公司相关利益者传递信心，对后期整合阶段有益，常见的有开发新产品面世消息，稳定的高层人员团队，公司销售未受到影响等。

3. 并购整合阶段

广义上，整合具有长期性，整合的实施阶段是公司间相互融合的基础，而采取的行动的效果存在一定的延后性，对于实施阶段开展的行动，能否在公司今后的发展战略中起到积极作用，和行动的正确性与否，都需要时间的检验。并购公司的角度看，一方面对实施阶段进行评定，另一方面往后的工作任务仍需要高效执行，执行需要坚持不懈的跟进，主要体现在三个方面：人员、战略、日常运营。从表面上，现实公司已经平稳渡过转型期，然而并购公司的领导者不应过早乐观，要保持谨慎的态度。研究表明，并购后的第一年状况比较乐观，之后的一年多数公司的业绩出现下滑，这可能是多方面原因造成的，但适时地评估整合过程可以缓冲或避免悲惨的一幕出现。整合过程的三阶段并不是截然分开的，它们存在着一定的重合边界，各过程的内容是相关的，是循序渐进开展的，而整合工作中起到关键作用——强执行力，也贯穿于整个活动中。具有强执行力的公司发生战略并购后更容易成功。而执行力的培养则是公司长期努力的结果。

8.2.7 成功并购的阻碍因素

1. 整合的困难

通过并购而合并的企业进行整合是相当困难的。这些整合问题主要包括：不同企业文化的融合，不同财务控制系统的连接，有效工作关系的建立，以及如何处理被并购公司原有管理人员的地位问题等。

2. 债务问题

有些公司为了扩展实施并购的渠道而急剧增加了它们的债务水平。实现这种融资拓展的主要方法是发行风险债券，这是一种融资手段，即通过向投资者借钱并允诺支付高额回报来实现风险性收购。由于风险债券没有固定保障，利率非常高，同时企业承受的定期偿债风险也很高。

3. 协同困难

协同效应原意是“共同工作”。当各单位一起工作产生的价值超过他们独立工作的成果之和，就意味着产生了协同效应。目前我国众多的企业并购中，一些企业虽然名义上是联合的，但实际上只停留在形式上，企业并购的目的并不能达到。如 2010 年 7 月，在行政力量推动下，天津钢铁、天铁冶金、天津钢管等四家国企组建渤海钢铁集团，跻身世界 500 强。四家企业各自为政，一直未能实质性重组，加上行业不景气，一系列问题导致 2016 年渤海钢铁爆发债务危机，涉及金融债务金额 1920 亿元，2016 年 4 月，距重组不到 6 年，渤海钢铁被天津政府正式拆分，四家国企重新各自独立。

4. 多元化过度

适度使用多元化战略会获得战略竞争优势和高于平均收益的回报。但在某些时候，公司会过度多元化。一系列多元化后业务范围扩展使经理们更多依赖于财务指标而不是战略调控来评估各业务部门的表现。如公司的投资回报率，管理层以财务控制指标为依据来判断经营管理成果，会引起部门经理以牺牲长期利益为代价追求短期效益。另一方面，公司会偏向于用收购行为来代替自我创新。收购行动的费用可能导致一些与自我创新相关的活动经费的减少，创新意识下降。

5. 管理难度大

大多数公司收购后会形成一个庞大的公司。大规模公司所导致的巨额管理成本有时候会超过规模经济带来的收益。且各部门之间沟通困难，信息传递失真等一系列问题接踵而至，这对于管理者而言是一个巨大挑战，经理们通常会选择相对官僚的作风来管理。这种官僚式的作风常制定相关监管机制、行为准则和政策以保持部门之间的一致性。而一致性的管理模式，可能对企业的创新意识带来危害。

本 章 小 结

本章首先介绍了并购的相关概念与类型，对并购动因的相关理论进行了介绍，分析了并购的现实动因；阐述了并购应注意的问题；对目标公司分析与价值估算方法进行了介绍，对并购后的整合策略进行了分析，介绍了筹资分析的方法，对战略并购的实施阶段与成功并购的阻碍因素进行了分析。

练习与思考

1. 简述并购相关的概念与并购的类型。
2. 并购动因的相关理论主要有哪几种？
3. 并购的现实动因有哪些？
4. 并购中应注意哪些问题？
5. 简述目标公司分析的内容。
6. 如何对目标公司进行价值估算？
7. 成功并购的阻碍因素有哪些？

案例

上汽收购双龙触礁折射跨境并购难题

一、案例始末

双龙汽车公司(简称双龙)是韩国第五大汽车制造商，主要生产大型 SUV 和高档豪华轿车。1997 年，双龙因资不抵债而被大宇集团收购。1999 年，大宇集团解散时，双龙被分离出来成为独立的上市公司。由于经营不善，双龙的债权、债务出现严重倒置，公司濒于破产。为此，双龙的债权团开始探讨向海外出售股权，以便收回其投入的资金。2003 年下半年，债权团邀请海外企业前来投标，从中遴选合适的购买对象。2004 年 7 月，上海汽车公司(简称上汽)中标，以每股 1 万韩元(约 1130 韩元合 1 美元)、总计 5 亿美元的价格，收购了经营状况岌岌可危的双龙 48.92%的股权。2005 年，上汽又增持双龙股份至 51.33%，成为其绝对控股的大股东。

2007 年之后，随着国际油价的走高，SUV 由于耗油量大，开始不被消费者看好，双龙在韩国的销售业绩一直在走下坡路。虽然上汽将双龙的多款汽车引入到了国内，还帮助双龙在国内建立起了相应的销售渠道，但国内的消费者并不认可双龙品牌，双龙汽车在国内也没有打开销路。

2008 年，金融危机的爆发导致双龙的现金流几近枯竭。为此，上汽与双龙管理层一起决定对公司架构进行重组，将旗下九个本部缩减到四个，并取消在韩国市场推出新款轿车的计划。同时为了维持公司的正常运转，上汽与双龙管理层一起提出减员增效、收缩战线的方案。然而，这样的“精兵简政”计划却遭到了双龙工会的反对。2008 年 12 月 17 日，双龙工会成员以外泄核心技术为由，扣留了平泽工厂的中方管理人员，其后又演化为去我国驻韩国大使馆门前的示威活动。终于 2009 年 2 月 6 日，韩国法院宣布双龙进入破产重组程序，这意味着双龙的大股东上汽永远失去了对双龙的控制权。

二、深度解析中国式海外并购的纠结

上汽整合双龙的失败不单单是上汽的问题，它折射出我国企业跨国并购的一些典型特点，值得深思。

1. 收购对象大多是业绩不佳或亏损倒闭企业，整合难度大。在全球资源和全球市场开放的条件下，我国企业逐步走出海外。但毕竟我国属于发展中国家，少有业绩优良的外国企业主动与我国企业联姻，加上自身实力、信息渠道缺乏、经验不足等原因，我国企业在跨国并购中往往是等目标公司业绩下滑或濒临破产时主动找上门来才与对方谈判。由此导致我国企业的海外并购对象多为处于困境中的企业，如联想收购 IBM 的 PC 业务，TCL 收购施耐德、汤姆逊、阿尔卡特，华立收购飞利浦的 CDMA 项目，无一不是亏损业务，上汽收购双龙也不例外。众所周知，并购的难点不在于达成交易协议，而是如何使两个企业产生良性互动的协同效应，这对于两个正常经营的企业来说也是很困难的事，而我国企业并购的对象多为经营陷入困境的国外企业，因此，需要我国企业具有更强的管理和整合能力。

2. 并购动因是获取战略性资源、技术和进入或拓展海外市场。纵观近年来我国企业在海外的一系列并购活动，基本上都是围绕战略性资源、技术和海外市场这 3 个内在动因展开的，上汽并购双龙也是为实现其全球战略目标。按照上汽的计划，通过并购，上汽既可以把双龙的产品推广到我国，同时又可以借助双龙迅速提升自己的技术，增加自己在国际汽车市场上的竞争力。我国企业要实现国际化的经营战略，并购是一种主要手段，所以围绕上述 3 个目标的海外并购在未来一段时间仍将维持下去。

3. 并购对象大多集中在发达国家，并购后矛盾丛生。我国企业并购的目的地大多集中在北美和西欧地区，这些地区拥有丰富的自然资源、比较成熟和发达的产品市场、要素市场及金融市场，而且这些地区市场准入壁垒较低、开放程度较高、对外国投资限制较少，容易操作。但是，我们属于发展中国家，我国企业虽然能利用资金优势并购发达国家的企业，但我国企业在管理水平、技术积累、企业文化方面尚处于“初级阶段”。在后期的并购整合中经验不足，若处理不妥当，易导致双方的矛盾积聚。

(资料来源: 马倩，郭建鸾，刘福军. 上汽收购双龙触礁折射跨境并购难题. 财务与会计(理财版)，2010 年第 1 期.)

第9章

企业国际化战略

本章学习目的：

1. 理解企业国际化进程的概念和分类；
2. 掌握企业国际化的动因和风险；
3. 掌握企业国际化的进入方式；
4. 掌握企业国际化的业务层与公司层战略。

案例

中国企业国际化之殇

2009年9月初，因为利比亚政府反对，中国石油不得不放弃以4.6亿美元收购以利比亚业务为主的加拿大Verenex能源公司。

然而，这只是中国海外并购失败的冰山一角。事实上，从2004年4月26日TCL通讯宣布收购阿尔卡特手机后，中国大企业的海外并购案例就如潮水般涌出。但展现在中国企业面前的事实却是国际化道路并不平坦，就如同一个刚成年的孩子，父母允许他走更远的路，但当独自走进森林时，发现森林并不是他之前想象得那么有趣。

在走出去的路途上，无论“中铝与力拓收购交易失败案”、“上汽5亿美元完败双龙”，还是“中海油出资130亿美元收购优尼科被否”，这些经典案例都在向中国企业诉说着外面的世界除了精彩还有为利益的伪善、无原因的毁约及无法逾越又若隐若现的国家利益。同时这些失败的案例也折射出一心想做大做强的中国企业一方面需要摒弃收购前的“金钱万能”的资本自傲论，另一方面需要审慎对待收购后的管理文化融合。

“金钱不是万能的”

能源似乎是中国近年来海外并购的最重要领域，这个领域中国企业的豪举令世界都大吃一惊，而出手阔绰者皆为几大央企。

成功与失败、鲜花与泪水都集中在这个领域。

2009年，中石化成功收购英国Addax公司境外股票；中石油斥巨资购买澳大利亚液化天然气；据悉，中海油也与中国石油拟联合竞购西班牙石油公司旗下阿根廷子公司YPF。一系列事实表明，在这个全球金融危机之年，2009年俨然成了中国石油企业的海外收购年。

而早先的成功案例则更多，2007年12月12日，以中国国家电网为首的财团以约296亿元人民币赢得了菲律宾电网未来25年的经营权。2007年，中国移动成功收购了米雷康姆公司持有的巴基斯坦巴科泰尔公司股权。2007年5月，中投斥资约30亿美元以29.605美元/股的价格购买了黑石近10%的股票。

中国能源企业近几年的行动已经令人眼花缭乱，然而遇到的阻力也显然越来越大，其中最重要的就是当地政府以国家安全为由的担心。

例如，中石油收购拥有利比亚油田的加拿大 Verenex 能源公司时，该公司在给中石油的回应中称，他们面临巨大压力，不得不考虑按照利比亚政府的意愿，将公司折价出售给该国一家当地的投资基金。

资本诱惑与国家安全压力的对决

尽管中石油、中石化等近期收购海外油田资源的行动不时受阻，但毕竟中国能源巨头们也时常成功地进行了收购行动，而中铝收购力拓部分股权的合作则几乎完全以遗憾告终。

“除了中铝，都是赢家。”“北京再见，必和必拓你好！”澳大利亚报纸对力拓中止与中铝合作一事都做了大篇幅的报道，而上述两个标题代表了大多数澳媒的立场，它们欢迎力拓的决定。

中铝被忽悠了，这在国人面前是一件尴尬的事，估计多年之后再总结中国企业国际化，都会把中铝这次事件当成案例来讲,但这实际上也折射出中国企业在海外并购的一种危机感。表面上看起来此事是由于力拓股东反对，而实际上是因澳大利亚政府干预最后以失败告终。

对此，国务院发展研究中心金融研究所所长夏斌曾发表看法，他认为，中国企业如何提高并购的艺术、策略，还需要我们动点脑筋。比如，我们在香港成立一个收购股权基金 PE，用这样的形式出去收购，对于挡住金融保护主义、投资保护主义，相对可能要好一些。

中外管理文化的冲突

发生在 IT 通信、汽车领域的海外并购虽然没有能源、重工业那样惊心动魄，而且都实现了国际化，但收购后的结局也令人深思。

2004 年 4 月 26 日，TCL 通讯宣布已与阿尔卡特签订谅解备忘录，双方将组建一家公司从事手机及相关产品和服务的研发、生产。该消息出炉后，引发的雀跃无数——这是中国企业第一次收购海外著名品牌的部分业务。

然而，没过一年，裁员、财务危机等一系列问题困扰着 TCL。结果是 TCL 通讯乃至 TCL 集团都于 2006 年陷入大幅亏损，李东生不停地对外宣称要反思。

远比收购阿尔卡特惨淡的结局是上汽收购韩国双龙汽车。

2004 年 10 月 28 日，上汽以 5 亿美元的价格高调收购了韩国双龙 48.92%的股权。上汽借此巩固了其世界 500 强地位。这是国内车企第一次以控股方身份兼并国外龙头汽车公司。这一汽车业最大的海外并购事件，被看做是中国汽车业跨国经营的标志性事件。

然而，2009 年 2 月 6 日，韩国法院宣布双龙汽车进入破产重组程序。这意味着双龙的大股东上汽集团永远失去了对双龙的控制权。

在并购双龙的 5 年时间里，上汽累计砸进 42 亿元人民币之多，目前已损失大半。

实际上，TCL 海外折戟的重要原因之一或许是忽视了对海外市场的了解和把握。而这样的事情一再发生，在上汽身上则又演变成了一出“败局”。

本来，双龙并非是值得上汽如此期待的强势品牌，上汽过高估计了收购后的收益；另一方面低估了收购后整合的难度。其实上汽早在 2002 年就收购了双龙的一条生产线，但两年之后仍没有看清楚双龙的真实价值，这就很难用准备不足作为失败的理由了。

中国企业缺少并购整合的经历或成功经验，对于并购企业的文化、国外商业环境和法律制度不了解，并购对象的规模和复杂程度超过控制能力是常见问题。这导致了并购后的无所作为或手忙脚乱，最后以被并购企业无法脱离困境而黯然收场，甚至并购者自己的业绩也被大幅拖累。

其实从另外一个角度来看，中国企业国际化的路途虽不平坦，但这也成为一个让中国企业迅速成熟的好方法。同样是上汽，有百年历史的罗孚汽车于2005年4月8日因负债14亿英镑而倒闭，上汽于2004年6月与其达成合作意向，但在充分考虑到负债风险之后，上汽于2005年4月中断了合资行为。这显然是明智之举。

国际化是中国企业发展这么多年一个历史必经的过程，也是我们有一天回顾历史无法越过的一页，现在只能算是中国企业国际化初级阶段。

弘毅投资总裁赵令欢在日前达沃斯论坛上的一番话很有道理，当时，他说："一是企业并购动机要单纯，不能因为贪便宜或是手中有钱就并购。二是应做好充分准备，不要超出自己的整合能力。"

而中国铝业总经理熊维平也感叹说："中国企业缺乏国际化管理团队，经验积累不足，这些问题只有在实践中才能解决，需要一个过程，不可能一蹴而就。"

（资料来源：郭冬颖. 中国企业国际化之殇. 华夏时报，2009-09-26.）

1865年德国拜尔化学公司率先走出国门，在美国的奥尔班尼开设了一个苯胺厂，从此拉开了企业国际化经营的序幕。进入20世纪80年代以来，随着现代科技的发展，企业竞争的加剧和国际经济一体化步伐的加快，使国际化经营战略获得了飞速的发展。

国际化经营战略就是运用国际化视野和思路，采用世贸规则，开发和争夺国际市场，赢得国际竞争优势的经营战略。企业经营中的国际化是企业发展中的一种视野扩张和规模扩张，是由国内经营中的区域竞争走向完全竞争的一种进取和主动；是由传统经营理念向跨国经营理念的一种完善和提升；是创业企业加快发展步伐的一种腾飞和跨越。

9.1 国际化战略概述

9.1.1 国际化战略的概念与种类

1. 国际化战略的概念

国际化战略(Internationalization Strategy)是企业产品与服务在本土之外的发展战略。随着企业实力的不断壮大以及国内市场的逐渐饱和，有远见的企业家们开始把目光投向中国本土以外的海外市场。

企业的国际化战略是公司在国际化经营过程中的发展规划，是跨国公司为了把公司的成长纳入有序轨道，不断增强企业的竞争实力和环境适应性而制定的一系列决策的总称。企业的国际化战略将在很大程度上影响企业国际化进程，决定企业国际化的未来发展态势。

2. 国际化战略的种类

企业的国际化战略可以分为本国中心战略、多国中心战略和全球中心战略三种。

1) 本国中心战略

在母公司的利益和价值判断下做出的经营战略，其目的在于以高度一体化的形象和实力在国际竞争中占据主动，获得竞争优势。这一战略的特点是母公司集中进行产品的设计、开发、生产和销售协调，管理模式高度集中，经营决策权由母公司控制。这种战略的优点是集中管理可以节约大量的成本支出，缺点是产品对东道国当地市场的需求适应能力差。

2）多国中心战略

在统一的经营原则和目标的指导下，按照各东道国当地的实际情况组织生产和经营。母公司主要承担总体战略的制定和经营目标分解，对海外子公司实施目标控制和财务监督；海外的子公司拥有较大的经营决策权，可以根据当地的市场变化做出迅速的反应。这种战略的优点是对东道国当地市场的需求适应能力好，市场反应速度快，缺点是增加了子公司和子公司之间的协调难度。

3）全球中心战略

全球中心战略是将全球视为一个统一的大市场，在全世界的范围内获取最佳的资源并在全球销售产品。采用全球中心战略的企业通过全球决策系统把各个子公司连接起来，通过全球商务网络实现资源获取和产品销售。这种战略既考虑到东道国的具体需求差异，又可以顾及跨国公司的整体利益，已经成为企业国际化战略的主要发展趋势。但是这种战略也有缺陷，对企业管理水平的要求高，管理资金投入大。

9.1.2 企业国际化的动因

企业进入国际化经营是由企业的内部因素或外部因素推动的。内部因素可能是使管理者发现并理解国际市场的价值，决定追逐国际市场的机遇，或者是企业内部发生的事件推动企业走出国门。外部因素主要指逐渐趋同的全球市场需求、其他企业向国外扩展市场、商业活动强化了企业国际营销意识等，此外，出口代理商及政府的努力也是推动企业国际化的一个动因。

具体地说，企业从事国际营销出于如下原因。

1. 延长产品生命周期

发达国家的企业往往把本国已处于衰退期的产品转移到发展中国家。例如，20 世纪 70 年代末，黑白电视机在日本已进入衰退期，在中国却处于成长期。这时，日本厂商在中国政府刚刚放松对家电产品的进口限制之际，将其准备淘汰的黑白电视机出口到中国市场，使黑白电视机的产品生命周期延长了许多年。

2. 获得更高利润和更多盈利机会

与竞争激烈的国际市场相比，国际市场有着较大的边际利润空间，产品在国际市场上往往具有更高的售价，在目标国进行投资和生产也有可能降低生产成本，获得较高的投资回报率。另外，即使利润率不提高，企业销售额的扩大也将为企业带来更多的利润总额。

3. 扩大销售量，实现规模经济

全球销售量的增加可以使企业单位产品成本大幅下降，研究和开发费用也得以在更大的营业额基础上分摊。

4. 充分攫取和利用全球资源

能源的短缺、原材料价格的上涨、人力成本的提高等都迫使企业跨出国门，在全球范围内搜索资金和原材料，寻找能源丰富和人力富足的新的投资乐土，以使企业能在国际市场竞

争中占据有利地位。对于发展中国家的企业而言，为国家创收大量外汇也是推动其开展国际营销的重要动因。

5. 开拓市场，占领国际市场

国际买方市场格局的形成、市场需求的缓慢增长和竞争的白热化，使大量企业将目光转向国外市场。国际市场潜力巨大，美国是世界上最大的进口市场，2015 年美国货物进口额达到 22079 亿美元，吸纳了世界 13.77%的出口产品。越来越多的企业把希望和未来寄托在国际市场上。

6. 分散和规避风险

当一国市场存在较大风险或不利因素时，开展国际营销就有可能降低风险或避开风险。对于在全球化的今天，致力于长期生存和发展的企业而言，走出国门，开展国际营销是它们的不二选择。

9.1.3 国际竞争优势

企业竞争优势可以定义为："企业在其从事的生产经营领域内，能以低于竞争对手的价格向消费者提供质量相同或者好于对手质量的产品，并能从中获得超过竞争对手平均利润水平的利润，该企业就具有竞争优势。"

企业的国际竞争优势是在企业竞争优势的基础上的延伸，主要是企业从事的生产和经营领域范围的大小，当企业生产和经营领域范围扩展到国际市场，企业的竞争优势就是企业的国际竞争优势。所以，在经济全球化的竞争背景下，企业竞争优势与企业国际竞争优势是同一概念。

1. 国际竞争优势的可持续性

企业国际竞争优势的可持续性是从动态的角度对竞争优势概念的拓展，企业竞争优势和企业可持续竞争优势的内涵是一致的。杰恩 • 巴尼（Jay B. Barney）在其《企业资源与持久竞争优势》（Firm Resources and Sustained Competitive Advantage）中强调了以下几点：第一，持续竞争优势必须同时考虑现存的对手和潜在的竞争对手；第二，持续性不是一个日历时间概念；第三，持续性并不意味着竞争优势将永远存在，产业竞争结构的不可预期的变化也许使原来的持续竞争优势的源泉不再有价值。因此，他认为持续竞争优势的源泉应该满足四个条件，即有价值的、稀缺性的、不完全模仿的和不可替代性。企业竞争优势的可持续性是根植于其自身的本质特征。

2. 企业竞争优势的形成

企业竞争优势的形成是基于企业资源和企业能力的优势。对于这两方面的因素，单独而言，任何一个因素都不能成为企业竞争优势的充分条件。而两种因素的有效组合是企业获得较高的、持续的竞争优势的必要条件。资源和能力是企业内部长期发展的结果，资源和能力不能被竞争对手复制和模仿，那么，企业就形成了竞争优势。资源是相对稳定的、容易观察到的资产，这些资产有利于提高企业的绩效。能力是指企业持续不断地运用组织结构及员工完成任务的技能。

从资源优势方面，主要包括品牌名称、企业自身拥有的技术知识、有技能的员工等。资源可以以多种形式存在，它可能是在竞争性的交易中广泛存在并且很容易购买到的一般要素投入，也可能是高度差异化的、需要多年积累且很难复制的资源。从能力优势方面，主要包括：管理能力、学习能力和创新能力等。企业在取得竞争优势的过程中，企业内部能力的培养和各种能力的综合运用是最为关键的因素，这两方面的因素有机地融合就会产生企业的竞争优势。

9.2 企业国际化过程

国际市场的进入方式被理解为一种制度安排，也就是企业将产品、技术人力、管理经验和其他资源转移到其他国家的方式。企业可以在本国生产，然后将最终产品出口；也可以将技术、资本、人力资源甚至企业本身转移到国外。从经营管理角度上，国际市场进入方式可分为商品出口模式、合同进入方式和投资进入方式。每一种进入方式所隐含的所有权控制程度、技术扩散风险、资源投入、投资风险等均有所不同。结合希尔(Hill)等人所做的总结，我们可以对各种不同的方式进行比较(如表 9-1 所示)。

表 9-1 不同国际化进入方式的特征比较

特征 进入方式	控制程度	资源投入程度	技术扩散风险程度	投资风险
出口	低	低	低	低
许可经营	低	低	高	低
合资企业	中	中	中	中
全资子公司	高	高	低	高

表 9-1 中的控制程度是指操纵企业资源，进行运营和战略决策的权力；资源投入是指企业跨国经营所需投入的各种资源，包括无形资产和有形资产；技术扩散风险是指企业专有知识被其他企业不正当利用的危险。

关于企业国际化经营的起点，国内外学者各有所见，有的将在国内扩张业务视为国际化经营的一个阶段，因为正是这个阶段提供了下一步面向海外市场所需的最基本的要素；有的将对外贸易之后的活动归入国际化经营，因为这才表明了面向世界市场(至少是两国以上市场)的国际化趋向；有的更将企业对外直接投资定位国际化经营的起点。下面将分别介绍代表性观点对企业国际化过程的描述。

9.2.1 以国内经营业务扩展为起点的过程划分

1. 以多工厂国内经营为起点的国际化过程

以多工厂为国内经营为起点的国际化过程主要经历了五个阶段，即多工厂国内经营→出口(和进口)阶段→发放许可证和缔结技术协议→证券投资→对外直接投资阶段。

(1)多工厂国内经营。这一阶段虽然业务扩展和市场增长的正常过程会导致该企业的国内经营活动和国际经营活动同时扩展，但通常情况下总是前者领先于后者。在国内建更多的工厂有众多的理由，如产品的多样化、同供应商或购买者结合的经济性、竞争需要、将每个工厂按照事先确定的最佳规模进行管理的信条等。而进行这种扩展的收获则是提高了企业对地区市场和部门的渗透能力，提供了控制几个工厂的经验，这是以后各阶段所需要的。这个阶段收到市场规模和竞争水平的限制。

(2)出口(和进口)阶段。这个阶段的目的是为了打破国内市场限制，打开新市场，增加销售额，维持或提高利润率。其优点在于出口时所有进入国外市场投入资本最少、风险最小的方式。而其缺点在于出口同国际生产相比，由于无法适时地考虑到两国间相对优势的变化，无法对当地销售行为的变化做出及时、敏感的反应而缺少灵活性和发展潜力，往往得不到进口国政府的配合。这种进出口活动对企业国际化经营过程的贡献是为了推广销售而建立的销售网络，对企业各个时期的各种经营活动都是有用的，而且增进了企业对国外市场、法律和文化等方面的了解。

(3)发放许可证和缔结技术协议。这种方式可使拥有技术和商标所有权的企业获得比较稳定的股权利益，成本少、时间短，而且可充分利用上一阶段的现成关系，因此对企业有一定的吸引力，也是企业对国外生产不是很了解时的审慎选择。有时，这种方式是进入某些对直接投资有严格限制的市场(如欧盟、日本)的唯一可行方式。这个阶段无法解决的问题是控制成本过高，技术和商标的供应者(许可方)在控制受许方保证产品质量、可靠性和服务标准等方面受到人为和客观条件的许多限制。虽然自 20 世纪 60 年代初期以来，大企业通过出售无形资产获得的收益一直在急剧增加，但是走到这个阶段的企业却都在继续考虑这种方式所取得的报酬能否补偿由于没能利用、参与其他市场形式而造成的利润损失，这就推动了企业国际化进程的不断深化。

(4)证券投资。一家公司购买外国公司股票可能是出于若干重要战略考虑，或是直接投资的前奏，或是长期计划的组成部分，或可能是扩大公司在其他国家利益的一种方法。证券投资可能有助于加强技术、许可证和销售协议，却无法解决以下两个问题：一是由于信息不完全和市场缺陷，无法充分发挥本公司的技术或其他的优势；二是由于对海外企业没有控制权，妨碍国内资产和国外资产的有效结合与使用。

(5)对外直接投资阶段。这个阶段与上述各阶段相比，最大的特点是转移企业的一揽子资源，而不是单项资源。这个阶段对企业的管理能力、管理思想、技术和劳动者素质等要求都较高。

2. 以国内营销阶段为起点的企业国际化过程

以国内营销阶段为起点的企业国际化主要经历了五个阶段，即国内营销阶段→前出口阶段→试验性卷入阶段→积极出口阶段→国际战略阶段。这一阶段划分是由美国密歇根大学的卡佛斯格尔(Cavusgil)教授进行的。

(1)国内营销阶段。这一阶段企业忙于国内产销，对国际市场视而不见。受产品本身特性及企业管理水平的限制，许多企业或者对国外市场很陌生不敢进入；或者因为国内市场产销两旺，忙于处理日常事务，认为到国外发展(如出口)得不偿失，不打算进入。企业整体对出口持消极态度。

(2)前出口阶段。企业不断受来自企业内外跨国经营的各种信息刺激，并逐渐开始有意识地收集有关信息，研究跨国经营的可行性。有偶尔的、不规则的、被动的出口业务，不作任何积极开拓海外市场的努力。此阶段管理人员对于跨国经营所需的基本知识和市场信息了解、掌握甚少，容易受到外来因素的影响。

(3)试验性卷入阶段。出口业务断断续续小规模地发展，出口总额一般不超过企业总产值的 10%，出口国家也较少。出口业务停留在国内业务的附属地位水平上，出口往往借助中间商间接进行，对有关出口活动的投资规模不大。

(4) 积极出口阶段。跨国经营的步子迈大，进入新的、更多的不熟悉的市场，营销渠道拓宽，出口额大幅上升，管理人员各方面素质得到提高，国外市场的开发提上日程。出口业务和国内业务冲突增大，各种矛盾上升，客观上需要有新的组织形式与战略来适应变化的情况。

(5) 国际战略阶段。出口经营成为企业正常经营活动的有机组成部分，在国外设置自己独立的销售分布及生产机构，企业本身向跨国公司演化。

3. 北欧学派渐进性阶段划分

北欧学派提出，经营国际化的渐进性不仅表现在企业经营方式的演进上，也体现在企业海外市场范围扩大的地理顺序上，市场扩张的地理顺序通常是：本地市场→地区市场→全国市场→海外相邻市场→全球市场。

出现这种局面的原因很明显，为了尽量减少经营风险，企业都倾向于首先选择自己较熟悉的市场，然后再逐步扩展。例如，美国企业在国内市场饱和后，走出国门后的顺序一般是：加拿大→欧洲→其他国家。中国内地吸引的外企中也多是本国的港澳台地区资本。日本、韩国及新加坡等国家的外向型企业发展也都具有这样的特征。

4. 经营方式渐进阶段划分

从经营方式来看，企业国际化可分为五个阶段，即纯国内经营→通过中间商间接出口→企业自行出口→设立海外销售分部→设立海外分公司跨国生产。此外，根据弗农(Raymond Vernon)的企业国际化动因理论——产品生命周期理论，可将企业的国际化分为以下阶段，即母国生产、当地销售→出口到技术、收入、消费习惯相近的国家→到发达国家投资设厂→到发展中国家进行生产的美国式国际化过程。

9.2.2 以进出口贸易为起点的国际化过程划分

日本学者小岛清(Kiyoshi Kojima)的日本式“顺序方向投资”理论描述了出口→劣势行业中的企业到国外投资→优势行业中企业顺次投资的国际化过程。日本关西学院江夏健一教授通过对日本企业国际化过程的研究，证实了这一理论。他将日本企业的国际化过程分为以下四个阶段。

(1) 为促进本国产品出口，在发达国家的市场上设立销售网点。这是日本对外投资中极为重要的一个特点，即市场营销投资先行，而且前期的海外活动主要限定于销售、服务和建立企业信息系统，尤其是在高技术领域。这样，便积累了大量的海外市场信息和经验，同合作方的当地企业在人事关系上比较融洽。这促成了 1988 年以后日本企业大规模进入海外市场。

(2) 在发展中国家的市场建立生产网点。目的是将成熟产业转移，以保证产品的竞争力(因为发展中国家劳动力价格低廉)。产品主要向日本国内或第三国家输出，发挥第一阶段中设立的销售网点的作用。

(3) 在发展中国家的市场上设立销售网络。目的在于促进日本母公司及海外子公司的成品出口，以扩大尚有优势的生产。

(4) 在发达国家市场设立生产网点。产品在当地销售或向第三国出口，其目的在于回避贸易摩擦，避开贸易堡垒的封锁，保证对对方市场的占领。

上述过程可用一句话概括为：一国应从已经或即将处于比较劣势的产业开始对外直接投资，并依次进行。

9.3 国际化的公司层与业务层战略

9.3.1 国际化的公司层战略

企业根据对国家竞争优势的判断，既要采取的市场进入模式，可以选择不同的公司层战略。企业国际化经营的战略基本上有 4 种类型，即国际战略、多国本土化战略、全球化战略与跨国战略。

1. 国际战略

国际化战略是指企业将其具有价值的产品与技能转移到国外的市场，以创造价值的举措。大部分企业采用国际战略，是将其在母国所开发出的具有差别化产品转移到海外市场，从而创造价值。在这种情况下，企业多把产品开发的职能留在母国，而在东道国建立制造和营销职能。在大多数的国际化企业中，企业总部一般严格地控制产品和市场战略的决策权。例如美国宝洁公司过去在美国以外的主要市场上都有工厂。这些工厂只生产由美国母公司开发出来的差别化产品，而且根据美国开发出来的产品从事市场营销。

当企业的核心竞争力在国外市场上拥有竞争优势，而且在该市场上降低成本的压力较小时，企业采取国际化战略是非常合理的。但是，如果当地市场要求能够根据当地的情况提供产品和服务，该战略就略显不足。同时，由于企业在国外各个生产基地都有厂房设备，形成重复建设，加大企业的经营成本。

2. 多国本土化战略

为了满足所在国的市场需求，企业可以采用多国本土化战略。这种战略与国际战略不同的是，根据不同国家的不同市场，提供更能满足当地市场需要的产品和服务。相同的是，这种战略将自己国家所开发出的产品和技能转移到国外市场，而且在重要的国家市场上从事生产经营活动，因此，这种战略的成本结构较高，无法获得经验曲线效益和区位效益。

在当地市场强烈要求根据当地需求提供产品和服务，且降低成本时，企业应采取多国本土化战略。但是由于这种战略生产设施重复建设并且成本结构高，在成本压力大的行业中便不适应。同时，过于本土化会使得在每一个国家的子公司过于独立的企业最终会指挥不动自己的子公司，不能将自己的产品和服务向这些子公司转移。

3. 全球化战略

全球化战略是向全世界的市场推销标准化的产品和服务，并在较有利的国家中集中地进行生产经营活动，由此形成经验曲线和规模经济效益，以获得高额利润。企业采取这种战略主要是为了实行成本领先战略。

在成本压力大而当地特殊要求小的情况下，企业采取全球化战略是合理的。但在要求提供当地特色产品的市场上，这种战略是不合适的。

4. 跨国战略

跨国战略是要在全球激烈竞争的情况下，形成以经验为基础的成本效益和区位效益，转移企业内的核心竞争力，同时注意当地市场的需要。为了避免外部市场的竞争压力，母公司与子公司、子公司与母公司的关系是双向的，不仅母公司向子公司提供产品与技术，子公司也可以向母公司提供产品与技术。企业采取这种战略，能够运用经验曲线的效应，形成区位效益；能够满足当地市场的需求，达到全球学习的效果，实现成本领先战略或产品差别化战略。

9.3.2 国际化的业务层战略

业务层战略是由各个事业部根据公司层战略制定的目标来确定本部门的竞争方式，从而在所处领域中占据领先地位，它是公司层战略的子战略。业务层战略主要分为三种：成本领先战略、差异化战略和集聚战略。

1. 成本领先战略

采用这种战略的组织以低于行业的平均成本为消费者提供同样的产品或服务，并通过低成本的策略建立行业竞争优势。实现成本领先策略的途径有以下四点。

(1)规模经济。通过规模生产和规模分销，发挥规模经济和范围经济的作用来实现成本领先。

(2)改进产品的流程和工艺。通过重组流程或缩短流程都能够减少生产时间、降低成本；而先进的工艺可以节约大量的原材料。

(3)协同作用。与相关的其他组织建立长期合作关系可以为组织节省资金、降低成本、提高效益。例如，国美、苏宁等家电连锁零售商与各类家电生产商建立长期合作关系，获取大量专供本卖场售卖的低价产品。

(4)尽量降低各种投入要素的成本。例如，沃尔玛通过自身的优势与供货商建立良好的关系，降低商品价格，减少成本。

成本领先战略形成了市场进入障碍，提高了潜在进入者的进入成本；扩大了企业与供应商的谈判空间，可以使企业占有更多的市场份额；降低或缓解了替代品的威胁。但成本领先战略也存在一些弱点：规模生产使技术设备过于专业化，在技术和市场迅速变化的时期，企业面临较大的经营风险；成本领先战略是一种先发制人的战略，如果竞争对手采取更低的成本策略，企业现有的盈利能力将受到较大影响。

2. 差异化战略

差异化战略是组织通过区别于竞争对手的特色产品和服务取得市场优势并得到行业认可，这种独特性可以表现在技术上、品牌形象上，也可以通过特色服务和出色的产品质量来体现。差异化战略可以通过提高顾客的满意度和降低顾客总使用成本来塑造，也可以通过创造竞争对手缺乏或不能模仿的竞争能力来实现差异化。

实施差异化战略可以提高顾客对企业品牌的忠诚度，为公司维持稳定的客户群，可以对潜在进入者形成有效障碍，给企业带来较高的溢价。但是如果产品的成本因为差异化而不断上升，市场价格过高，差异化战略将面临风险；或者当市场出现了更为显著地差异化产品时，这一战略的市场优势将不再明显。

3. 集聚战略

集聚战略是组织将目标集中在特定的细分市场上，在行业或产业内很小的竞争领域内建立自己的优势。在所选择的狭小范围内，组织仍然可以采用成本领先战略和差异化战略，这种联合的战略被称为集中成本领先战略和集中差异化战略。

集聚战略适用于小型的组织，因为这类组织没有足够的资金和资源建立显著的差异化，也无法形成一定的规模经济来降低单位成本，因而只能集中在小范围运用成本领先战略和差异化战略来取得竞争优势，如表 9-2 所示。

表 9-2　竞争优势的选择

	竞争优势	
	低成本	差异化
行业范围	成本领先战略	差异化战略
特定的细分市场	目标集聚战略	

9.4　企业国际化风险与伦理

9.4.1　企业国际化的风险

国际化经营意味着企业必须面对世界上最强大的竞争对手，必须对国际市场信息掌握准确、迅速，能对国际市场的变化做出快速反应；但同时，国际化经营也意味着企业可以占领广阔的国际市场，更广泛的利用国际资源，得到世界最新的科学技术，企业可以在国际范围内更有效地配置资源。国际化经营给企业带来更多的利润和更大的风险，对企业的要求也更高。技术的进步，交通和通信技术的改善，使企业迈向国际市场成为可能，众多多边贸易协定的签署加快了企业国际化的步伐。

1. 企业国际化面临的主要风险

企业国际化的风险是指企业在国际化进程中，由于各种事先所无法预料的因素的影响，使企业的实际收益与预期收益目标相背离，甚至导致企业生产经营活动失败的可能性。它包括了自然灾害、意外事故，以及一切政治、经济、市场、社会、文化因素、人员的变动给企业经营成果带来的不确定性。

1) 文化风险

不同的文化背景影响着人们的消费方式、满足需求与欲望的顺序及工作的价值观和努力程度，决定了供应者、竞争者、客户与跨国企业发生业务往来的方式和偏好，以及与跨国企业进行竞争的战略、策略和技巧，还对跨国企业的其他环境因素如政治、法律、经济等发生作用。因此，在企业国际化经营过程中，文化差异与多元文化是企业必须要面对的。研究表明，当今许多跨国企业尽管不乏雄厚的资本、先进的技术及高素质的员工，却往往未必能稳操胜券。分析企业国际化经营成败的众多实例，文化因素一直是企业能否顺利实现国际化战略、达成预期目标的最重要影响因素之一。

企业在国际化经营实践中，也日益感觉到文化风险对企业的重大影响。例如，中国青岛啤酒集团已经在南非建立投资企业从事跨国经营。由于中非文化的巨大差异，如果不能对文化风险问题进行系统的分析、有效的管理，企业将处于非常被动的地位，导致其国际化战略的实施陷入困境。托姆麦克安(ThomMcAn)是孟加拉一家最近开业的鞋业公司。当公司的鞋刚刚走俏时，就发生了一场暴乱，由此导致50多人受伤。事件的原因是：印在每只鞋鞋底上的字迹是模糊的托姆麦克安签名，但看起来很像阿拉伯语中草写的“Allah”（上帝）。在伊斯兰世界，脚底被认为是不干净的。在这种情况下，似乎该公司要通过让孟加拉人将上帝的名字踩在脚下来亵渎上帝。类似的文化误解的例子在企业国际化经营中还有很多，它们轻则带来误会，重则导致冲突而使跨国经营目标难以实现。

2)政治风险

斯特芬·H·罗伯克(Stenfan H.Robock)在一篇有影响的论文——《政治风险：识别与评估》中，对政治风险提出这样的看法：国际经营中的政治风险存在于：其一，经营环境中出现一些不连续性；其二，这些不连续性难以预料；其三，它们由政治变化所带来。经营环境中的这些变化必须具有对某些企业的利润或其他目标有重大影响的潜在可能性时才构成“风险”。杰夫利·西蒙(Jeffrey D.Simon)则在其1982年发表的《政治风险评估：过去的倾向和未来的展望》一文中认为，政治风险可视为政府的或社会的行动与决策，或源于东道国或源于其外，对有选择的或者大多数国外经营与投资产生不利影响。

中国海洋石油有限公司(中海油)与美国雪佛龙石油公司(Chevron Corp)争购美国第九大石油公司——联合石油公司(Unocal Corp)的交易当中，政治风险可谓成为最终导致中方落败的重要因素。因为美国不仅传统上相当重视对外资的政治安全审查，而且某些政治势力将中国视为唯一潜在战略对手。对于中国企业而言，这个外资政策最自由的国家，由于泛政治化倾向突出，可能是发达国家中政治风险最高的国家，这些因素都应该在决策之初得到认真的考虑。另外，像美国“9·11”事件以后，因为美国政治态度的转变导致了很多跨国企业经营状况受到严重波及，从而导致之后美国经济相当长一段时间内处于萧条状态。

3)财务风险

对于跨国企业而言，全球化过程中财务的整合管理也存在相当多的风险，值得企业重视。从外部因素分析，主要存在以下风险因素：存在资金市场不发达，自己筹措困难，成本高；东道国银根紧缩，资金缺乏；税收政策改变。从企业内部因素分析，主要存在以下风险因素：资本过小；信用降低；投资过大；周转资金不足。

而除了以上显性的财务风险之外，另外还存在一种隐性财务风险，是针对跨国公司财务风险的特点提出来的，是识别和评价风险不可缺少的部分，主要指企业的非财务指标。因此，隐性财务风险也可以被称作非财务指标财务风险。隐性财务风险不容易被识别，通常不被重视，其危害程度暂时不大，但是通过风险的扩大和传递危害程度递增。显性财务风险是由无数个隐性风险能量的传递发展而来的。量变过程中的隐性风险的危害程度根据远离质变的距离不同而不同，一般来说，距离质变近的隐性风险往往比距离质变远的隐性风险危害大。目前对于跨国经营的隐性财务风险难以准确计量，对这方面风险进行有效控制可采用集成的思想与方法。

4)人力资源风险

所谓人力资源方面的风险，这里主要考虑的是由于跨国公司在全球化的进程中针对海外子公司的人力资源安排而言的，其中的风险主要涉及选择国外分(子)公司的高官层的不当会导致分(子)公司无法有效按照母公司的战略意图进行运作；在日常监管、绩效考核制度的健全与否也是风险来源之一；另外，就是如何保证所培养的外派的经理人队伍的归属感。人才作为企业发展的核心动力和财富，有效的防范人力资源风险是跨国企业能够得以长远发展的有效保障。

TCL 与阿尔卡特的合资公司 TA（TCL Alcatel Mobile Phone Limited）成立之初曾经拥有超过 5500 万欧元的现金和总计 1 亿欧元的各种资产；但 8 个月之后，它就亏损已超过 6.6 亿元。按 1 欧元约合 10.6 元计，TA 公司不到三个季度便蚀光了 TCL 拿出的 5500 万欧元“嫁资”。出现这样的情况原因何在？对任何一个身在法国的公司，雇员都是一等一的大问题。“解雇 10 名员工可能就是报纸头条。”从阿尔卡特手机业务看，截至 2006 年 6 月底，共有 677 名全职员工和 222 名合同制员工，其中 588 人均为专业研发人员，其余 103 人从事销售或营销。如何处理这些员工是 TCL 非常头痛的问题。人力资源风险问题在这里得到突显。

5）外汇风险

1973 年布雷顿森林体系崩溃，国际货币基金组织通过《牙买加协定》承认浮动汇率制的合法性。于是各国的货币汇率频繁变动，并且经常大幅进行变动，正是如此，各国在国际经济交易中就会产生外汇风险。跨国公司作为国际经济交易的主体就无法回避外汇风险。

百富勤投资集团有限公司（Peregrine Investments Holdings Limited）成立于 1988 年年底，由集团主席杜辉廉和董事兼总经理梁伯韬在香港创办。集团主席杜辉廉先生在财经服务业积累了 30 余年经验，梁伯韬先生在企业融资顾问方面已纵横 15 个春秋。然而，就在百富勤正欲振翅高翔，去拓展国际资本市场之时，适逢东南亚金融危机徘徊于港岛，亚洲货币市场遭受了前所未有的重创。1998 年 1 月 12 日下午 5 时，传来令人震惊的消息：百富勤投资集团公司发出公告“百富勤委托罗宾逊会计师事务所作为清盘人，进入法律程序进行清盘”。这意味着亚洲（除日本外）最大的独立上市投资银行——百富勤宣告破产。

6）技术风险

跨国经营的过程中，跨国企业的技术转移对于子公司的竞争力有着重要的影响，如果不能有效估计或者预测技术风险，一方面可能导致高技术低收益的状况，另一方面，可能会有技术外溢效应所产生的对跨国企业自身发展不利的影响。在企业进行跨国经营的过程中，尤其是以技术为核心竞争力的高科技跨国公司需要将技术风险放在企业开外扩张的一个重要因素进行考虑。索尼以技术至上主义和功能创新能力著称于世，在消费电子方面，是全球最优秀的企业之一。但是，新技术和新功能的领导者，必须承担起培育市场的责任。索尼在随身听之后，创新产品的市场拓展就再也没有打过漂亮仗了。其比较重要的原因在于索尼将创新市场与成熟市场中技术风险的考虑不足，使得其地产地销，高价格，高成本，低利润的战略无法抵御技术风险给企业带来的打击。

2. 企业国际化的风险管理

风险管理是通过对风险的鉴定、衡量和控制，以最低的成本使风险所造成的损失控制在最低程度的管理方法；是企业通过对潜在意外或损失的识别、衡量和分析，并在此基础上进行有效的控制，用最经济合理的方法处理风险，以实现最大的安全保障的科学管理方法。根据以上风险管理的定义，我们可以得出以下几点认识：

（1）风险管理是一个系统过程，包括风险的识别、衡量和控制等环节；

（2）风险管理的目标在于控制和减少损失，提高有关单位或个人的经济利益或社会效果；

(3) 风险管理是一种管理方法。总之，风险管理是指经济单位通过进行风险识别、风险估测、风险评价，采用合理的经济和技术手段对风险加以控制，以最小的成本获得最大的安全保障的一种管理活动。

一般来看，对纯风险的处理有回避风险、预防风险、自留风险和转移风险四种方法。

1) 回避风险

回避风险是指主动避开损失发生的可能性。它适用于对付那些损失发生率高且损失程度大的风险，如考虑到游泳时有溺水的危险就不去游泳。虽然回避风险能从根本上消除隐患，但这种方法明显具有很大的局限性。其局限性表现在，并不是所有的风险都可以回避或应该进行回避。如人身意外伤害，无论如何小心翼翼，这类风险总是无法彻底消除。再如，因害怕出车祸就拒绝乘车，车祸这类风险虽可由此而完全避免，但将给日常生活带来极大不便，实际上是不可行的。

2) 预防风险

预防风险是指采取预防措施，以减少损失发生的可能性及损失程度。兴修水利、建造防护林就是典型的例子。预防风险涉及一个现实成本与潜在损失比较的问题：若潜在损失远大于采取措施所支出的成本，就应采用预防风险手段。以兴修堤坝为例，虽然施工成本很高，但考虑到洪水泛滥将造成的巨大灾害，就极为必要了。

3) 自留风险

自留风险即自己非理性或理性地主动承担风险。“非理性”是指对损失发生存在侥幸心理或对潜在的损失程度估计不足从而暴露于风险中；“理性”是指经正确分析，认为潜在损失在承受范围之内，而且自己承担全部或部分风险比购买保险更经济合算。所以，在做出“理性”选择时，自留风险一般适用于对付发生概率小，且损失程度低的风险。

4) 转移风险

转移风险是指通过某种安排，把自己面临的风险全部或部分转移给另一方。通过转移风险而得到保障，是应用范围最广、最有效的风险管理手段。保险就是转移风险管理手段之一。现代企业风险管理是指企业在经营过程中，识别、评估、分析各种可能造成潜在影响的风险事项，并在其风险偏好范围内进行控制和管理，从而为企业目标的实现提供合理保证的过程，具体表现为认真分析风险、有意识地承担风险、科学地管理风险、稳妥地获取风险收益。它以博弈论作为理论基础，通过对不确定性全方位、深层次的分析，形成完善的风险管理计划；对各类风险进行识别、定量定性分析、响应和监控，形成综合性的风险应对策略，为正确决策提供依据，为持续发展提供基础。其核心是将难以预计的未来事项的不确定性控制在可接受的程度，并从中寻求有利于企业发展的机遇。

9.4.2 国际化的伦理

企业国际化过程中要面临的伦理问题不但包括一般企业伦理，也包括全球伦理，主要包括以下几个方面。

1. 政治伦理问题

在文化普遍主义和相对主义的矛盾下，政治发展是多样性的统一，但全球政治观依然有一定市场，一些理念如民主、平等、人权等价值标准已经成为各国共同的政治道德。

2. 经济伦理问题

契约观念是市场经济中最重要的伦理观念，市场中的组织或个人都要在遵守合同的基础上形成信用制度。为消费者提供有质量和信誉的产品是企业应有的责任，但在目前的部分行业和领域，假冒伪劣产品横行，成为社会一大公害，消费者怨声载道，信心受重创，并影响了经济的发展。参与全球市场的各方主体应当遵循公平合理、诚实守信、互利合作等原则，在与其他主体的经济交往中，坚守“己所不欲，勿施于人”的全球伦理定律。

以国家为主导的决策主体，在进行国际化决策时，在考虑自身经济效益的同时，还要考虑全球的社会效益和长远利益，将实现全球的可持续发展作为决策时必须考虑的问题。

3. 文化伦理问题

经济全球化客观上为各国文化交流提供了便利条件，加快了文化伦理一体化的进程。企业文化是企业组织过程中非常重要的一项内容，能够多方面地影响企业，其中包括促进企业伦理的行为，并在很大程度上影响决策者的道德素养以及影响其如何发挥作用。因此，企业伦理文化的建立也是一些优秀的企业保持竞争力的一个重要保障。

4. 自然和生态伦理问题

德国著名经济学家霍尔斯特·施泰因曼(Horst Steinmann)和阿尔伯特·勒尔(Albert Lohr)合著的《企业伦理学基础》认为:“一种以生态定向的企业管理是确保自身长期生存意义上的理性要求。为了经济而过度利用或毁坏自然资源。长此以往将毫无经济成就可言。”全球化首先是经济的全球化，而经济全球化意味着世界劳动分工和布局的大转移。20 世纪 50 年代以来，全球的生态环境日趋恶化，第一世界专注于高附加值的非污染性知识产业，第三世界则成了工业制成品和资源密集实物产品的主要产地，成了全球环境代价的主要承受者。发达国家通过把危害环境和人体健康的生产行业或有害废物向发展中国家与地区转移，使一些穷国沦为它们的生态殖民地。工业化在给人类带来巨大物质财富的同时，也造成了资源枯竭、环境污染和生态破坏等负面效果。

9.4.3 国际化过程中企业的社会责任

各国根据自己的国情和加入的国际条约通过制定法律的形式规定企业的基本社会责任，这些法律主要包括公司法、劳动法、消费者权益保护法等。高层次的社会责任标准，主要由企业自己、工会以及其他非政府组织制定。这些公司行为守则对公司而言主要是一种道德标准，其内容大体总结为以下几点。

(1)与东道国合作寻求互惠互利，致力于与东道国建立长期的关系。

(2)尊重和保护基本人权。

(3)充分、公正地披露所有与利益相关者和公众利益有关的信息。

(4)达到认可的环境标准，保护生态环境，有效利用自然资源。

(5)在健康的工作环境中生产能充分满足安全标准的产品和服务。

(6)承认员工有组织起来集体进行讨价还价谈判的权利。

(7)通过公正地雇用、工作保障、安全、无歧视的工作环境、再培训以减小裁员和关闭工厂带来的冲击，促进员工的福利。

(8)通过以公平合理的价格提供高质量的产品和服务谋求长远利润。

(9)在恰当的层次和适当的阶段，让利益相关者参与决策。

(10)为制定和实施内部伦理准则提供领导和资源。

(11)是尊重当地的做法和习惯还是奉行公司自身的伦理准则，取决于哪一种做法对当地更有利。

(12)尊重国际法，支持制定和实施能达成广泛国际共识的国际企业行为准则。

本章小结

中国企业走国际化发展战略是应对经济全球化的必然选择。当前，世界性的社会化大生产网络已经形成，传统的以自然资源、产品为基础的分工格局已被打破，跨国公司在世界经济活动中的突出作用日益明显，国内市场国际化、国际竞争国内化的新竞争格局已经形成。全球化的趋势要求企业成为国际化的企业，这种趋势不可逆转，也无可回避。本章首先介绍了企业国际化的进程、动因以及相应的风险，理性分析了竞争优势，并从公司层和业务层两个层面介绍了可选择的战略类型。国际化战略要通过不断地创新提高企业的核心竞争力，对各种资源、要素进行优化配置和组合，重视国际经济、政治、文化和体质的差异，从而使企业获得更高的市场份额和利润或更高的投资回报。

练习与思考

1. 企业国际化的公司层与业务层的战略有哪几种类型？
2. 如何应对企业国际化过程中的风险？

案例

联想国际化 VS 海尔国际化

2004年12月8日，联想在北京正式宣布，以总价1.25亿美元收购IBM的全球户PC业务，标志着联想国际化战略迈出实质性的第一步。而早在1998年中国家电行业的第一品牌海尔就已开始了其全面国际化战略的实施步骤。二者在国际化战略的背景、模式和国际化的风险方面各有所长，也各有所短。

受挫多元化 VS 突围价格战

经过20多年的发展，联想如今已占据了中国电脑市场的霸主地位，产品连续多年在亚洲市场的占有率稳居第一。但是随着市场竞争的白热化和国内市场容量的限制，前几年联想的市场增长率一直不太理想。尤其是自2001年4月，杨元庆从柳传志手中接过联想大旗后，杨元庆所描述的“服务的联想、技术的联想和国际化的联想”并未如期展现在人们面前。面对员工的困惑、股东和投资者的质疑及各种各样的问责，杨元庆不得不放下不服输的个性承认3年来的联想多元化战略失误，这才有了2004年年初的联想宣布全面收缩战线，重新回归PC业务之举。

没有了多元化的联想，要想使投资者满意，让股东们释然，就必须拿出实实在在的业绩给他们一个“交代”。然而国内PC市场蛋糕再大也有局限，联想的成长出现了“天花板“现象。因此，只有走国际化的道路，才是联想未来的方向。

同样经过 20 多年的发展，如今的海尔已经是一个包括白色家电、黑色家电、米色家电在内的 69 大门类 10800 多个规格品种的家电企业集团。然而家电行业作为中国市场化程度最高、竞争最激烈的行业，近年来出现了诸多问题最为典型的就是价格战。这主要是因为国内家电行业产能过剩，大部分国内企业往往只能通过简单的价格战来争夺有限的国内市场份额。而一些有远见的企业家则已将目光瞄向了国际市场，开始实施跨国经营的国际化战略。海尔就是在这样一种背景下，毅然挑起了国际化的大旗，在家电企业中率先向国际市场进军。

TOP+并购 VS 本地化

截至 2001 年联想美国公司成立，联想在国外拥有 7 家分公司、1 家物流中心和 100 多家海外营销渠道。然而与松下、三星等跨国公司比较，联想还相差甚远。按照普遍认可的标准，一家国际化公司总收入的 20%以上应该来自国外，而联想海外分公司的收入在联想总收入中所占的比重仅为 3%左右，而且主要是一些零部件，还不是品牌产品最终产品。显然，这样的业绩和国际化程度不能令柳传志、杨元庆等决策层和股东们满意。这才有了后来联想搭乘奥运“TOP”这趟国际化快车的重大事件发生。

2004 年 3 月 26 日，国际奥委会在北京宣布，联想成为第六期国际奥委会的全球合作伙伴(简称 TOP)，它是本期 TOP 的第 1 个也是最后一个加入者。由于奥运会顶级赞助商可以在 200 个以上的国家和地区展开市场营销，所以能够较快地提高品牌的知名度和美誉度。可以说，成为 TOP 是企业国际化的一趟快速列车。联想正是在这种思想的指导下，抓住北京成功申办 2008 年奥运会和 IBM 退出 TOP 的契机，成功跻身于奥运会顶级赞助商之列。

这要求企业必须拥有足够广泛的营销网络才能很好地利用顶级赞助商的权利，否则就是一种资源浪费，仅获得很少的短期效益，甚至可能血本无归。而联想仅仅依靠现有的 7 家海外分公司，显然没有足够的力量在全球 200 多个国家进行营销活动，无法满足联想国际化的需要。如果选择自己建立一个全新的全球营销网络，联想既无这方面的人才储备，同时也需要耗费大量的资金和时间。因此，走国际并购的道路，不失为联想建立全球营销网络的捷径。因此面对 IBM 递送的“秋波”，联想经过全方位的论证和艰苦的谈判终于达成了收购 IBM 全球 PC 业务的协议。自此，联想终于在成为 TOP 后，迈出了国际化的实质性步伐。所以联想的国际化模式可以归纳为：“TOP+国际并购”。

海尔国际化的步伐最早可以追溯到 1991 年，只不过海尔当时采取的策略是大量向海外出口产品，达到提高海尔知名度的目的，并且采用的是“先难后易”的战略，即首先进入欧美等在国际经济舞台上分量重的发达国家和地区取得名牌地位后，再以高屋建瓴之势进入发展中国家。当海尔产品在当地的销售量，达到当地建厂的盈亏平衡点时，则开始在当地建立工厂。所以从 1998 年开始，海尔开始全面实施国际化战略。

与联想国际化模式不同的是，海尔国际化所采取的策略是在美国、德国等经济发达国家当地建厂，绝大部分管理人员和工人都招用当地人，并提出了“三位一体”和“三融一创”的本土化策略。同时，海尔还直接在全球各地推出“海尔(Haier)”统一的自有品牌，这也是海尔在实施国际化战略一开始就确定下来的目标。这样既实现了海尔创世界级名牌的目标，又有效规避了反倾销、技术壁垒等风险和麻烦，目前的海尔，在全球已拥有设计中心 18 个，贸易中心 56 个，工业园 10 个，海外工厂及制造基地 22 个，营销网点 58800 个，服务网点 1976 个，职工总数约 30000 人，其中海外员工达 3000 人。海尔正在逐步建立起国际化企业的发展框架。

联想的国际化风险：大客户风险、员工风险、业务和文化整合风险、资金链风险、服务风险、国际化人才风险。

2004 年 12 月 9 日，柳传志在做客央视论坛时，曾谈到联想国际并购时将会遇到三个方面的风险：第一类是大客户风险——在 IBM 的 PC 业务被联想并购后，原来购买 IBM 产品的大客户是否认可联想，是否相信联想的技术实力和服务能力是否还会继续购买被联想并购的原 IBM 产品？第二类风险是员工的风险——原 IBM 公司的员工是否会认同联想的管理，是否能接受联想的文化，能否继续为新公司服务？第三类风险是业务整合和企业文化磨合的风险——联想并购 IBM 的 PC 业务后，能否将原来 IBM 的业务与联想的业务有效地进行整合，充分发挥各自的原有优势，并形成新的业务优势。同时由于 IBM 和联想原来是在不同的国际背景和文化背景下开展业务，现在合二为一能否将不同的企业文化整合到一起，二者之间的文化在整合过程中是否会发生冲突，从而造成公司整体运行不畅？这些都是新公司面临的风险。

其实除了上述风险外，联想在其国际化过程中还将面临其他的重大风险。

首先是资金链的风险。联想在成为 TOP 后，在今后的几年需要向国际奥委会提供 6000 万～8000 万美元的直接赞助。但是要想取得良好的效果，按照通行的算法还需要至少一倍于赞助金额的资金用于公关、市场推广、市场促销等活动。这样，联想在该计划上的资金投入就在 3 亿美元以上。联想 2003 年的收益为 10 亿元人民币，要把两年多的纯利抛向这一昂贵的项目。而随着个人电脑市场竞争的白热化，联想能否在今后几年中获取足够的利润以支撑这一计划，是其面临的首要风险。

其次是服务方面的风险。尽管已经通过国际奥委会严格的审查，但是要在两三年内迅速建成覆盖全球的高效服务网络并非易事。而根据联想与奥委会的协议，联想的设备、服务将被用于赛场信息传递、记分、现场结果、票务和行政管理等系统。一旦出错，不仅不能起到宣传品牌的效果，而且很有可能砸了联想的牌子。

三是国际化人才的风险。尽管近些年联想不断吸收到海外读书、有海外工作经验的人员，但是离国际化的人才要求还有很大的距离，而且骨干员工主要是在本土发展、培养起来的。联想如何吸引和培养国际化的人才去管理新的联想，实现新联想在全球 200 多个国家的有效运作，将是联想面临的又一大风险。

海尔的国际化风险：高成本风险、缺乏研发设计能力风险、缺乏经销与服务网络风险。

海尔的国际化并非没有遇到风险和困难。在 2002 年和 2003 年，由《中国税务》杂志社独家发布的年度中国纳税百强排行榜上，年营业额达 80 多亿元的海尔无论十强还是百强都榜上无名。从这点可看出：海尔每年的净收入并不像人们想象得那样多。美国《商业周刊》专稿也曾指出：“海尔在国际上的现金流一定是负数，他们必须从中国的母公司抽调资金，但他们一定损失了市场份额。”

事实上，海尔国际化几年以来，在实施“国际化即本土化”的国际经营思路过程中付出了高额的成本。虽然“海尔”品牌在国际化上取得了较大进展，但其当地设计、当地制造、当地销售的“三位一体”战略实施得并不顺利。海尔在国外的公司，除了少数几个管理人员由国内派驻外，其余全部在当地聘用，而发达国家工人的工资往往是国内的几倍甚至十几倍。特别是在处理加班问题上，虽然国外员工也会根据实际情况安排加班，但是国外大都要求严格按照本国《劳动法》的相关规定支付加班报酬，并且很多员工本身并不愿舍弃休息时间去加班，因此这不但给海尔带来很大的资金压力而且也带来了管理上的难题。

此外与竞争对手相比，海尔还缺乏强劲的研发能力、设计能力、经销与服务网络。同时海尔在海外市场很大程度上只是小规格品种获得了成功，大多数的产品并没有如愿以偿甚至没有中国出口的数量大、品种多，而利润也大多数来自国内生产的在国内和国外销售的产品。目前海尔最大的问题是如何找到出色的经理人，因为海尔能支付的薪资远不如竞争对手。海尔既没有品牌又没有可打造品牌的雄厚资金，这种高成本运作模式能持续多长时间尚无定论。所以，海尔国际化还有很长的路要走，还有许多困难和问题等待海尔去解决。

（资料来源：陈静. 联想国际化 VS 海尔国际化. 中外管理，2005 年第 4 期.）

第 10 章

企业创新战略

本章学习目的：

1. 了解技术创新、技术创新战略的内涵，蓝海战略的内涵，技术创新的基本特征；

2. 掌握技术创新战略的决定因素、技术创新战略的类型、蓝海战略的分析框架和分析工具；

3. 理解技术创新战略方案及实施办法；

4. 分析蓝海战略的前景。

案例

技术创新成就华为

2010 年，美国知名商业媒体 Fast Company 日前评出了 2010 年最具创新力公司，前五名分别是 Facebook、Amazon、苹果、google、华为。华为是排名前五的公司中唯一的新上榜企业。

Fast Company 称，过去的一年中，华为获得了一系列有价值的合同，正是这些合同使得华为的市场份额翻番。Fast Company 将华为 2009 年的强劲发展归结为以客户为中心的创新力。

根据世界知识产权组织(United Nations World Intellectual Property Organization)的统计，华为 2009 年专利申请总数为 1847，排名世界第二。

而在 2010 年第一季度的华为公司 2009 年年报显示，2009 年，华为全球销售收入高达 1491 亿人民币，净利润 183 亿人民币，成全球第二大通信设备提供商。

看着这一份份骄人的华为“成绩单”，让全球商界对华为刮目相看的同时，都用羡慕的眼神关注着华为的“桂冠”。什么成就了今日的华为呢？

除了华为的管理制胜外，华为最大的核心竞争力就是市场技术化和技术市场化，有着一批成千上万的技术工程商人在团队作业。

在创业早期，华为就提出要长期坚持不少于销售收入 10%的研发投入，并坚持将研发投入的 10%用于科研，对新技术、新领域进行持续不断的研究和跟踪，不仅如此，还将这一规定写入《华为基本法》，在战略发展规划和公司的规章制度上体现。

那么华为的研发、技术创新有什么特点呢？

第一，技术工程商人。

华为认为企业核心竞争力是技术的创新，但同时技术创新不是为了获得创新创新、为了论文而创新，任正非在总结了朗讯、贝尔实验室、IBM 等研发失败的惨痛教训中得出一个血的教训："技术人员不要对技术宗教般崇拜，要做工程商人，你的技术只用来卖钱，卖出去的技术才有价值。"

为此，华为的技术研发和创新是围绕着市场的需求而研发的，华为引进 IBM 的 IDP 研发流程，最前端就是客户的需求。

第二，新手也能研发。

无论是大学刚毕业的本科生，还是社会招聘进去的技术工程师，都能做研发，这个就是华为技术管理的独到之处。这个是华为经历了过分"依赖技术人员"之痛之后才在研发管理上的一个跨越。经历了郑宝用身体的原因、李一男的出走，早期内部创业技术人才的流失等，没有核心技术人员，华为濒临研发崩溃的边缘。任正非就提出我要培养出千千万万个"郑宝用"、"李一男"。通过开发技术流程化、每个开发文档的过程控制，每个开发工程师都成为流程中的一道"工序"。研发新手拿着这样流程规范化的文档也能研发了。

第三，"技术拿来主义"。

华为的技术创新大都是站立在"伟人的肩膀"之上的。华为认为，过多的"自主"创新情结，会影响到企业的竞争力的形成。在华为看来，专利并不是一种目的，而是获得市场进入许可、获得产品及成本竞争力的商业手段。华为的主张，一方面是，"通过合理付费的交叉许可，创造和谐的商业环境"；另一方面，则要积极地积累自己的专利池，获得越来越多的筹码，并持之以恒地每年以超过销售额 10%的比例进行研发投入。任正非特别强调："新开发量高于 30%不叫创新，叫浪费"，他号召研发人员研发一个新产品应该尽量减少自己的发明创造，而应着眼于继承以往产品的技术成果，以及对外进行合作或者购买。

华为的"技术拿来主义"还表现在与合作伙伴的合作上面，不管是和大学科研机构，还是和同行业"友商"。华为独特的矩阵管理和企业文化，慢慢将合作伙伴同化为华为的一部分，如早期和清华大学合作，清华大学的博士生郑宝用就不知不觉地进入了华为研发团队，到后来的华为 3COM，现在的华赛、华为都是采用相同的技术合作策略。

第四，华为研究所全世界遍地开花。

"在全球经济低迷的背景下，华为仍坚持加大研发投入，2009 年研发费用达到人民币 133 亿人民币，同比增加 27.4%。"华为研发人员占公司总人数的 46%，并在美国、德国、瑞典、俄罗斯、印度及中国等地设立了 17 个研究所，还与领先运营商成立近 20 个联合创新中心。华为研究多可以说是辐射、支撑到全球各个片区的客户。现在的华为总部仅是一个行政、研究总部的一个根据地、信息枢纽中心。

（资料来源：李暤. 技术创新成就华为. 中国高新技术企业，2010 年第 20 期.）

技术创新是实现企业发展的永恒主题和不竭动力，企业是我国国家创新体系中的重要组成部分，更是技术创新的主体和技术创新的重要源泉，越来越成为我国经济发展的重要力量。技术创新战略就是企业的技术创新最根本的目标是要提高企业的盈利水平。技术创新战略是我国企业在知识经济时代面临的现实选择，也是企业参与激烈市场竞争、获得可持续发展的基础，因此企业应该把握国际、国内经济形势变更的机遇，借鉴国外企业的做法，把握后发优势，在创新中求得发展。

10.1 技术创新战略

随着经济全球化趋势的加剧和市场竞争的日益激烈，目前我国企业在其发展过程中同时也出现了一些困难和问题，如中小企业技术创新风险较大、盈利能力不高、创新能力不足等，严重制约了我国中小企业竞争力的提升和快速发展。面对这一系列问题和困难从企业全局范围和更深层次上看，同企业缺乏相应的技术创新战略指导有关。

10.1.1 技术创新概述

1. 技术创新

技术创新不是单纯的技术概念，而是技术经济概念，是一种经济活动。从技术创新的生产要素来看，资金和人才是技术创新的基本要素。研发经费投入是企业技术创新的重要支撑；而人才作为生产力中最活跃的因素，是企业技术创新的载体和关键，也是技术创新活动区别于其他生产活动之所在。技术创新是指由技术的新构想，经过研究开发或技术组合，到获得实际应用，并产生经济、社会效益的商业化全过程的活动。技术创新的实质是给商业化的生产系统引入新产品、新工艺等，以期获得更多的商业利润，而技术创新的关键也是新技术的商业化，即新产品、新工艺的使用能够产生经济效益。

现代企业技术创新包括五方面的含义：(1)技术创新不是单纯的技术概念，而是技术经济概念，技术创新是技术经济活动；(2)技术创新的主体是企业；(3)技术发明是技术专家完成的，技术创新由企业家组织实施；(4)技术创新的动力来源于市场需求；(5)技术创新需要一个系统，并在一定的环境下完成。

2. 技术创新的基本特征

(1)创新性。这是技术创新的本质属性，在技术创新的实践活动中，创新主体的创新性主要表现为把科学发现和技术发明的潜在的经济价值变为现实的经济价值，从而创造出新技术、新工艺、新产品、新方法或新理念等，来进行生产应用和满足市场需求。在整个技术创新过程中，从创新设想的提出和确认到技术开发，再到技术成果有效应用和市场开拓，都体现了技术创新的创新性特征。

(2)连续性。任何技术创新活动都是以前面的创新成果为基础，呈现出创新的连续性。一旦创新的连续性受到阻碍，技术创新的风险就将增大，甚至导致技术创新活动的失败。当一项技术创新成果之后没有新的创新成果出现时，经济的发展就将出现停滞状态并导致经济衰退。

(3)跳跃性。由于技术创新代替了旧技术，新技术原理对于旧技术原理发生了本质变化，技术创新及其实现程度发生了质的飞跃，技术的这种跳跃往往导致技术升级，呈现技术发展的阶段性。

(4)积累性。每一轮的创新都是以先前的创新成果为基础的，新一轮的创新并不是全盘否定以前的成果，而是在已有的知识积累到一定程度时对旧的产品和工艺的一种扬弃和突破。同时，在实践中大量的成功创新往往是渐进地积累的，不一定是技术上的新飞跃。

(5)资产性。技术创新作为一种科技开发与资产经营相渗透的交叉实践活动，不管其层次、规模如何，都需要一定数量的资金投入。技术创新的资产性不仅表现为在研究开发与商业化生产上投入大量的资金，而且成功的新技术本身就是一笔宝贵的无形资产。

(6)收益性。这是技术创新的内在动力所在。技术创新的成功，其投资收益率是非常可观的，它不仅将大大提高企业的获利能力，而且技术扩散带来的间接经济效益和社会效益会更大，持续不断的技术创新是促进一个国家经济增长和发展的基本保证。

(7)不确定性。由于技术创新活动具有试验性质，其中各个阶段和环节都含有不确定因素，而使技术创新呈现出高风险性。

10.1.2 技术创新战略

技术创新战略就是企业的技术创新最根本的目标是要提高企业的盈利水平。不仅仅是提高销售额或者产品性能的改进，也不仅仅是新产品或服务的问题，更重要的是要使竞争地位发生改观，希望在一种新的、更有利的某一点重新建立竞争优势。要做到这一点，企业决不能仅仅为顾客创造某种价值，还必须有建立长期竞争优势的技术创新战略，否则，技术创新就是战术性的，而不是战略性的。

10.1.3 技术创新战略的类型

1. 按创新来源分类

1)推动型创新战略

机会推动型创新战略的实现依靠的是发现创新的机会。发现创新机会并进行利用要经过两个阶段。第一个阶段是听取特定用户的需要来发现一般性机会。用户在向要求时，实际上是在向企业提出解决自己现存问题的要求。企业在听取用户要求并解决用户问题的过程中，可以发现能更有效地解决用户问题的创新方法。因此，用户不但因为对创新提出要求而成为创新的最终市场，他们也是创新思路和创新动力的根本来源。第二个阶段是通过解决问题来发现创新的机会。比较成熟的用户在对企业提出要求时，还会指定企业如何解决自己的问题。但是，一旦他们的问题得到解决后，他们就不会有兴趣将解决其具体问题的方案一般化后再用于其他方面，就是企业对创新思路的推广，进而形成创新产品和创新市场的过程。

2)预测推动型创新战略

由于技术发展的趋势是可以预测的，所以企业可以通过预测来抢先发现潜在的创新机会。根据对技术成本下降趋势的展望，可以发现创新的机会。新技术的最初市场很小，只集中在少数几种应用上，这时技术应用的效用很高，以至于成本不成为值得重视的因素。而当应用成本降低后，次一级的市场便逐步出现并形成。次一级市场为创新提供了更大的机会。其后再进一步形成的第三级主要市场上的创新机会就更大。第一个后来形成的次一级市场的规模都比前一级市场大，提供的创新机会也多。创新产品战略的目的就是要预测对新技术的应用机会，从而赶在其他企业之前以该新技术来引进创新产品，并使创新的过程符合市场需要和企业效益的要求。创新战略的目的就是要发现新技术结合应用的机会和方式，通过对技术的创造性结合来取得技术结合应用的乘数效果。例如，飞机就是空气动力学和柴油机驱动技术结合应用的结果。

3)技术推动型创新战略

技术推动型创新战略的实现是以有效解决某些特定问题，或是有效利用特定机会，或是实现一次技术突破并给予利用的结果。对解决某一特定问题或利用某些机会的执着追求是科学的创新方式。企业在寻找解决问题的途径的过程中，会发现现有技术的局限性，排除现有技术的局限性本身就是一种技术上的突破。将这一突破应用于更多的方面，或是采用不同形式应用这一突破，都能形成创新结果。技术推动型产品战略依赖于能实现技术突破的人，要求企业能发现和吸引有创新思维能力的人，并为他们提供足够的创造性条件。

2. 按创新时间分类

由于技术创新和市场变化的速度加快，时间已成为企业是否能获得发挥其竞争优势机会的一个关键因素，时间在技术战略中的地位日益提高。时间战略有两个概念。第一个概念是指用新技术第一个进入市场。第一个进入市场的好处是可以抓住市场份额优势，取得暂时的垄断地位，并取得创新的声誉，建立起进入优势。第一个进入市场还可以在较大程度上影响产业技术标准。另外，第一个进入还可以获得较早的经验。第二个概念是指以比对手快的速度进入市场。有些企业尽管进入较晚，但由于其开发过程比对手短，也可以在为第一个进入者。所以，在很多情况下，“最快”的优势更大。根据这两种概念，形成了时间战略的两种类型：首先进入战略和快速追随战略。

1) 首先进入战略

(1) 首先以新技术对产品进行升级的战略。成功采用这一战略的前提是企业对市场有正确的理解，用户能接受新技术、采用了新技术的产品具有明确的差别化优势。

(2) 首先对市场的变化做出反应的战略。当用户对产品和技术的某一差别化基础的喜好发生了变化，或是当经济中对产品和技术构成过程中的某些要素的约束或限制发生了改变，或是当市场处于其进化过程的某一跨越阶段时期时，市场对产品和技术的接受态度都会发生变化。能够第一个认识到环境的变化，并第一个对产品战略上做出反应的企业，就更有可能使市场的变化成为企业发展的机遇，使对该机遇的最早反应成为企业的优势。

(3) 首先引进新产品的战略。这是指企业总是不断引进新产品，一旦对手赶上后，企业马上就再引进新的创新产品。企业利用这一战略可以迫使对手不得不始终处于反应和追赶的状态。需要注意的是，每一次的产品更新改善都应沿着核心技术发展的方向展开，能引导用户自然地对下一次的更新改善提出与核心技术发展趋势相一致的要求，从而实现企业对核心技术和对产品的开发与市场对新产品发展的要求尽可能的一致或同步。

(4) 首先开创新市场的战略。首先开创新市场是指企业的技术创新战略及对具体产品的开发活动创造出了一条全新的产品寿命周期曲线。企业成功实施首先开创新市场战略所需要的关键要素是拥有先驱技术，即拥有正处于其生命周期初始阶段的技术，并在先驱技术的早期就能对该技术进行较大程度的改善。例如，Intel 开创了微处理器市场，并一直处于为微处理器技术发展规则标准的领导地位。而在 100 多年前开创了电话市场的美国贝尔公司，虽经多次组织调整，但其核心业务仍在电话市场处于较强的垄断地位。

(5) 开创一个新市场使企业能成为该市场的第一个进入者，但并不表示企业战略的成功。战略的成功还需要能建立起首先进入的优势，保持与后进入者在技术、差别化基础、开发速度或是其他在市场活动效率上的相对优势。

2) 快速追随战略

(1) 待市场明确后才进入的战略。虽然新市场上的竞争对手较少，企业因此有可能获得迅速的发展，但在新市场上，市场结构如何、新产品和新技术在市场上将如何被利用、哪些因素对竞争有更大的作用、市场应如何细分、差别化与相对价格之间的关系如何，以及与市场发育有关的方面都还是未知数。在这种情况下，先进入的企业很有可能因为对市场规律的错误认识而失败。另外，市场的形成和发展也需要一个教育过程，这个过程的成本是很高的。在市场经济下，对市场进行教育的成本一般是由先进入企业承担的。为此，不少企业采取了等到上述市场关系明确后才进入的战略。

⑵模仿战略。采用这一战略时，企业对某一成功产品和技术进行模仿，设计出另一种新产品。该战略与单纯的模仿行为是不同的。单纯的模仿行为是对产品的具体设计，而模仿功能战略的目的是在模仿产品功能的同时，使开发成本有大幅度的降低，使新产品更容易进入市场。

10.1.4 技术创新战略的决定因素

技术创新战略反映了技术和产品发展的特点，反映了企业的组织能力和战略偏好。Burgelman 了决定企业技术创新战略的四大因素，即技术演进、产业环境、战略行动和组织环境，如图 10-1 所示。

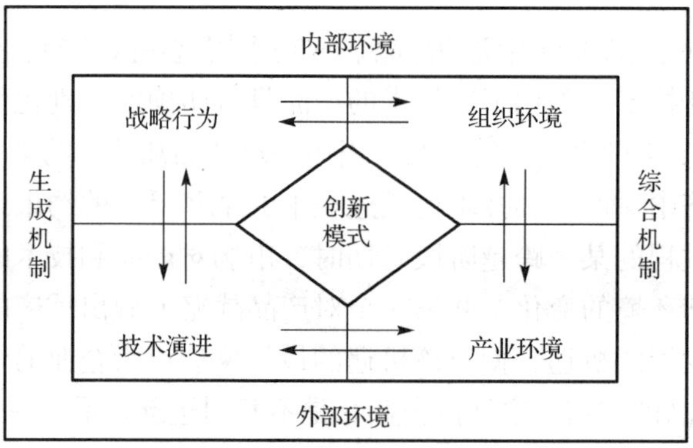

图 10-1　创新模式的决定因素

1. 技术演进

公司技术战略取决于其技术能力，但技术能力并不完全是内生的。企业技术能力在很大程度上受其所在技术领域演进的影响。通常技术演进过程独立于企业。这些技术演进包括：沿着 S 曲线轨道进行的技术演进；在某个技术轨道演进过程中产品与工艺技术开发的相互影响；新技术的出现；新技术的能力增强或能力破坏效果；技术变迁的组织决定因素等。这些是与技术发展相关的主要进化力量。

2. 产业环境

产业环境是影响企业技术战略决策的重要因素。产业环境方面的考虑包括：产业结构；主要从五种竞争力量角度进行分析；与技术创新相关的独占权；商业化新技术所需要的配套资产；主导设计的出现下技术标准；产业发展的社会系统特征等。这些不同因素及其相互作用决定了技术创新利润在不同参与者之间的分配及企业的技术创新的战略选择。

3. 战略行动

企业的战略行动直接影响着企业的技术战略选择。有些企业的战略行动是被动的。例如，大型企业在面临根本性技术的威胁时，可能更加努力改进原有技术，而不是立刻转换到新技术。有些企业的战略行动具有自发性，这些自发行动常植根于技术开发工作。例如，技术人员可能偶然性地发明了一些成果，这些成果可能成为企业重要技术被替代或被调整的基础。

4. 组织环境

组织环境是企业的内部选择。企业持续生存取决于内部选择环境的有效性。组织环境影响企业应对重大挑战的能力，包括开发与当前战略相适应的技术和创新能力、利用当前战略之外发现技术机会的能力、在企业不同发展时期平衡挑战的能力。

技术战略是由战略行动和技术演进这些生成力量、组织环境和产业环境这些综合力量决定的；同时，战略行动和组织环境属于企业内部环境，技术演进和产业环境属于企业外部环境。如果企业面临这四种因素不同，那么它们应当采用的有效的技术创新战略也就有所不同。

10.1.5 技术创新战略方案选择及实施

1. 技术创新战略的方案

1) 自主创新战略

自主创新战略是指以技术自主创新为基本目标的创新战略，是创新主体通过自身的努力和探索，或研制成功某种新的技术、工艺，或产生技术突破，并在此基础上依靠自身能力推动创新的后续环节，完成技术创新的商品化，获得商业利润，达到预期创新目标的活动。自主创新战略是其他创新战略的基础，每一项重大的具有首创意义的自主创新战略活动产生之后，在不同领域里必将引起一系列相应的技术创新活动，从而具有广泛而又深远的技术创新成果扩散效应。

(1) 自主创新战略的优点。

① 能够最先建立起与新技术相适应的企业核心能力。自主创新企业能够领先于跟随模仿者，优先积累生产技术和管理经验，获得企业生产成本和质量控制方面的竞争优势，形成企业的核心能力。

② 能够建立起与新技术相适应的技术壁垒。由于技术突破具有内生性，这有助于自主创新企业形成较强的技术壁垒。一方面，跟进模仿者对技术的解密、消化、模仿到形成生产能力需要一定的时间，在此时间内必然会形成自主创新者对新技术的自然垄断，模仿甚至几乎是不可能的。另一方面，率先者的技术壁垒还可以通过专利的形式加以巩固，进一步从法律上确定其技术的垄断地位。

③ 能够建立起市场的竞争优势和比较优势。自主创新企业一般都是新技术的市场开拓者，在产品市场投放初期，独占市场，获取高额利润，取得竞争优势。同时，自主创新企业能够优先获得独特的市场信誉，与客户建立起良好的关系；再者就是率先建立起完善的营销网络，使后进者进入成本增加，使消费者转向其他产品消费的学习交易费用增加，进而形成比较优势。

(2) 自主创新战略的缺点。

① 技术开发成本高。自主创新企业必须投入一定的技术开发成本，组织自己的研发队伍

进行自主创新。在技术市场开发初期和导入期，往往孤军奋战，缺少合作投资伙伴来共同承担风险，降低开发成本。

② 自主技术创新企业开拓市场时间长。自主创新企业往往是市场的率先领跑者，新市场本身又存在着诸多不确定性，在其导入期和成长初期常常会出现一定的市场沉默期和反复期，这种新市场开发的时滞性，也会给企业带来一定的创新风险，使其不能及时获得预期的投资回报，甚至可能被后来者赶超并失去其市场领先地位。

③ 存在较大的不确定性。为了获得技术突破，企业必须具备雄厚的技术开发实力和风险承担能力，甚至需要有一定的基础研究力量，为此，企业要投入巨资，不断提高研发能力。然而新技术领域的探索具有极高的不确定性，能否产生技术突破，何时产生技术突破都是企业难以预料的。事实上，自主创新研发的成功率是相当低的。据统计，在美国基础性研究的成功率仅为 5%，技术开发的成功率一般为 50%左右，而开发成功在时间上也是高度不确定的，短则数月、数年，长则几十年。

④ 市场营销成本高。自主创新企业需要在广告宣传、用户使用知识普及，营销网络建立等方面投入一定的资金，努力挖掘有效需求，打开产品销售局面。如美国 3M 公司的“报事贴”便笺纸在投入市场初期备受冷落，直至 10 多年后才变为热门畅销产品。

2)模仿创新战略

模仿创新战略是指通过逆向工程或反求工程等手段，跟随率先进行自主创新者的技术创新动向，学习率先创新者的创新思路和创新行为，吸取率先者的成功经验和失败教训，引进购买或破译率先者的核心技术和核心秘密，并在此基础上改进完善和进一步开发，在工艺设计、质量控制、成本控制、生产管理、市场营销等创新链的中后期阶段投入主要力量，生产出在性能、质量、价格等方面富有竞争力的产品与率先创新的企业竞争，以此确定自己的竞争地位，获得经济利益的一种创新行为。模仿创新是一种十分普遍的行为，是当今许多企业参与市场竞争的有力武器，它使得新工艺得以不断改进，新产品性能不断提高。

(1)模仿创新的特点。

① 模仿的跟随性。模仿创新的重要特点是最大限度地汲取率先自主创新者成功的经验与失败的教训，吸收与继承率先创新者的成果。一方面，这种技术跟随和延迟是自然形成的，由于模仿者在技术开发能力方面落后领先创新者，致使模仿创新者不得不扮演追赶者的角色，如佳能公司对复印机新产品的开发、IBM 对个人计算机的开发等。另一方面，这种跟随和模仿是中小企业为回避创新风险而采取的权宜之计，避免技术开发不确定性、市场需求不确定性、开发投入大、技术开发失败等风险给企业技术创新发展造成的不良影响。

② 技术开发的方向性。模仿创新者能够对模仿目标的技术创新链上的某一环节或者过程进行很强的针对性的模仿，能够公开获得技术或以合理价格购买到的技术不再重复开发，主要偏重于破译无法获得的关键技术及技术秘密，尤其偏重于技术工艺的模仿研究开发。如苏联在 1977 年首先从碳蒸汽中制造出金刚石膜之后，日本人模仿抄袭了这一成果用于发展超高速芯片的金刚石膜。

③ 资源投入的中间聚积性。由于模仿创新者省去了新技术探索性开发的大量早期投入和新市场开发风险投入，因而能够集中在创新链的中游环节进行较多投入，使得创新链上的资源分布向中部积聚，这是模仿创新战略的一个重要特点，也是模仿创新的优势所在。

(2)模仿创新战略的优势。

模仿创新者不做探索者，而是紧跟有价值的新技术，冷静的观察首创者的创新行为，选择成功的技术进行模仿改进，可以有效回避自主创新技术开发和市场开发风险，降低成本。

① 在生产方面，一是模仿创新者可能购置到性能更稳定、价格更低的设备，也可能一开始就能享受到产业的规模经济效应。二是模仿创新者把投入集中在生产制造环节，而不是研发环节，因而对产品性能的改善、工艺的改良、质量和生产效率的提高等方面给予极大的关注和投入，建立起自己的竞争优势。三是模仿创新者由于能够购买到性能稳定，价格低的设备和技术，同时，随着操作工人的熟练程度和生产效率提高，单位成本不断下降，具有跟随学习效应，从而建立起自己对自主创新者的竞争优势。

② 在营销方面，首先可以最大限度地避开市场“沉默期”。新技术从研发成功到获得商业利益需要一个“沉默期”过程。如果新技术产品市场“沉默期”过长，易使自主创新企业陷入困境甚至破产，而模仿创新则可能最大限度地避免“沉默期”的不利影响。其次，避免市场开发初期需求和市场不确定性的风险。再次，大量节省市场投入。模仿创新者由于较晚进入市场，因而能充分享受率先创新者市场开拓所带来的溢价利益。最后，能够满足消费者的消费偏好。由于消费者的消费心理、消费习惯、消费能力、民族意识等千差万别，因而对价格低、性能强、质量稳、设计美的模仿创新者的产品能产生出良好的需求。

③ 模仿创新有力地推动技术扩散。我国传统的中小企业选择实施跟随模仿战略，可以向西方发达国家的企业学习，也可以向我国技术先进企业学习，引进模仿他们的技术，实现跨越式发展，促进技术的有效扩散，缩小企业之间的技术差距。

④ 模仿创新战略能够迅速提高中小企业的竞争能力。中小企业通过引进模仿，可以学习领先创新者的先进技术和成功经验，不断进行技术和管理方面的积累，迅速提升和加强企业的基础竞争力。如日本企业二战后正是通过从欧美引进先进技术，进行模仿创新，使企业的竞争力不断增强，在许多领域跃居市场领先地位。

由于上述几方面的原因，使得模仿创新者能以较低的成本、较小的风险、较高的效能投入市场，并很快为市场所接受，创造出独特的优势而具有较强的竞争力。

(3)模仿创新战略的劣势。

① 被动性。这是模仿创新战略的主要缺点。由于实施模仿创新战略的中小企业不做研发方面的探索和超前投资，而是做技术创新的跟进者，因此，多数情况下只能被动适应，在技术积累方面难以进行长期规划。在市场方面，模仿战略的被动跟随和市场定位经常变化也不利于营销渠道的巩固和发展。

② 模仿创新的有限性。一方面模仿创新战略会受到进入壁垒的制约而影响实施效果具有一定的有限性，如核心技术信息被封锁、反求困难等，这是一种自然壁垒。另一方面是法律保护壁垒，受到专利保护的企业在遭到模仿者侵权时，会通过法律途径保护自身利益，阻碍模仿创新的发生，从而使得模仿创新战略的实施受到一定的影响。

3)合作创新战略

合作创新是企业之间或企业、科研机构、高等院校等之间的联合创新行为，通常以合作伙伴的共同利益为基础，以资源共享、优势互补为前提，有着明确的合作目标、合作期限和合作规划，合作各方在技术创新的全过程或某些环节共同投入，共同参与，共享成果，共担风险。所以，合作创新倾向于创新的研究开发阶段，且一般集中在新兴产业和高科技产业。

(1)合作创新的特点。

① 技术共享性。这是合作创新最显著的特点，也是合作者之间合作的目的之所在。合作各方由于倡导自由、自愿、自治为原则，具有某种共同的利益，投入各自的资源进行技术合作创新，共享创新成果。

② 资源互补性。由于中小企业实力相对较弱，合作创新愿望更强烈，而且合作各方都有自己的优势资源，它们之间在创新过程中能够取长补短、互通有无，大大地提高了创新的效率。

③ 高效性。由于中小企业小而活，市场反应快，加之合作体内外信息沟通快，强调团队协作，相对于其他创新战略执行速度快，效率较高。

④ 技术扩散性。在合作体内，由于知识技术交流、人才交流和技术转移的频率和质量高，技术扩散性较强。

(2)合作创新战略的优势。

合作创新战略的动机主要是节省成本、合作体内部独占技术和技术能力“异质性”，能够在各合作方核心能力基础上产生出新的核心能力。

① 创新合作伙伴间优势互补、资源共享。随着当今世界全球性的技术竞争和市场竞争日趋激烈，中小企业技术创新活动所面对的技术问题越来越复杂，靠单打独斗取得技术进展的难度越来越大，所以企业间分工合作的方式进行创新实现资源共享和优势互补，有利于重大技术创新突破。

② 分摊创新成本，分散创新风险。一般说来，创新项目越大，内容越复杂，成本越高，风险也就越大。中小企业进行合作创新能克服资金不足、技术缺乏等劣势，使合作创新者分担创新成本，有效降低创新风险。

③ 缩短创新时间。创新时间长短对企业的技术创新战略成败起着决定性的作用，合作创新各方可以互通有无，缩短收集资料、信息的时间。同时，合作创新各方能够整合创新资源，使创新的各个环节高效工作，从而有效缩短创新过程所需时间。

④ 挖掘市场潜力。合作创新可充分利用合作体内的优势资源和能力，节约市场开拓费用，迅速开辟和占领潜在市场，增加新产品有效需求。

⑤ 利于打破产业壁垒。随着世界经济的发展，产业更替和新产业形成的速度不断加快，产业转换成本不断提高，合作创新有助于企业间打破进入壁垒，通过合作方的优势以较低的成本进入新产业。

(3)合作创新战略的劣势。

① 产权归属上易产生冲突。合作中各方投入的资产主要是知识资产，且各方在合作中的贡献难以计量，从而容易在各方知识产权的保护及合作过程中形成的知识资产的产权归属问题上产生分歧。

② 合作的不彻底。合作方为防止在合作中丧失竞争优势，在合作过程当涉及技术秘密、个人经验等不可言传的关键知识技能时，会隐瞒一些重要的技术信息。

③ 增加合作中的协调成本。由于合作各方存在着相互的利益冲突及企业文化、管理方式上的差异，因此在具体管理过程中不可避免地会增加协调管理成本。

2. 企业技术创新可选战略方案的比较

(1)根据上述分析，进行三种企业技术创新战略方案的比较，如表 10-1 所示。

表 10-1　三种企业技术创新战略方案比较表

方案 评价指标	方案一 自主创新	方案二 模仿创新	方案三 合作创新
投资	大	小	中等
研发能力	强	弱	较强
创新收益	高	中等	低
风险与成本	风险大，成本高	风险小，成本低	风险中等，成本较高
品牌优势	有	无	有
发展空间	大	小	中等
成果控制力	强	弱	中等
成果持久性	强	弱	中等
非定向性基础研究	高	无	中等
定向性基础研究	低	高	中等

(2) 不同类型企业的技术创新能力的比较，如表 10-2 所示。

表 10-2　不同类型企业的技术创新能力比较表

类型 评价指标	科技型	传统型		
		独立产品生产	协作型	特质型
创新倾向性	强	中等	弱	较强
研发投入	大	中等	较低	不定
创新人才比例	高	中等	低	最低
设备技术水平	高	中等	低	

(3) 企业类型与技术创新战略匹配，如表 10-3 所示。

表 10-3　企业类型与技术创新战略匹配对比表

企业类型 战略类型	科技型	传统型		
		独立产品生产	协作型	特质型
自主创新	√	√		√
模仿创新		√	√	
合作创新	√	√	√	

说明：上述表格中企业与战略的匹配并不是刚性的，而是根据企业自身特点选择战略类型为主。

3. 我国中小企业技术创新战略实施

中小企业技术创新战略是根据不同类型的中小企业自身实际情况来确定的。然而由于我国地区经济发展不平衡，中小企业发展状况千差万别，并不存在普遍适用的中小企业技术创新战略，所以在实施中小企业技术创新战略时，关键是要看技术创新战略是否与中小企业相匹配，合适才是最好的；再者，中小企业技术创新战略顺利实施是企业内外部各种因素共同作用的结果，也有一些共性，以下是中小企业实施不同技术创新战略时应把握的实施要点：

1) 自主创新战略的实施要点

(1) 考虑企业自身能力特点。由于自主创新战略的关键突破是内生性，所以要求技术开发能力很强，而跟随战略则要求生产销售能力要较强，企业在实施战略时要根据自身能力特点来进行。

(2)应充分利用专利制度进行知识产权保护。自主创新战略的优势是自主开发并掌握新的核心技术，能否独占并控制核心技术是自主创新战略能否获得预期的经济效益的前提。新技术要及时申请专利，运用专利制度通过法律手段保护自主创新企业的自主知识产权和关键核心技术。

(3)注重创新产品的自我完善。自主创新一般都是率先创新，其后总会有大量跟随者进行模仿创新，其中不乏实力雄厚、技术先进的竞争对手。实行自主创新战略的企业必须注重对新产品性能、核心产品工艺等进行不断完善，满足不同层次市场需求及广大用户对提高产品质量和性能、增加产品品种的要求，才能长期保持领先地位，吸引客户，获得高额利润，如日本索尼公司 1979 年率先推出 Walkman“随身听”后，为保持市场占有率，对产品不断改进，在1979—1988年间“随身听”的18项较大的功能改进中有15项是索尼公司率先完成的，从而维持了其在市场上的领先地位。

(4)适当进行技术转移。自主创新企业既可以保持对新技术的独占性，也可对新技术进行合理转移。中小企业在适当的时候、向适当的对象对所持有的新技术进行适度的转移，不仅可获得丰厚的经济回报，弥补资金不足，而且可改善产业结构，加速新兴产业的发展，强化自主创新企业的竞争优势。同时，这种转移利于培育和扶持一批理想的行业合作者和善意的竞争者，分担市场开发成本，普及创新者的产品技术标准，增加自主创新者进一步创新的动力等。

(5)重视对创新后续环节的投入。自主创新来源于技术突破，在中小企业自主创新的整个过程中，技术研发无疑占有极其重要的位置，但也不能忽视对设计、生产、销售等后续环节的投入，在相当程度上，设计、生产、销售部门的能力起着同样重要的作用。实践证明，只有在中小企业技术创新链上的每一个环节均投入足够的人力、物力、财力，创新才能产生出理想的效果。如我国 VCD 产业中最早进入市场并对产业发展做出杰出贡献的“万燕”，因失去了继续进行后续投入的能力而成为产业“先烈”。

(6)正确估量中小企业承担风险的能力。技术开发和市场开发的率先性意味着较大的风险，主要是技术不确定性带来的技术风险和市场上替代品的价格、质量、消费者心理预期、市场成长速度等不确定性导致的市场风险。相比之下，模仿战略所承担的技术风险和市场风险要小得多。自主创新战略的高回报率是率先的市场占有和高利润，所以决策者要在风险和收益之间进行正确权衡。

2)企业模仿创新战略实施要点

(1)正确认识和处理知识产权保护和模仿创新的关系。“模仿”在一部分人看来是与“侵权”、“剽窃”同义的不光彩行为，这是错误的认识。毋庸置疑，实际存在着许多非法侵权的模仿行为，给模仿创新战略实施造成了极坏的影响。又因为这些非法行为多出自中小企业，于是中小企业又成了非法模仿的代名词，损坏了中小企业进行技术创新战略的形象。因此，要重新正确认识中小企业模仿创新战略。

第一，合法模仿创新战略促进知识产权保护。合法的模仿创新首先承认自主创新者的专利技术、商标、著作权、技术秘诀等知识产权，并按照相应的知识产权法律向首创者支付有关的费用。只要中小企业模仿创新依照产权法律，按适当的形式给知识提供者以合法的、双方认可的物质和精神补偿，就不会构成侵权行为，反而有利于知识产权的保护。

第二，知识产权保护的普及更有利于开展模仿创新战略。这是因为：知识产权在保护自主创新者的合法权益的同时也保护了模仿创新者的成果不受非法模仿的侵害；知识产权的普及伴随着信息服务系统的完善，模仿者可更快更好地得到最新技术创新成果，科学选择技术创新的方向；知识产权的合法交易，节约了模仿创新者的时间和资金，可使模仿创新者更快地接近自主创新者的关键核心技术，为模仿创新奠定了良好基础。

(2) 模仿创新战略仍需企业不断投入一定的研发资金。模仿创新并不是一种单纯的模仿，而应属于一种渐进性的创新行为。模仿创新也并不是照搬照抄率先创新者的技术，它同样需投入研发力量，从事其特有的研究开发活动，做出适合本企业的再创新或二次创新。

(3) 提高模仿创新起点。中小企业要瞄准当今先进新技术，尤其是尚未市场化的最新创新科研成果，提高模仿创新起点，有意识地提高自身的模仿创新能力。

(4) 把握好模仿创新战略启动的时机。启动模仿创新的时机也是一项十分复杂的工作，必须综合考虑企业内外部的多方面的因素，如技术的稳定性、成熟度、市场的成长性、资金实力、市场营销网络及产品(行业)生命周期等。启动过早，技术和市场需求不稳定，且技术壁垒高，模仿难度大，技术配套难以解决，因此风险较大；启动过晚，技术创新改进的空间有限，市场开始趋于饱和，市场进入壁垒较高，同样有较高的创新风险。

(5) 以需求为导向，永不满足。中小企业技术创新发展空间巨大，必须从市场需求出发，把眼光盯着市场的需求来寻求发展。如果在市场竞争中，满足于现状，技术进步和模仿创新停滞不前，照样会在市场竞争中落伍。

(6) 清醒认识来自自主创新的威胁。在面临模仿创新者的新产品替代威胁时，自主创新企业会采用各种有效的办法降低被替代的威胁，这样，为防范模仿创新企业所采取的最佳战略可能是利用其已有的优势进一步降低成本，这一行为迫使模仿创新企业降价，给企业的发展增添了难度(如图 10-2 所示)。

这种威胁最终来源于模仿创新企业不确定的技术与质量、不稳定的产品质量、缺乏产品或技术标准及难以避免的早期高成本等产业特征。由于模仿创新企业的发展存在种种障碍，进入新兴产业的中小企业失败率很高，如美国高技术企业完全失败的占 20%～30%，经受挫折后仍可获得一定成功的企业占 60%～70%，获得完全成功、取得显著效益的只占 5%左右。美国每年新成立的高技术企业约 50 万家，其中 3/4 在四、五年内很快破产，只有 1/4 的企业在竞争及新技术开发中艰难地成长起来。

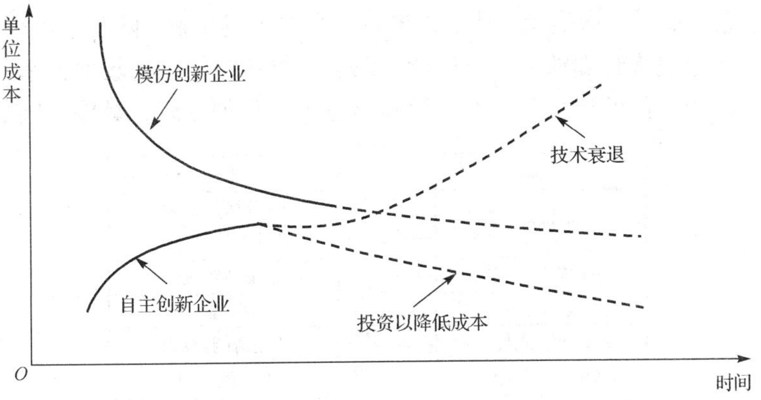

图 10-2　企业单位成本变化趋势图

10.2 蓝海战略

蓝海战略作为一种新的战略思维模式，已经在一些企业的战略实践中显示出了巨大的作用。随着技术创新、社会发展，企业存在的市场环境发生了巨大的变化，企业的经营方式也随之发生了根本性的变化，在越来越多的产业中，竞争白热化，而需求增长缓慢甚至停滞萎缩。企业要想在激烈的竞争中，获得高额的利润率，就必须改变过去那种以竞争对手为标杆的竞争战略，寻找一种新的战略模式——蓝海战略，摆脱血腥的红海竞争，开创一片新的蓝海，提高企业的竞争优势。

10.2.1 蓝海战略概述

1. 蓝海战略内涵

蓝海战略这一概念(Blue Ocean Strategy)最早是由 W·钱·金和勒妮·莫博涅于 2005 年 2 月在二人合著的《蓝海战略》一书中提出。认为市场可以分为红海和蓝海，已知的市场是“红海”，未知的市场则是“蓝海”。蓝海战略的核心理念就是要企业避免陷入成本战和价格战，反而将目光投放到尚无人争夺的市场空间中去，投放到价值创新中去，通过减少成本和提升买方价值这两个具体步骤，来获取高利润跳跃式的增长机会。

蓝海战略的核心是价值创新。蓝海战略就是把企业的视线从供方转向需方，从关注竞争对手和价格转为向买方提供价值。蓝海战略是价值的创新而不仅是技术的创新，是基于对现有市场的重新分析和对价值要素的重新排序以开创更多需求而不是对未来市场的预测，是价值的提升而不是成本的提升，是整合过度细分的市场整合需求而不是细分市场满足客户偏好。蓝海战略的运用是通过提供独特的价值创新以创造更多的需求，它通过战略曲线图发现市场上存在的现有产品价值，它的作用是充分了解竞争对手的现有特点，捕捉已知市场的竞争现状，市场发展方向，资金投入以及顾客的选择方向从而发展差异化战略。蓝海战略运用是将企业内部资源重新按照市场关注的重要价值创新元素进行分配，企业可以同时兼顾价值差异化和低成本。

2. 红海战略与蓝海战略的区别

在红海中，企业试图击败竞争对手，以攫取更大的市场份额。随着市场空间越来越拥挤，利润和增长的前景也越来越黯淡。企业不能单靠竞争维持良好的市场增长率，为了获得更好的利润增长和取得更广阔的市场，企业需要超越竞争，开创蓝海，具体对比如图 10-3 所示。

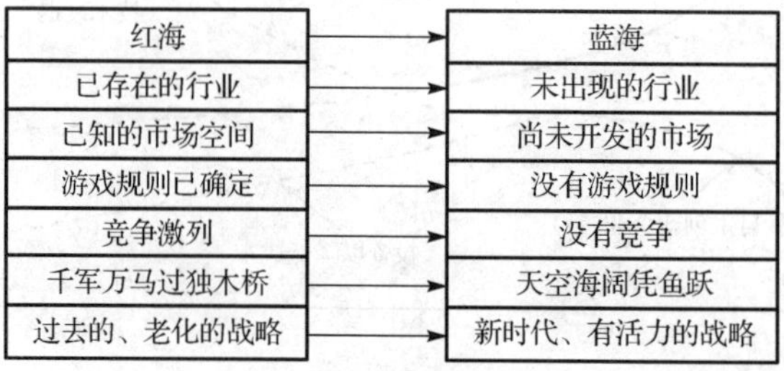

图 10-3 红海战略与蓝海战略的区别

企业可以避开红海，可以开辟当今还不存在的产业，打开一个未知的市场空间。这个亟待开发的市场空间或产业就是“蓝海”，它代表着创造新的需求，代表着高利润增长的机会。由于在蓝海中企业没有竞争对手，企业为顾客创造了价值，因而企业可以获得高额回报。事实上从历史的角度看，产业在不断被开创和扩展，产业的条件和边界也不是一成不变的，企业可以重塑这些条件和边界。例如，30 年前，移动电话、燃气电站、生物技术、网上销售、无人机等行业还无一存在，未来还会有新的市场和新的产业产生，蓝海是始终存在的。其具体对比如表 10-4 所示。

表 10-4　红海和蓝海的战略比较

红海战略	蓝海战略
竞争于已有市场空间	开创无人争抢的市场空间
打败竞争对手	摆脱竞争
开发现有需求	创造和获取新需求
在价值和成本之间权衡取舍	打破价值与成本之间的权衡取舍
按差异化或低成本的战略选择协调企业活动的全套系统	按价值创新来协调企业的全套系统

在红海中竞争的企业采用的常规的方法，也就是在已有的产生秩序中以低成本或差异化来建立自己的防御地位，攻击竞争对手并取得胜利。然而，蓝海的开创者不以竞争对手为标杆，而是采用一套完全不同的战略逻辑，这就是价值创新。价值创新是蓝海战略的基石，在蓝海战略逻辑的指导下，企业不是把精力放在打败竞争对手上，而是放在全力为买方和企业自身创造价值飞跃上，并由此开创新的无人竞争的市场空间，彻底摆脱竞争。

10.2.2　蓝海战略的分析框架和分析工具

1. 战略布局图

在战略布局图上，横轴表示的是产业竞争和投资所注重的各项元素。通过战略布局图，企业就能够明白竞争对手正将资金投向何处，在产品、服务、配送等方面产业竞争正集中在哪些元素上，以及顾客从市场现有的相互竞争的商品选择中得到了什么。

以葡萄酒为例，主要元素有七个：酒的价格、酒品宣传中使用的酿酒工艺术语并罗列奖项、市场营销的投入强度、酒的陈酿质量、葡萄酒的名声和历史渊源、葡萄酒品味的复杂性和高雅性、酒的种类。将每家企业的现有产品在所有这些元素上的水准标绘出来，在战略布局图上就得到企业产品的价值曲线，它描绘出一家企业在产品竞争各元素上表现的相对强弱，如图 10-4 所示。

2. 四步动作框架

要从根本上改变一个产业的战略布局图，就必须开始将战略重心从竞争对手转向他择市场(Alternatives)。为了重构买方价值元素，塑造新的价值曲线，就需要四步动作框架来帮助企业创新的价值曲线，如图 10-5 所示。在四步动作框架图中，有四个问题对挑战产业现有战略逻辑和商业模式至关重要。

(1)删除。哪些被产业认为理所当然的元素需要被剔除？

(2)减少。哪些元素的含量应该被减少到产业标准以下？

(3)增加。哪些元素的含量应该被增加到产业标准以上？

(4)创造。哪些产业从未有过的元素需要创造？

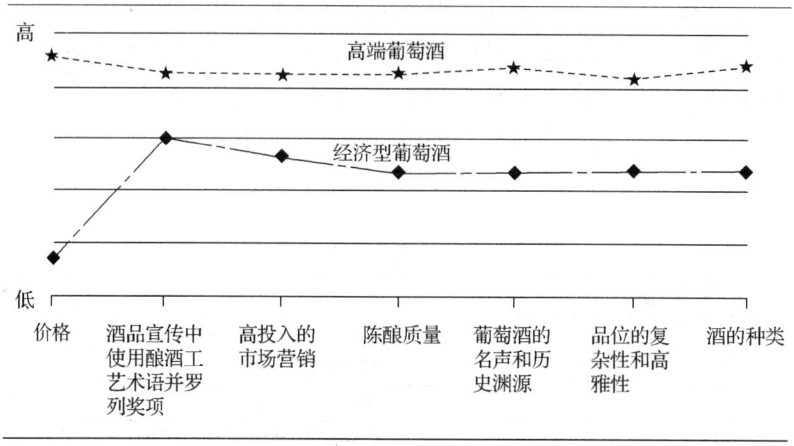

图 10-4　葡萄酒业战略布局图及企业价值曲线

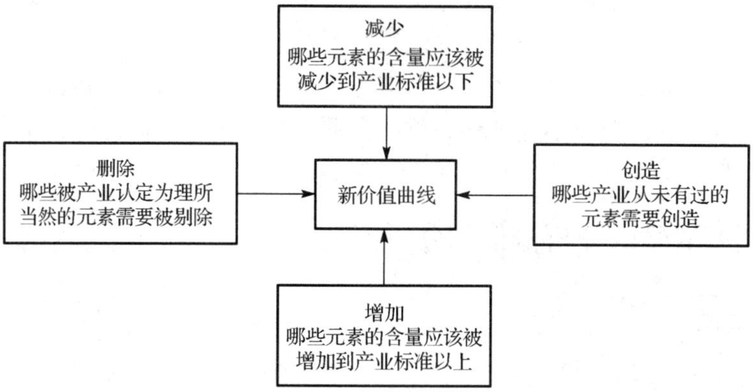

图 10-5　四步动作框架图

3. 蓝海战略分析工具——五力模型

五力分析模型可以与蓝海战略相互配合使用，运用五力分析模型能够清楚地定位企业现在所属行业的地位。市场是不断发展变化的，五力分析模型可以使企业了解当前形势如何，回顾思考采用蓝海战略后企业在五方面的表现。

因此，企业可以借助五力分析模型了解企业现在所处的环境，企业所面对的威胁与机会，企业的不足及发展方向。这些因素为分析蓝海战略提供基本分析要素，蓝海战略能够在此基础上了解哪些因素需要剔除，哪些因素需要删减，哪些因素需要增加，哪些因素需要创造。同时，五力分析模型也为重新界定产品边界提供了基本的知识信息，其具体分析如图 10-6 所示。

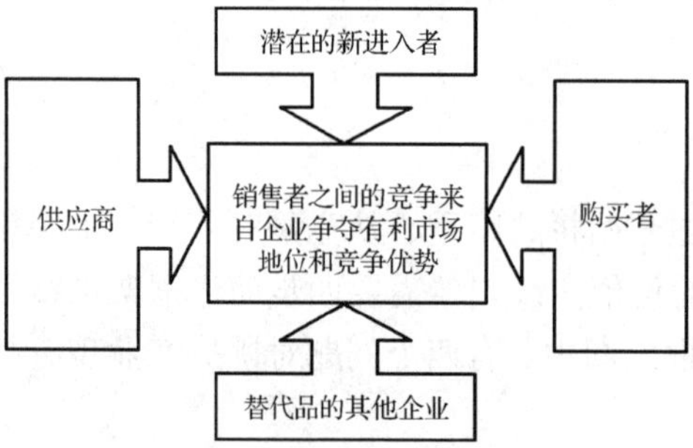

图 10-6　五力模型分析图

蓝海战略不是一句空洞的口号，是一个分析修正实施的系统性战略。是通过思考分析企业内部和外部的综合因素，对内部的竞争要素进行系统修正的一个过程，蓝海战略的实施同样也是一个系统过程。

一个好的蓝海战略要能够：(1)重点突出，即能够清晰地显示出企业强调哪些元素；(2)另辟蹊径，即企业的价值曲线与其他商家的价值曲线相比是明显不同的；(3)令人信服的主题，即蓝海战略的主题句不仅要传达清晰的信息，还要切合实际地宣传产品或服务，否则顾客就会失去信任和兴趣。

10.2.3 蓝海战略解析

1. 蓝海战略的可持续性

蓝海战略可持续性的关键是，产品或服务能否被轻易地模仿：从战略布局图中可以看到价值曲线中往往存在至少一个独特的价值创新元素，而这个价值创新元素是难以被简单复制的。因为这个价值创新元素是需要一个系统来支持它；价值创新同样可以带来低价格，因为价值创新带来的销量势必能够保证它处于成本优势；产品功能的价值创新不仅具有技术创新性而且可以采用法律保护的手段来避免他人模仿相同的产品；在工业品市场当一个企业或一个产品成功提供给顾客创新价值的时候，顾客给予公司和产品的信任使模仿者难以进入。

2. 价值创新是蓝海战略的基石

价值创新作为一种新的战略思维，已经在一些企业的战略实践中显现了巨大的效力。蓝海战略正是以价值创新为核心，形成的一种新的企业战略，它是对传统战略逻辑的突破，为企业如何在动态竞争环境中营造竞争优势提供了新的思路。蓝海战略需要企业管理层从理念上进行改变，用价值创新的思维来制定和执行战略。

第一，价值创新是企业以满足顾客需求为目的，不断改进其产品或服务，从而使本企业的产品或服务相对于竞争者而言，能给顾客创造更高的效用。价值创新逻辑与传统战略逻辑在战略的基本层面上的不同：(1)大多数企业认为自己所处行业的条件是既定的并据此制定相应的战略，而价值创新者则寻求顾客和企业共同价值基础上的战略；(2)传统的竞争发生在既定的产业界限之内，而价值创新者常常跨越这些界限；(3)开拓新的市场的战略思维是跟随竞争对手的变化而变化，而价值创新者则不把竞争对手做为标杆；(4)价值创新者不关注客户之间的差别，而是从客户所看重的一些东西中寻找共同点。

第二，价值创新对价值和创新同样重视，忽视哪一个都不能称之为价值创新。它不同于技术创新和市场领先，只有当企业把创新和效用、价格、成本整合一体时，才有价值创新。如果创新不能如此植根于价值之中，那么技术创新者和市场先驱者往往会落到为他人作嫁衣的下场。举一个例子，发明录像机的公司是安派克斯，但是没有人知道；日本索尼公司人人皆知，因为它靠录像机赚钱了。发明某些东西的企业不见得是最后靠这个东西赚钱的企业。

第三，价值创新之所以作为蓝海战略的基石，原因是蓝海战略的开创者根本就不以竞争对手为标杆，而是采用完全不同的一套战略逻辑。它不像身陷红海的企业一样，在已有的产业秩序中树立自己的防御地位，竞相去击败对手，而是力图使顾客和企业的价值都出现飞跃，由此开辟一个全新的、非竞争性的市场空间、彻底摆脱竞争。

价值创新重要的是在降低成本的同时提高买方价值，如图 10-7 所示，价值创新打破了过去那种在成本领先与顾客差异化之间取舍的做法，企业通过剔除和减少产业竞争所比拼的元素，降低了成本，又通过增加和创造产业未曾提供的元素，提升了买方价值，从而不仅找到了与其他企业的差异化，还没有附加成本，开创了新的蓝海领域。

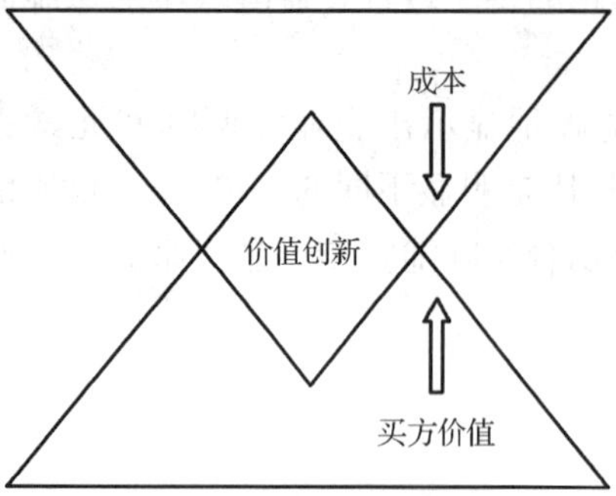

图 10-7　买方价值与成本间的关系图

3. 实施蓝海战略的技术性前提

1) 信息通信技术是蓝海战略的基础

信息通信技术的发展，给企业生存的市场环境带来了翻天覆地的变化，主要的影响是产业边界模糊化。过去传统的产业组织理论认为：每个企业在特定产业内生产相似或相关的产品；产业之间、企业之间和企业与产业之间的边界是清晰的。

随着社会的进步，信息通信技术的发展，企业进入了网络经济时代，产业与企业之间的界限变得越来越模糊，有的甚至是无边界了。例如：语音通信过去只存在电信市场，现在它又出现在可视频市场。由于技术的双向兼容和双向扩散，使得产品并不固化于某一特定产业领域，而是游离于市场边界之中。

由于信息通信技术的发展，促进了蓝海战略的出现，因为蓝海战略的一个最基本的方面就是信息通信技术的运用，了解顾客的需求并迅速做出反应都离不开信息技术。成功采用蓝海战略的公司都是基于信息通信技术的，因为只有应用信息通信技术才能够实现随时关注顾客需求的变化，并且还给企业组织内部信息的交流提供了便利。信息通信技术的发展使得产业边界模糊，才出现了蓝海战略中用到的重建市场边界的思想，跨越产业边界，开创新的市场，制定新的竞争规则，从而找到新的获利空间，使企业能够持续发展。

不管是业务流程再造、精益生产，还是直销模式，它们能够实现的根本条件就是信息通信技术的普及，如果没有互联网、计算机辅助设计等信息技术，以上的方法根本就不能实施；因此蓝海战略也就没有办法有效实施。蓝海战略实施的前提就是信息通信技术的普及，在顾客方面，企业可以在很短的时间内就能获得顾客信息，从而能够按照顾客的需求进行生产：在企业内部，员工运用计算机技术能够快速、及时地完成任务。由于信息通信技术的发展，才使蓝海战略从空想变为现实。

2) 业务流程再造是发现蓝海的工具

业务流程再造就是彻底的抛弃原有的作业流程，针对顾客需求，重新规划工作，提供最好的产品和一流的服务。红海是有限存在的，而蓝海是无限存在的，要找到蓝海就必须有一定的工具，发现蓝海的工具就是业务流程再造，业务流程再造的出现可以帮助企业准确的找到蓝海，而不是开发一个小水洼。业务流程再造给企业寻找蓝海提供了必要的条件。

迈克尔·哈默和詹姆斯·钱匹观察了许多美国企业后，发现公司的程序、政策和结构都阻碍公司工作的效率。这些组织不得不面对现实：自从亚当·斯密首先阐明劳动分工原理以来，公司组织一直采用的劳动分工已成了一种过时的方式，不再适应新形势。

有三种力量正在驱使今天的公司越来越深的陷入令大多数经理惊恐不安的陌生境地，即顾客、竞争和变化，3C 已经为企业开创了新天地，要求企业具备灵活应变的能力，能迅速做出反应。企业要想适应现在的市场环境，就必须对企业进行流程再造。再造，简单地说就是重新开始，确切地说，乃是针对企业业务流程的基本问题进行反思，并对它进行彻底的重新设计，以便在成本、质量、服务和速度等当前衡量企业业绩的这些重要的尺度上取得显著的进展。这个定义包含了以下四个关键词。

(1)基本的。企业人员在着手改革前，必须先就自己所属的公司及其何如运作，提出一些基本的问题：为什么我们要干这项工作？为什么我们要这样干？提出这些问题，会促使人们去关注在从事他们的业务工作时所沿袭的哪些规则和前提。其结果，人们往往会发现这些规则已经是过时的、错误的或不适当的。

(2)彻底的。彻底的意思就是根本。彻底的重新设计意指要从事物的根本着手，不是对现有的事物作表面的变动，而是把旧的一套抛掉。在再造中，彻底的重新设计意味着不顾现有的种种组织结构和工作流程，而是要开辟完成工作的崭新的途径。

(3)显著的。再造不是在业绩上取得点滴的改善或逐渐的提高，而是要在经营业绩上取得显著的改进。

(4)流程。流程在定义中是最重要的，但是许多企业人员并不是以流程为导向。流程定义为一系列的业务活动，其中包括某种或多种东西投入并创造出对顾客有价值的产品。即把顾客所订的货物送到顾客的手中，也就是流程创造的价值。

业务流程再造的出现，使发现蓝海变为了可能，业务流程再造改变了过去传统的思想；它不是按照职能化的流程，而是从顾客价值出发倒推的一种业务流程。这种流程能够准确地发现顾客的需求，并能够及时地满足顾客的个性化需求。企业能够用它找到一片未开发的市场空间，从而发现蓝海，取得高的盈利能力，提高企业的竞争优势。

4. 精益思想体系是实现价值创新的工具

20 世纪 60 年代日本丰田汽车公司创造了丰田生产方式，经过美国学术界的总结和企业的效仿和发展，到 20 世纪 90 年代中期，已经形成为一种新的管理观念—“精益思想 Lean Thinking”。精益思想在制造业中的应用，即“精益生产 Leanmanufacturing”，极大地降低了制造成本，缩短了开发和制造的周期，实现多品种小批量的个性化生产显著地增强了企业的竞争优势，精益思想除了在汽车行业应用以外，还扩展到各种机械制造、电子产品、消费品，以至航空、航天、造船工业中。

精益思想主要由五大精益原则构成的：确定客户需要的价值、识别价值流、让创造价值的活动流动起来、让顾客拉动价值流动、尽善尽美。

1)确定客户需要的价值

精益思想的关键出发点是价值。而价值只能由最终用户来确定。因此精益思想从顾客出发，这也是与蓝海的以顾客为中心相一致；价值只有具有特定价格、能在特定时间内满足用户需求的特定产品来表达才有意义，这正好与蓝海战略以价值创新为核心相吻合；价值是由生产者创造的。然而，由于许多原因，生产者很难确切的定义价值。因此，精益思想必须从一种自觉的尝试开始，通过与用户的对话，为具有特定功能以特定价格提供的产品精确定义价值。

2)识别价值流

价值流是使一个特定产品通过任何一项商务活动的三项关键性管理任务时所必需的

一组特定活动。这三项任务是：在从概念设想，通过细节设计与工程，到投产的全过程中解决问题的任务；在从接订单到制定详细进度到送货的全过程中的信息管理任务；在从原材料制成最终产品，送到用户手中的转化任务。精益思想的第二步是确定每个产品的全部价值流。

价值流分析显示出价值流的三种活动方式：一是有很明确的能创造价值的步骤，如把自行车架的管子焊在一起；二是有很多虽然不创造价值，但是在现有技术与生产条件下不可避免的其他步骤，如为保证质量，焊接处要检验：三是还有很多不创造价值而且可以立即去掉的步骤。因此企业必须超出企业这个世界上公认的划分单位的标准，去查看创造和生产一个特定产品所必需的全部活动。这些活动包括从概念经过细节设计到实际可用的产品，从开始销售，经过接受订单、计划生产到送货，以及从远方生产的原材料到将产品交到用户手中的全部活动。因此企业必须能够识别出所有的价值流，剔除不产生价值的步骤。

3）让创造价值的活动流动起来

一旦精确的确定了价值，企业也完整地制定出了某一特定产品的价值流，消灭了明显的浪费步骤。那么实行精益思想的第三步：要使保留下来的，创造价值的各个步骤流动起来。这一步骤要求完全更新思想，改变过去那种流动思想，要形成从整体创造特定产品价值活动的流动思想。传统的流动思想就是按部门进行流动，但是在客户经济时代，这种思想不再适用，我们必须把精力放在产品需要上，因此价值流动起来才是真正符合员工的利益。

4）让顾客拉动价值流动

一旦有了在用户需要的时候就能设计、安排生产和制造出用户真正需要的产品的能力，就意味着你可以抛开销售预测，直接按用户告诉你的实际要求生产就行。你可以让用户从你那里按需要拉动产品，而不是把用户常常不想要的产品硬推给用户。当用户知道他们可以立即得到所要的东西时，而且当生产者停止定期的减价销售活动，不再把已经生产出来的没人要的东西推出去时，用户的需求就变得相对稳定。

5）尽善尽美

当各种组织开始精确的确定价值，识别出整个价值流，使得特定产品创造价值的各个步骤连续流动起来，并且让用户从企业拉动价值时，奇迹就开始出现了。它表现为：在提供出一批以往都更接近用户真正需要的产品时，人们也在无止境的不断减少付出的努力、时间、场地、成本和错误，这样就会出现尽善尽美。

因为上述四个原则在良性循环中相互作用，让价值流动的快一些总能显露出价值流中隐藏的浪费。你越是使劲拉动，阻碍流动的障碍就越会显现出来，从而也就能将他们排除。专职产品工作团体直接与用户对话，总能更精确的确定价值，并且也常常能学到增进流动和拉动的各种方法。“尽善尽美”是永远达不到的，但持续地对尽善尽美的追求，将造就一个永远充满活力、不断进步的企业。

10.2.4 蓝海战略的前景

蓝海战略具备了所有的前提条件之后，并不意味着它的前景一片光明，蓝海能否持续地发现下去，而非迅速地转变成红海，还必须依赖于企业自身具备的条件及企业所在的行业。我们只有更好地认清蓝海战略的前景，才能够确定自己是否找到了一片迷人的蓝海，还是又进入了一个竞争激烈的红海。

1. 产业的适用性

蓝海战略并不是灵丹妙药，它不可能适用于任何产业中的企业。通过对蓝海战略的剖析以及案例的分析，我们可以看出蓝海战略最适用于产品最接近最终顾客的行业。由于信息技术的发展，使企业进入了网络时代，业务流程再造使以顾客价值为核心的企业战略成为可能，精益思想的出现使企业按顾客个性化需求商业化地提供产品和服务成为可能，并最终造就一种新的战略—蓝海战略，以顾客为中心，按顾客个性化需求创造价值的蓝海战略就告诉我们，蓝海战略最适用于需求变化快的、个性化明显的最终需求产品领域。一些中间产业并不是不能运用蓝海战略，他们也可以利用蓝海战略的价值创新理念，降低企业成本。但是这种产业采用更多的还是传统战略思想：成本领先。通过规模效益和范围经济达到企业的成本最低。也就是说他们更多的是在红海中进行激烈的竞争。蓝海战略并不是万能的，红海战略会一直存在的。

蓝海战略的出发点正是从买方价值出发来考虑的，在最终产品层面上，其最终竞争优势的取得主要是与顾客实际感知的产品或服务有关，它主要体现在成本优势和差异化优势上。由于竞争优势的直接基础是企业能为顾客提供产品和服务的价值，何种能力成为竞争优势的源泉取决于顾客的现实需求和现在需求，取决于竞争对手的产品和产品性能。企业要想获得持续的竞争优势，就必须运用以顾客价值为核心的蓝海战略，从顾客角度出发，预测消费者的潜在需求，利用价值创新理念，持续不断地向顾客提供独特的、竞争对手难以模仿的价值，从而摆脱激烈的竞争，实现企业的持续发展。

蓝海战略的思想是重建市场边界，一般是在存在的产业边界上进行创新，因此蓝海战略适用于比较成熟的产业，尤其是在激烈的红海中竞争没有利润可图的产业。因为这时企业已经很熟悉产业目前的环境，能够很好地描绘出产业的组织结构，了解竞争对手的战略逻辑。这时进行价值创新的机会很大，能够发现顾客的潜在需求，从而开创一片新的蓝海。

2. 企业条件的具备性

1）企业从职能制向流程制转化的程度

蓝海战略的前提分析告诉我们，要想成功地实施蓝海战略，企业必须是流程制的组织结构。因为蓝海战略的出发点是顾客需求，企业如何更快更准确地知道顾客的需求对蓝海战略变得非常重要。企业组织必须是从顾客倒推的流程制结构，才能够准确、及时地了解顾客需求，从而按照顾客的需求进行生产或服务。企业要想实施蓝海战略就必须转型：从职能制向流程制转化。如果现在的企业是职能制结构，要想实施蓝海战略就必须在组织内部进行改革，当然，组织内部的改革涉及企业内部的各个部门，能否成功地进行改革，企业面临着很大的风险，也就是说实施蓝海的风险也就很大。如果企业不能成功地进行改革或者说改革的力度很小，不能够满足企业实施蓝海战略的条件，那么实施蓝海战略就会存在很大的风险，企业可能因此走向灭亡。

2）企业满足顾客需求的能力

蓝海战略是从顾客的角度出发的，不断满足广大顾客的需求，提高顾客价值。因此蓝海战略的最终效果如何，取决于对顾客的满意程度。然而顾客需求受多种因素的影响，包括顾客内在的需求层次升级的推动、社会文化观念的冲击、企业间竞争和替代产品的影响，以及新技术、新产品的诱导等，这些因素都会引起顾客需求的变动。

顾客需求层次的变动是影响蓝海战略的成功与否的决定性因素。当然顾客需求层次也是实施蓝海战略的前提条件，因为企业只有了解顾客的这些需求，也正是由于存在这些需求，企业才有开创蓝海的机会。

3) 企业对抗竞争对手的能力

蓝海战略存在着竞争对手的模仿性风险，因为竞争对手在时刻注意着市场环境，如果发现了一片迷人的蓝海，他们就会马上进入，蓝海会慢慢变成红海。尤其当价值创新未能以企业自有核心技术为支撑时，价值创新形成的新经营模式可能会被竞争对手模仿，企业只能在有限的时间范围内获得竞争优势。企业在这段时间内若不能利用学习曲线迅速降低成本，模仿者甚至可能后来居上，在成本和质量两方面都超过创新者。

蓝海战略的模仿壁垒来自八个方面：(1) 企业常规逻辑对价值创新不以为然；(2) 蓝海战略与其他企业的品牌形象相冲突；(3) 市场无法支持第二家企业；(4) 专利或法律许可阻断了模仿；(5) 高销售量为价值创新者带来了成本优势；(6) 网络外溢效应令模仿者望而却步；(7) 模仿往往需要重大的变革；(8) 价值创新的企业获得市场口碑和顾客忠诚度。

其中 (1) (2) (4) (7) 是四个阻止其他企业采用相同战略进入蓝海的原因。而 (5) (6) (8) 三个因素则可以对实施相同战略的模仿者进行防御。因此如果企业要想阻止或延缓竞争对手的模仿，就必须具备难以模仿的价值创新。例如，戴尔公司，谁都知道戴尔公司采用的是直销模式，但是很多企业模仿它最终都以失败告终。因为他们只是看到了直销模式的表面，并没有看到戴尔的成功是一种新的商业模式，涉及企业内部的各个方面的配合。

4) 蓝海战略可持续的执行力

最终，几乎每个蓝海战略都会被模仿。当模仿者试图攫取以蓝海为模式的企业辛苦赢得顾客群的份额时，以蓝海为模式的企业通常会对竞争对手发起进攻。渐渐的，竞争将占据该企业的战略思想和行动的中心。如果一直这样走下去，该企业的价值曲线最终会与竞争对手的一样，从而进入到激烈的红海竞争中。因此企业就面临着蓝海战略是否可持续性的风险。

为了避免企业再次进入竞争的陷阱，就必须时刻关注战略布局图上的价值曲线，从而告诉你是否应该再次进行价值创新或者是不用改变你的价值曲线。在蓝海中走得越远越好，拉大与早期竞争者之间的距离，最终统治蓝海，压过模仿者，将优势保持的越久越好。随着企业间对抗加剧，蓝海即将变成红海。产业内的价值曲线基本重合，这时企业就该进行新一次的价值创新，来开创一片新的蓝海。对于任何一家想在激烈竞争中突出重围、实施蓝海战略的企业来说，竞争仍是构成现实市场的重要元素，因此企业只有超越竞争，不断开创和更新蓝海领域，才能获的企业的持续发展。

通过对蓝海战略前提与前景的研究，我们可以发现：蓝海战略是企业竞争战略的终结，而商业模式是蓝海战略的最高境界。

随着技术创新、社会发展，企业存在的市场环境发生了巨大的变化，企业的经营方式也随之发生了根本性的改变，商业模式上升到了蓝海战略的阶层。之所以说商业模式是蓝海战略的最高境界，是因为现在已经不是企业靠单一产品或技术就能打天下的时代，也不是靠着一两个小点子或者一次投机就能决出胜负的年代，要想使企业有生存空间并能持续地发展，必须依靠系统的安排、整体的力量，即商业模式的设计。

商业模式是一种包含了一系列要素及其关系的概念性工具，用以阐明某个特定实体的商业逻辑，它描述了公司所能为客户提供的价值以及公司的内部结构、合作伙伴网络和关系资本等用以实现(创造、营销和交付)这一价值并产生可持续、可盈利性收入的要素。商业模式从顾客价值最大化出发，使企业具有独特的核心力，并通过提供产品和服务使系统持续达到盈利目标的整体解决方案，商业模式不仅整合企业内部所有的资源，还涉及企业所在产业链，它具有三个明显特点：提供独特价值、不可模仿性和脚踏实地。成功实施蓝海模式的戴尔、沃尔玛、丰田和西南航空公司等商业模式，提倡的观念相一致，都是从顾客价值出发，追求一种持续增长的方式，提高企业的竞争优势。商业模式的定义有很多，不管哪种商业模式，它都必须以客户的价值最大化为出发点，这也正好与蓝海战略的价值创新相一致。现在企业仅仅靠传统的竞争战略已经无法获得竞争力，就必须重新检查自己的商业模式并进行改造，使其发挥它的价值。著名的管理大师彼得•德鲁克说过：企业未来的竞争，不是产品的竞争，而是商业模式的竞争。也就是说战略竞争将不存在，以后竞争的最高境界将是商业模式的竞争，成功实施蓝海战略的四种典型案例都塑造出了自己的商业模式，并且这种商业模式具有自己的核心竞争力，因此是长期有效的，这正是商业模式不同于低成本、差异化等战略的优势所在。

未来企业的竞争，将不再是竞争战略之间的选择，而是商业模式的竞争，企业要想生存并持续发展，必须设计出适合自己的具有核心竞争力的商业模式。

本 章 小 结

技术创新是实现企业发展的永恒主题和不竭动力。中小企业是我国国家创新体系中的重要组成部分，更是技术创新的主体和技术创新的重要源泉，越来越成为我国经济发展的重要力量。

技术创新战略是我国企业在知识经济时代面临的现实选择，也是企业参与激烈市场竞争、获得可持续发展的基础，因此企业应该把握国际、国内经济形势变更的机遇，借鉴国外企业的做法，把握后发优势，在创新中求得发展。

蓝海战略正是以价值创新为核心，形成的一种新的企业战略，是对传统战略逻辑的突破，为企业如何在动态竞争环境中营造竞争优势提供了新的思路。蓝海战略需要企业管理层从理念上进行改变，用价值创新的思想来制定和执行战略。

蓝海战略是开辟无人争抢的未来的产业或市场空间，从而甩开竞争，为顾客和企业自身提供价值创新，并为企业带来超高利润。

练习与思考

1. 什么是技术创新？什么是技术创新战略？
2. 技术创新战略的类型有哪些？
3. 举例说明技术创新战略的实施方案有哪些？
4. 试举案例说明蓝海战略的发展前景。

案例

三一重工，战略指导下的三位一体创新

三一集团的前身是 1989 年梁稳根等人创办的湖南省涟源市焊接材料厂。1991 年 9 月，该厂更名为湖南省三一集团有限公司，1994 年三一集团涉足工程机械领域。在三一集团进入混凝土施工机械行业之前，国内市场基本为实力雄厚的外国公司占据，如 1991 年 90%的混凝土拖泵国内市场都被德国大象(Putzmeister)等公司垄断。2000 年，三一集团的主导产品拖泵与泵车国内市场占有率均达 42%，占据国内市场冠军宝座，直到 2008 年都一直保持国内市场占有率第一的地位。到 2008 年，集团已全面进入工程机械制造领域，主导产品为建筑工程机械、路面机械、挖掘机械、桩工机械、履带起重机械、非开挖施工设备、港口机械、煤炭机械全系列产品。

第一个阶段(1994—2000 年)站稳脚跟

1989 年，梁稳根、唐修国、毛中吾和袁金华共同发起成立涟源市焊接材料厂，至 20 世纪 90 年代初时，企业经营规模大概在年产值亿元左右，年利润在千万元左右徘徊。梁稳根认为，公司之所以始终在 1 亿元左右踏步，根本问题在于所从事的材料行业市场规模太小，利润率不高，不利于企业的做大做强；当时企业地处偏僻的地级市，不利于利用现代科技和吸引一流人才。

战略创新：双进战略

1992 年，梁稳根在一次核心团队会上提出了“双进战略”：进入大城市——长沙，进入大行业——工程机械，以拖泵作为切入点。有人认为，机械行业是夕阳产业，而且只有国企在做，公司也不掌握技术，几乎一无所知，为何不进入当时很热门的电子、饮料、日用消费品行业呢？梁稳根则坚持认为，三一集团要进入的正是国企林立的地方，那里竞争不充分，民企优势强；而且如果某种产品的进口替代性强，说明它利润丰厚。

1993 年年底，三一集团在长沙注册成立，下设三一重工和三一材料两家公司。“双进战略”的选择，尤其是进入工程机械行业的选择，对三一集团后来的发展至关重要，高市场容量、行业高成长性、利润水平可观。当时的工程机械市场上，要么是价格高、品质好的国外产品，要么是质量次、价格低、缺乏核心技术的国内产品，客观上存在一个品质好、拥有核心技术、价格适中的利基市场(也称缝隙市场，意指被大公司忽视的市场)。

观念创新：技术壁垒不可怕

瞄准了这一市场，如何获取核心技术就成为成功的关键因素。1994 年，当三一重工初探工程机械行业时，工程机械行业的发展路径无非是以下两种：斥巨资引进跨国公司的技术，走引进、消化、吸收的路子；与国外企业合资，以市场换技术。

但对于三一重工而言，这两条路都走不通：购买技术，一是缺乏资金，二是欧美的行业巨头对输出技术设置壁垒；合资之路，三一重工当时刚刚进入工程机械行业，还很弱小，根本就不入国外企业的“法眼”。

抛开常规的模仿国外产品设计的路径，从零开始用通用的机械原理来做研发——三一重工在观念上的创新是其此后不断实现技术突破的关键。正因为对工程机械技术一知半解，不知道该行业有很高的技术门槛，所以敢于创新，敢于打破引进、消化、吸收的“路径依赖症”。中联重科的董事长詹纯新曾这样评价三一重工：“三一为什么能实现突破，就是因为梁稳根不懂工程技术，无知者无畏。”敢于创新、拥有核心技术人才，是三一重工实现成长的关键因素。

1995 年 9 月，易小刚以技术合作者的身份来到三一重工。此前，他从没接触过混凝土拖泵，是这个行业不折不扣的“外行人”。进厂不久，易小刚发现，混凝土拖泵的高低压切换要靠接不同的管子，他设计了一个可以旋转 90 度的阀门，进行切换。但车间主任不同意更改原有设计：国外都是用管子，客户也没提意见，我们怎么能换呢？梁稳根得知后，来到车间，把所有人叫到一起。工人和车间主任一致反对，最后梁稳根问：“易工，你认为这个行不行？”“肯定没问题，我们不能因为国外是这样，就一味模仿，那是没有突破的。”“行。就按你说的做。”梁稳根二话没说，支持了易小刚。由此，三一重工有了自己的第一个专利。

技术创新：抛开"常规"

1995 年 10 月，易小刚开始攻坚拖泵的核心元件集流阀组的技术。原来三一重工的思路是买标准件组装，结果，易小刚在研究石川岛的集流阀组后发现，所有的液压元件全是非标准产品，只有石川岛自己能生产。所以，三一重工最后的思路是，对于有些不是很关键的零部件，去市场上买标准配件进行设计组装，最核心的技术专门研发。不到一个月，一个工作原理与石川岛的产品完全不同的集流阀组设计出来了。1998 年，三一重工依靠拖泵产品年收入超过 2 亿元，在工程机械产业站住了脚跟。

1999 年，三一重工开始生产泵车。2000 年，三一重工泵车销售 30 台，国内市场占有率为 42%。而此前国内泵车主要靠进口。2001 年，拥有自主知识产权的 42 米臂架泵车成功下线。该型号泵车一举填补了中国没有 40 米以上臂架泵车的空白，从此中国在泵车、臂架领域的研发与国际知名品牌达到了同步水平。

三一以差异化市场战略为指导，抛开"常规"的自主创新，是在国内市场上占据高地的关键因素。

第二阶段(2000—2008 年)以"研发与服务"巩固地位

三一重工在混凝土施工机械领域抢占了国内市场的制高点之后，步入自我突破的道路，以不断巩固领先地位。2000 年，梁稳根提出将"研发和服务"作为三一重工的两大核心竞争能力。

战略创新：研发与服务

定位核心竞争力时，三一重工坚持"三做"评判标准，即"必须做、可以做、值得做"，即行业的关键成功要素，公司必须做；企业优势资源所支持的要素，公司可以做；与客户突出需求密切相关的要素，公司值得做。

此前，为了定位自身企业的核心能力，三一重工曾组织十余人的队伍，耗时半年，对世界 500 强的卡特彼勒、小松、沃尔沃、迪尔、菲亚特等国际知名工程机械企业进行系统研究。他们发现，产品的可靠性、先进性、经济性、品牌影响力、售后服务是工程机械行业成功的关键要素。这就需要企业从研发、采购、制造、营销、服务 5 个环节进行努力，但相对三一重工的自身优势来看，由于资源有限不可能全部做好，范围太宽，需要再进行筛选。

在刚进入工程机械领域时，三一重工就考虑到自己在资金方面没有优势，无法在制造环节中打造核心能力，在品牌和规模上更没有优势，因此也难以在采购环节中打造核心能力。而三一重工较突出的优势是人力资源丰富。三一重工完全可以将丰富的劳动力资源优势转化为企业的竞争优势。在 5 个基本经营环节中，研发、营销和服务 3 个环节最易发挥劳动力资源优势，因此将其定位为核心能力是完全有可能的。

接着，三一重工考虑用户的突出需求。工程机械产品单价高，从几十万到几百万不等，用户的采购频率不高，因此对采购的方便性要求不明显。但工程机械市场的客户是各种类型的建筑建设公司，客户注重的是产品的质量、技术，机器停工意味着巨大的损失，因此，维修服务的快慢直接影响用户的经济效益。按照"值得做"的原则，三一最终把核心能力锁定在研发和服务上，以确保用有限的资源最大限度地满足用户的突出需求。

观念创新：打破"行规"

"为客户创造价值"是三一重工服务的核心理念，它要求确保设备的正常运转，最小化设备停机时间，延长设备使用寿命，使客户获得最大的投资收益。每年三一重工将销售收入的 4%左右投入到服务之中，用以完善服务体系建设。三一重工还率先在行业内推行服务质量体系认证，按照 ISO 9000 的标准进行运作。

在当时，中国工程机械行业大部分企业采用低成本竞争的模式，主要关注产品的实用性、可靠性和产品质量，对服务体系建设重视不够。三一重工的服务战略，颠覆了工程机械行业的"行规"。此外，三一重工还将服务模式由此前的"保姆式"向"管家式"转变，由传统的被动式服务向主动式服务转变，全方位提供客户施工作业流程涉及的全面产品和服务，满足客户的整体需求。

技术创新：不懈的研发

为了在国际上瞄准行业制高点，三一重工对研发始终尤为重视。2002 年其研发投入经费为 4368 万元，占销售收入的4.44%。到2005年、2006年和2007年，三一重工研发投入经费分别占销售收入的6.2%、5.1%和5.0%，投入强度达行业平均水平的3～5倍。

三一重工在深耕核心技术的基础上实现制造的全球化，集成现有全部先进背景技术，形成自主知识产权的技术，很快达到国际水平，突破了中国基础工业落后的瓶颈。2002年，三一重工在香港国际金融中心创造了406米的单泵垂直泵送世界纪录，并在此后不断创造新的纪录，标志着三一拥有该领域的最先进核心技术，站在了世界最前沿。

服务创新：以各种手段实现突破

2006年，三一集团首次在中国工程机械行业引入"6S"店概念。3月，三一集团广州6S店开业。6S店整合了三一集团所有产品系列的整车销售、零配件供应、售后服务、信息反馈、产品展示、培训"六位一体"的销售服务职能。到2008年，集团已在全国各大省会城市全面建设6S店。

三一重工还充分发挥技术上的后发优势，以技术创新来撬动服务战略，提高产品的附加值。例如，在售后服务上，工程机械行业通行的做法是给每台卖出去的机器指定责任工程师，一旦出问题，客户给责任工程师打电话，由他负责解决。工程师通常要到现场把机器拆开才知道怎么处理，然后再通知公司或供应商备货，空运至现场。2007年以前，三一重工也是采用这种服务流程，不过为了保证客户满意度，公司通常在附近的服务网点准备两辆同类机器，一旦出现问题就先替换。这种策略使其在工程机械行业赢得了很好的口碑，市场占有率迅速提升，但同时负担着高昂的服务成本。

2007年，三一重工推出中国工程机械行业第一个"企业控制中心"——ECC（enterprise control center）系统，在每台售出设备上装置智能终端，将设备的状态随时反馈到监控中心。这样，无论客户设备在哪里，控制中心所采用的GPS定位系统都可以迅速定位国内外销售的每一台产品的具体位置和运行状况，并可远程诊断，就近派工，有效降低服务成本。

三一重工要求员工一旦有服务指定，必须在客户打完电话后3分钟之内做出回应、24小时内完工。这种服务模式也被称为"一二三线协同、天地人合一"。其中，"一二三线协同"是指一线负责现场的服务工程师、二线设在呼叫中心的工程专家、三线通过远程会议系统联通的生产专家和供应商专家之间的协同，而"天地人合一"则是指卫星通信和地面Internet通信相结合。

（资料来源：柯银斌，刘颖悟，章小莹. 三一重工：战略指导下的三位一体创新. 企业管理，2010年第4期.）

第 11 章

企业战略实施

本章学习目的：

1. 了解企业战略实施的主要任务；
2. 理解战略实施与组织结构的关系；
3. 熟悉组织成长与战略变迁的关系；
4. 掌握企业文化与战略的关系管理；
5. 理解战略领导者的概念与特征；
6. 熟悉战略领导小组组建的原则与途径。

案例

大庆石油管理局的战略

一、大庆石油管理局面临的挑战

大庆石油管理局(简称大庆局)曾是我国工业的一面旗帜，有着光荣而辉煌的历史。1999年11月，原大庆石油管理局实施了“重组分立”，油气生产、炼油化工、管道运输、科研设计等主营业务，整体划归中国石油天然气股份有限公司并在美国和香港上市。大庆局以存续企业的身份，主要从事石油工程技术服务和生产服务，同时还承担着文化教育、医疗卫生、城市公交等大量的社会职能，在重组分立之初，大庆局的生存和发展面临着极大的挑战。主要体现在以下几点。(1)产业布局分散、主营业务不突出。油气勘探开发主业划归上市公司后，全局的业务领域包括钻探、基建、发供电、供排水、加工制造、商业服务、交通运输、文教卫生等多个板块，产业跨度从第一产业到第三产业，涉足的业务领域多，但产业集中度低、产业关联度差；(2)无序竞争激烈、规模效应差。全局业务构成“大而全、小而全”的现象非常普遍。据统计，重组分立之初，全局各类机械加工企业有15家、油田助剂企业有26家，这些企业大多在低端市场或区域市场内部你争我夺，造成不必要的资源浪费。(3)运行效率低、管理体制不顺。全局最多时有89家二级单位，从总部到基层作业单元的最长管理级达七级，信息传递速度慢，难以灵活应对不断变化的市场。(4)企业负担沉重、发展后劲不足。为满足海外上市的需要，大部分富余人员和不良资产也一并划归大庆局。不良资产比例过大，富余人员较多，社会负担沉重。

二、大庆局的战略制定及实施过程

(一)战略适应环境

面对企业转型期出现的矛盾和问题，大庆局的决策者深刻认识到：企业必须依靠正确的发展战略才能赢得竞争的主动。因此，在对企业发展面临的内外部环境进行深入细致分析的基础上，大庆局提出了依靠两种资源(油气等自然资源和人才等非自然资源)、两个市场(油田内部市场和国内外市场)谋发展的战略方针，要求全局上下通过“二次创业”，最终把大庆局建设成国内一流、具有较强国际竞争能力，以石油工程技术服务为主、加速向新经济领域迈进，全面实施国际化经营的大型现代企业集团。

(二)结构追随战略

围绕企业的战略定位，通过与哈里伯顿、斯伦贝谢、贝克休斯等国际知名石油工程技术服务公司的对标分析，大庆局的决策者认识到，大而全、松而散的产业布局和组织结构，与“以石油工程技术服务”为主的战略目标是格格不入的，产业结构不合理是企业战略实施中面临的主要矛盾。

从2002年开始，管理局将原来89家局属单位按照产业关联和上下游关系进行了战略重组，至2004年底，基本形成了12个集团、9家专业公司引领全局发展的业务格局。例如，2004年组建的钻探集团就是由原来七家局属单位通过资源重组建立的，目前已成为国内最大的综合性一体化钻探服务企业，资源共享带来的是整体实力的提升，该集团先后拿到了阿尔及利亚的钻井工程大包项目，并顺利进入美国的高端钻井市场。

通过结构调整，实现了企业生产要素的合理组合，保证了资源的优化配置和合理利用。

(三)职能与体制联动

伴随着产业结构和组织结构的调整，原来横向到底、纵向到边的管理体制，高度集权、事无巨细的管理模式已经明显不适应结构的变化，职能、体制上的僵化已经成为企业面临矛盾的主要方面，同时，企业内部也迫切需要对人才、技术和管理等要素进行深度的重组。

大庆局按照精干两头、强化中间的原则，开展了分权化管理的尝试。首先，明确了集团和专业公司市场竞争主体和利润中心的责任定位，全面承担全局下达的各项生产经营指标。其次，局总部作为决策中心、投资中心和参谋本部重点负责战略规划、经营监控和协调服务等职能，将大量的日常事务性管理职能下放到集团和专业公司层面。再次，各个集团和专业公司作为利润中心，从提高效率、增加效益的角度，开展了一系列流程再造、资源充足、扁平化管理等活动。

三、启示

到“十五”期末的，大庆局主营业务收入由2000年的215.7亿元增加到2005年的383.1亿元，年均增长12.1%；盈利由0.08亿元增加到3.7亿元，年均增长30%；外部市场收入由42.7亿元增加到110.7亿元，其中海外市场收入由1.7亿元增加到9.8亿元。大庆局的战略实施过程与经济效益的提高同步进行，企业历经风雨见彩虹，走上了健康发展的轨道。

(资料来源：黄溶冰. 国有企业战略实施路径. 管理现代化，2007年第2期.)

企业战略管理过程是一个完整的系统。这个系统过程包括任务描述、环境分析、战略目标确定及战略选择评估与制定。这个过程从理论上为企业指明一个明确的方向和实现这个方向的可能性，但是在现实中能否实现主要取决于战略实施。再好的战略得不到有效地实施，那么这个战略也等于一纸空文。很多企业投入了大量的时间、人力和财力制订战略计划，却因没有重视战略实施的管理，最终导致好的战略计划流产，因此，战略实施是战略管理过程中的一个重要环节。

11.1 企业战略实施的主要任务

11.1.1 战略实施的内涵

战略实施(Strategy Implementation)亦称战略执行，是指通过行动计划、预算及标准操作规程等。

把所选择的战略方案付诸实践。行动计划就是关于完成一项任务必须执行的行动或步骤的描述。预算是用资金描述企业的行动计划。规程，有时也称作标准操作规程，用来详细描述完成一项具体任务或工作的一系列连续步骤和技巧。在行动计划与预算被批准之后，就要修改或重新制定新的标准操作规程。

11.1.2 战略实施的任务

战略实施是战略管理过程的行动阶段，要求将选定的战略加以细化，制定出实施战略所需的各项措施，并将这些措施付诸行动。具体来讲，战略实施的主要任务包括：

(1) 制订战略实施计划；

(2) 建立与战略相适应的组织结构；

(3) 按战略的要求配置资源，确保有限的资源投入到对战略成功至关重要的关键价值链互动中；

(4) 建立对战略起支持作用的政策和运作程序；

(5) 根据战略要求，对价值链活动进行优化，必要时对业务流程进行再造；

(6) 建立有利于战略实施的激励和诱导机制；

(7) 建立与战略要求相适应的沟通和协调机制；

(8) 营造、培育一种有利于战略实施的工作环境和企业文化；

(9) 加强对战略实施的领导，排除变革阻力；

(10) 对战略实施过程加以控制，确保预期目标的实现。

11.1.3 战略实施的原则

在战略实施过程中，常常会遇到很多问题。由于环境的不确定性和企业员工知识、能力的局限性，使得管理者在战略制定时不可能完全考虑到现实问题及环境的变化，所以在战略实施时有必要遵循一些基本原则，以便尽可能适应环境的变化。这些原则主要有以下几个。

1. 统一性原则

统一性原则就是统一指挥和统一领导。企业高层管理者通常是战略的制定者，他们对战略有着深厚的理解和认识且掌握着大量的信息。当战略实施中出现问题时，他们会从企业整体利益出发去解决问题，避免各个部门因片面的追求本部门的利益而给企业整体利益带来损害。另一方面，统一性原则使各个部门责任更加明确，保证战略计划有效地执行。

2. 应变性原则

任何企业战略都是在一定的环境下制定出来的，那么原假定的环境就是战略制定和执行的前提条件。同时，环境又是不断发生变化的。当企业内外环境发生重大变化而导致原定战略无法实现时，就需要对原定的战略进行重大调整并做出相应的变化，这就是战略实施的应变性原则。

3. 有效沟通性原则

所谓有效的沟通，是指信息发出方对信息进行有效的编码，通过一定的媒介把信息传递给信息的接受者，使得发出方的信息与接收方信息达到完全一致。沟通是上下级和同级之间联系的桥梁。上级对战略计划的有效传达，在战略实施过程中至关重要。同时，下级对环境变动的因素和战略执行的情况要及时向上级反馈。

11.2 战略实施与组织结构的协同

11.2.1 战略与组织结构的关系

战略与组织结构是相互联系和彼此影响的。战略与组织结构匹配度越高，则战略实施的效率就越高并且更加有效。组织结构既服务于战略又制约着战略的实施。实践证明，一个不适宜的组织结构将对企业战略产生巨大的损害作用，会使良好的战略设计变得无济于事。因此，企业组织结构应该随着企业战略而变动。在战略运作过程中，采取何种组织结构，主要取决于企业战略决策者对组织结构的理解，取决于企业自身条件和战略类型的理解，也取决于战略与组织结构之间关系的理解。

在战略实施中，组织结构的保障作用非常关键。首先，组织结构是战略实施的载体。组织结构好比战略的落脚点，没有组织结构的保障，战略实施就无法形成有效的体系，无法形成组织上的优势。其次，当前的组织结构能够影响未来的战略形成和制定。在一定程度上，组织结构具有刚性，在形成战略和制定战略时，不可避免地要考虑现有组织结构的特征和组织变革的风险。

组织结构的功能在于分工和协调，是保证战略实施的必要手段。通过组织结构，企业的目标和战略转化成一定的体系和制度，融合进企业的日常生产经营活动当中，发挥指导和协调的作用，以保证企业战略的完成。

在企业不同的发展阶段，企业应有不同的战略，相应地，组织结构也要做出调整。应该指出，企业对环境变化的优先反应是战略，而不是组织结构。环境、战略与组织结构的关系如图 11-1 所示。

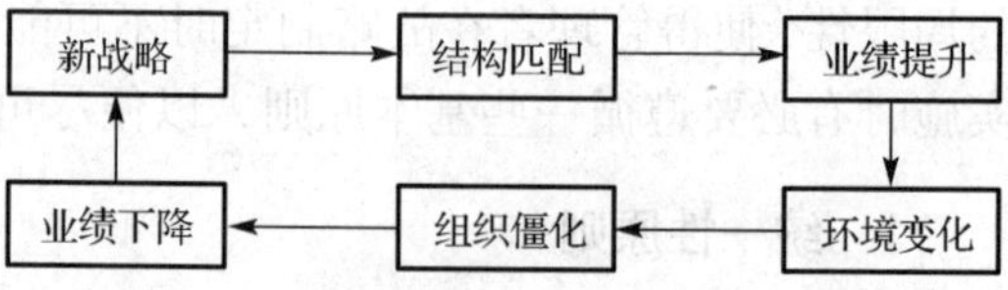

图 11-1 环境—战略—组织结构的关系

从图 11-1 中可以看出，第一，企业战略与组织结构变革都必须适应环境变化；第二，战略变革具有先导性；第三，战略定位规范着组织结构的形式；第四，组织结构与战略相匹配，组织目标才能实现；第五，组织结构抑制战略，与战略不匹配的组织结构，将会限制和阻碍战略的实施。

1. 组织结构服从于战略

战略具有先导性，企业战略的变化快于组织结构的变化。企业一旦意识到外部环境和内部条件的变化提供了新的机会和需求时，首先会在战略上做出反应。另外，如果企业自我积累了大量资源，也会据此提出新的发展战略。当然，一个新的战略需要有一个新的组织结构，至少在一定程度上需要调整原有的组织结构。如果组织结构不做出相应的变化，新战略就很难发挥应用的作用。美国学者钱德勒在对 70 家公司的发展历史，特别是通用汽车公司、杜邦公司、新泽西标准石油公司和希尔斯-罗巴克公司四家公司发展历史进行深入研究后，于 1962 年出版了《战略与结构：美国工业企业历史的篇章》一书。提出了战略与组织结构关系的基本原则，即组织的结构要服从于组织的战略。这一原则指出企业不能仅从现有的组织结构出发去考虑战略，而应根据外部环境的要求去动态地制定相应的战略，然后根据新制定的战略来审视企业的组织结构，如有必要需对其进行调整。不同的外部环境要求企业制定不同的战略和实行不同的组织结构。而组织结构变革的形式也往往与外部环境的动态程度相关。

2. 组织结构制约着战略

组织结构的变化常常慢于战略的变化速度，特别是在经济快速发展时期更是如此。但是实际上，企业内部结构的职责在变革的过程中含糊不清。造成这样结果原因有两种。一是新旧结构交替有一定的时间过程。新的战略制定出来以后，原有的结构还有一定的惯性，原有的管理人员仍习惯运用旧的职权和沟通渠道去管理新的经营活动。二是管理人员的抵制。管理人员在感到组织结构的变化会威胁他们个人的地位、权力，特别是心理上的安全感时，往往会动用行政管理的方式去抵制需要做出的变革。

从战略与组织结构的关系可以看出，当环境发生大变化时，企业不可错过时机，要制定出与发展相适应的经营战略与发展战略。一旦战略制定出来以后，要正视人事组织结构有一定反应滞后性的特性，不可操之过急。但是，结构的滞后性是不可避免的，企业要通过努力缩短滞后的时间，使结构尽早与战略匹配。

11.2.2 组织结构适应战略实施的标准

应该说，组织结构适应战略实施应该遵循以下三个标准。

1. 产生员工共同的愿景

产生共同的愿景，是指企业要使全体员工的认知和努力方向一体化，让战略发挥凝聚全体员工共同理想的作用。不可否认，企业的最终活动是诸多的具体个人活动的动态综合。关于这些个人活动是应该统一起来还是分散开来的问题，是组织结构适应战略发展必须解决的问题。毫无疑问，统一个体的活动关系到企业取得业绩的大小。在促进人们行动一体化方面，管理者可以采用的方法、手段有许多种，其中组织结构的设计手段就是其中之一。

2. 反应战略定位的趋势

让全体员工形成愿景，仅有统一的前进方向是不够的，还应该使全体员工以高涨的士气和坚定的信心向着既定的企业战略目标齐心协力，使企业运作处于最佳状态，这就是组织结构反映整个战略定位的趋势。否则，虽有共同愿景，但定位错误，其结果也必将对战略结局无济于事。有了这种定位趋势的一体化方向，企业就可以在竞争中处于优势地位，使竞争对手望而却步，并迫使其反击对抗的势头越来越弱，从而使自己在竞争中获胜。

3. 形成勇于竞争的压力

组织结构设计要形成勇于竞争的压力，目的就是迫使员工产生一种积极进取的紧张状态，如果没有这种压力，企业就会逐渐养成惰性，没有前进的动力，优胜劣汰，企业就会被淘汰出局。为了防止这种情况的发生，必须对员工进行有效激励，使得干多干少、干好干坏不一样，形成差异，促使员工努力打拼。否则，企业的一体化行动力就会不足，企业战略目标也会付诸东流。

11.2.3 组织结构的调整

1. 企业组织战略调整的原则

企业战略的重要特性之一就是它的适应性，强调企业组织能够运用自己已经拥有的资源和可能拥有的资源去适应组织内外部环境的变化。这种适应是一种极为复杂的动态调整过程，它要求企业一方面能加强内部管理，另一面能不断推出适应性很强的有效组织结构。组织的适应性不是简单的线性运动，而是一个循环上升的过程，这被称为适应循环。适应循环明确指明了组织结构如何适应企业战略的原则，因此，适应循环就是企业组织战略调整的根本原则。

2. 企业组织战略调整的内容

与企业战略相适应的组织结构工作包括以下三个方面的内容。

第一，正确分析目前企业组织的优势和劣势，设计开发出能够适应战略需求的未来组织结构模式。

第二，通过企业内部管理层次和部门的划分，明确相应的责、权、利分配和适当的管理方法和手段，建立起确保战略实现的能力。

第三，为企业组织结构中的关键战略岗位选择合适的人才，配置相应的资源，保证战略有力实施。

3. 企业组织结构调整的关键要素

第一，找出关键活动。组织应从错综复杂的活动中，如制度建设、人员选用、市场开发等，去寻找对战略实施起到关键作用的活动。

第二，设计活动单元。将组织整体战略划分为若干战略实施活动单元，这些单元实际上就组成了组织结构调整的基本框架，这样在客观上保证了战略的首要地位。

第三，明确职责权利。战略管理者应根据战略目标，进行科学分解，构建目标管理体系，根据目标管理体系设置匹配的组织结构，战略管理者要根据岗位目标要求，设计每个岗位较为详细合理的职责权利说明书，并按岗位目标要求选择合适的人才，有力推行岗位目标。

第四，协调战略关系。即协调各战略实施活动单元的战略关系，这种协调包括通过构建组织整体权力等级层次实现对各战略实施活动单元的协调；在组织横向部门划分时注重合理的分工与协作；在实施组织整体战略过程中注重各战略实施活动单元共同参与。

每种组织结构都有自身的特点，应根据战略的需要设置合适的组织结构，而不盲从于流行与传统。

11.2.4 组织成长与战略变迁

一般来说，组织也存在着生命周期。在发展的不同阶段，组织规模会发生一定的变化，有时由小变大，也有时由大变小，此时组织就会调整战略，这就对组织结构提出了动态变迁的要求。在组织不同的战略阶段，必须有不同的组织结构与之适应，随着战略的推进，组织结构也在不断地进行动态变迁，如表 11-1 所示。

表 11-1　战略发展阶段与组织结构的对应关系

战略发展阶段	主要的组织结构形式
追求数量倍增战略阶段	直线制、直线职能制
地域扩散战略阶段	直线职能制、事业部制
一体化战略阶段	事业部制、超事业部制
多种经营战略	事业部制、多维立体结构
项目化管理战略	矩阵式组织结构
紧缩、清算战略	直线制、直线职能制

1. 追求数量倍增战略的组织结构

在新产品刚刚上市之初，由于供给较少，产品供不应求，产品与市场高度集中。这时，企业把生产作为经营重点，企业战略的重心放在效率提高、成本降低和规模经济上面。与之相适应，企业在组织中设立职能部门，进行必要的管理分工，企业高层领导者直接领导下属各个职能部门，以便统一指挥协调，形成很好的控制力。这个阶段企业适用直线制或直线职能制的组织结构。

2. 地域扩散战略阶段组织结构

随着自身规模的扩大，企业要求将产品或服务扩散到其他地区去，由此提出了地域扩散战略。这时，对各部门之间的协调和专业化要求明显提高，具有分工协调和技术管理等作用的职能结构便应运而生。所适应的组织结构模式是直线职能制或者事业部制(以地区来划分的)。

3. 一体化战略的组织结构

随着企业之间的竞争日益加剧，企业为了获取竞争优势，实行了前向、后向一体化战略，以求控制部分原材料和分销渠道，增强其竞争实力。与此战略阶段相适应，企业建立了统管产、供、销的一体化组织结构，对企业经营活动进行统筹安排和指挥协调，这使原来的职能型组织结构变得较为复杂，形成了部门内复杂的组织结构或有一定自主权的部门。所适应的组织结构模式是事业部制或超事业部制。

4. **多元化经营战略的组织结构**

随着市场竞争的白热化，企业为了分散经营风险，提高企业经营的安全系数和盈利能力，同时为了获取范围经济和协同效益，大多采取多元化经营战略。这时，企业提供多种产品或服务，产品间的相互关联度较低，市场间相互联系的程度也较低，客观上需要减少跨业务之间协调工作量。为适应这种形势，企业一般按产品、用户或地区等要素实行事业部制或多维立体的组织结构。

5. **项目化管理战略的组织结构**

当企业发展到一定战略阶段，在内部产生了必要的双重领导，这时企业内部资源需相互借用，企业运营的不确定性、复杂性及相互依赖程度增强，需要更有效地处理信息和决策。与此相适应，企业多采用矩阵式组织结构，将职能型和事业部制的原理相结合，目的是加强各职能部门及规划部门的协作，将集权与分权结合起来。

6. **紧缩、清算战略的组织结构**

当企业经营环境发生巨变时，原来有利条件会瞬间转成不利因素。此时，企业为了生存，不得不采取紧缩或清算战略。与此相适应，企业要裁剪其组织机构甚至是全部清算然后出售。这时适应的组织结构模式是直线制或直线职能制。

11.3 战略实施与组织文化的协同

11.3.1 文化与战略的关系

文化有广义和狭义之分。从广义上讲，组织文化是指组织在长期发展过程中形成物质文明和精神文明的总和。包括组织管理中硬件和软件，外显文化和内隐文化两部分。从狭义上讲，组织文化是组织在长期的发展中所形成的为组织所特有的且为组织多数成员共同遵循的最高目标价值标准、基本信念和行为规范等的总和及其在组织中的反映。为了应对日益激烈的市场竞争，众多企业纷纷提出了转型升级的战略构想。企业文化在这一事关企业生死的关键时刻如何发挥应有的作用，帮助企业顺利度过这段阵痛，是众多企业必须准确把握的。

1. **企业文化决定企业战略**

优秀的企业文化是企业经营战略制定的重要条件。企业文化即企业哲学，是企业解决企业如何在外部生存、在内部共同生活的一套哲学。它是企业内所有成员的共同价值观，具有鲜明的企业特色。建立在这一企业成员共同价值观基础上的企业战略，能够最大化地发挥企业成员的集体合力，从而更易于成功的实现。因此，企业转型升级战略的制定，同样要以企业文化为基本出发点，不可脱离企业文化这一基础，否则，要么是战略执行困难重重，要么是企业文化改造成本无法承受。

2. **企业文化支撑战略执行**

优秀的企业文化是企业经营战略获得成功的重要条件。企业文化在影响企业制定战略的同时又是调动企业全体员工实施战略的保证。企业要实现战略目标，必须有优秀的企业文化来支撑和引领，用文化树立企业信誉，用文化传播企业形象，用文化打造企业品牌，最终实现提升企业竞争力的目的。

11.3.2 文化与战略关系管理

在战略管理中，组织处理战略与文化二者的关系时，有一个重要的内容就是分析组织战略的稳定性与文化的适应性。稳定性反映组织在实施一个新战略时，组织的结构、技能、共同的价值观、生产作业程序等各种组织要素所发生的变化程度；文化的适应性反映组织所发生的变化与组织目前文化相一致的程度，如图 11-2 所示。

各种组织要素的变化	组织要素与当前文化的潜在一致性：小	大
大	A. 重新制定战略	B. 以组织使命为基础
小	C. 根据文化进行管理	D. 加强协调作用

图 11-2 文化与战略关系管理

在矩阵中，纵轴表示组织战略稳定性，即各种组织要素变化的多少；横轴表示文化的适应性，即组织所发生的变化与组织目前的文化是否具有潜在的一致性，以及一致性的程度。

1. 重新制定战略

在象限 A 里，组织实施一个新战略时，各种组织要素的变化大，同时各要素与当前文化的潜在一致性小，组织在处理战略与文化的关系时，遇到了极大的挑战。

在这种情况下，组织首先要考察是否有必要推行这个新战略。如果没有必要，组织则需要考虑重新制定战略。反之，在外部环境发生重大变化，组织的文化也需要相应地做出重大变化的情况下，组织应考虑到自身长远利益，不能为了迎合组织现有的文化，而将组织新的战略修订成与现有的文化标准相一致的战略，这是不符合组织发展需要的战略。为了处理这种重大的变革，组织需要从以下四个方面采取管理行动。

(1)高层管理人员要痛下决心进行变革，并向全体员工讲明变革的意义。

(2)为了形成新的文化，组织要招聘或从内部提拔一批与新文化相符的人员。

(3)改变激励结构，将激励的重点放在具有新文化意识的事业部或个人身上，促进组织文化的转变。

(4)设法让管理人员和员工明确新文化所需要的行为，形成一定的规范，保证新战略的顺利实施。

2. 以组织使命为基础

在 B 象限里，组织实施一个新战略时，重要的组织要素会发生很大的变化，这些变化大多与组织目前的文化具有潜在的一致性，这类组织大多以往效益好，可根据自己的实力，寻找可以利用的重大机会，或者试图改变自己的主要产品和市场，以适应市场的新需求。由于有原有文化的大力支持，企业实行新战略没有太大的困难，一般市场前景很好。在这种情况下，组织处理战略与文化关系的重点有以下几个。

(1)组织进行重大变革时，必须考虑与组织文化的一致性。

(2)要充分发挥组织现有人员的作用。现有人员之间具有共同的价值观和行为准则，可以保证组织在协调一致的条件下实施变革。

(3)在调整组织的激励方式时，必须注意保持与组织目前的激励行为一致。

(4)要考虑进行与组织目前的文化相适应的变革，不要破坏组织已有的行为准则。

3. 根据文化进行管理

在C象限里，组织实施一个新战略，虽然主要的组织要素变化不大，但与组织目前文化的潜在一致性差。此时，需要研究这些变化是否可以给企业带来成功的机会。在这种情况下，企业可以根据经营业务的需要，在不影响企业总体文化的前提下，对各种经营业务实行不同的文化管理。同时，对与企业文化密切相关的因素(如组织结构)进行变革时，也需要根据文化进行管理。

4. 加强协同作用

在D象限里，组织实施一个新战略时，组织要素发生的变化不大，又与组织目前的文化具有很大程度上的一致性。这类情况往往发生在组织采用稳定型战略(或维持不变战略)时。处在这种地位的组织主要应考虑两个问题：一是利用目前的有利条件，巩固和加强组织文化；二是利用文化相对稳定的这一时机，根据组织文化的需要，解决组织生产经营中的问题。

11.3.3 文化与战略的协同

一般来说，组织战略与文化的协同有以下两种方式。一是组织文化能适应战略要求，且组织文化已根深蒂固、深入人心。在这种情况下，组织可以对战略做相应的调整，以适应现存的组织文化。二是在不改变组织核心价值观的基础上，通过调整组织文化，以适应组织战略的要求。从现实中的组织运行历程看，组织往往需要不断调整战略方向以适应环境的变化，对于那些渴望在竞争中获取竞争优势的组织来说，需要创造或产生一种匹配于战略的组织文化，这种组织文化，由于其基本信念、价值观与组织的战略目标一致，并能够体现于组织成员的行为方式中，使组织成员拥有完成组织战略计划的热情和信心，促使组织取得良好绩效。

从以上层面看，组织文化建设的关键在于能否根据组织战略而不断调整。恰当合理地调整组织文化，赋予其与组织战略相适应的新的理念，也就是与战略相协同的组织文化。

1. 文化与组织生命周期战略的协同

1)初创时期

初创时期的组织文化是在组织创立者个人价值观和信仰的基础上逐步形成的。随着组织的发展，这些个人价值观和信仰用于指导组织的各项活动，并深深地影响和决定着组织的发展战略。这些核心思想将组织成员凝聚在一起，推动着组织在竞争中不断成长，组织通常会去寻找符合这一文化的发展道路。所以组织文化是人们自觉创造的成果。例如，某企业是在充分利用某项技术或专门知识的基础上建立起来的，则它更倾向于确定技术领先型的发展战略，即使出现了其他可利用的发展机会时，其仍会偏爱原有的战略。

2)增长时期

组织文化在增长时期会因环境不同而产生不同的变化，以下情况反映了文化的发展对战略选择的影响。

(1)初创时期文化的内聚性渐渐扩散到亚文化中，每种亚文化都会以自己的方式和类型发展。因此，在增长阶段，组织的文化基础对未来的战略选择没有指导作用，允许一定程度的分散，以保持这些小派系之间的和平共处。

(2) 在增长时期，组织规模不断扩大，许多新员工加入，并开始出现在中层管理者中。进而在组织内形成了预期的多样化，促使某个占统治地位的文化不断扩散，从而形成对某类战略的偏好。

(3) 面临增长时期的市场，有些组织可能陷入进退两难的境地。一方面组织应该跟随市场的自然增长，否则，一旦失去机会，风险将会很大。另一方面增长可能会触犯组织中存在的其他信仰(如希望保持一种家庭式的环境等)。

(4) 许多企业和公共服务组织认为，要求组织增长的发展战略在追求低风险的官僚文化氛围内是很难培育和推进的。因此，他们要么放弃该发展战略，要么在主体结构之外选择其他的发展战略。

当组织处在成长期，高层管理者一般会热衷于采用本组织的已有文化。但是，也有两个方面会阻碍战略管理，一方面，根深蒂固的信念会遮住管理者的视线，使他们不能觉察外部环境的变化；另一方面，当特定的文化在过去被证明是行之有效时，人们很自然地选择在未来仍固守这一文化。

3) 成熟时期

在组织成熟期，文化已趋向习俗化，以至人们可能意识不到其存在，或者很难用一种方法来将其概念化。作为一种共同规律，成熟期的组织可能更喜欢稳定型的发展战略。虽然从文化的角度看，稳定发展比较容易，但如果环境发生变化，那么，稳定发展方式可能不合适。

在组织成熟期，选择一种能够与组织文化相协同的战略是组织高层管理者的责任。战略制定者在建立战略与文化相匹配的关系时，需要做好以下工作。

(1) 充分利用高层管理者的权力来推动文化变革。在组织成熟期，容易产生文化惰性，形成小心谨慎的求稳心态。一般来说，实施新战略的变革程度越大，要求适应新战略所需转换的行为准则越多。这时，高层管理者必须运用其权力，克服原有文化对变革的阻力。

(2) 组织内部营造积极向上的变革精神。战略管理者应当促使组织内部形成管理人员、技术专家、普通员工都参与和支持变革的良好氛围，以及一种能够对环境变化迅速做出反应的企业精神。为此，应当鼓励个人和集体创新，同时容许员工和管理者创新失败。

(3) 让变革成为组织内部的公开话题和公开行为。实施组织战略变革方案时，应该让员工知道变革的意义，让变革成为组织内部共同探讨的话题，让员工及早做好心理准备。在变革方案实施以后，要重视变革成效的控制。

4) 衰退时期

在组织处于衰退时期，内聚的文化可能是组织应付不利环境的一个主要工具。在这种环境下，组织面临的是缩减生产规模、逐步减少产品种类和市场范围，为退出市场做准备，但是这些产品和市场已深深地嵌入到组织的文化之中，有时候这种调整需要许多年才能完成，尤其当组织的外部形象强化其内部状态时更是如此。在一些情况下调整的难度很大，以至于组织的所有者决定将该组织出售，才能做出更迅速的改革。

2. 文化与组织不同战略类型的协同

1) 企业文化同进攻型战略的协同

企业实施进攻型战略，主要通过技术创新、产品开发、市场开拓、扩大生产等策略，力求掌握市场竞争主动权，提高市场占有率；与此相匹配的企业文化应以“持续创新”为核心，营造一种尊重个性、鼓励开拓、勇于冒险、宽容失败的宽松氛围。

2）企业文化与防守型战略匹配

实施防守型战略的企业，为应对竞争对手的挑战，避免激烈的市场竞争，投入的资源仅用于维持现有的市场地位，希望稳住阵地，稳中求发展，先做守势，以守为攻，后发制人。与此相匹配的企业文化应坚持稳重、严谨，注重细节管理，提倡遵守纪律、循规蹈矩、审慎行事、勤勉敬业，对经营活动强调严格控制和高度标准化、程序化、规范化。

3）企业文化同撤退型战略匹配

实施撤退型战略的企业在竞争中处于不利地位，或者其产品处于衰退期而严重滞销，或者财务状况恶化等。此时，企业不得不牺牲一些眼前利益，来应对严重的竞争威胁。与此相协同的文化应既能在企业内部营造人心稳定、士气不减的氛围，又能继续保持良好的公共关系和组织形象，避免可能带来的负面效应。

11.4 战略实施与领导者

11.4.1 战略领导者

1. 战略领导者及特征

1）战略领导者

战略领导者是指具有战略管理思想，善于战略思维，具有战略能力，掌握战略实施艺术，从事研究和制定战略决策，指导企业开拓未来的企业高层决策群体。战略领导者是组织战略管理的主体，是组织内外部环境的分析者、组织战略的制定者、战略实施的推进者、战略实施过程的监督者和结果的评价者。

2）战略领导者的特征

战略管理要求具有机智果断、勇于创新、远见卓识、知识广博、富有经验、具有独特管理魅力的人来担任组织领导者。他们必然是战略家，只有这样，组织战略才会在制定和实施过程中不会产生偏差。同样，战略管理要求组织领导者不能等同于一般管理人员，它要求组织领导者超脱于一般管理，能站得高、看得远，能解脱于组织日常经营管理工作，有精力与条件去运用自己的知识、经验、技能为组织制定出创新的战略，并能积极有效地推行战略。战略管理还要求组织领导人真正统领全局，领导和激励全体员工为实现组织真正的战略而努力。这也就是要求组织领导人在关键时机发挥出关键作用，确保战略的平稳实施，并为组织指引生存与发展的方向。

2. 战略领导者的构成

一般来说，企业战略领导者可以包括企业的董事会、高层经理、中层管理者、非正式组织的领导、战略管理部门、企业智囊团。其中最主要的是董事会和高层经理。

1）董事会

董事会是依照有关法律、行政法规和政策规定，按公司或企业章程设立并由全体董事组成的业务执行机关。绝大多数董事会成员不是由于其知识能力，而是因为其经济和社会地位而被选为董事的，董事会只是简单地批准企业管理者的建议，而更重要的工作则是由企业管理者组成专业人才队伍来进行。

2）高层管理者

过去对企业战略管理起决定性作用的企业管理者大多数同时又是企业的所有者。随着所有权和经营权的日益分离，大多数企业的高层经理（也称高层管理者）都是具有一定领导水平和专业水平的职业经理。他们在企业战略管理中不是仅仅利用职权，而是利用自己的影响力和专业能力来发挥作用，企业高层经理一般包括企业正副总经理、事业部正副总经理。企业高层经理在企业战略管理中起到十分重要的作用。

3）中层管理者

目前，越来越多的高层管理者认识到中层管理者在企业战略管理过程中的重要性。因为真正了解企业问题和机会的是企业中层管理者，他们还是战略的具体实施者。因此，许多大企业如美国通用电气公司把企业决策权下放给中层管理者，尤其是分厂或分公司的管理者。但是，企业中层管理者也有其局限性：（1）战略管理方面的理论与技术掌握得不多；（2）限于工作范围和利益，很难站在整个企业的高度提出问题和进行决策；（3）可以用于战略思考的时间有限。

4）非正式组织的领导者

企业中存在着各种非正式组织，这些非正式团体对战略的制定和实施产生重要影响。这种影响的大小取决于企业正式领导者的领导方式和非正式组织领导者的影响力。在决定企业宗旨、目标、战略和政策过程中，企业内部总是存在各种不同的意见，这些意见反映了企业内部的各种不同利益。最后战略制定的过程变成各种利益集团讨价还价的过程，而经过妥协产生的决策往往是次优的。

因此，如果企业管理者能够重视非正式组织的领导者，通过与其充分沟通和引导，或采取其他有效措施，使非正式组织的领导者参与到企业战略管理中来，支持企业战略的制定、实施和控制，这将有助于战略管理的成功。

5）战略管理部门

有些企业设置了专门的战略管理部门，如 IBM 公司和福特公司。这些部门不承担具体操作管理职责，通常被称为“战略研究部”、“企划部”、“规划部”等。他们的主要责任是跟踪企业内外环境变化、检测企业生产经营实际表现、收集信息并进行加工。当遇到重大事项时，要发出预警报告。他们也根据指示，在听取各领域经理与专家意见的基础上，负责酝酿、起草企业战略方案，方案可能有若干个，都须提交总经理甚至董事会研究决策。在战略实施中，他们只负责监督实施结果与原预期目标的差异，并向上级或有关部门报告。他们通常不被赋予具体执行战略的责任和权力。这些部门往往是由一个高层经理，乃至总经理亲自掌管。

6）智囊团

智囊团是企业组建的由外部高级咨询人员构成的一个参谋集团，通常由大学、科研单位、经济技术研究机构、正副高级官员、社会名流及社会上专业咨询公司中的专家构成。虽属企业外部人员，但在一定程度上参与了企业战略管理。它通常不是一个常设机构，而是任务型组织。当企业在战略管理中遇到内部难以解决的问题，或为使战略管理更完善有效地推进，往往临时性地召集或聘请智囊团来提供建议。目前西方企业运用智囊团来辅助战略分析和决策已是十分普遍的事情。

总之，在企业各种不同的战略领导者中，董事会和企业高层管理者最为重要。只有在董事会和高层管理者都积极参与和相互合作的情况下，企业战略管理才会成功。

11.4.2 战略领导小组的组建

1. 战略领导小组组建的原则

1) 确认首要领导

确认首要领导即根据内外环境的变化和组织要实施的战略管理的要求，选择合适的、具有一定素质和能力、能胜任战略领导工作的首要领导，使其充分发挥组织战略实施的核心作用。

2) 由首要领导组阁

由首要领导组阁即由已经确定的首要领导来选择的其他的战略管理成员，组建战略领导小组。同时制定适当的监督机制，保证战略领导小组的有效工作。

3) 能力匹配

能力匹配即根据战略管理对领导能力的要求和企业内外环境的变化，战略领导小组内部成员的能力应该相互补充，相互匹配，以更好地协同工作，实现组织战略目标。

4) 团结协作

团结协作即在选择领导小组的人选时应充分考察其与其他成员的合作性，选择具有较强团队意识、合作能力强的人进入领导小组，在小组内部形成和谐的人际关系，以有利于工作的开展。

5) 优化组合

在组建领导小组时，可能会有众多的人员组合方案，这时应选择最佳或满意的方案来实现组建目标，以便实现能力匹配的要求和利于战略的制定以及有效地执行。

2. 战略领导小组组建的途径

1) 调整战略小组成员

调整现存的领导小组成员，使之成为新的战略领导小组的成员。这种途径即是依靠现存的领导小组来负责新的战略领导职能，只对其做局部的调整和必要的培训，以适应新的要求。这种做法的优点在于：现有的领导小组成员熟悉内部情况，便于开展工作；领导小组内成员相互了解，便于合作；既可以保持企业领导的连贯性，也可以树立典范，增强组织的凝聚力。

2) 招聘战略小组成员

在组织内部不具备合适的人选时，选派新人来组建新的战略领导小组，在一定的条件下，它可能会更好、更快地贯彻新的战略。采用这种途径的好处在于：挑选对新战略有信心的外部人员，能够避免现任领导成员面临的障碍，可以使他们更加顺利地进入新的角色和履行新的使命；同时，新的工作会使新的人选产生新鲜感，特别容易激发人的活力，使之创造性地完成使命；另外，新人受企业人际关系和旧秩序的影响较少，可以更加超脱地推行新战略。当然，选用新人也会有一些弊端，如新人对环境不熟悉，需要花费大量的时间、精力去了解情况；另外，新选人员容易受到原来领导成员或企业其他员工的排斥。因此，采用此途径应该在详细、审慎、妥善的分析与安排之后，并配合一定的时机，才能够使用。

本章小结

本章首先简述了企业战略实施的内涵，介绍了战略实施的任务与原则，分析了战略与组织结构之间的关系，阐述了组织结构调整的原则。分析了战略的前导性与组织结构的滞后性，对组织结构战略调整的内容进行了详细分析，介绍了战略发展阶段与组织结构的关系。

对文化与战略的关系进行了阐述，分析企业文化对战略的实施的影响，对企业生命周期的不同阶段战略对文化的适应性进行了分析。

介绍了战略领导者的概念及其特征，对战略领导者的构成、战略领导小组的组建原则、组建途径等均做了分析与阐述。

练习与思考

1. 简述企业战略实施的任务。
2. 简述企业战略实施的原则。
3. 战略与组织结构之间存在什么样的关系？
4. 简述组织结构调整的原则。
5. 请解释战略的前导性与组织结构的滞后性。
6. 简述组织结构战略调整的内容。
7. 简述战略发展阶段与组织结构的关系。
8. 简述文化与战略的关系。
9. 分析企业文化如何影响战略的实施？
10. 分析企业生命周期的不同阶段战略对文化的适应性。
11. 简述战略领导者及其特征。
12. 战略领导者时如何构成的？
13. 简述战略领导小组的组建原则。
14. 简述战略领导小组的组建途径。

案例

张瑞敏：传统企业战略和组织架构将被颠覆

在互联网时代，传统企业应该用什么模式来发展。问题的关键在于，互联网时代要从大规模制造到大规模定制，怎样满足用户个性化需求是非常大的挑战，传统管理理论也将颠覆。

一、传统的企业战略和组织架构将被颠覆

传统企业战略和组织架构的理论基础，是亚当·斯密在1776年写的《国富论》中提出的分工理论，并体现在两点上：制造和组织。

在制造方面的体现就是流水线，有人说，第一次工业革命是工厂式的，第二次工业革命是福特的流水线。当时福特的目标是通过流水线使汽车成本降到500美元以下，最后他们降到了370美元。流水线直到今天仍然是企业提高效率的主要工具。

在组织方面的体现就是科层制，也叫做官僚制，层级非常多，到今天企业仍在沿用。过去大家学习日本的企业管理，丰田之所以做得比通用好，是因为通用的架构有14级，而丰田只有5级。但到今天，不管多少级都有问题。

在互联网时代，很多传统管理理论都要被颠覆。美国企业史学家钱德勒把现代工业资本主义的原动力归结为规模和范围，中国企业也正在追求规模经济和范围经济。

但在信息技术时代，原动力并不是规模和范围，而是平台。淘宝去年交易额达到10000亿人民币，实体店要达到这个规模不知道要多少年，淘宝短时间就做到了，靠的就是做平台。有人给平台下的定义很恰当：平台就是快速汇集资源的生态圈。用最快的速度把各种资源汇集到一起，只有互联网时代才能做到这点。

二、海尔对战略和组织架构的创新探索

战略好比人的头脑，组织架构好比人的身体，两者必须相辅相成，协调一致。对海尔来讲，战略就是人单合一双赢模式。“人”就是员工；“单”不是狭义订单，而是用户；“合一”是让每个员工和他自己的用户结合到一起，“双赢”是让员工在为用户创造价值的过程中实现自身价值。

这一模式几乎把海尔整个组织全部颠覆了。海尔原来是“正三角”式组织，后来变成“倒三角”，员工在最上面，最高领导在最下面。但倒三角站不住，如果要让它站住就必须不停转动。我们又从倒三角变成现在的网状组织，完全扁平了。

举个例子，过去海尔的营销结构，从上到下分别是管全国营销的领导、管各省营销的、管各市营销的、管各县营销的。现在这些层级都没有了，负责一个县所有业务的就是一个7人团队，他们有决策权、分配权、用人权，完全像一个小微公司，整个县的业务由他们自主管理，然后形成平台组织下的自经体并联平台的生态圈。

原来企业是串联的流程，研发完了去制造，制造完了去营销，一环一环下来。现在变成并联的流程，各个节点都在一起面对用户需求。从产品最初设计开始，用户就参与，一直到最后销售结束。这样，生态圈就不仅仅是企业内部的，而是整个社会资源形成的生态圈。

将企业负责的大单解析为每个员工负责的单。这是人单合一双赢模式的基础，把企业总的用户资源转化为每个员工负责的用户资源，把企业资产变为每个员工的负债，员工从无偿占有资产变成有偿负债驱动增值。

过去所有用户由企业负责，现在海尔变成了全员契约，每个用户都要具体到每个员工身上，员工所负责的社区、全县的用户，包括网上用户需求，都由员工自己来创造。满足用户需求之后产生的价值，达到企业平均利润之后，高出的那块利润，员工可以和企业分利。这种机制驱动每个员工全力以赴去创造更高的利润。

这在海尔独创的战略损益表中将体现出来，与传统损益表完全不同，包括了以下四个象限。第一象限是交互用户和引领的竞争力。海尔现在从设计阶段开始就有用户参与，网上交互，交互用户变成全流程的用户体验，最终变成消费者。用户成为企业的一部分，海尔有一个考核指标：衡量生产线上的产品，最后直接到用户手里的有多少，现在基本可以做到生产线上近20%的产品知道是给哪个用户的，我们希望这个比例还要再提高。

第二象限是人力资源，海尔内部叫自主经营体。海尔现有 8 万多名员工，分成 2000 多个自主经营体，他们要承接第一象限所说的交互用户、实现引领的目标。

第三象限是预实零差。海尔有一个日清体系，即每天的工作必须当天到位，依据“三个零”原则：“零库存”，所有产品用户一旦要就必须马上提供；“零签字”，我认为大企业最头疼的就是签字；“零冗员”，也就是所有人都要有自己的用户，没有用户那就没有在组织中存在的意义。

第四象限是人单自推动，即让更有能力的人来产生更高的单，创造更高的用户价值；更高的用户价值再吸引来更优秀的人。

三、海尔追求三个“无”目标

企业无边界。也就是不要光盯着企业内部的资源，而是要看到外部的资源。互联网时代，已经出现一些无边界的模式，如沃尔玛的众包模式：顾客在购物回去的路上，可以顺路给沿线的顾客捎货，沃尔玛给捎货的顾客一定费用。比如 P&G 的研发模式，他们的设计不一定依靠企业内部的设计研发人员，而是整合外部的更多设计资源。

海尔探索的也正是按单聚散的人力资源平台，找最聪明的人为我们工作。以海尔的家电研发为例，原来的研发人现在变为接口人，对接外部资源。我们有研发接口人 1150 多名，接口全球 5 万多研发资源。海尔美国研发接口人韦恩说，美国最不缺的就是技术人员，缺的是怎么把他们整合过来。他转型为接口人后，整合了很多美国的研发资源。将来，资源接口人发展的方向是创建小微公司，可以独立创业。

管理无领导。过去的领导就是马克思•韦伯的科层制产生的，现在互联网时代，用户决定企业，而不是企业决定用户。所以海尔探索的是自治的小微公司，中层消失，管理变得扁平化。

管理无领导本质是目标的问题。海尔现在做的是用户 360 度考核，如海尔物流限时达，不用分层分级计算打分，只要用户评价，很简单，我们对用户承诺按时送达，超时免单。到现在为止，我们赔了不少。但对我们的体系是一种倒逼，赔不是公司拿钱，而是谁的责任谁拿钱。这样一来，体系中的所有环节都动起来了，共同努力来满足用户。所以我认为，直接由用户考核比公司收集用户意见，再来上下级协调要好得多。

供应链无尺度。过去是大规模制造，现在互联网时代是个性化定制，不仅要按需制造、按需配送，还要按需设计，全流程按需满足用户个性化需求。

在海尔有句话叫“没有成功的企业，只有时代的企业”。摩托罗拉曾经是手机行业的老大，它代表的是模拟时代。但到了数码时代，摩托罗拉没有跟上，被诺基亚取代。但诺基亚也没坐稳，就被苹果取代了，因为苹果是互联网时代的企业，它把手机变成云计算的终端，而不再是一个通信工具。

海尔通过自主变革和创新，取得了一些阶段性成果。从 2007 年到 2012 年，海尔利润复合增长率达到 35%，这六年间，最低的年份没有低于 20%，最高达到了 70%。白电是一个充分竞争的行业，海尔之所以能保持良好利润，主要得益于我们推进了自主经营体，让每个人的薪酬和他的业绩紧密挂在一起。另一个重要指标就是现金流，也就是营运资金周转天数。白电行业平均水平大概为 60 多天，但我们达到了 10 天，差距非常之大。我们做还不错，但在互联网时代，海尔这样的传统企业还要不断摸索前行。

（资料来源：张瑞敏. 传统企业战略和组织架构将被颠覆. 创新科技，2014 年第 15 期.）

第 12 章

企业战略控制

本章学习目的：

1. 理解战略失效的概念与原因；
2. 熟悉战略失效的几种类型；
3. 理解战略控制的含义与特征；
4. 掌握战略控制的原则与类型；
5. 熟悉战略控制的过程；
6. 掌握战略控制的方法。

案例

解读华为的成长战略与新竞争优势

今天的华为，在人们眼里是一家以技术见长的企业。其实，华为创业之初，也没有什么技术基础，企业成长的主要驱动因素是营销。作为一种传统，华为的营销优势一直延续下来。

客户导向的技术创新

以华为为代表的中国企业，创业之初技术基础薄弱。唯有依据客户需求，在应用技术层面进行创新，改进产品的局部功能、“人-机”界面，或者降低产品的运行、使用成本。这种做法的关键在于深刻、准确洞察客户被忽视和漠视的愿望，并在技术及产品上做出有针对性的回应。

下面列举几次华为创立以来里程碑式的技术创新：

第一次是 20 世纪 90 年代初期“CC08”交换机开发时，用光纤替代欧美国家普遍使用的铜缆，解决了中国农村市场远程通信网络建设和运行维护问题。

第二次是 21 世纪初，华为针对欧洲客户存在的机站选址困难、运维成本高等难题，开发出了“分布式无线基站解决方案”，机站及设备可选址的空间范围大大增加(街道柱子、楼顶、过道、地下室、楼梯间等)，建设费用及运维成本大幅度降低。

第三次是近年来，华为根据中国三大运营商三足鼎立、分别建网且制式不一、快速迭代(2G、3G、4G……)的特殊国情，首创性地开发出“Single RAN”网络解决方案(平台)——“一个网络架构、一次工程建设、一个团队维护”，解决了运营商在网络布局、建设、运行和维护方面的不便、低效和困难，使运营商顺畅、快捷地过渡升级到新一代技术，并节约了大量的成本。

目前，华为在部分技术领域已成为全球领先者，正走在从“Fast Follower”(快速的跟随者)到“ICT 领导者、客户问计对象”的宽广道路上。近 20 年来华为累计获批专利近 4 万件。华为为什么能超越大量的国内企业，真正实现了技术驱动呢？华为持续技术进步的原因是什么呢？除了前面提到的人力资源优势之外，主要的因素在于理念、政策的导向及机制的设计。

第一，从导向角度看，华为强调所有的新技术开发、应用，要注重“交付价值”(即最终客户得到的功能和利益)。

行业内的领先企业，尤其有技术优势的企业，往往会陷入创新陷阱，即超越客户的需求进行技术创新——这就是克莱顿·克里斯坦森在《创新者的窘境》中所分析的“大企业失败”的原因。在华为看来，只要坚持客户导向的技术创新，加之灵活的组织形态和机制，就能避开“创新者的窘境”。

第二，华为在资源配置上持续向研发环节倾斜和“压强”(2016 年研发费用预期超过销售额的 10%)；即便在创业初期条件艰苦、资金奇缺的情况下，也坚持向“技术”投资。

而国内许多企业虽然大谈技术导向，但需要真金白银投入时就含糊、退缩了，显现出“小生产”的“叶公”本色。

第三，按照全球客户资源的分布及研发人才的禀赋状况在全世界范围内设置研发机构。

比如，俄罗斯人数学好，那就主攻算法软件；法国人浪漫、艺术感觉好，那就主要研究设计美学……

第四，将研发活动及机构分层，将基础研究和应用技术、产品技术分离开来，着眼于长期战略和未来优势，配置资源进行基础性研究。

大家都知道，华为有一个研究机构取名“2012”，源于一部灾难性电影名，既是为了增强企业发展的危机意识，同时也寓指从人类社会未来生存毁灭角度探索解决问题的技术路径。

第五，在从“模仿到创新”的过程中，想方设法拓展技术来源。

除自主开发外，积极采取合作开发(先后和摩托罗拉、阿尔卡特等多家国外企业联合成立研发机构)外部购买(2008 年全球金融危机爆发后，华为抓住机会用较低代价向受到严重冲击的国外企业购买了一些技术)等方式提升技术水平。

第六，技术开发时，从相对简单的领域做起，循序渐进，逐步接近并攻克核心技术。聚焦于某些领域，不四面出击，分散力量；只要认准了方向，就绝不投机、动摇和后退，盯住目标，锲而不舍。用任正非自己的话说，就是像阿甘那样，有一股“傻”劲儿，一直“傻”干。海思芯片的开发成功就是一个例证。

卓越的市场开发和客户关系管理

华为的文化和管理，既催生了“从需求中来，到需求中去”的端对端客户服务流程，也培育出在市场上融入客户、快捷反应、专业过硬的以“狼性”著称的团队。

此外，《华为基本法》中，华为做出了“永不进入”运营服务领域的承诺，为和运营商客户结成战略伙伴关系奠定了基石。

第一，从边缘市场到中心市场渐次展开，以“不对称竞争”超越对手。

无论是国内还是国外，华为在目标市场选择上都是先边缘后中心，先农村后城市。如在国内市场，先从边远的东北、西北等区域起步，逐渐逼近一线大城市。国际市场上，亦是发轫于亚非拉等“第三世界”国家市场，然后渗透进入发达国家市场——目前只待北美市场的“决战”。

华为作为后发的、追赶型的企业，综合实力较弱，只有从行业领先者不太注重或者受制于种种因素(如环境艰苦、市场不规范等)难以建立优势的次级区域市场以及目标客户入手，才有较大的取得成功的可能。这些市场的种种限制因素，恰恰成为华为的机会：具有“狼性”的团队能适应种种严酷的生存环境。伊拉克、阿富汗战争期间，随时可能身陷爆炸之中，华为团队坚守不撤；非洲部分落后国家，卫生条件极差，流行病肆虐，华为团队融入其中……这样，在竞争对手没有优势或不构成绝对优势的市场空间内，华为可以集中更多资源、派出更多人员，贴近客户，反应敏捷，从而可以构成整体上的“不对称竞争”。

第二，实施战略性客户关系管理。

首先，将人们通常所说的“公关”和客户“关系”，上升到战略层面，运用组织机制和组织的力量(健全职能、制定流程、安排协同、管理绩效)构建优势，使客户关系开发、突破、维护的创意、方案及执行都有了组织保证，从长期看亦有了核心能力的支撑。

其次，对于客户关系管理，从客户选择、需求分析、接洽、接待、介绍、沟通、投标到方案设计、项目施工和交付、售后服务、合约履行，全程制定并执行严格、细致、精准的流程和操作(作业)规范，将弹性较大的营销过程纳入工业化、信息化管理，保证了客户关系管理工作的卓越品质。许多去过华为的朋友，都对司机的表现及接待工作赞不绝口。

最后，面对国内外运营商这样的强势客户，寻找多种形式的双赢合作模式。如业务上的嵌入式配合、客户辅导、联合开发等。随着时间的检验，过去的一些合作模式可能终止了，但着眼于长期，双方组合运作的客户关系管理经验却沉淀下来并转化为新的形式。

第三，采取“特种兵”式的市场运作模式。

一线客户开拓小组——通常被称为“铁三角”——由客户经理(团队)产品经理(团队)和交付经理(团队)组成，既分工又合作，共同完成客户开发和服务工作。他们像“特种兵”那样素质优秀、装备精良，能够突进、投放到距离市场和顾客最近的地方；同时，后方提供强有力的支持、服务和指导(包括训练、装备、信息、给养、炮火、运送投放、行动引导等)。

在此基础上，华为将营销组织体系划分为若干个层级：直接面向客户承担市场业绩责任的办事处被称作“海军陆战队”，团队精干、战斗力强，善于占领“滩头阵地”；后面提供支持的是较大区域市场的管理机构(大区，如“中国区”“美洲区”等)，称作“重装旅”，主要职能是基于专家队伍的专业服务；最高指挥协同机构是“片联”(“片区联席会议”，借鉴美军的“参谋长联席会议”体制)，这是总部营销战略制定和总体指挥系统。这样前后关联的组织结构将市场一线与后方支持、战略制定与战略执行有机结合起来了。

竞争优势的来源：战略导向

华为之所以能在国内、国际两个市场上实现对国际领先品牌的替代，能持续保持竞争优势，最主要的原因在于华为的成长模式是战略型的。这种成长，是战略运筹和战略行动(执行)相结合的产物。所谓“战略型”(反义词是“投机型”)，有以下几个特征。

第一，有清晰的战略愿景、目标和方向，知道企业往何处去。一旦愿景、目标确定下来，就不左右摇摆、轻易变化(除非因环境变化重大战略重构)。

第二，重视与成长相关的基础性、长期性要素(亦称战略性要素，主要是核心技术和人力资本)，在资源配置、战略行为上向这些要素倾斜，不间断地持续投入，并通过有效的举措使之生成、积累和提升。

第三，正如华为一则广告语所说“不在非战略机会点上，消耗战略竞争力量”，华为长期作为后发者和追赶者坚持“聚焦”于核心业务和核心技术，将所有的力量汇集在“针尖那么大的地方”。不分心、不分散资源，在战略路径上奋力向前，不为路旁的花花草草所吸引。

第四，对成长的路径、方式、阶段有时间和空间上的谋划并坚决执行到位，在推进过程中进行迭代式、反馈式修正和改进，保持战略的有效性。

第五，打通战略和组织，使战略任务的完成及战略举措的执行具有组织保证。组织形态、结构、运行机制，以及组织能力都是为战略服务的。

（资料来源：施炜. 解读华为：成长战略与新竞争优势. 销售与市场：管理版，2016 年第 8 期.）

12.1 战略失效

12.1.1 战略失效及原因

为了避免因墨守成规而导致组织僵硬，甚至将组织带入坟墓的厄运，组织会推出各种新的战略决策加以实施，从而促使组织的每位成员将注意力放在首要目标之上，因为战略目标有助于组织持续竞争力的打造。然而，战略制定的有效性并不表示战略的有效实施，也并不必然表示组织的高效运行。有关统计表明，战略决策的成功率不足三分之一，究其原因，很多战略在实施过程中出现了偏差，甚至出现了极大的战略失误，即战略失效。战略失效会导致组织资源的严重浪费，甚至可能导致组织从此一蹶不振，走向破产。

1. 战略失效的含义

理解战略失效，首先要明确什么是战略成功，或成功战略。

战略成功是指战略实施的结果达到了预期战略目标或战略管理的理想状态。战略的实施，就是为了实现战略使命下的“整体目标”。只要战略能够实现整体目标，就可以认为战略已成功实施。

战略失效是指战略实施的结果偏离了战略“整体目标”或理想状态。那么，一个成功的战略应该是能够适应无法预料且难以改变的实现情况，同时也能够根据实际情况做出切合实际的战略调整与修正，并最终有效地应用多种资源实现既定的整体目标。

2. 战略失效的原因

对结果的分析，需要从实现结果以前的过程中查找。战略决策的结果是在战略目标确定、战略分析与战略实施共同作用下达成的，因此，导致战略失效的原因主要有以下三点。

1) 目标确定过程

战略是因目标而生的，不恰当或不合时宜的目标，可能导致战略的失效。如果战略目标制定时，没能反映组织的使命，没能体现顾客的价值，会导致战略的失效；如果战略目标制定时，没能与外部环境、资源及能力相适应，会导致战略的失效；如果战略目标制定时，未能成为组织全体成员的共同目标，战略必然不能成功。

2) 战略分析过程

战略的制定是在对外部环境和内部环境分析的基础上制定的，要求战略与内外部环境相一致。对内部环境的分析不当或运用不当都可能导致战略失效；同时，外部环境不是静止不变的，当外部环境发生变化时，而战略一时难以适应，也可能导致战略失效；另外，战略实施的条件如果与现实存在的资源条件有较大的缺口，也可能导致战略失效。

3）战略实施过程

战略的重要意义不仅是一纸规划，更重要在于付诸行动。如果组织用人不当，主管人员或作业人员不称职或玩忽职守都会导致战略失效；如果组织结构与组织战略不匹配，组织就难以运行，战略就难以实施；如果组织成员没有形成共同的价值观和行为准则，组织内就会发生冲突，导致战略失效；如果战略领导者或领导集体的价值取向、伦理道德与战略相悖，战略也会失效。

12.1.2 战略失效的类型

依据战略失效发生的时间顺序，战略失效可以分为早期失效、偶然失效和晚期失效三个类型。

1. 早期失效

在战略实施初期，一方面，由于新战略还没有被全体成员理解和接受；另一方面，战略实施者对新的环境、工作还不适应。这两方面都有可能导致较高的早期失效率。实践表明，大量的战略决策不能够有效地加以实施的症结在于早期失效率特别高，这就要求战略决策者要有一定的心理准备，并事先规划好应对方案。战略决策者在面对早期失效时不能惊慌失措，更不能首先对新战略失去信心，要向组织成员传递正能量。因为，暂时的挫折并不一定意味着新战略的不合理，有可能是对新战略的不适应或实施手段的不恰当。同时，要充分考虑战略实施的“滞后期”问题，即战略实施的效果可能存在“延滞效应”，需要实践的进一步检验。当然，战略决策者不能对早期失效掉以轻心，要充分分析导致早期失效的具体原因，如果真的存在战略决策的失误，必然及时控制或调整，甚至需要做出重大的战略变革，否则会导致组织在错误的道路上越走越远，付出惨重的代价。

2. 偶然失效

度过早期失效后，工作步入正轨，进入战略的实施与平稳发展阶段。在这一阶段，偶然会出现一些意外情况，因为这些意想不到的因素导致战略失效，就是偶然失效。一般情况下，偶然失效发生的概率比较低，这是因为战略决策者与实施者对新战略已经比较熟悉，对战略决策也能够很好地接受，并能够准确地理解新战略的重要意义，新战略得到高度认同，大部分问题也多属于常规问题，相应的解决办法也较为完备。但是，当处于偶然失效时，战略决策者也绝不可以掉以轻心，而是应该及时、慎重地处理出现的各种问题，依照例外原则，常规问题借助规章制度加以解决，而对于特殊情况，必须审慎分析，迅速加以解决，以维持战略的平稳推进，保证战略目标的顺利实现。

3. 晚期失效

随着时间的推移，度过偶然失效期后，由于外部环境的变化使得战略的实施受到了一定程度的阻碍，因而战略进入到晚期失效阶段。所谓晚期失效，是指当战略推进一段时间之后，原先对战略环境条件的预测与现实变化发展的情况之间的差距变得越来越大，战略所依赖的基础逐渐变得很糟糕并趋于消失，战略实施的困难加大，从而出现了战略失效情况。在战略实施的后期，晚期失效率呈现逐步升高的趋势。虽然任何人都不想看到已有的战略逐渐与内外部环境脱离，但晚期失效却是任何一个新战略必然要面对现实，只是依照各种条件的不同及实施情况而或早或晚的出现。在晚期失效期间，一方面，要求战略决策者通过各种手段对新问题加以控制，使战略能够尽可能长时间地发挥作用；另一方面，需要战略决策者具有敏锐的洞察力和积极的魄力，针对晚期失效的各种表现，充分分析内外部环境的变化，提前做好环境分析，并积极调整与转移战略，积极创造条件推进符合组织自身实际和新外部环境的崭新战略。

12.2 战略控制原则与类型

12.2.1 战略控制含义与特征

战略付诸实际行动之后，如何保证战略的顺利落实就成为决定战略成败的关键。战略管理中的一个基本矛盾是既定的战略与变化着的环境之间的矛盾。要使战略能够不断顺应变化的内外部环境，必须注意随时根据现实情况对原始战略加以调整和修正，增强战略的应变性，以期最终有效地运用内外部资源实现既定“整体目标”，避免战略失效，这就需要进行战略控制。

1. 战略控制的含义

控制是对各项活动的监督，从而保证各项行动按计划进行并纠正各种偏差的过程。与评价标准进行对比，如果战略实施与其偏差没有超出容许的范围，则不采取任何矫正行动；反之，如果实际工作成绩与评价标准的偏差超出了规定的界限，则应找出发生偏差的原因，并采取纠正措施，以使实际工作绩效回到标准范围之内。因此，战略控制是指监督战略实施过程，及时纠正偏差，确保战略有效实施，使战略实施结果符合预期战略目标的手段及动态过程。

战略控制的目的在于，发现战略实施情况与战略目标间的差距，分析产生偏差的原因，根据实际情况做出调整或修正，控制战略失效，使战略的实施更好地与内外环境及战略目标协调一致，最终有效地运用多种资源实现既定的整体目标。因此，战略控制具体体现在以下两个方面：一是保证战略方案的正确实施；二是对既定战略方案的分析、检验、修订及优化。

战略控制与战略评价密切相关，但又不完全相同。战略评价是战略控制的先导，只有通过正确的战略评价才能决定是否需要或如何进行战略控制。战略评价是一种手段而不是目的，发现问题并加以控制和解决才是目的，这正是战略控制存在的意义所在。战略评价着重对战略实施过程结果的评价，而战略控制则更加注重战略实施的过程与战略目标的契合。

2. 战略控制的特征

战略控制的基本原理不难理解，但是战略管理是一个动态过程，实践中战略控制的有效性很难把握。战略控制的基本特征是对战略控制的基本要求，有效的战略控制通常具备整体性、客观性、准确性、适时性、灵活性五个基本特征。

1) 整体性

组织的整体是由局部构成的。一般情况下，整体利益与局部利益是相互一致的，但在某些具体问题上，整体利益与局部利益之间可能存在着一定程度的不一致性。战略控制需要对这些不一致性的冲突加以调节和控制。如果仅仅把战略控制看作是一种单纯的技术工作或管理业务，不可能取得预期的控制效果。

2）客观性

战略控制应尽可能地提供和使用详细的、可以被证实和理解的无偏差信息。主观臆断可能导致绩效的衡量得出不准确的结论，甚至会使对战略失效的纠正的方向和力度出现错误，使现实工作更加混乱。

为了保证战略控制的客观性，应尽可能地使用量化的衡量指标，量化的程度越高，战略控制越规范且越准确。对于组织来说，常见的战略控制的量化指标包括市场份额、利润率、增长率、资产负债率等。

3）准确性

战略控制如果不及时准确地掌握信息，有可能会导致管理者错失采取控制战略有效行动的时机，甚至采取错误的行动导致战略的彻底失败。基于不准确信息而采取的种种决策，很可能致使整个组织蒙受巨大损失。

战略控制中信息偏差的出现可能源于两个方面：一是绩效衡量工具的精度不够，致使衡量结果的误差偏大；二是数据提交人员出于一己私利，过高或过低地虚报数据。任何信息失真都会导致战略控制的失效。因此，管理者要选择合适的、精确的绩效衡量工具与方法来避免误差的产生；还应该采取必要的预防措施，运用先进的管理技能来避免弄虚作假行为的出现。

4）适时性

信息传达的及时性，以及适时地采取调整行动对于战略控制至关重要。战略实施过程中的早期失效率一直居高不下，很多战略目标的未达成都是在战略实施的早期出现了问题。若战略实施没有达到预期的结果，应及时地进行信息反馈，有效地降低损失。另外，在战略失效的原因尚不清晰的时候，及时地调查有助于尽早找出真正的原因。

5）灵活性

组织所处的内外部环境越来越复杂，如果不能灵活地对复杂环境发生的变化做出准确的预测或反映并据此加以战略控制，那么任何一个组织的生存发展都难以维持下去。

战略控制的灵活性体现在对战略不确定性的把握上。战略提供的是一个方向，但由于战略实施过程中外部环境和内部条件的不断变化，其过程具有多样性和不确定性。战略控制必须灵活地加以调整和修正，需要因时因地提出灵活的控制措施。

另外，战略控制的灵活性还体现在适度控制方面。战略控制中如果过度控制，频繁干预，可能引起消极反应。因而针对各种矛盾和问题，战略控制有时需要认真处理，严格控制；有时则需要适度的、弹性的控制。只要能保持与战略目标的一致性，就可以有较大的回旋余地而具有伸缩性。所以战略控制中只要能保持正确的战略方向，尽可能地减少干预实施过程中的问题，灵活地处理不同问题，反而能够取得有效的控制。

12.2.2 战略控制的原则

战略控制是对战略实施中出现的战略失效的积极控制，在实施过程中应遵循适时控制、适度控制、客观控制、弹性控制等原则。

1. 适时控制

一方面，适时控制要求战略控制要有时效性。战略失效可能在早期、中期或后期随时出现，这就要求战略管理人员能够及时获得反映偏差产生及其严重程度的重要信息，并对战略实施中产生的偏差及时地采取措施加以纠正，这样才能有效地避免偏差的扩大，或防止战略失效对组织不利影响的进一步扩散。

另一方面，对偏差的纠正的最理想时机是在偏差未发生以前，就注意到偏差发生的可能性，从而预先采取必要的防范措施，建立战略预警系统防止偏差的产生和扩大化。

2. 适度控制

适度控制是指战略控制的范围、程度和频度要恰到好处。战略控制是必要的，控制的性质和程度是一个复杂和敏感的问题。控制可能引起越来越多的控制。为了避免“控制陷阱”，必须记住，控制是一种手段而不是目的，控制必须适度，并且必须以实现组织战略目标为根本目的。遵循适度控制原则，战略控制需要在以下几个方面加以注意。

1)避免控制过多或控制不足

控制过多或控制不足都可能给组织带来消极的影响。一方面，控制常常给被控制者带来某种不愉快，过多的控制会影响被控制者的情绪；另一方面，如果缺乏控制则会导致组织活动的杂乱无章。因此，为了满足对组织活动监督和检查的需要，又能防止与组织成员发生激烈的正面冲突，适度控制应能同时体现以下两方面的要求。

一方面，要充分重视过多控制对组织成员行为的限制。过多限制可能会扼杀组织成员的积极性、主动性和创造性，抑制成员创造力的展现，从而影响成员个体能力的发挥，降低工作热情，最终影响组织的效率，导致战略失效。

另一方面，也要认识到控制不足可能导致组织活动不能有序地进行。控制不足可能不能保证组织各部门之间的协调，造成资源浪费，也可能致使组织成员无视组织要求，我行我素，增加“道德风险”出现的概率，最终导致组织的涣散甚至崩溃。

2)正确运用全面控制和重点控制

任何组织都没有必要对组织中的每一个部门、每一个环节的每一个人在每一时刻的工作情况进行全面的控制。由于对控制者再控制的问题的存在，全面控制甚至可能导致组织中控制人员远远多于现场作业人员的现象。

需要注意的是，在战略实施过程中，并不是所有成员的每一项工作都具有相同的偏差发生概率，也并不是所有可能发生的偏差都会对组织带来相同程度的影响，需要具体问题具体分析。适度控制要求组织利用ABC分析法和例外原则等工具，找出影响组织战略实施和战略目标实现的关键环节和关键因素，并据此在相关环节上设立预警系统或控制点，进行重点控制。

3)控制费用与控制产生的效益相匹配

控制也会产生必要的成本，如衡量工作成绩、分析偏差产生原因及为了纠正偏差而采取的措施，都需对此支付一定的费用；同时，由于纠正了组织活动中存在的偏差，控制也会给组织带来一定的收益。战略控制，只有当其带来的收益超出其所需的成本时，才是值得去做的。

3. 客观控制

客观控制是指战略控制必须是客观的、符合实际的。战略控制应该基于组织的实际状况，采取必要的纠正措施，或促进组织活动沿着原先的战略轨道继续前进。客观的控制来源于对组织活动状况及其变化的客观条件的了解和评价。因此，战略控制过程中所采用的检查、测量等技术和手段，必须能够准确地判断和评价组织各部门、各环节的工作与战略规划的要求相符或相背离程度。同时，这种判断和评价的准确程度还取决于衡量工作成效的标准是否客观得当。因此，组织还需要定期检查衡量标准与计算规范，使其符合不断变化的环境要求。

4. 弹性控制

弹性控制是指战略控制应能根据实施过程中的变化做出灵活的调整。在战略实施过程中，经常能遇到各种突发的变化，导致战略与现实条件的严重背离，而有效的控制系统应该在各种突发情况下都能发挥作用。弹性控制原则主要体现在以下两个方面。

1）弹性控制要求制定合理的控制标准

例如，有效的预算控制应该能反映经营规模的变化，应该充分考虑未来的经营可能呈现出不同的水平，使预算控制在一定区间内。

2）弹性控制与控制系统的设计有关

为了达到控制系统所规定的某些指标要求，部分成员可能会采取一些措施规避风险，制造“一片大好”的假象，这会直接影响一个特定控制阶段内信息系统所采集到数据的真实性。例如，如果控制系统仅仅以产量作为衡量依据，则成员可能会忽略质量；如果只衡量财务指标，那么可能导致成员对非财务指标的忽略。因此，控制系统的设计应该是多重目标的组合，这可以有效防止做表面文章的假象，同时也能够准确地衡量实际工作及组织战略目标的实现情况。

12.2.3 战略控制的类型

从控制时间来看，战略控制可以分为三类：事前控制、事中控制和事后控制。

1. 事前控制

事前控制（Feed Forward Control）又称前馈控制、跟踪控制。其原理是：在战略实施过程中，对战略实施结果的趋势进行预测，并与既定的标准进行比较和评价，发现偏差，提前采取措施并加以纠正，从而使得战略推进能够与正确的轨道相一致，最终保证战略目标的顺利实现。当今市场竞争的激烈状态迫使决策层必须准确及时地预测未来可能发生的变化，主动采取行动，以确保战略能够按照原来的轨道加以顺利实施。因此，事前预防式的“前馈控制”成为符合时代特征的一种必需。

1）事前控制关键要素

管理过程理论认为，只有当管理者能够对即将出现的偏差有所觉察并及时预先提出某些措施时，才能进行有效的控制，因此前馈控制具有重要的意义。由于事前控制是在战略实施结果尚未实现之前，通过预测发现战略行动的结果与既定标准间可能的偏差，因此，管理者必须对预测因素进行分析与研究。一般有以下三种类型的预测因素。

（1）投入因素。

战略实施投入因素的种类、数量和质量，将影响产出结果，因此，可以根据投入因素的质量预测战略实施可能的结果。

(2) 早期成果因素。

依据早期的成果，可通过模拟等手段预见未来可能的结果。

(3) 内外部环境的变化因素。

外部环境和内部条件的变化会影响战略实施的具体结果。因此，可以根据内外部环境变化情况，预测战略实施的可能结果。

2) 事前控制的主要风险

事前控制是一种开环控制，因此，其有一些具体的要求，如要有大量的、准确的、具有代表性的信息；要有科学的且经过实践检验的规范预测模型；要充分了解控制过程并将“黑箱”透视为“白箱”的能力；要对过程的变化高度敏感；事前控制模型要保持动态性。对这些因素的把握对管理者提出了很高的要求，因此，要避免事前控制可能存在的风险。事前控制的风险主要包括过时控制风险、过度控制风险、主观控制风险和刚性控制风险。

(1) 过时控制风险。

战略实施过程中产生的偏差只有及时采取措施加以纠正，才能避免偏差的进一步扩大，如果等到偏差已经非常明显，且对组织造成了不可挽回的影响后，反映偏差的信息姗姗来迟，这时就产生了过时控制风险。可以通过建立预警系统来实现对战略实施偏差的预测，在信息化时代，通过计算机辅助建立预警系统是一种预测战略偏差的行之有效的方法。

(2) 过度控制风险。

过度控制风险，是指控制的范围、程度和频度超过了一定的限度，以至于可能导致控制失效或控制失败风险的产生。过度控制风险体现在以下三个方面。

第一，因控制过度或控制不足产生的风险。适度控制应该既能满足对组织活动的监督和检查需要，即不产生控制不足；又不与被控制对象发生冲突，即不产生控制过度。

第二，对全面控制与重点控制关系把握不到位产生的风险。适度控制要求既全面控制，又能分清主次；既能分清主要矛盾与矛盾的主要方面，又能做到覆盖全局。

第三，因控制费用与控制收益失衡产生的风险。前馈控制是有成本的，收集信息、进行预测、预先采取措施等都需要费用；同时，控制也能带来一定的收益，只有收益超出成本时，控制才有必要，否则就会导致费用与收益的失衡。

(3) 主观控制风险。

客观的控制源于对战略实施状况及其变化的客观了解和评价，针对组织的实际状况，采取必要的纠偏措施。否则，凭个人的主观臆断进行的控制会导致战略失效或失败。

(4) 刚性控制风险。

在战略实施过程中可能会遇到某些突发的变化，这些变化可能使计划与现实条件严重背离。有效的事前控制系统应该对这些突发情况有一定的承受能力，在突发情况下能够正常发挥作用，即控制应该是有弹性的而不是刚性的。战略控制的弹性体现在设立应急机制、设定合理的区间参数、设计合理的控制系统等，防止刚性控制风险。另外，一个有效的事前控制系统还应该从战略统筹设计，应抓住影响整个组织绩效的关键因素，把握组织发展的宏观动向，避免出现战略失效。

2. 事中控制

事中控制 (Process Control)，又称过程控制、随时控制，其原理是：控制点处于战略实施的过程中，是对正在进行的活动给予指导与监督，以保证战略实施按规定的目标、程序和方法进行。事中控制是针对战略实施过程的控制，一旦发生偏差，马上予以纠正。事中控制的目的在于要保证战略实施尽可能少发生战略偏差，改进本次战略实施行动而非下一次的质量。

事中控制方式也是利用反馈信息实施控制的。通过作业核算和现场观测等手段获取信息，及时把实施结果与战略目标进行比较，做出纠正偏差的控制措施，进而确保战略目标的实现。过程控制活动是经常性的，每时每刻都存在于战略实施过程中。

事中控制的要点是：

第一，以战略实施过程中获取的信息为依据；

第二，要有完整且准确的统计资料和完备的现场活动信息；

第三，要有高效的信息处理系统；

第四，要求决策迅速，执行有力，以保证控制的及时性。

3. 事后控制

事后控制（Feedback Control）又称后馈控制。其原理是：在战略推进和转移过程中对行动的结果与期望的标准进行衡量，然后根据偏差大小及发生的原因，对行动过程采取校正措施，以使最终结果能符合既定的标准。事后控制的主要目的在于：通过战略实施实际效果的反馈来判定战略计划及战略目标能否达到，并以此为根据发现战略实施过程中的问题，及时采取正确的行动。实质上，事后控制的出发点在于战略管理是一系列相互独立的阶段组成的，其认为战略形成、战略实施、战略评价与战略控制之间没有相互联系，各部门之间也没有联系，是一种典型的“反馈控制”，也是典型的“事后纠偏”的控制模式。

事后控制检测的是战略实施的结果，根据战略实施的结果，总结经验教训，进而指导未来的战略实施。事后控制常常是管理控制工作的主要形式，如工作总结、产品性能检验、市场信息反馈系统等。其控制思想是总结过去的经验与教训，把今后的事情做得更好。经过几轮的反馈控制是可以把事情做得越来越好。其运用大都局限在环境比较稳定的条件下的战略控制。有人称它为负债管理，意指今天的管理是为昨天欠下的债所做的。事后控制需要战略决策者必须有足够的时间和耐心等待战略实施的结果及其反馈的信息，而这种长时间的等待可能导致组织在竞争激烈的环境中无法做出快速的反应，从而失去纠偏的最佳时机，结果导致组织战略的失败。因此，事后控制是战略控制的一种，但必须充分认识到其适用范围及发挥作用的局限性。

事后控制方式的控制要点是：

第一，以战略实施后的信息为主要依据；

第二，要有完整的统计资料；

第三，要分析内外部环境的干扰情况；

第四，要客观分析战略实施情况，控制措施要可行，确保下一轮战略实施的质量。

应当指出，以上三种控制方式所起的作用不同，因此在组织战略实施过程中它们是被随时采用的。

12.3 战略控制的过程

战略控制的目的在于使组织战略实施的实际实施效果尽量符合预期目标。为了达到这一目标，战略控制过程可以分为四个步骤，即确定评价标准、审视战略基础、衡量绩效及战略调整或变革。

12.3.1 确定评价标准

战略控制的首要步骤就是根据预期目标和战略方案制定出战略评价标准。在制定战略评价标准之前，组织需要评价已经确定的战略计划，找出需要努力的方向，明确实现战略目标所需要完成的工作任务。经过评价与审查，可以找出影响组织战略目标成功实现的关键因素，作为组织的战略评价标准。评价标准与战略目标一样，也应该是定量的。不同组织的评价标准不尽相同，合适的评价标准体系的选择主要取决于组织所确定的战略目标及其战略。大多数以营利为目的的组织通常采用的衡量标准有销售额、销售增长率、净利润、资产、销售成本、市场占有率、价值增值、产品质量和劳动生产率等，可选取这些衡量标准中的部分指标作为战略评价的标准。

12.3.2 审视战略基础

审视战略基础是指审视组织的内外条件是否发生变更。战略是在研究了内外部环境的基础上制定出来的，对于构成现有战略基础的外部机会与威胁、内部优势与劣势，组织应实时监测其变化。对战略基础的审视需要注意以下三个关键问题。

1. 检验关键战略因素的可靠性

在众多影响战略制定的外部环境因素中，有一些因素会起到关键作用。制定战略应对这些关键战略因素进行推测，如果做出的推测不可靠，则制定的战略就需要修正。迅速抓住关键战略因素，有利于组织及时把握战略转变的时机。因此，组织在制定战略时都应准确推测外部环境关键战略因素，并对其进行系统的监视。

2. 监视关键战略因素的变化

组织的关键战略因素一般可分为两大类，即宏观环境因素和产业环境因素。每个组织都必须判断并监测这些因素，明确哪些因素的变化对组织的竞争优势会产生影响，以及影响的程度。

3. 识别关键因素变化与战略实施的联系

识别不断变化的外部环境中的各种关键战略因素，包括：收集关于不可控因素或直接因素全面的、最新的情报；预测未来可能发生的变化；分析预测到的变化在组织战略实施中哪一方面可能产生的重要影响。系统收集、分析、研究这些变量的相互作用关系，并理清关键战略因素变化与战略实施的联系，对值得引起关注的威胁或机会形成监视报告。同时，战略管理者应经常注意和回答以下问题。

(1)组织内部的优势是否依然是优势？

(2)组织是否有新的优势？如果有，有哪些？

(3)组织内部的劣势是否依然是劣势？

(4)组织是否有新的劣势？如果有，有哪些？

(5)组织外部的机会是否依然是机会？

(6)组织是否有新的机会？如果有，有哪些？

(7)组织外部的威胁是否依然是威胁？

(8)组织是否有新的威胁？如果有，有哪些？

12.3.3 衡量绩效

衡量绩效就是考查组织是否朝着既定目标前进。对绩效的衡量是发现战略实施过程中是否存在问题和存在什么问题，以及为什么存在这些问题的重要阶段。实际情况与预期标准之间的差异及成因，是拟定并实施战略控制的依据。另外，必须把战略本身的问题与战略实施中的问题区分清楚。属于战略或实施计划本身原因造成的偏差，分别需要通过修改标准或调整战略实施加以纠正。在评价工作绩效时，组织不仅需要将绩效与评价标准或目标相比较，而且也应该将自己的实际工作绩效与竞争对手相对照。这样的比较更能发现自身的长处与弱点，以便采取更为适当的纠正措施。

12.3.4 战略调整或变革

战略实施中如果出现的偏差较大，组织应考虑采取纠正措施或实施权变计划，即实施战略调整或变革。组织实施战略调整或变革时可采取以下三种方式。

1）常规模式

常规模式是指组织按照常规的方式去解决所出现的偏差。常规模式实施较为简单，但需要花费的时间较多。

2）专题解决模式

专题解决模式是指组织就目前所出现的问题进行专题重点解决。专题解决模式反应较快，节约时间，但需要具备及时的反应能力。

3）预先计划模式

预先计划模式是指组织事先对可能出现的问题制定权变计划。预先计划模式可以减少对战略偏差反应的时间，增强处理战略意外事件的能力。

12.4 战略控制的方法

控制的对象可分为行为控制和产出控制。行为控制是指直接对人进行的具体活动的控制，基于直接的个人观察。当工作绩效的要求或标准已众所周知而需要用个人观察来提高效率时，通常运用行为控制。产出控制是指根据检查战略实施结果是否符合战略计划或评价标准的要求而进行的控制，基于对定量数据的测定。大型复杂的组织及其内部主要部门的绩效评定，通常采用产出控制。一般情况下，行为控制和产出控制结合使用，以提高控制系统的总体效果。

具体来说，战略控制的方法有很多，不同组织采用的控制方法也不尽相同。为了实施有效的战略控制，常用的控制方法有预算、审计、目标管理、EVA 方法、杜邦分析法、平衡计分卡等。

12.4.1 预算

预算是一种以财务指标或数量指标表示的有关预期成果或要求的文件，是组织最为常用的控制方法和工具。一方面，预算有利于组织内各单位之间资源的分配；另一方面，预算也是组织战略控制的一种方法。编制预算实际上就是控制的第一个要素——确定标准。预算作为控制的方法之一，具有前馈控制和后馈控制的双重功能。由于预算是以财务计划的形式来表明有关的预算成果(控制标准)，从而其本身就具有可度量性和可考核性，因而便于用于衡量和评定绩效，为战略控制提供控制标准。通过对预算执行情况的分析，查找战略实施绩效与预算目标之间的差距及其原因，并采取措施，消除差距，以达到战略控制的目的。

预算可以激励战略决策者向前看，并确保计划所涉及的每个人都能明确自己应该做什么。同时，通过预算，可以整合不同部门的活动，确保所有人为共同的目标而努力。

一般情况下，预算可以分为零基预算和增量预算两种具体手段。

1. 零基预算(Zero-based Budgeting)

零基预算是指在每一个新的期间都重新判断所有的费用。零基预算开始于“零基础”，需要分析组织中每个部门的需求和成本。

零基预算的要点在于：

(1)能够识别并消除不充分或过时的行动；

(2)能够促进资源更为有效地分配；

(3)需要广泛地参与；

(4)能够应对环境的变化；

(5)鼓励管理层积极寻找替代方法。

零基预算的缺点在于：

(1)它是一个复杂的耗费时间的过程；

(2)它可能强调短期利益而忽视长期目标；

(3)管理团队可能缺乏必要的技能。

2. 增量预算(Incremental Budgeting)

增量预算是指新的预算使用以前期间的预算或实际业绩为基础来编制，在此基础上增加相应的内容。

增量预算的优点在于：

(1)预算稳定，并且变化是循序渐进的；

(2)管理者能够在一个稳定的基础上经营其部门；

(3)系统的操作与理解相对容易；

(4)遇到类似威胁的部门能够避免冲突的发生；

(5)容易实现协调预算。

增量预算的缺点在于：

(1)假设经营活动及工作方式都以相同的方式继续下去；

(2)欠缺对创新的激励；

(3)欠缺降低成本的动力；

(4)鼓励将预算全部用光以便明年可以保持相同的预算；

(5)可能过期，并且不再和经营活动的层次或执行工作的类型有关。

12.4.2 审计

审计是指客观地获取有关经济活动和事项论断的论据，通过评价进而弄清所得评估与标准之间的符合程度，并将结果报知有关方面的过程。审计过程基本上着重于注意一个组织做出的财务论断，以及这些论断是否符合实际。

执行审计职能的人员可以是独立的审计人员或注册会计师，也可以是组织内部审计人员。独立的审计人员或注册会计师的主要职责是检查委托人的财务报表。组织内部审计人员的主要职责是确定组织的方针和程序是否被正确地执行，并保护组织的资产；此外，组织内部审计人员还经常评估组织各单位的效率以及控制系统的效率。

12.4.3 目标管理

目标管理是以战略目标为导向，以人为中心，以成果为标准，而使组织和个人取得最佳业绩的现代管理方法。目标管理亦称“成果管理”，俗称责任制。目标管理要求组织成员的积极参与，自上而下地确定工作目标，并在工作中实行“自我控制”，自下而上地保证战略目标的实现。

美国管理大师彼得·德鲁克于1954年在《管理的实践》一书中最先提出了“目标管理”的概念，其后他又提出“目标管理和自我控制”的主张。彼得·德鲁克认为，目标不是因工作而产生的，恰恰相反，工作应该以目标为导向。所以，彼得·德鲁克指出：“企业的使命和任务，必须转化为目标”。如果一个领域没有目标，这个领域的工作必然会被忽视。

1. 目标管理的特点

目标管理的指导思想以Y理论为基础，即认为在目标明确的条件下，人们能够对自己负责。具体方法上是泰勒科学管理的进一步发展。它与传统的管理方式相比具有鲜明的特点，可概括为如下几点。

(1)重视人的因素。目标管理是一种民主的、自我控制的管理制度，也是一种把个人需求与组织目标结合起来的管理制度。

(2)建立目标锁链与目标体系。目标管理通过专门设计的过程，将组织的整体目标逐级分解，转换成各单位、各员工的具体目标。在目标分解过程中，权责利三者已经明确，而且相互对称。这些目标方向一致，环环相扣，相互配合，形成协调统一的目标体系。

(3)重视成果。目标管理以目标制定为起点，以目标完成情况的考核为终点。工作成果是评定目标完成程度的标准，也是人事考核和奖评的依据。目标的完成情况是衡量绩效的唯一标志，至于完成目标的具体过程、途径和方法，上级并不过多干预。

2. 组织实施目标管理的具体做法

(1)目标的设置。这是目标管理最重要的阶段，具体可以细分为以下四个步骤。

第一，高层管理者预定目标。这是一个暂时的、可以改变的目标预案。目标预案可以由上级提出再同下级讨论，也可以由下级提出再由上级批准。需要注意的是，领导必须根据组织的使命和战略，充分估计外部环境可能带来的机遇与挑战，并清醒认识组织的内部优势与劣势。

第二，重新审议组织结构和职责分工。目标管理要求每一个具体目标都有确定的责任主体，因此预定目标提出之后，需要重新审查现有的组织结构，根据新的目标分解要求进行调整，明确目标责任者之间的协调关系。

第三，确立下级具体目标。下级目标要具体量化，便于考核；同时，要分清轻重缓急，以免顾此失彼。具体目标的设定，既要具有挑战性，又要有实现的可能。每个员工和部门间的具体目标要协调一致，从而支持本组织整体目标的实现。

第四，上级和下级就实现各具体目标所需的条件及目标实现后的奖惩事宜达成协议。具体目标制定后，要授予下级相应的资源配置的权力，从而实现权责利的统一。下级写成书面协议，编制目标记录卡，上级汇总所有资料后，绘制目标图。

(2)实现目标过程的管理。目标管理重视结果，强调自主，自治和自觉。需要注意的是，目标管理不等于领导可以放手不管。由于形成了目标体系，一环失误，就会牵动全局，可能导致全盘皆输。因此，领导在目标实施过程中的管理是不可或缺的。一方面，通过定期检查及向下级通报进度等途径，构建良好的信息收集与反馈渠道；另一方面，要积极帮助下级解决目标实现过程中出现的问题与困难。当出现不可测事件严重影响组织目标实现时，也可以通过一定的手段对原定目标加以修正。

(3)总结与评估。达到预定的期限后，下级首先要进行自我评估，并提交书面报告；而后，上下级一起考核目标的完成情况，首先要进行自我评估，并提交书面报告；然后，上下级一起考核目标的完成情况，决定奖惩；与此同时，讨论下一阶段目标，开始新的循环。如果目标没有完成，应该及时分析原因并总结经验教训，切忌相互推诿，以保持组织内部相互信任。

12.4.4 EVA 方法

经济增加值(Economic Value Added， EVA)是由美国 Stern Stewart 公司在 20 世纪 90 年代提出的一种新型财务业绩评价指标，并且已被广泛运用于西方组织业绩评价体系中，如可口可乐、通用等。EVA 表示一个组织的资本收益与资本成本之间的差额，其核心思想是：组织只有在其资本收益超过其为获得该收益所投入的全部成本时，才实现了资本的增值，才创造了额外的价值。EVA 可以用下列数学公式简单表示：

经济增加值=调整后的税后经营利润−使用的全部资本×加权平均资本成本

EVA 作为组织业绩评价的一种财务指标，比传统的会计利润指标具有更为现实的经济意义。一方面，EVA 不仅考虑组织的债务资本成本，也考虑了组织所有者投入资本的成本，这样才能实现组织资本的真正增值；另一方面，EVA 指标的计算提出了会计信息可能隐藏的歪曲性，从而更为科学地评价组织业绩。利用 EVA 可以更好地解决组织中的代理问题，促使管理者站在股东的立场进行经营决策，更多地考虑股东利益，减少管理者道德风险、逆向选择及信息不对称带来的损失。同时，EVA 方法的实施可以影响组织及组织成员的思维方式和行为习惯，从而实现组织价值最大化的目标。

尽管 EVA 方法具有以上显著的特点，然而 EVA 仍存在一定的局限性。

一方面，EVA 计算时的必要调整可能并不完全符合成本效益原则。进行 EVA 计算时，需要对财务报表进行多达 160 余项的调整，这一方面需要操作者对 EVA 与原来的会计准则之间的差异有着比较准确的理解，另一方面，还需要具备高超的调整差异技术水平。

另一方面，EVA 忽视了除财务指标以外的其他非财务指标对经营业绩的影响。EVA 认为，财务资本是驱动组织成长的主要因素，而诸如人力资本、顾客资本等非财务资本都是由财务资本驱动的。实际上，这些非财务资本才恰恰是促使组织成长的主要内在因素。

12.4.5 杜邦分析法

杜邦分析法(Dupont Analysis)是利用几种主要财务比率之间的关系综合地分析组织的财务状况。其基本思想是将组织净资产收益率逐级分解为多项财务比率乘积，这样有助于深入分析比较组织经营业绩。由于这种分析方法最早由美国杜邦公司开始使用，故名杜邦分析法。

使用杜邦分析法从净资产收益率开始，根据资产负债表和利润表等会计资料逐步分解计算各指标，然后将计算出的指标填入杜邦分析图，从而逐步进行纵向或横向对比分析。杜邦分析图如图 12-1 所示。

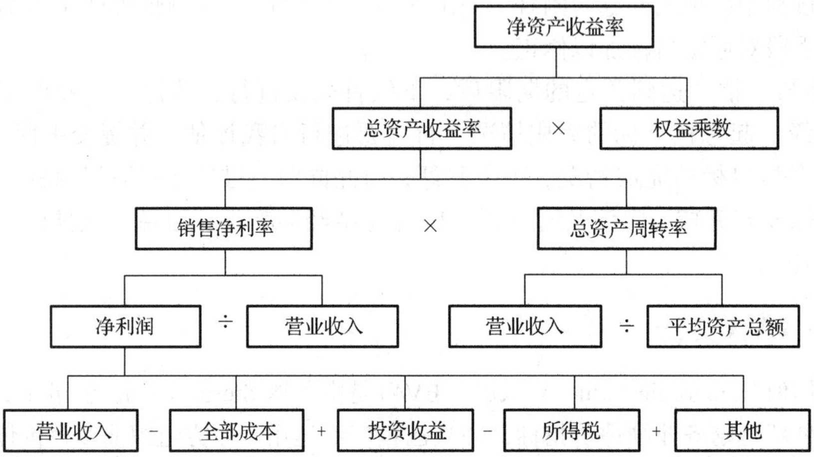

图 12-1 杜邦分析图

采用杜邦分析法，可使财务比率分析的层次更加清晰、条理更突出，可以提供更为全面的组织经营与盈利情况。同时，杜邦分析法有助于组织管理者更为清晰地看到权益基本收益率的决定因素，以及销售净利润与总资产周转率、债务比率之间的关系，为管理者提供了一张明显的考察组织资产管理效率和是否最大化股东投资回报的路线图。

与 EVA 分析法类似，杜邦分析法只关注财务指标，而忽视了信息时代中顾客、供应商、雇员、技术创新等因素对组织业绩越来越大的影响。因此，杜邦分析法不能全面反映组织的实力，有很大的局限性，在实际中应结合组织的其他信息加以具体分析。

12.5 平衡计分卡

平衡计分卡是 20 世纪 90 年代初由哈佛商学院的罗伯特・卡普兰(Rorbert Kaplan)和诺朗诺顿研究所所长(Nolan Norton Institute)美国复兴全球战略集团创始人兼总裁戴维・诺顿(David Norton)提出的一种适用于“未来组织绩效衡量方法”。

按照卡普兰和诺顿的观点，“平衡计分卡是一种绩效管理的工具。它将组织战略目标逐层分解转化为各种具体的相互平衡的绩效考核指标体系，并对这些指标的实现状况进行不同时段的考核，从而为组织战略目标的完成建立起可靠的执行基础”。

平衡计分卡被《哈佛商业评论》评为 75 年来最具影响力的管理工具之一，原因在于，平衡计分卡打破使用传统的单一使用财务指标衡量业绩的方法，加入了未来驱动因素，即客户因素、内部过程因素和员工的学习与成长因素。平衡计分卡主要是通过图、卡、表来实现战略的规划，基本结构如图 12-2 所示。

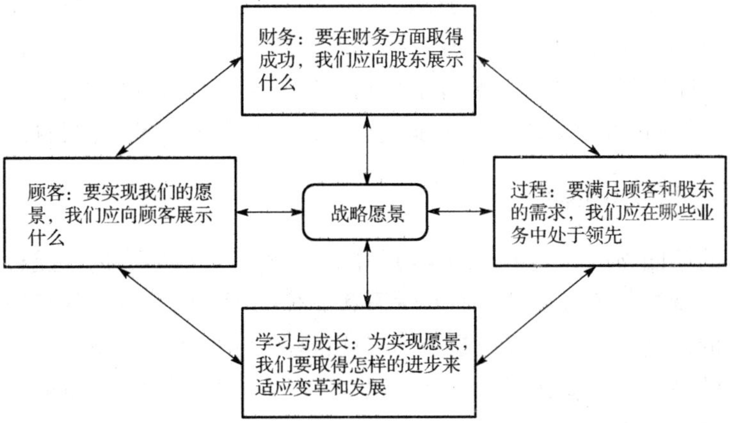

图 12-2　平衡计分卡结构图

12.5.1　财务评价

财务评价是平衡计分卡关注的四个层面之一，尽管传统的评价指标对财务指标的偏重存在种种缺陷，但并不能否认或废除财务指标的重要作用。在平衡计分卡中，各经营单位将自己的财务指标与组织整体战略相联系。对财务指标的评估的目标在于考察管理层过去的行为，以及这些行为导致的财务上的结果。一般情况下，财务评价主要评估利润、销售增长率、投资回报率、现金流等。

12.5.2　客户因素

组织想要获得长远的财务收益，就必须创造出受顾客青睐的产品或服务。因此，平衡计分卡引入顾客层面作为具体目标，并将这些目标传达至整个组织。

平衡计分卡中将客户因素分为滞后指标和领先指标两个部分。滞后指标包括目标市场的销售额、市场份额，以及客户保有率、新客户开发率、客户满意度等。卡普兰和诺顿建议要明确对客户提供的价值加以定位。同时，卡普兰和诺顿定义了几个驱动客户满意度的一些相关指标，包括时间、质量、价格、可选性、客户关系和企业形象，这些指标称之为潜在的领先指标。领先指标的设定取决于组织战略及对目标市场的价值定位。这些领先指标是平衡计分卡设计中需要重点考虑的。这需要考虑以下几个关键问题。

(1) 目标市场的价值定位是什么？

(2) 哪些指标清楚地反映了客户承诺？

(3) 如果这些客户承诺能够成功兑现，组织在客户保有率、新客户开发、客户满意度等指标方面能取得怎样的绩效？

12.5.3　过程因素

为组织过程制定目标和评价手段，是平衡计分卡与传统评价体系之间最显著的区别之一。

仅仅注重对生产周期、生产能力、生产成本和生产质量等方面，不足以使组织在竞争中获得持续的竞争地位。因此，平衡计分卡将产品开发和售后服务等方面纳入到评价范围。

过程角度包括一些驱动目标，这些目标能够使组织更加专注于客户满意度，并通过开发新产品和改善客户服务来提高生产力与创新。至于将哪些方面或哪些目标作为重点关注，必须以组织战略和价值定位为依据。以下两个关键问题需要重点考虑。

(1)组织要在哪些过程上表现优异才能使得组织战略得以成功实施？

(2)组织要在哪些过程上表现优异才能使得组织的财务目标和客户目标得以实现？

12.5.4 学习与成长因素

平衡计分卡的第四项内容是组织的学习与成长。财务、顾客和内部成长为组织明确了取得业绩突破所必须掌控的关键要领，而对学习和成长的评估的目的是使组织实现上述财务、客户和内部过程的规划。学习与成长是前述三项指标的重要推动力量。

平衡计分卡的最大优点就在于，充分认识到了学习与成长的战略重要性，并将学习与成长因素纳入到评价体系之中。

(1)哪些关键能力的提高有助于组织改进核心流程、达到客户与财务目标，从而实现组织战略的成功执行？

(2)如何通过改善业务过程、提高成员团队合作、解决问题的能力及工作主动性，进而提高成员的积极性并建立有效的组织文化，最终促进组织战略的成功实施？

(3)如何通过平衡计分卡的实施来创造和支持组织战略实施的学习文化并加以持续运用？

从长远角度来看，组织唯有不断地学习、创新与成长，才能实现长远的发展。不过，平衡计分卡中的学习与成长因素的衡量手段还不是很完善，有待进一步的探索与研究。

平衡计分卡的管理流程可以由图 12-3 简单来表示。

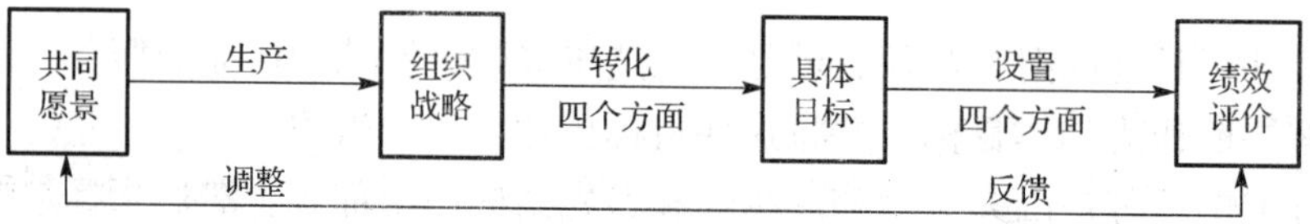

图 12-3 平衡计分卡管理循环过程

首先，以组织的共同愿景与战略为出发点，运用综合与平衡的哲学思想，依据组织结构，将组织愿景与战略转化为下属各责任部门在财务(Finance)、顾客(Customer)、过程(Processes)、创新与学习(Innovation)四个方面的系列具体目标，并设置相应的四张计分卡。

其次，依据各责任部门分别在财务、顾客、过程、创新与学习四种层面可操作的目标，设置一一对应的绩效评价指标体系，这些指标要与公司战略目标高度相关，同时兼顾组织长期目标与短期目标、内部利益与外部利益。

最后，由各主管部门与责任部门共同商定各项指标的具体评分规则，及时反馈，适时纠正战略偏差，或修订与调整战略目标，确保组织战略得以顺利与正确的实施。

具体操作方法可以利用表 12-1 所示的平衡计分卡表格加以实施。

需要强调的是，平衡计分卡并不是几个方面的简单罗列，而是根据组织总体的战略目标，由一系列因果链贯穿起来的有机整体。成功的平衡计分卡把组织战略和一整套财务指标与非财务指标联系起来，将组织的使命和战略变成具体的可实施的目标。对于每个组织成员而言，战略不再是虚无的东西，而是通过努力可以实现的具体目标。从某种意义上讲，平衡计分卡不仅仅是一个绩效评价系统，而是一个传播组织使命和战略的系统，是一个学习的系统，是一个战略管理系统。

表 12-1　平衡计分卡操作表格

	组织				绩效指标分解		
	关键成功因素	衡量指标	目标值	重点行动项目	部门 1	部门 2	……
财务方面							
客户方面							
过程方面							
学习与成长方面							

本章小结

本章首先介绍了战略失效的概念，分析了战略失效的原因，对战略失效的几种类型一一进行了分析。对战略控制的含义与特征进行了介绍，阐述了战略控制的原则，对几种战略控制类型进行了介绍，分析了战略控制的过程，最后介绍了几种战略控制的方法。

练习与思考

1. 什么是战略失效？战略失效的原因有哪些？
2. 战略失效有哪几种类型？
3. 什么是战略控制？
4. 什么是事前控制？其原理是什么？
5. 什么是过程控制？其原理是什么？
6. 什么是事后控制？其原理是什么？
7. 简述战略控制的过程。
8. 简述战略控制的基本要求。
9. 常用的战略控制方法有哪些？

案例

顺丰速运公司战略成本控制及启示

顺丰速运（集团）有限公司（以下简称顺丰速运）成立于 1993 年，是国内最大的民营快递公司，也是仅次于中国邮政速递物流（EMS）的第二大快递公司。在中国内地目前已建有近 4000 个营业网点，自有服务网络具有服务标准统一、服务质量稳定、安全性能高等显著优点，是“值得信赖和尊重的速运公司”之一。

一、差异化战略的选择

1. 谨慎低调的专注定位

顺丰速运在产品定位方面的谨慎策略，被认为是支撑其快速发展的关键因素。与诸多同行相比，顺丰速运坚持只做快递，战略定位是小件类的中高端客户并且排除与四大国际快递重叠的业务。考虑到主要竞争对手 EMS 的优势在于国有老牌的权威性，其他民营企业的优势在于成本、价格的低廉，海外快递企业（如联邦快递）的优势在于国际快递网络，顺丰速运细分设计了自己的产品及价格体系。它坚持与四大国际快递重叠的高端不做，同城低端也不做，瞄准的是对速度要求比较高但对价格相对不怎么敏感的中高端客户。除了收费标准逐步调高、取送件时间逐渐缩短之外，顺丰速运的产品定位一直没有改变。

顺丰速运的核心价值观是“FIRST”，即诚信（Faith）、正直（Integrity）、责任（Responsibility）、服务（Service）和团队（Team）。为了避免过快增长造成的问题，又不落后于同行，顺丰速运还采取了一个独特的策略，即用提高价格来控制发展速度。

2. 快速安全的品牌认知

顺丰速运设计的战略，是增加对客户的黏性，背后则是永远比别人快一步的后台支持系统。2003 年年初，顺丰速运成为国内第一家使用全货运专机的民营速递企业。顺丰速运还自建网点，每个员工都有 GPS 全球定位系统监控，每个操作场所都有 360 度全场监视系统，运输过程也是全程跟踪，并且有封条，除了操作员任何人不可能接触到快递，以保障快件的安全。

3. 统一管理的直营保障

我国大多数快递企业都是加盟模式，这种“轻资产”模式以扁平化管理和精简总部人员降低管理成本，以罚代管简化管理流程，以低成本为竞争手段，有经营风险小、投资规模小、扩张速度快等特点。但是，由于权力分散，服务质量普遍受到质疑。从进入全球 500 强的快递企业来看，没有一家是特许加盟模式。顺丰速运采取了直营的运营模式，总部控制了路由与客服，所有收派员都由顺丰总部统一管理，所有网点的管理理念都由总公司统一策划，各地的服务水准保持统一。这种稳健的发展方式，有效地维护了自己的高端品牌形象。

二、成本控制的战略考虑

1. 人力成本控制

快递具有劳动密集型的行业特点，是手工劳动和运输行业的组合。行业特点是工作时间长、劳动强度大、室外作业，尤其是分拣中心的员工需要常年夜间作业。由于对效率要求高、处罚严格、工作压力大和社会地位低，快递企业面临“招工难”和“用工难”，员工的流失率高。如何稳住一线快递员，给他们以恰当的薪酬福利是快递公司急需考虑的一个问题。

顺丰速运强调一线的业务员是“最可爱的人”，主要从三个方面提高员工对企业的向心力：一是建立能充分调动业务员积极性的分配体系，业务员只有依附公司才能够存活，而薪金与福利又明显高于同行；二是采取直营模式，权力和利益集中于公司总部，以管理成本提高的代价来避免加盟模式产生的利益冲突；三是重视对学历不高的员工尤其是一线员工的培训，提高员工的向心力及员工的服务水平。总之，顺丰速运为了实现战略目的，不惜提高人工成本、管理成本和培训成本。

2. 设备成本控制

交通工具的采购除了要考虑买价和质量外，还要考虑与公司业务的发展相适应。对跨省及国际运输，顺丰速运投入了专业化程度较高的飞机，以满足顾客追求速度、安全的第一诉求，并通过选择值得信赖的供应商并与其保持良好的合作关系，降低专业化设备的维护成本。顺丰速运城内快递的主要运输工具是助动车、自行车，一般属于员工所有。一方面，可以降低运输工具方面的成本；另一方面，员工自带的运输工具可以得到更有效的保养，降低了日常维护的成本。

3. 订单成本控制

在快递业，口碑越好，信息系统越发达，顾客越方便找到快递网点或联系到快递的客服，接受订单的成本就越低。在顺丰速运的网站上，客户可以方便地查阅提供的服务范围、价格，还可以实时跟踪快件的进程。完善的信息系统让客户清楚地了解收费标准及可以提供的服务，同时，也为客户及时联系快递公司提供了方便。顺丰速运还通过缩减快递员的服务圈及提价，来控制其生产能力。如盲目接收超过自身处理能力的过多订单，反而会对快递公司的声誉等产生不利影响。

4. 分拨成本控制

快递分拨的成本，取决于分拨工具的先进性和员工素质的高低。顺丰速运购买了先进的分拨工具，并对员工进行了必要的培训和激励，以降低快递分拨的成本。虽然机械设备和分拣技术一次性投入较大，但从长远来看，在快递业务量增长迅速的前提下，加大分拣技术的投入是有利于降低快递成本的。

三、战略成本控制的有益启示

1. 差异化战略的精准定位

在竞争激烈的快递市场要想脱颖而出必须有准确的战略定位。细分市场的差异化战略，是顺丰速运给出的完美答卷。我国企业应学习顺丰速运扬长避短，独辟蹊径，在自己擅长的特定领域开疆辟土。

2. 战略成本控制的内在逻辑

顺丰速运的报价较高，但市场占有率却超过了报价低得多的其他民营快递公司，为了获得这种价格溢价，顺丰速运也付出了成本投入更高的代价。

顺丰速运战略成本控制的内在逻辑是：战略是首要的目标，为获得更高的质量，需要更高的成本投入，但高成本投入必须借助高市场份额和更高的市场定价来实现超额回报。在市场定价受到客观条件的约束下，为了保持盈利和获得更大的利润空间，企业仍然需要将成本控制在合理水平。

3. 成本控制的战略思想

在战略思想的指导下，成本控制并不等同于粗暴的成本避免或成本降低。

相反，为了实现战略目标，一定程度上可能还需要加大总投入，通过规模经济实现单位成本的相对可控或降低。顺丰速运是规模最大的民营快递公司，具有明显的规模经济效益。其拥有的渠道越多、快递覆盖的范围越大、信息系统越完善、设备性能越好、分拣技术越先进、员工素质越高，就越容易保证快件的速度和安全，从而揽到更多的业务和争取更好的报价。同时，在规模扩张的优势下，也可以提高工作效率，使员工的培训、车辆的调度得以在更大的范围内进行，将单位成本控制在合理的水平。

（资料：刘华. 顺丰速运公司战略成本控制及启示. 财务与会计(理财版)，2013 年第 1 期.）

第 13 章

企业文化与战略领导力

本章学习目的：

1. 了解什么是企业文化；
2. 了解企业战略与企业文化的关系；
3. 了解企业文化的变革；
4. 掌握企业战略的制定与企业文化的关系；
5. 掌握战略领导力的形成和作用。

案例

大力弘扬东汽精神，推进企业文化落地

东方汽轮机有限公司(以下简称“东汽”)始建于1966年，是我国研究、设计、制造大型发电设备的国有高新技术骨干企业，隶属于中国东方电气集团有限公司。东汽原位于四川省绵竹市汉旺镇，5•12汶川特大地震使东汽汉旺基地全部损毁，企业整体搬迁至四川省德阳市高新技术产业园区，并于2010年5月10日正式竣工投产。

经过40多年的发展沉淀，特别是在抗击5•12汶川特大地震中迸发形成的“不怕牺牲、敢于胜利；坚韧不拔、艰苦创业；自主创新、勇攀高峰”的东汽精神，是东汽人最强大的精神支柱，已成为东汽人践行社会主义核心价值观的具体体现。

当前，国际国内经济形势的剧烈变化导致制造业特别是重型装备制造业进入了转型升级的拐点，企业发展遇到了前所未有的压力和挑战。东汽顺应潮流主动出击，变压力为动力、化挑战为机遇，在“东汽精神”和企业文化的落地中寻找内驱动力，充分发挥“东汽精神”在建设一流企业中的强大精神引领作用。因此，东汽组织实施了为期三年的以“弘扬东汽精神推进工作”为载体的企业文化建设活动，创新提出了以“内化于心、外化于行、行化于品、品化于形”为四个阶段的弘扬“东汽精神”及企业文化建设方法，以“东汽精神”的软实力来推动企业转型升级和持续发展。

一、内化于心，将文化凝聚力根植于员工理念中

通过多种渠道加强厂史教育，做好文化传承。举办多场次弘扬东汽精神专题宣讲，并组织开展了青年员工“学厂史、知厂情”教育活动。充分利用文化建设训练营、企业文化骨干培训、新员工入职教育、新任中干培训等途径，专门设置企业文化和东汽精神的专题课程，加强对厂史厂情、文化理念、核心价值等方面的宣贯，做好文化传承。

通过多种载体推进文化传播，做好文化积淀。注重文化产品对内、对外功能的立体策划，一方面，充分利用“三基地一窗口”的独特优势，对新入职的青年员工、新任干部、新党员等进行集中宣誓教育。通过组织观看厂史教育纪录片，广泛开展“弘扬精神、传承文化”集中教育活动，积极利用新媒体，把微博、微信、微电影等信息化手段作为传播东汽文化的新载体。另一方面，自创“东东、琪琪”卡通人物形象，编制《文化理念卡通画》《企业文化报告》《文化东汽》宣传折页，创办《文化东汽报》，创作传唱《东汽之歌》，以精练简洁的方式向社会和用户展示东汽文化的特色亮点。

通过多种途径促进意识提升，做好文化弘扬。东汽把地震遗址打造为爱国爱厂教育基地，组织开展了“重回汉旺故里，不忘创业艰辛，实现绩效目标”主题实践活动，推出系列形势教育专题片、MV 等，进一步加强对员工的思想引导。

通过企业文化内化于心，以新颖有效的形式和载体展示企业文化核心价值理念，将“东汽精神”根植于员工心中，使之成为东汽人普遍认同和尊崇的价值观念，并自觉成为“东汽精神”的传播者和弘扬者。

二、外化于行，将文化影响力体现在管理提升中

变问题整改为主动改善，开展自助式的员工行为辨识。从 2012 年 7 月开始，东汽组织开展了“规范员工行为”主题大讨论活动，全公司 50 多个二级单位 3 300 余名职工参与其中，提出整改问题项目 300 余条，掀起了对照“东汽精神”检查、整改的热潮。

变公民素养为管理导向，促进员工行为规范体系完善。改变以往重点关注员工岗位行为的做法，把关注维度向员工日常行为及社会行为拓展，分别对员工就餐行为、文明用语、交通出行、文风会风、廉洁从业、控烟禁烟等行为出台了系列行为规范并进行了集中整治，逐步构建起了东汽员工行为规范体系。

变约束导向为价值驱动，用喜闻乐见的方式潜移默化带动员工。东汽注重文化建设与企业管理相结合，一方面不断完善员工岗位行为管理制度，做好劳动纪律、质量安全管理定期巡查等，加强对员工行为的规范与引导；另一方面通过自编自演行为规范公益广告，制作播出走基层访谈，举办“东汽大讲堂”“道德讲堂”“争做好员工、实现中国梦”主题教育活动，编发学习资料等文化建设形式，引导员工自觉遵守管理制度，对规范员工行为起到了很好的示范效应。

通过企业文化外化于行，引导员工自觉将弘扬“东汽精神”转化为践行社会主义核心价值观的实际行动，以“东汽精神”为引领的企业文化建设正在成为东汽员工的行动指南。

三、行化于品，将文化先导力作用于示范引领中

拓宽企业文化建设视角，在评先推优中体现文化导向。以践行社会主义核心价值观为主题，组织开展了历时一年多的“首届弘扬东汽精神典范人物评选表彰”活动，充分彰显典范人物在职业道德、社会公德、家庭美德、个人品德等方面的示范引领作用，用文化导向拓展榜样范畴，着力提升员工综合品质。

丰富企业文化建设内涵，在精益管理中体现文化导向。制定实施生产现场 VI 和服务现场 VI，并推出了以精益文化为主题的文化理念宣传展示牌及卡通画，还以“大讲堂”的形式制作播出了精益制造教学片，录制《东汽精益之歌》，既为精益制造 6S 管理规范了标准，又为精益文化传播丰富了形式。

细化企业文化建设指标，在绩效考核中体现文化导向。在对基层单位的考核指标中进一步融入企业文化的导向指标，起草编制了《基层企业文化建设考核评价管理办法》，并广泛组织开展企业文化建设调查分析和基本情况测评，进一步增强文化建设的针对性、互动性和功能性。

通过企业文化行化于品，积极构建科学有效的文化管理导向机制，将“东汽精神”的精髓真正融入到提升员工忠诚度和企业诚信度的行为中，为建设全员性的文化行为和文化品质打下了坚实基础。

四、品化于形，将文化竞争力贯穿于价值创造中

加强企业文化的理论研究，提升理论指导实践的能力。东汽承担了国家社科基金重点项目《“东汽精神”在构建社会主义核心价值体系中的传承与弘扬》，顺利通过鉴定，并公开出版发行。这既是东汽精神理论研究的又一重要成果，也是东汽对繁荣社会主义文化事业、建设先进文化做出的又一积极贡献。

加强感恩文化的感召示范，提升树立社会形象的能力。东汽在震后积极培育感恩文化，把每年的 5 月 12 日作为“东汽开放日”，对员工家属及社会公众开放，提升员工荣誉感和社会影响力。积极参与玉树、舟曲、彝良、芦山、鲁甸等重大灾区的救援工作并捐款捐物。组织开展助留守儿童圆梦、义务植树、义务服务社区、资助贫困学生等公益活动。

加强文化建设的战略承继，提升服务市场客户的能力。东汽坚持生产一代、开发一代、储备一代、构思一代的发展战略，注重塑造对内感召、对外发力的企业形象，将“东汽精神”体现在质量提升、技术创新、管理优化、服务转变、团队建设和履行社会责任上。2012—2013 年，东汽产品产量分别为 2 645.35 万千瓦和 3 140.75 万千瓦，工业总产值分别为 123.54 亿元和 131.21 亿元，产品产量和工业总产值均实现了增长。

通过企业文化品化于形，进一步展示了具有“东汽精神”元素的文化符号，推动了东汽品牌知名度、美誉度和社会公认度的不断提升。

（资料来源：夏小强. 大力弘扬东汽精神 推进企业文化落地. 企业文明，2015 年第 6 期.）

13.1 企业文化概述

13.1.1 企业文化的内涵

企业文化是企业在发展过程中凸显出来的一种精神特质与内涵，是一个企业与其他企业相区别的关键要素之一。企业文化的内涵体现在物质、制度和精神三个层面。在物质的层面，企业文化的目标是推动企业的发展，进而更好地产生良好的经济收益，从而提升企业的整体发展实力；在制度层面，企业文化的执行往往需要具体的制度予以支撑，从而通过制度建设来更好地推动企业文化建设的实现；在精神层面，企业文化往往能够营造一种符合企业实际的发展环境，如人文环境、激励环境、沟通环境等。

企业文化是企业最为本质的体现之一，是企业发展过程中的原动力，无论是对于企业员工良好工作生活习惯的养成，还是对于企业的长远发展而言，都起到了不可替代的作用。企业文化的基本特征有两点。一是具有浓厚的文化属性。作为一种文化形式，企业文化主要侧重于体现企业的思想意识层面，包括企业的发展理念、核心价值观等，对于开展员工培训、指导企业各项工作的开展，都具有非常良好的文化指导作用。二是具有良好的执行性。在企业文化当中，往往提出了企业发展的一些具体措施，如用户服务、奖惩制度、核心价值观、组织架构等，这些都能够为日常的工作实践提供具体的实践方法。

企业文化是客观存在的一种社会文化现象，企业文化理论的产生和发展是当代企业管理的一场革命，是现代工业社会管理思想和管理理论历经了经验主义管理、科学管理、行为科学、现代管理后的发展和升华，被誉为企业管理之魂。

13.1.2 企业文化的创新

一成不变的企业文化又称病态企业文化，注定要被淘汰。病态文化的形成如图 13-1 所示。

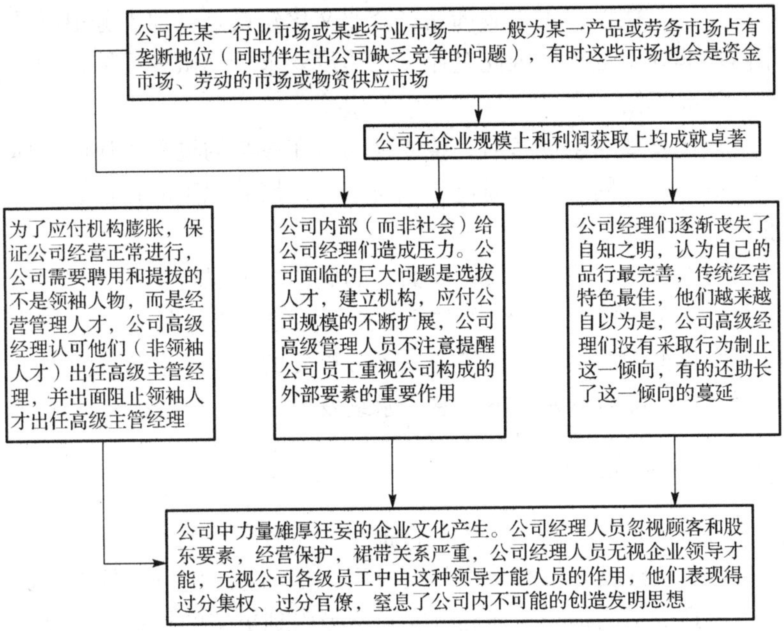

图 13-1 病态企业文化的形成图

创新活力的企业需要有创新的企业文化。企业技术创新战略也需要有一个有利于促进技术创新战略实现的良好文化氛围和宽松的创新环境，企业技术创新的成功往往取决于企业文化对战略的支持程度。因此，企业文化战略应服务于技术创新战略，培育支持技术创新战略的企业文化。

13.1.3 以人为本

优秀的企业文化应该以人为本，尊重科技创新人员，平衡相关者的利益，提倡团队精神，并鼓励创新。企业文化绝对不是片面地发掘职工体力，更重要的是发掘职工的智力资源，更注重于人的因素。在企业文化建设中，要把精力投向人，大力加强“人”的建设。

享誉世界的海尔 1984 年还是一个亏损 147 万元的街道小厂，10 多年来坚持企业文化先行，恪守“真诚到永远”的核心价值观念，“海尔——中国造”已经成为民族工业的一面旗帜。作为海尔的“灵魂人物”，张瑞敏主要从三个方面进行文化建设。一是人格的引导。主张企业人应实实在在为社会贡献优质产品与服务，在此过程中充分实现自我与社会的统一。

二是用文化来传播海尔的价值取向。充分发挥人的自觉性与创造性；让每个人都有自己的发展空间，变“伯乐相马”为“赛场赛马”。三是强调海尔文化的进取性、一致性。张瑞敏非常善于运用经营中的小事来体现企业发展的大道理，1998 年，“海尔文化激活休克鱼”被哈佛大学正式编入 MBA 的案例库。有趣的是，海尔人很早就熟谙这一做法在实践中的具体运用。海尔文化中充斥着忧患意识，这种忧患意识又主要体现为两个方面：一是在思想上不断地走出自我，给自我加压，“我们唯一害怕的只是我们自己”；二是在日常管理中实行“自我超越”，运用著名的“企业斜坡球体定律”（即“海尔定律”）实施“日清日毕，日清日高”的 OEC 管理法。

海尔的成功实践说明以下几点。

第一，企业文化不是摆设，不是装饰品，企业文化建设是一项十分艰巨的工程，任何能够撼动人心的东西均非朝夕之功，因此企业文化建设要求于细微处提炼精神，于烦琐中汲取精华，积年累月，常抓不懈。

第二，企业文化建设重在全员参与、整体互动。在参与的过程中让职工体会成就感、挫折感、温暖感、危机感等不同感受，通过交流与融合，培养职工的责任感，逐渐形成大家共同首肯的价值准则。

第三，企业家的人格魅力往往是文化层面活的偶像。透视百年不衰的大企业，我们会发现一个共同的现象：企业家的思想和作风对于企业文化的形成起着奠基的作用。在扑朔迷离、尘埃未定的情况下，领袖的洞察力、决策力是十分重要的。正是在这种海尔的独特文化中孕育的企业核心竞争力，保障着海尔长盛不衰、永续发展。

13.1.4 塑造企业形象

企业形象直接关系到企业的兴衰、优劣，企业的知名度与美誉度有机结合，构成了企业在公众中的形象。企业获得良好的知名度与美誉度，是企业一笔巨大的无形资产，如果声誉卓著，企业就能招揽到更多的优秀人才和顾客，能吸引到更多的投资，能得到外界更多的支持和帮助。经济全球化使得竞争更为激烈，企业要脱颖而出，塑造良好的企业形象尤为重要，它是企业在市场经济中运作的实力、地位的体现。

企业形象塑造是指企业经营理念、企业形象概念在各视觉塑造要素上的具体化。塑造概念有三个重心：形象、机能和系统、CIS（Corporate Identity System）企业形象设计。

13.2 企业战略与企业文化的关系

企业文化可以让一个处于业务竞争十分激烈市场环境下的公司取得辉煌的经营业绩，不良的企业文化使美国安然陷入造假的泥潭。经营决策独断专行的企业文化对于小型企业似乎没有危害，对大型企业来说就极为有害了。强调权力结构稳定、多元化的企业文化在企业活动节奏慢的经营环境中能起到良好作用，但并不适应那种工作节奏快、竞争激烈的行业环境。

13.2.1 企业战略与企业文化的关系

企业战略和企业文化之间的关系，就像是人的行为与精神的关系，精神决定人的行为，支撑人的行为，而行为又会影响人的精神。

1. 企业文化决定企业战略

优秀的企业文化是企业经营战略制定的重要条件。企业文化即企业哲学，它明确了企业存在的价值、企业发展的目标、企业如何生存等问题。它是企业内所有成员的共同价值观，具有鲜明的企业特色。建立在这一企业成员共同价值观基础上的企业战略，是企业集体意志的表达，更具企业自身特点、与众不同。也正是由于企业战略是建立在这种共同价值观基础之上的，所以能够最大化发挥企业成员的集体合力，从而更易于成功的实现。

2. 企业文化支撑战略执行

优秀的企业文化是企业经营战略获得成功的重要条件。企业文化在影响企业制定战略的同时又是调动企业全体员工实施战略的保证。企业要实现战略目标，必须有优秀的企业文化来支撑和引领，用文化树立企业信誉，用文化传播企业形象，用文化打造企业品牌，最终实现提升企业竞争力的目的。

3. 企业战略调整需要企业文化与时俱进

在企业经营中，“成本永远有节省的空间，利润永远有提升的余地，战略永远有调整的必要，运营永远有简化的可能”。不断的超越，就是要根据市场和时代的需要不断发掘出新的领域、新的业务，而且走在别人的前面。IBM 就是这样一个不断转型调整的典范，业界惊诧于 IBM 为何总能“先知先觉”，不仅在企业低谷时期能够力挽狂澜，在高速发展时期仍能坚持持续转型。

13.2.2 领导力的体现

管理者的领导能力决定了企业的文化，企业文化又决定了全体员工的整体素质，员工的素质决定了企业的业绩，如图 13-2 所示。

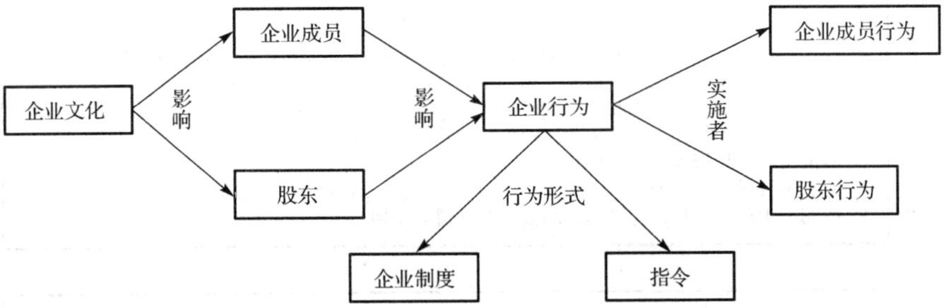

图 13-2 企业与文化行为的关系

实践证明，只有那些能够使企业适应市场经营环境变化，并在这一适应过程中领先于其他企业的企业文化，才会在较长的时期与企业经营业绩相联系。那些适应度不高的企业文化都带着某些官僚作风，公司员工对改革持否定态度，缺乏风险精神，企业没有创造力。拉尔夫基尔曼曾这样描述这种企业文化：“市场适应度高的企业文化必须具有同时在公司员工个人生活中和公司企业生活中都提倡信心和信赖感、不畏风险、注重行为方式等特点”。企业员工之间相互支持，勇于发现问题、解决问题，如图 13-3 所示。

公司员工彼此间相互信赖：相互信任，互不猜疑，具有能够排除一切困难、迎接各种机遇的能力。企业员工工作热情高，具有愿意为公司发展牺牲一切的精神。公司员工还敢于革新，对变革持欢迎态度。因为在拥有强力型企业文化的公司中，经营人员习惯于协调一致，通力合作，这种协调性、积极性、组织性及统一领导会有助于企业经营业绩的增长。但这种情形的出现必须要求一个条件——企业在特定市场环境中经营，企业的最终行为与领导策略和能力相一致，如图 13-4 所示。

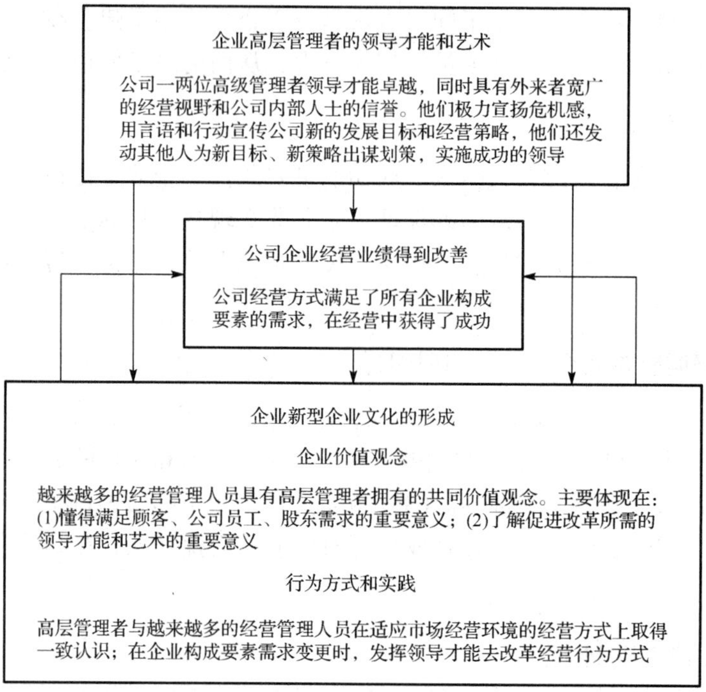

图 13-3　促进企业经营业绩增长的企业文化产生图

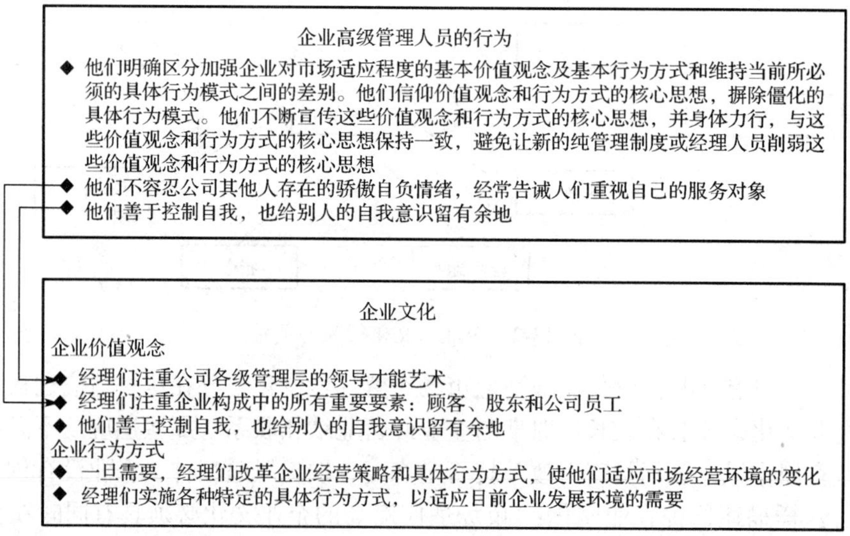

图 13-4　保持企业经营业绩增长的企业文化

如果公司员工的共同行为或行为方式无法适应相应的产品服务市场环境需求、资金市场环境需求和劳动力市场环境需求，企业经营业绩就不会出现增长。企业文化只有在能够帮助企业适应不断变化的市场环境下，才有可能导致企业长期经营业绩的增长，而企业战略体现了决策者倡导的企业文化。

13.3 企业文化的变革

优秀的企业文化可以给企业带来持续竞争优势，促进企业的可持续发展，是企业生命常青的基石。但是若企业文化长期一成不变，不能适应企业发展的需要，则将会成为企业发展的障碍，使企业未老先衰。因此，对企业文化变革的研究具有十分重要的理论和现实意义。一是运用竞争性文化价值模型对企业文化现状的测评来确定企业所处的生命周期阶段，二是结合企业所处的生命周期阶段，提出企业文化变革方向模型和企业文化变革的必然。

13.3.1 因竞争必变革

经济全球一体化的进一步深入使企业发展的环境变得越来越复杂，竞争日趋激烈。面对复杂多变的市场环境，企业需要不断对其自身的发展战略进行调整或变革，以适应企业生存发展的需要。战略变革要从企业的实际出发，以适当的速度、幅度、深度推进战略变革，以应对企业所面临的市场环境的挑战，不断提高企业绩效。

企业进行战略变革会受到多种因素直接或间接的影响，企业自身文化就是其中一个重要影响因素。从企业文化构成要素的角度，选取了部分能够代表企业文化主要内涵，作为我们的研究变量，来探讨企业文化在战略变革的速度、幅度、深度三个方面的影响以及对企业绩效的影响。

在对战略变革幅度的影响上，团队精神和社会责任对其具有显著的正相关关系，而科技创新和组织学习则对其具有显著的负相关关系；企业间的竞争是残酷的，优胜劣汰，出于在竞争生存的需要，必须变革。

13.3.2 随时间推移而变革

本世纪的第二个十年，世界的变化仍在加剧，企业的生存环境更加纷乱复杂。持续的组织变革是越来越多的企业和组织不可回避的问题。企业管理实践的变革，必然带来传统生活方式的改变。企业是人的组织，只有企业的价值观和行为方式改变了，企业才能实现真正的变革创新。企业文化的变革创造支持组织变革，并使组织变革成果得以维持。目前，对企业文化变革方法的研究，理论远远滞后于实践。不少优秀的企业在企业文化变革的长期实践中进行了探索，为我们总结了很多先进的方法，值得其他企业学习和借鉴。时代变了，企业文化也必须随之变化，否则，就不能适应企业发展和时代变迁的要求。

13.3.3 因经营需要而变革

由于企业文化是影响企业经营成败的重要因素，许多企业都试图建立一种适合自身的企业文化。把企业文化建设作为一项战略来推行：首先进行企业文化定位，确立企业文化目标模式；后将现有企业文化转化为企业文化目标模式。企业文化战略分为制定与实施两个环节，这包括三个方面的内容：企业文化导入、企业文化变革与企业文化维系。企业文化导入即新文化要素的注入，企业文化变革即原有不合理的文化要素的革除与扬弃，企业文化维系即对企业优良文化的保持与延续。在澄清相关概念的基础上，依次经历对员工行为的强化与激励、企业文化在企业内的传播以及企业文化的制度化四个环节。并对每一个环节在企业文化导入过程中的作用。创新与定格三个阶段：在破除阶段，企业建立起对变革必要性的一致认识；在创新阶段，企业开始建立一种适应企业发展与竞争环境的新文化；在定格阶段，企业将文化变革成果加以确认并巩固。在生产经营过程中企业家会发现企业文化有许多不适应生产经营的需要，于是，企业家就按照在经营过程中获取的经验变革企业文化。

13.3.4 因内外环境而变革

内因是变化的根据，外因是变化的条件。外因只有通过内因才能起到应有的作用。这是人所共知的哲学道理。企业文化发展变化的根据在企业及其文化内部，而不在企业外部。企业外环境因素只是制约企业文化过程的条件，不具备适宜的条件，企业文化将难以形成、发展、变革和变迁。但是，仅具备一定的外部条件，而企业及其文化自身不存在发展变化的根据，则企业文化会尽力维持原状。只有外部条件具备和内在根据存在，并且外部条件作用于内在根据的时候，企业及其文化内部才会发生变化。变革的根本动因在于事物内部，在于事物内部矛盾。只有内部矛盾才是事物发展变化的根本动因，如图 13-5 所示。

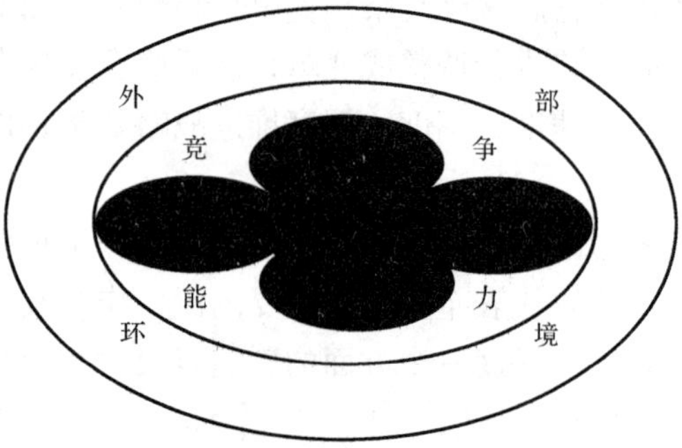

图 13-5　企业竞争能力示意图

同样，企业文化发展变化的根本动因也在于企业及其文化的内部矛盾。矛盾首先呈现为一种冲突状态。也就是说，企业文化发展变化的根本动因在于其内部呈现出的冲突状态。这里所说的冲突是指企业文化发展变化的需要与原有企业文化之间的冲突。诸如，引进新的企业精神和价值体系的冲突，树立顺畅、创造、智力紧张型的工作作风与已有的高度紧张，“出大力，流大汗”型的工作作风的冲突，而提倡个人负责和自由组合的小群体作业方式与已有的“大团兵”作业的习俗的冲突，建立纵横交错，四面开放的文化传播网络，与已有的单纯依靠正式组织的封闭文化传播网络的冲突。没有冲突，就没有斗争。没有斗争，就不会发生对旧文化要素的淘汰，对新文化要素的选择，从而也就构不成企业文化的发展变化。内外部环境发生了变化，企业文化也必须跟着变化；否则，就会被淘汰。

13.4 战略领导力

13.4.1 战略领导力概述

战略领导力就是领导必备的战略眼光，必备的高屋建瓴的洞察力和人文精神的亲和力及抓住机遇果敢决策的思维缜密能力。由社会经济与绩优企业的演进历程来看，企业战略实施领导力之于企业战略的圆满成功至关重要。

当今时代经济全球化，知识经济与信息技术蓬勃发展，科技进步日新月异，市场需求复杂多变，服务呈现多样化，竞争日趋激烈。为了企业的生存和发展，维持企业竞争优势和市场地位，在经济转型时期，决策者战略管理必须更加要求战略性和可行性。所以深入探究企业战略实施领导力有很大的现实需求和实践意义，成为企业领导者必须面对和积极探索的焦点。企业战略实施领导力作为驱动各种企业战略实施领导行为的能力综合体，其以企业战略实施过程为主要落脚点，以战略目标的圆满达成为宗旨来保证战略实施的顺利落实。

纵观世界经济和绩优企业的发展，一个企业战略成功的实施取决于企业战略实施中领导能力的发挥。企业战略实施领导力关系到企业战略的成功，在企业战略管理中起到了关键作用。而企业战略的成功实施又必须依赖于企业战略实施领导力的发挥，因此，迫切需要对企业战略实施领导力进行深入探究。企业战略实施领导力是企业领导者在战略实施过程中影响或吸引企业员工从而实现战略目标的能力，它决定着领导行为的质量与效果，是实现群体或组织目标、保证领导过程顺畅运行的内在动力。

实践中，对企业战略实施领导力的形成观点繁多，探索出最能影响战略实施有效性的企业战略实施领导力，其主要体现在三个方面，即企业战略实施影响力、企业战略实施创新力、企业战略实施执行力，如图 13-6 所示。

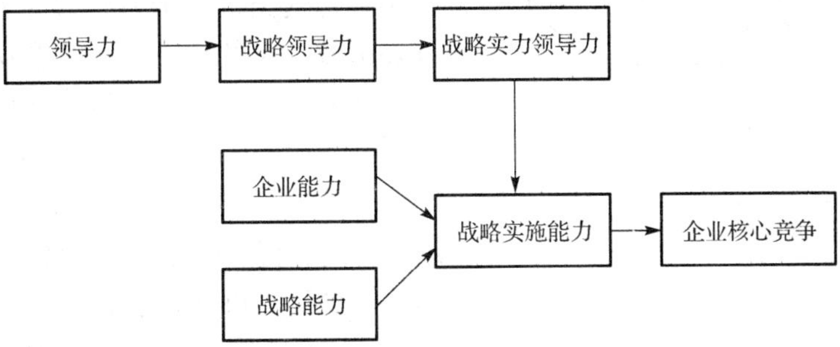

图 13-6　企业战略实施领导力理论推导演绎框架图

随着外部环境不确定性的增强、各种信息数量的迅猛增加，以及行业竞争异常的激烈，学习型组织的任务和工作变得越来越复杂。战略领导力对于学习型组织来说就显得至关重要，战略领导力是一种能把握正确方向、应对环境变化并且正确整合组织资源，以使学习型组织能够在竞争和发展中具有核心竞争力和充满希望的领导能力。这一开发策略的提出主要考虑以下三点：一是战略领导力是一项综合的组织领导能力，需要从宏观上来把握和认识；二是作为人力资源开发中重要组成部分的领导力开发，应当将其开发策略视为一个系统；三是作为成体系的战略领导力开发策略应当遵循一种合理有效的领导力开发路径，使领导力开发按照这一逻辑路径展开。基于以上的理论分析与阐述，通过以组织文化、组织设计、组织绩效这三方面与战略领导力开发密切相关的因素为开发路径，将其整合为一个战略领导力开发的逻辑系统，在这一系统中融入相关培训、拓展、讲座等开发活动，从而使得学习型组织中战略领导力得到全面的提升。领导力就是我们影响别人的能力，尤其是要激励别人实现那些极具挑战性的目标。领导力是领导者积极的沟通行为，包括参加讨论、获取信息、寻求他人意见、提出新构想、坚定但不顽固。在领导力开发方面具有较高的价值。最主要的是战略领导力的培养要靠领导自身提高素质，多层次、多方位、多角度学习、探索、博采众长。

13.4.2　战略领导力的实施

领导者，还包括中间管理层，甚至更低组织层次中的人员。其中首先是处于组织最高层正式职位的少数领导者。虽然应外部环境的变化，“服务型领导”的理念越来越受到重视，一些企业在经营管理中逐步加大一线基层团队的自主权，组织高层领导者开始更多扮演支撑、服务的角色，以增强末端的灵活性及反应速度。但这一趋势并没有影响处于组织最高层正式职位的少数领导者对企业经营管理的影响，及对企业绩效的作用。这些少数领导者依然是领导力开发应聚焦的关键群体。其次是中间管理层。他们是企业战略执行的核心力量，同时在所负责业务单元发挥着“明确方向，整合利益相关者和激励与鼓舞”的作用。再次是更低组织层次中的人员，其中包括可以迅速成长到中间管理层，或组织最高层的高潜力人员，以及对战略执行有关键影响的其他员工。通过对高潜力人员的识别及针对性的发展举措，储备具有适当技能、动机和经验的领导，同时打通内部人才快速成长的通道，也利于激发企业保持人力资源的活力，因此各企业对高潜力人员的领导力开发，虽实践深度不一，但都有关注。除高潜力人员外的对战略执行有影响的其他员工的领导力开发外，领导力实施的理念向集体取向的演进日益得到重视，越来越多的理论研究及实践把这类群体纳入到领导力开发的范畴。许多绩效杰出的组织未来都会认为“每个人都是领导者”的观念，并进行相应的投资分配，从而带来积极的结果，如图 13-7 所示。

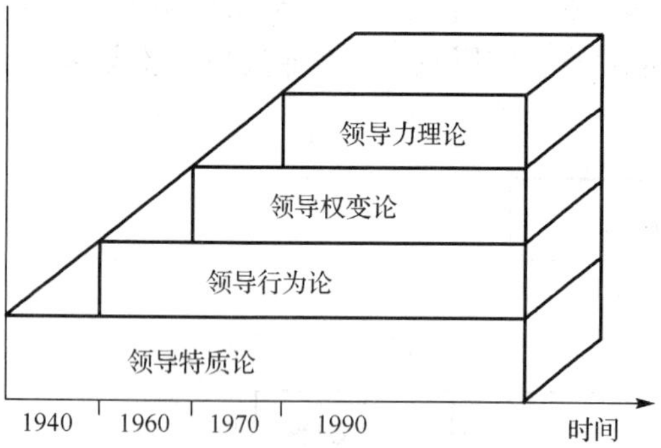

图 13-7　领导理论学派

领导自我描述的是有效管理自我的思想、情绪、态度、行为的能力，具体体现为如下内容。其一是自我认知。自我认知意味着认知到自己的长处、短板，能游刃有余地处理的场景、容易束手无策的场景，个性特征、学习偏好、内在动机、自我形象、价值观和态度等。清晰的自我认知是个体发展的起点和基础，同时个体领导力是领导者在战略实施过程中影响或吸引企业员工从而实现战略目标的能力。在战略实施管理工作中，企业战略实施领导者的作用越来越受到重视，而企业战略实施领导力是发挥领导者作用的关键，直接影响战略实施的有效性。企业战略实施影响力、企业战略实施创新力、企业战略实施执行力，并构建了企业战略实施领导力模型。领导在实施战略方案时必须周密布署，让员工看到希望，当员工犹豫不决时，能用实例入情入理地分析、引导，绝不能以高压态势实施自己的战略方案，这样会适得其反。

13.4.3　战略领导力的实施效果

约翰·马克斯韦尔认为，领导力就是影响力。Fiedler & Garcia 认为，领导力是领导者积极的沟通行为，包括参加讨论、获取信息、寻求他人意见、提出新构想、坚定但不顽固。Kouzes 和 Posner 认为，领导力是领导者如何激励他人自愿地在组织中做出卓越成就的能力。虽然对于领导力的定义繁多，但是可以从有关领导力的文献及学说中归结出一些共同点：领导力产生于特定情境之下；领导力的作用是一个动态的过程，是领导者和被领导者共同作用的结果，体现为对被领导者行为的影响；领导力表现为对领导过程以及目标的密切追求。因此，可以给战略领导力的实施下一个定义：领导力的实施是指企业领导者在特定情境下影响或改变他人的行为，实现目标的能力。并且在理解领导力实施这一概念时应注意以下几点。

第一，领导力与领导密切相关，领导力是领导过程中形成、发展并作用于领导过程的能力的总称。但是领导力不同于领导，领导是指一个过程或一组行为，而领导力是指实现这个过程或胜任这种行为的能力。领导必然发生在一个组织内部，而组织的存在就是领导力产生作用的背景。所以，领导力实施涉及对一个有着共同目标的组织的影响，这个组织可以是一个小的项目组、一个社区团队或是一个包含完整组织结构的大型团队。

第二，领导力实施是一种动态的作用过程，它不仅仅包括了存在于领导者身上的某一种特质，而且是发生在领导者以及下属之间的互动过程。当领导者致力于将团体中那些有追求的个体集中在一起时，领导力便开始产生作用，并对那些向同一个目标努力的团队产生影响。并且，领导者通过领导力实施影响下属时，也被下属影响着，这层意思强调领导力不是一个单向线性的过程，而是一个相互影响的过程，无论是领导者还是被领导者都融入到领导过程，二者是互相依存的。

第三，领导力实施就是对组织目标的追求和实现，在很大程度上决定着组织目标能否实现及组织目标实现的程度。也就是说领导者必须学会了解所求的目标绩效，并集中精力去关注所追求的目标绩效，引导团队并使之向组织原定目标靠近。目标能够获得下属的认同，但是如果领导者永远只把空洞的远景挂在嘴边，只会引发下属的反感，导致领导力的效果降低。因此领导者在明确了目标和方向之后，要做的事情就是通过合理规划配置自己的资源，使目标落到实处。战略实施过程图示模型如图 13-8 所示。

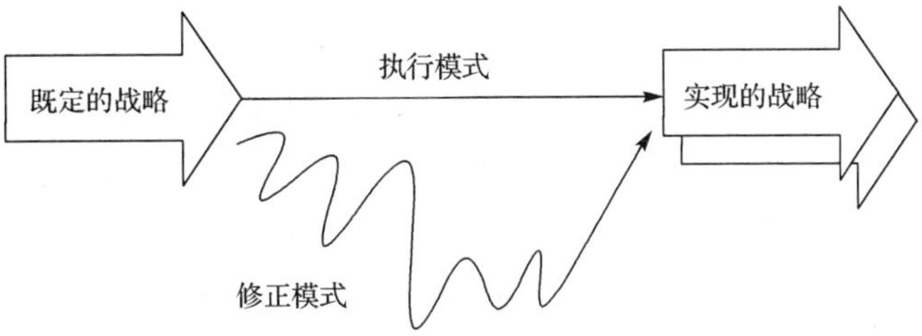

图 13-8 战略实施过程图示模型

在竞争的环境中，企业领导者不仅要时刻警惕外来的威胁，还要善于抓住竞争环境中的机会。企业领导者保持敏锐的直觉对企业战略实施固然重要，但是如何利用机会、创造优势资源、保持组织战略的适应性则是企业战略实施的核心。约翰·科特认为，领导力实施是企业面对日趋快速的竞争环境所必须解决的战略瓶颈，从本质上改善经营模式和经营效率，需要领导发挥作用，提出创造性的变化前瞻。实施战略领导力效果如何关键看企业效益，黑猫白猫理论就是衡量实施战略领导力最有力的理论。

本章小结

企业文化不是摆设、装饰品，企业文化建设是一项十分艰巨的工程，任何能够撼动人心的东西均非朝夕之功，因此企业文化建设要求于细微处提炼精神，于繁琐中汲取精华，积年累月，常抓不懈。企业文化建设重在全员参与、整体互动。在参与的过程中让职工体会成就感、挫折感、温暖感、危机感等不同感受，通过交流与融合，培养职工的责任感，逐渐形成大家共同首肯的价值准则。

企业家的人格魅力往往是文化层面活的偶像。透视百年不衰的大企业，我们会发现一个共同的现象：企业家的思想和作风对于企业文化的形成起着奠基的作用。在扑朔迷离、尘埃未定的情况下，领袖的洞察力、决策力是十分重要的。

战略领导力就是领导必备的战略眼光，必备的高屋建瓴的洞察力和人文精神的亲和力及抓住机遇果敢决策的思维缜密能力。其有效性是战略成败的关键因素，然而战略管理自从诞生之日起，就存在着重视理论创新，忽视实施的现状，战略执行更是已经成为企业有效开展战略管理的“缺失的一环”。

练习与思考

1. 简述企业文化的内涵。
2. 企业战略与企业文化间的关系是什么?
3. 如何提升领导力?
4. 领导力对企业文化及企业战略的作用有哪些?

案例

从曾国藩建湘军看领导力

曾国藩以编练湘军起家，书生治国，其军事思想内涵的确有过人之处。他认为，兵不在多而在于精，主张军政分离各负其责。他治军以严明军纪为先，同时着重培养“合气”，将士同心，他认为“将军有死心，士卒无生之气”。下面就从信仰、人格、利益、制度、胸怀五维视角，解读曾国藩在打造湘军中呈现的领导力。

共同信仰凝聚人

是什么让曾国藩将一群草根起家的乌合之众打造成一支精兵？曾国藩在学习太平军的基础上深刻认识到，只有共同的信仰才能熔炼出“呼吸相顾，痛痒相关，赴火同行，蹈汤同往，胜则举杯酒以让功，败则出力以相救”的死党军队。

因此，擅长讲文化、讲价值、讲理念的曾国藩将军队和政治的斗争提升到价值的层面，高举“卫道”、“忠义血性”的大旗，以此作为凝聚人心的思想武器。同时，作为领导者，曾国藩为军队提出一个超越内部关系的长远目标，使湘军成员持续同心同德、齐心协力地为了它而奋斗，而这，正是很多中国企业家需要学习的领导要素之一。

对于管理者而言，信仰也是企业文化建设的一个方面。只有认同企业的信仰和价值观，愿意为企业信仰而激励，能够为企业的发展而努力，员工才会真正融入企业，对于制度才会有统一的理解，对于行为才会有统一的判断标准，也只有这时候，企业中才会形成管理者所需要和期望的“正气”氛围，并且这种氛围能够得到维持和自我培育。这样企业才能在松散层员工进进出出的过程中依旧保证企业信仰的持续性。

合理制度规范人

除了共同的信仰，优秀的管理者还需要能够制定出有效的制度，把下属的自利行为引导到对组织有利的方向上去。就像曾国藩治理湘军一样，在确立湘军的制度后，他不用自己挥着战刀在后面逼下属冲锋陷阵，下属自然就知道往前冲。

曾国藩一改由国家供养、世代为兵的“世兵制”，在湘军采取了全新的制度设计——招募制，而且是层层招募制。而湘军的高待遇又不愁招不到兵。但只有上司招募你，你才能进入湘军，得到升官发财的机会。这样一来，从大帅到士兵形成了层层的感激关系。如此，湘军就像一棵大树，“由根而生干，生枝，生叶，皆一气所贯通”，组织内部全部打通了，人和人的关系也成为一个由感情纽带凝聚起来的整体。除了招募制，曾国藩规定，在作战过程中，任何一级军官一旦战死，他手下的军队便就地解散。只有保住长官，士卒才有继续升官发财的机会。保护自己的长官本来是一种道德的要求，但在湘军里面，却成了最符合士兵利益的行为。由此在湘军中，道德和利益便完美地结合在一起。

管理的最高境界是“无为而治”。湘军的例子告诉我们：人的无为，必须建立在“制度有为”的基础之上。而有效的制度设计，又必须建立在对人“自利”本性的把握上。

任何国家、组织、个人都需要制度来规范，更需要在制度下的奖励。许多企业管理者看问题不是看积极方面，总觉得自己的企业缺少优秀的员工；不是看员工的积极性，而是看员工的消极性。这一思想的根源，直接诞生了以惩罚为主的企业管理制度，认为这样才能根治员工的懒惰，甚至一些不良的行为。可是真正有效的，却是以奖励为主的制度，并且在更多的时候，要学会看员工的优点方面，没有一个人喜欢被别人说是懒惰的，或是无所作为的。

高尚人格感化人

曾国藩为何能吸引众多贤士？由李鸿章的一段奏折可以看出曾国藩高尚的品德：“论功则推以让人，任劳则引为己责；盛德所感，始而部曲化之，继而同僚谅之，终则各省从而慕效之。所以转移风气者在此，所以宏济艰难者亦在此。”一个做上司的，有了好处总是让给自己的下属，有了责任总是自己担起来。这样的领导，时间长了，做下属的怎么会不感动呢？曾国藩的时代，已经是所谓的“末世”，争功诿过、投机取巧已经成为社会的普遍风气，但曾国藩就是通过自己的行为，从影响周边的人开始，一步步地转移了这种习气。这就是曾国藩能够吸引一大批人为他所用并最终成就自己事业的根本原因。

曾国藩在谈到一个领导者如何才能让下属心服口服地追随自己时，曾说过八个字：“功不独居，过不推诿。”有了功劳不要马上一个人独占，有了过错不要马上推诿给别人。在给曾国荃的信中他还说：“功不必自己出，名不必自己成。”对于领导者来说，成就了下属，就是成就了组织；成就了事业，最终也就是成就了自己。

在曾国藩人格魅力的基础上，领导力的核心是影响力，是怎样感动别人，真正让下属对你的行动不但表示赞同，而且形成一种心甘情愿的追随。这一点，古今中外，概莫能外。曾国藩的“功不独居，过不推诿”、“功不必自己出，名不必自己成”，所释放出来的就是这样一种足以打动人心的影响力。这样的胸怀，这样的格局，也正是曾国藩身为领导者的人格魅力之所在。

企业如人，也是有生命的。一个企业虽有它的缔造者，但一旦发育成长到一定的阶段，它就拥有了它自身的生命形态，在某种程度上已经脱离了缔造者的意志，拥有了自己独立的性格特征。从这个角度来考察中国的企业，似乎可以得出这样的一个结论：今天的中国企业最缺失的不是技术、资金和人才这些物质层面的东西，而有可能是健全的、高尚的、富有个性的企业人格。真正的领导者可以将自己的人格魅力赋予企业，使之更加丰满。

共享利益激励人

在利益方面，曾国藩在钱、权、名三方面都充分发挥了其对将士的激励作用。湘军的高军饷极大地调动了当地农民加入湘军的热情，在利益方面对将士们的满足又极大地提高了湘军的战斗力。在个人发展方面，在传统的科举考试之外，曾国藩领导下的湘军更为无法走科举之路的人们打开了另一条晋升之路。只要你有能力、能打仗、能做事，在湘军中就可以迅速得到晋升，湘军也由此涌现出了一大批影响那个时代的优秀人才，改变了许多人的命运。对于很多湘军成员来说，可以共享湘军发展所带来的机会，是最大的激励因素。

在名声方面，在给鲍超的信中曾国藩也曾说：“凡利之所在，当与人共分之；名之所在，当与人共享之。”凡涉及利益，一定要注意与人共分。凡涉及名声，一定要注意与人共享。这样的人才能成就大事。

利益共享模式的正确设计，是一门领导艺术，它受制于管理者评估报酬的技巧和能力，取决于这种报酬形式是不是组织成员所渴望同时又在管理者的控制权限之内。俗话说：“甲之熊掌，乙之砒霜”，即一个员工所珍视的东西，可能另一员工认为是多余的。因此，利益共享要达到预期的目的，需要精心地因地、因事、因时选择不同的方式。

宽广胸怀容纳人

作为一个领导人来说，胸怀是很重要的。曾国藩的成功大半得益于胸襟的广阔。曾国藩常说：“富贵功名，皆人世浮荣，惟胸次浩大是真正受用。”胸次，就是胸怀，是胸襟，是一个人的精神境界。他认为一个人如果心中有什么想不开的，那一定是他学习、思想、道德等各个方面没有学到家，没有深刻体会，摆脱不了世俗的偏见，耿耿于怀。

曾国藩特别注重胸怀宽广，强调领导者要有君子胸怀。他认为：“君子……广其识，则天下之大，弃若敝屣；尧舜之业，视若浮云。宏其度，则行有不得，反求诸己。”领导者心胸宽广，装得下整个天下，也放得下整个天下。

开阔的胸怀不仅仅局限于自己，在湘军中，曾国藩也特别注重士兵间的相互宽容和理解。“如果统将之间有一分矛盾，营官、哨官之间就会有三分矛盾，而士卒之间就会有六七分矛盾。这样的团队，必然就要解体了。所以要相互和衷共济，就应该先从统将有一副平和宽容的心开始，相互包容和理解。相互支持和信任最重要。”

宽容是一种重要的用人之道。作为一个管理者必须能想得开、看得远，从发展的角度考虑，从大局考虑，得饶人处且饶人，对人才要学会宽容。假如你不相信这一点，不按“宽容”行事，那么你就永远不可能成为一名真正的成功者。学会善待下属，拥有豁达、宽容的胸怀是成功管理者必须走出的第一步。

（资料来源：官玉振. 从曾国藩建湘军看领导力. 人才资源开发，2015 年第 9 期.）

第 14 章

企业伦理与社会责任

本章学习目的：

1. 掌握企业伦理的概念和意义；
2. 理解企业伦理的重要性；
3. 掌握企业社会责任的概念和功能；
4. 理解影响企业伦理的因素。

案例

从“三鹿”事件看企业伦理责任的缺失

一、三鹿事件回顾

2008 年 3 月初，三鹿集团接到消费者投诉，有婴幼儿食用三鹿婴幼儿奶粉后，出现尿液变色或尿液中有颗粒现象。三鹿集团也开展了有关调查并在确认奶粉质量出现问题以后，召回部分市场上的产品，封存还没有出库的产品。但是，三鹿集团并没有进行深入的调查检测问题奶粉，却对外宣称其送检奶粉没有发现任何问题。2008 年 3 月中旬，南京出现全国首例肾结石婴儿病例。经调查，发现患儿多有食用三鹿集团生产的三鹿牌婴幼儿配方奶粉的历史，而奶粉中含有一种叫做“三聚氰胺”——在业界被称为的“假蛋白”的化学物质。2008 年 6 月，国家质检总局网站接到问题奶粉投诉。2008 年 7 月，广东出现疑因食用三鹿奶粉引发肾结石的病例，长沙南京北京多名婴儿家长投诉三鹿；2008 年 9 月，豫赣鄂等多省发现类似病例。

针对“三鹿事件”的发生，2008 年 9 月 13 日，党中央、国务院启动国家重大食品安全事故 I 级响应机制，成立应急处置领导小组，由卫生部牵头，国家质检总局、工商总局、农业部、公安部、食品药品监管局等部门和河北省人民政府参加，共同做好三鹿牌婴幼儿配方奶粉重大安全事故处置工作。2008 年 9 月 19 日，国务院办公厅发出通知，要求进一步做好婴幼儿奶粉事件处置工作。

据中国卫生部通报，各地报告因食用婴幼儿奶粉接受门诊治疗咨询并已基本康复的婴幼儿累计为 39965 人；此前已治愈出院 1579 人，死亡 4 人；正在住院治疗的婴幼儿为 12892 人，其中有较重症状的婴幼儿 104 人。在所有接受治疗的婴幼儿中，2 岁以内婴幼儿占 81.87%，2～3 岁幼儿占 17.33%，3 岁以上幼儿占 0.8%。经调查，上述接受治疗的婴幼儿基本上与食用三鹿牌婴幼儿奶粉有关，没有发现与食用液态奶有关的病例。2008 年 12 月 1 日卫生部通报指出，截至 2008 年 11 月 27 日 8 时，全国累计报告因食用三鹿牌奶粉和其他个别问题奶粉导致泌尿系统出现异常的患儿 29 万余人。

2009 年 2 月 12 日，三鹿集团正式破产。然而一个曾经有着五十多年辉煌历程，高达 149.07

亿元品牌价值的乳品企业从此走向毁灭，万劫不复，带给人们心灵的震撼绝非三言两语能够讲清，而三鹿事件的危害，以及由此引出的一系列反思也远没有结束。

二、三鹿集团消费者伦理责任缺失的原因分析

1. 三鹿集团消费者伦理责任缺失的内因

三鹿集团毒奶粉事件的发生，从企业内部经营的原因来看，主要包括企业及企业管理者职业道德沦丧、企业社会责任的问题认识上存在不足和供应链管理的缺失。

首先是企业及企业管理者职业道德沦丧。企业如果一味地追求利润最大化，其结果将导致其伦理道德丧失、社会责任意识的缺失。三鹿集团就是为了扩大市场份额的需要，为了加速企业发展的需要，而唯利是图，见利忘义，导致企业道德沦丧。为了不义之财，丧失最基本的伦理道德，竟然拿婴幼儿的安全健康作赌注铤而走险。

其次是企业社会责任的问题认识存在不足。从三鹿企业对消费者极度不负责的行为来看，企业对社会责任的问题认识存在严重的不足。

最后是供应链管理的缺失。三鹿奶粉事件的起因是不法奶农和奶站老板在原奶里添加三聚氰胺，而他们之所以这么做是由于他们已经被厂家压榨到无法生存的地步。因此，可以这么说，供应链管理的缺失导致不法奶农和奶站老板及三鹿企业伦理道德的丧失，从而导致三鹿奶粉事件的发生。

2. 三鹿企业管理伦理缺失的外因分析

首先是企业营销伦理环境的影响。人们判断个体(或企业)行为是否符合伦理标准时，通常有两种理论：一是道义论，即依据行为的动机或过程判断伦理标准，道义论集中于行为的规范，强调从出发点和意图应该是正确的或良好的角度判断行为本身，核心在于行为本身在本质上是绝对正当的；二是目的论，即依据行为的结果判断伦理标准，目的论集中于行为的结果，如果结果表现出正面、积极和令人满意的效果，那么就符合伦理规范。三鹿集团的伦理道德底线失守，从而一手导演了三鹿奶粉事件。

三、三鹿企业管理伦理缺失的影响

三鹿集团违背道德伦理，不负社会责任的追逐利益，从而导致了“三鹿奶粉事件”的发生，并产生了严重的社会后果。三鹿集团害人害己，五十多年的辉煌历程刹那间灰飞烟灭，这就是自作孽、不可活的后果，这也是其应该受到的惩罚。但是三鹿奶粉事件造成的影响还远远不止如此，将近30万无辜的婴幼儿及其家属将永远无法摆脱毒奶粉的阴影，奶牛养殖业遭受重大损失，整个奶制品行业受到冲击，甚至给整个华人社会都造成了无可估量的损失。

(资料来源：崔婷. 从“三鹿”事件看企业伦理责任的缺失. 商场现代化，2011年第7期.)

14.1 企业伦理

14.1.1 企业伦理的概念

1. 企业伦理的概念

企业伦理，是企业经营本身的伦理。不仅企业，凡是与经营有关组织都包含有伦理问题。只要由人组成的集合体在进行经营活动时，在本质上始终都存在着伦理问题。一个有道德的企业应当重视人性，不与社会发生冲突与摩擦，积极采取对社会有益的行为。

企业伦理观念是美国 20 世纪 70 年代提出的，最近几年日本也开始对企业伦理问题进行研究。而我国对企业伦理的认识与研究尚处于起步阶段，对企业伦理的内涵尚缺乏了解。有人认为，企业是将赚钱作为主要目标的，伦理则是追求的道德规范，企业的经营目标与企业社会责任没有必然联系，甚至是水火不相容的，因此认为企业的经营目标和经营伦理是相矛盾的。其实这不过是表面现象，追求利润为唯一目标的思维方式是落后于新时代的。在当今时代，如果企业只追求利润而不考虑企业伦理，则企业的经营活动已越来越为社会所不容，必定会被时代所淘汰。也就是说，如果在企业经营活动中没有必要的伦理观指导，经营本身也就不能成功。树立企业伦理的观念，体现了重视企业经营活动中人与社会要素的理念。

2. 伦理与道德

一般来说，伦理和道德都可以看作同义词，基本上表示的含义是一致的。

“伦”是指人的关系，即人伦，“理”是指道德、律令和原则，所以伦理是指人与人相处应遵守的道德和行为准则。而西方主要是指风俗、风尚和性格等。道德的基本在实际运作中和伦理并没有什么区别，只是在学术上才有一些研究专家根据自己的需要而做区分。执照施泰困曼教授的观点，道德是指一定的文化界域内占实际支配地位的现存规范，而伦理则是指对这种道德规范的严密方法性思考。按这种区分，伦理是一种理论，是对道德的科学性思考，高于道德的哲学；而道德则是伦理在实际中的规范。比如，我们通常会说“一个有道德的人”，而不会说有伦理的人，同样我们也只会说“伦理学”而不会说“道德学”。从这个角度说，在日常用法中，道德更多用于人，更含主观、主体、个体的意味，而伦理则更具有客观、客体、社会、团体的意味。

3. 企业伦理的意义

企业伦理是个人伦理道德的延伸，把伦理道德的规范应用在商业情境中，也就是以伦理道德的观点来分析商业活动中所发生的问题，探讨企业的决策行为中，什么是可以接受的，什么是不可以接受的。企业伦理可以说是有关企业雇主、员工，以及企业组织外的关系人应该遵守的行为规则。商业活动所指的并非只是单纯的买卖交易活动而已，还包括生产、分配、交易与消费的过程。不同的是，企业伦理探讨的是在这些商业活动中和伦理道德有关的问题。例如，在生产活动中，有关产品的安全、标示的议题；在消费活动中，有关消费者保护、公平交易的议题等，都是商业活动中和伦理道德相关的议题。

14.1.2 企业伦理的内容

企业伦理的内容依据主题可以分为对内和对外两部分。

内部：劳资伦理、工作伦理、经营伦理；

外部：客户伦理、社会伦理、社会公益。

(1) 企业与员工间的劳资伦理。劳资双方如何互信、劳资双方如何拥有和谐关系、伦理领导与管理、职业训练(员工素质的提升，包括职前训练与在职训练)。

(2) 企业与客户间的客户伦理。

最主要是服务伦理，服务的特质包括：无形性(Intangibility)、不可分割性(Inseparability)、异质性(Heterogeneity)与易逝性(Perishability)。

客户伦理的核心精神：满足顾客的需求才是企业生存的基础。顾客是企业经营的主角，是企业存在的重要价值。

(3)企业与同业间的竞争伦理。不削价竞争(恶性竞争)、散播不实谣言(黑函、恶意中伤)、恶性挖角、窃取商业机密。

(4)企业与股东间的股东伦理。企业最根本的责任是追求利润，因此企业必须积极经营、谋求更多的利润，借以创造股东更多的权益。

清楚严格地划分企业的经营权和所有权，让职业经理人充分发挥、确保企业公司营运自由。

(5)企业与社会间的社会责任。企业与社会息息相关，企业无法脱离社会而独立运作。取之于社会、用之于社会。重视社会公益，提升企业形象。谋求企业发展与环境保护之间的平衡。

(6)企业与政府间的政商伦理。政府的政策需要企业界的配合与支持，金融是国家经济发展的重要产业之一，因而金融政策更是政府施政的重点，企业体必须不但要遵守政府相关的法规，更要响应与配合政府的金融政策。

14.1.3 企业伦理的重要性

随着社会环境的变迁，经济形态日益复杂，企业对于社会大众的影响力也越来越大。现在企业的决策不只是影响企业的内部人员，民众的生活与社会的秩序也都会受到影响。

21 世纪以来世界范围内影响最深远企业伦理事件当属美国安然丑闻。安然公司(EnronCorporation)，曾是一家位于美国的德克萨斯州休斯敦市的能源类公司。2001 年 11 月，安然向美国证券交易委员会递交文件，承认做了假账，并于 2001 年 12 月正式向法院申请破产保护，破产清单所列资产高达 498 亿美元，成为美国历史上最大的破产企业。在 2001 年宣告破产之前，安然拥有约 21000 名雇员，是世界上最大的电力、天然气及电讯公司之一，2000 年披露的营业额达 1010 亿美元之巨。公司连续六年被《财富》杂志评选为“美国最具创新精神公司”，然而真正使安然公司在全世界声名大噪的，却是这个拥有上千亿资产的公司 2002 年在几周内破产，持续多年精心策划，乃至制度化、系统化的财务造假丑闻。

2002 年，安达信倒闭、世通公司财务丑闻等一系列恶劣事件震撼了美国与全球业界。在中国，曾屡次创造利润神话，一度号称“中国第一蓝筹股”的 ST 银广夏，因伪造经营业绩、虚报财务报表而受到中国证监会的处罚。2006 年违反添加致癌物质苏丹红的毒鸭蛋事件，再到近几年的地沟油、假鸡蛋、毒海参、过期肉事件，企业扮演的角色可以说是越来越重要，商业活动是否合乎伦理道德的标准也越来越受到各界的重视。由此可以看出，企业伦理已成为全球企业共同面临的问题。

企业伦理是企业在处理企业内部员工之间，企业与社会、企业与顾客之间关系的行为规范的总和。在竞争激烈、瞬息万变的市场经济社会里，利润关系到每一个企业的命运，因此有的经营者为了追求利润，不把经营事业的目光放在“永续经营”上，而着眼于“短线操作”，为了实现利润的最大化，不惜采取各种非法途径去达到目的。假冒仿制、欺诈行骗、商业贿赂、行业垄断等不正当竞争行为，犹如商海里的一股逆流，扰乱了市场秩序，也使企业掉入火坑，万劫不复。

企业伦理应该是企业界的道德及群体关系的标准，借以维持正常的企业关系和对社会的责任。企业伦理的标准是：(1)劳资间应该以互信、互重和认真的态度相处；(2)买主应诚实的评估物品的价值及价格，遵守购买条约；(3)供应厂商则应信守承诺，对产品负责，并严守品质标准。企业伦理规范还应以改善员工工作环境、提高员工生活质量、调和社会各阶层的利益，进而促进国家社会的和谐为目的。

无视伦理准则，违反法律法规，不讲公众意识的不正当竞争不仅损害了诚实经营者和广大消费者的权益，企业本身也失去了公众的信任。从这个意义上来讲，不正当的市场竞争永远没有赢家。20 世纪 70 年代起，在美国、西欧、日本的一些先进的企业，就已经在组织内部建立起严格的伦理制度和监管制度，企业不再认为企业的竞争是赤裸裸的斗争，不再认为打垮对手就是赢得了胜利。这些认识，促使企业改变旧有的经营观念，把企业定位在追求利润与推动良性的社会变迁上，使企业能够长久地生存下去。例如，美国的美体小铺（Body Shop）创立之始就很注重企业伦理，《天下》杂志在新闻媒体的专业伦理要求上也堪称媒体之最，据了解，这两家公司的获利能力均超过同业水准。因此，要同时兼顾企业伦理与企业的生存绝非不可能，伦理是企业赖以生存的基石，有了它，企业可以同时拥抱利润与灵魂。

遗憾的是，伦理问题并没有引起我国大多数企业的重视，伦理道德的约束、调控仍然在不少企业的决策管理以及生产经营活动的范围之外。不少企业经营者把伦理道德看做是游离于经济建设之外的可有可无的东西，甚至理解为这是外部强加的一种精神文明建设的需要，这导致了对企业伦理的漠视。其实，企业伦理道德是企业一种极为宝贵的无形资产，会对人的经济行为发生作用，从而促进企业经济目标的实现。因此，在现代企业制度建设中，必须加强伦理建设。

在竞争激烈的现代社会，企业要生存就必须重视企业伦理的实践，企业伦理即是指企业经营所依循的方针原则，据此决定了股东、员工、客户各层面的关系，凡是经营良好的企业，其内部必有健全的伦理制度。经营者本身也能确认企业伦理的重要性，躬行实践。这些经营者，如果没有正确的企业伦理指引，滥用大众资金，破坏经济秩序，就会对整个社会造成严重的负面影响，国内近年来大宗经济犯罪事件屡次发生，终究其因，也就是企业的管理人员缺乏伦理道德的观念，导致事件之发生，受害大众、员工不计其数。除此之外，更严重的是，越来越多被曝光的食品安全、药品安全问题，也是企业缺乏伦理道德对整个社会所造成无法弥补的伤害。因此，一国的企业伦理不但反映该国的道德水准，也反映其经济效益。

14.1.4 企业伦理的功能

就伦理的功能而言，其最根本的价值就在于社会秩序的维系，且有助于解决人际冲突、降低人际交往的不确定性。企业伦理既是伦理的应用领域之一，当然也具有维系企业的社会秩序的功用。关于企业伦理的具体功能，分以下四方面加以说明。

1. 降低交易成本

美国社会学家马克·格兰诺维特（Mark Granovetter）认为，如果社会中的个人因为一致遵循共同的伦理规范，而发展出彼此的高度信任，自然该社会中的经营成本会比较低廉。此外，日裔美籍学者弗朗西斯·福山（Francis Fukuyama）在《诚信：社会德性与繁荣的创造》（Trust: The Social Virtues and The Creation of Prosperity）一书中也强调，假如同一企业里的员工都因为遵循共通的伦理规范，而彼此发展出高度的信任，那么企业在此社会中经营的成本就比较低廉，这类社会比较能够井然有序的创新开发。换言之，有效的社会规范，对维护交易秩序，降低交易成本，具有不可忽略的影响力。而这些社会规范，就企业而言，正是构成企业伦理不可或缺的要素。

2. 提升企业形象

企业在面临一个日益重视伦理的社会环境中，经营行为有意或无意的疏忽，即能导致企业毁灭性损失的情况下，企业伦理的倡议与整合，其重要性已经凌驾策略、规划、组织等一般性管理活动之上。过去的研究显示，人们憎恶不道德，远胜于其他任何不良行为。从事不道德行为的企业，所面临的伤害，远大于一般人认知的程度。贪图短期利益，而选择旁门左道的企业，结果付出了可观的代价：信誉低落、顾客流失、股价下跌、工作满意度下降、生产力低落、不信任氛围、劳资对立，以及员工流动率提高等。企业丑闻将使公司一蹶不振之外，更可能引起政府司法部门的关注。公司的道德信誉可说是企业最重要的无形资产。

3. 员工表现优异

企业良好的信誉可以吸引及留住高绩效的员工，促使员工展现更多的热情，发挥更高的生产力，更乐于拥护公司的品牌。有完整的伦理守则及定期发布伦理报告的公司，员工普遍对工作环境表示满意，且流动率较低。公司企业伦理程度越高，则员工较会做出符合伦理的决策行为。

4. 企业竞争优势

根据调查，消费者及投资人决定商品或投资策略时，企业形象是主要的考虑因素，投资人倾向信任一些已证明其行为合乎道德的公司，他们认为选择经营手法合乎道德的公司，包括透明度、可靠性和对股东友善的公司管理结构，是避免投资组合出问题的要素。当今，履行企业伦理的正直形象，已成为企业竞争力的重要一环。

14.1.5 影响企业伦理的因素

企业伦理的实践是追求企业与社会互利的行为。伦理是人类行为表现和做事态度的根源与重心，企业伦理则是决定企业经营理念和绩效表现的基本因素，是企业管理的源头。面对道德抉择时，有许多因素会影响管理者的决策，如社会经济环境、组织文化等外在因素，道德价值结构等内在因素。以下将综述一些影响企业伦理决策的重要因素。

1. 管理者的价值与态度

个人道德是规范如何待人处事的个人标准和价值观。个人道德认知的形成，包括来自家庭、教育、人格、经验及成长环境等因素所影响。美国心理学家劳伦斯·柯尔伯(Kohl Berg)指出，不同的人若处于不同的道德认知阶段，会在相同的道德情况下做出不同的决策，亦即个人的道德认知程度决定了个人如何思考伦理问题。在一个企业内部，高层管理者的个人道德认知，对于该组织道德规范的形成，具有举足轻重的作用，员工常以高层管理者的意图与行为作为个人伦理行为的指标。因此，在我们检验企业与管理者如何提升道德行为之前，先行了解管理者的价值与道德认知重要性。

2. 社会道德规范

社会道德是社会管辖其成员的行事标准，如公平、正义、贫穷和人权问题。社会道德不仅取决于一个社会的法律、风俗、实务，而且还包含那些影响人们相互交往的不成文价值观和准则。此价值观和规范无形中已潜移默化于企业文化之中，所以能提供企业了解处于社会各种不同情况下应如何作为。尤其社会道德规范控制个人与公司的自利行为，若发生威胁社会共同利益的自私行为时，企业将承受强而有力的社会集体压力。

3. 职业道德

职业道德是规范从事某一职业成员的行为标准。一旦企业将职业规范和条例纳入公司的道德守则，员工在潜移默化之下，就自然会将道德规范作为行为准则，并在决定做出何种行为时，自觉遵守这些道德规范。一旦违背职业道德时，其道德问题就会成为人们关注的焦点。

4. 竞争压力

企业面临激烈竞争压力时，为维持竞争力常做出一些不道德的行为排除竞争对手。例如，对竞争公司的产品散播不实谣言，或利用商业贿赂来排挤对手公司的产品等。但基于自利计算，企业往往忽略决策行为所造成之负面影响，因而在此情况下，员工的不道德行为反而受到企业的鼓励与肯定，直接影响企业伦理问题的产生。

5. 组织结构变数

所谓组织结构系指一个组织为达成组织目标，而对组织成员、工作与资源加以适当的安排与分配所显示出的一种态势。企业利用正式的规章条文来规范员工的行为，将会减少组织中的模糊与不确定性，并鼓励更多的道德行为。此外，绩效评估与奖惩制度，也是影响道德行为的组织结构变数。若企业的绩效评估与奖惩制度只重结果而不论过程，将易使员工产生价值混淆，而认为不择手段只求目的是合理的行为。

14.1.6 企业伦理的建设

企业可以从以下几个方面入手，推动企业伦理的建设。

1. 制定并执行企业伦理守则

有些企业将其基本信念、核心价值、规范及经营哲学等制成伦理守则，以供员工遵循。

伦理守则所规范的主要内容是企业与其利益相关者、员工、顾客、股东、政府、社区、社会大众等的责任关系，同时包含公司的经营理念与道德理想，如同一般人的座右铭，多少可以反映公司的文化与行为、生存的基本意义和行为的基本方向。这些伦理守则必须针对实际的伦理问题，而且要用明确的条文表达出来，切勿模棱两可。在制定过程中，让员工参与讨论，以凝聚共识。企业信奉的伦理守则应贯彻到经营决策的制定以及重要的企业行为中。在建立伦理法则的同时，通过一系列的奖励、审核以及控制系统加以强化，并对破坏伦理规范的行为予以惩罚，公司必须让大家都明白，组织里决不容许违反伦理的行为。管理人员对违规者的默许，将会严重破坏组织走向更具伦理气候的环境。

伦理法规要想更具效力，必须把组织里经理、员工的思想和政策信仰予以具体化。威塞里尔协会是一家小型的、为汽车行业提供电子部件的私人供应商，它拥有一本“质量担保手册”，是思想方针、行为指导、技术手册和企业简介的一个统一体，记录了公司对于正直人格的承诺和关于正确行为的指导原则。公司从来不用销售比赛等来激励员工的个人工作表现，也不通过销售数字来判断竞争状况，而是教育员工在制定决策时，既要考虑公司和个人的利益，也要考虑供应商、客户以及社会的需求，绝对的诚实、礼貌以及尊重他人是公司业务程序的标准。自步入业界以来，威塞里尔的销售收入不断增长，在一个发展缓慢的行业里创造了奇迹。

2. 设定伦理目标

企业伦理目标强调企业行为不仅具有经济价值，还必须具有伦理价值。企业在追求经济目标的时候，往往不由自主地将获利作为衡量行为价值的唯一尺度，于是为了实现利润最大化不惜损害他人利益的行为现实生活中时有发生，这说明企业的经济目标需要伦理目标的调节和制约。企业目标制约下的行为不仅不能违背以法规形式体现出来的经济活动的游戏规则，而且要进一步以伦理准则来约束自己，主动实现道德自律。经营者必须不断提醒自己：企业生存的根本意义是什么？企业的生存其实并不是一个目的，而是一个手段，是通过企业的生存，求得顾客的满意。所以，当一个企业非要用不伦理的手段才能生存的话，它就不再有存在的意义和价值了。

企业要想获得持久的发展，其追求的经济目标中应该包含有伦理道德的要求，应该是经济目标与伦理目标的统一。实践证明，企业经济目标和伦理目标相辅相成，只有同时并举，企业才能真正兴旺发达。强生公司在发现其生产的泰诺胶囊被污染以后，当时的 CEO 詹姆斯 • 布克当即决定在全国范围内回收所有的泰诺胶囊，这反映了强生公司经济目标与伦理目标统一的企业文化。如果没有一系列在企业内部根深蒂固的、被人们所共同享有的价值观和指导原则，很难相信强生公司的反应能够如此迅速、一致而且符合伦理道德。

3. 塑造符合伦理的企业文化

企业文化乃是一种价值观，是一种以“人”为中心，所建立起来上下一致共同遵循的价值体系和规范。成功的企业皆具有包含伦理价值在内的组织文化与特质。因而，缔造一种鼓励伦理行为的组织气候或组织诱因，则有利于成员的伦理行为。因此，管理层应在公司内部向员工说明公司的信念和价值，并且提高所有员工与主管的“伦理敏感度”，使得在面对伦理抉择时，可以理性判断，采取适宜且合乎伦理标准的行动方案。

诚信的企业价值观，不仅能推动透明化的公司治理，更能吸引优秀人才加入，对社会也能发挥正面积极的影响力。首先，企业可透过各种内部管道，经常灌输给员工有关企业伦理的正确观念和做法，让员工对企业伦理有正确的心态和认知。其次，企业可以开授伦理培训课程，内容包括讨论公司的伦理守则、企业伦理的个案分析，以及加强员工对规章和道德规范接受与认知的程度，透过员工的共同讨论，将诚信的职业道德，内化为公司的企业文化。

4. 加强员工企业伦理教育

不少国外的大企业，在员工的教育训练课程中，邀请诗人、哲学家为员工上课，目的就是希望员工能对身边的人与物有更高的敏感度，帮助员工在道德思想和行为中注入强大个人意志，防止破坏性的道德沦丧。企业也可参与一些有意义的社会活动，协助推动社会良性改革，这样不仅可以提高公司的向心力，激励员工士气，同时也可提升个人的品质，满足员工更高层次的精神需求。这种需求的满足会进一步激发员工的积极性、创造性和敬业精神，从而更有利于企业经济目标的实现。这样，道德伦理风范不再是企业必须维持的一个负担，而是统治一个企业的精神风貌。

在招募员工时，重视伦理的公司会很审慎选用合适的成员，条件包括应征者的个人信念、核心价值、生涯规划等。企业必须寻找与公司价值观一致的员工，这种价值的融合是企业伦理的要素。此外，管理者应重视顾客对员工的道德评价等，作为奖惩的参考，同时，整个公司的道德信誉，应定期衡量评估，并列入公司绩效的年度审核之中，若能如此，公司就能维持行为的道德标准，并吸引价值观一致的优秀员工。

此外，企业应加强员工有关企业伦理教育，注重培养反映企业价值观的态度观念、思考方式等，让员工深刻了解到企业更高一层的使命。比奇·鲁特营养公司在发现公司的一家供应商提供的用于制作比奇·鲁特百分百纯正果汁的苹果浓缩液不过是化学添加剂和水的混合物以后，为了实现成本控制的目标，竟几乎没有人考虑公司对于消费者肩负的义务，也没有人想过一旦问题曝光后的严重后果。最后，公司因为罚款、诉讼以及损失的销售量而付出了2500 万美元的代价。

5. 由上层开始推动伦理建设

树立道德标准，应从管理者开始，由高层主管立下好榜样，然后实行政策，鼓励员工力行实践。高层管理者应本着诚信原则，身教重于言教，在各项决策过程中，时时以企业伦理为念，做好社区关系、消费者保护、环境保护、股东与员工权益保障等各项工作，以完成对公司及股东之信赖责任。高层管理者的行为是员工学习的对象，其对于建立组织文化亦具有绝对的影响。这种上行下效的管理方式，将会使伦理渗透到企业的每一个层面。因此，管理者如何自我要求，以身教影响员工伦理行为，乃决定企业伦理之关键因素。

事实上，作为成功的企业，应该是一个合乎高标准伦理的公司，在劳资关系、尊重知识产权、遵守法令等企业文化上，都有相当的进步；而成功企业中卓有成就、德高望重的领袖人物，恰恰是最有资格提升社会伦理道德的人物。因此高层领导的重要职责之一是赋予企业的指导价值观以生命，建立一个支持各种道德行为的环境，并在员工中灌输一种共同承担的责任感，让员工体会到遵守伦理是企业积极生活的一面，而不是权威强加于的限制条件。领导要敢于承诺，敢于为自己所倡导的价值观而采取行动，同时当道德义务存在冲突时，敢于以身作则。如果绝大部分的企业领袖能充分认识并致力于提高企业伦理，我们社会的人文精神、生活品质自然也就提高了。那时候，我们的经营环境会大大改善，产品的国际形象也会随之“水涨船高”，企业也将得到他们应享的“回报”。

企业管理的主要责任是教导、促进、启发员工的诚实、正直、公正感。一个真正的企业家，应该是净化社会风气的先锋。当年，张瑞敏自己抡起铁锤砸掉了 76 台冰箱，在家电行业里以“挥大锤的企业家”著称。也正是这把大锤，为海尔走向世界立了大功。如今，“精细化，零缺陷”变成海尔全体员工的心愿和行动，那把大锤依然摆在展厅里，让每一位新员工参观时都能记住它。

中国企业处于公平开放的国际化竞争中，这更要求企业以诚信为本，在创造经济利益的同时，将企业伦理作为体制改革的一个重要部分，在组织内建立一套行之有效的伦理监督机制，肩负起应尽的社会责任，共创人间净土，实现企业的可持续发展。

6. 强化内外沟通机制

强化内外沟通机制，对内建立内部举报机制，对外提高信息透明度。所谓举报，是员工向上级说出组织中违法、不道德或不合规定的事情。企业应设立检举机制，鼓励员工揭露不合伦理或不法行为，以便及时采取行动，解决困境。内部举报可以让员工知道企业对于遵循伦理政策的认真与重视，为发挥功能，企业应保护举报者，建立完善的检举体系，以鼓励员工的伦理行为。

所谓信息透明度，是指企业将与公司营运、公司目标、财务绩效、股权结构、公司治理与风险管理等相关资讯，以高标准的财务会计原则、审计原则与财报编制准则来编制、查核与公布。鉴于为数众多的投资人信息不足，总是处于不公平的交易状态，而掌控公司的经理阶层则握有不对称信息，很容易滥用资讯图谋私利，所以企业必须透过信息公布、透明度及对话，来展现与利害关系人的信任与了解，维护投资大众知情的权利，进能提高投资意愿，创造企业价值。

14.2 企业社会责任

14.2.1 企业社会责任概述

1. 企业社会责任概念

企业伦理是对一个企业自身建设的要求，而社会责任，则是对一个企业外在延伸的更高层次的要求。它要求一个企业在追求盈利的同时，不仅需要肩负起自己对社会的责任，还包括对股东承担法律责任，对员工甚者对于与之相关或者不相关的整个社会承担责任。这也是贯彻落实国家倡导的落实科学发展观与和谐社会的大环境之下，一个企业应该遵守的行为准则。企业社会责任就是在法律规定与经济运作之因素外，企业所做含有道德与伦理考虑因素的决定。企业在决策过程中，必须考虑它的政策对社会产生的影响，企业有义务做出有利社会的决定，解决社会问题。

企业社会责任（Corporate social responsibility，CSR），是指企业在其商业运作里对其利害关系人应负的责任。企业社会责任的概念是基于商业运作必须符合可持续发展的想法，企业除了考虑自身的财政和经营状况外，也要加入其对社会和自然环境所造成的影响的考量。

利害关系人是指所有可以影响或会被企业的决策和行动所影响的个体或群体,包括员工、顾客、供应商、社区团体、母公司或附属公司、合作伙伴、投资者和股东。

2. 企业社会责任的分类

不管对企业的社会责任的争论如何，不可否认的是现在企业，越来越重视其应负担的社会责任。社会责任的分类有很多种方法，如可将一个企业所采取的社会责任行动分为以下八类。

(1) 在制造产品上的责任：制造安全、可信赖及高品质的产品。

(2) 在行销活动中的责任：如做诚实的广告等。

(3) 员工的教育训练的责任：在新技术发展完成时，以对员工的再训练来代替解雇员工。

(4) 环境保护的责任：研发新技术以减少环境污染。

(5) 良好的员工关系与福利：让员工有工作满足感等。

(6) 提供平等雇用的机会：雇用员工时没有性别歧视或种族歧视。

(7) 员工之安全与健康：如提供员工舒适安全的工作环境等。

(8) 慈善活动：如赞助教育、艺术、文化活动，或弱势族群、社区发展计划等。

3. 企业社会责任模型

美国佐治亚大学的卡罗尔(Archie B.Carroll)更把企业的社会责任分为经济、法律、道德及慈善四个部分，提出了企业社会责任模型(Corporate Social Responsibility，CSR)，如表 14-1 所示。

表 14-1　CSR 模型

第一部分	经济责任 Economic Responsibilities	企业要致力于减少成本、创造利润、带动经济发展	企业所需负担的责任
第二部分	法律责任 Legal Responsibilities	遵守商业法律的规定。遵守环境保护、消费者保护、劳动法等相关法规。法律是社会对企业行为最低的要求	
第三部分	道德责任 Ethical Responsibilities	除了法律的固定之外，企业的行为必须合乎公平、正义、避免伤害等原则	社会对企业的期待
第四部分	慈善责任 Philanthropic Responsibilities	贡献企业的资源改善生活品质	出于企业自发的回馈社会

第一部分是经济责任，经济是企业最基本的责任，企业的经济责任就是以合理的价格提供产品及服务给消费者，创造利润，为社会带来经济成长。

第二部分是法律责任，企业的运作必须合乎法律的规定，如果企业对于法律有不满意的地方，应该遵循正当程序来修改法律。

第三部分是道德责任，道德责任是没有明文规定于法律中的、社会对企业的期待，包括期待企业的行为能符合公平、正义等的原则。

第四部分是慈善责任，社会希望企业从事公益活动，贡献金钱及时间。这一部分纯粹只是社会对于一个好的企业的期望，是自愿性的责任，如果企业没有做到这一部分，也不会因此就被认为是不好的企业。

CSR 模型除了有助于企业责任概念的厘清外，CSR 模型的另一个重要的概念是社会对于这四部分的企业责任有不同程度的要求与期待。首先，最基本的是要求企业创造利润，同时还必须要遵守法律规范，接下来是期待企业的行为能够符合伦理道德的规范，最后才是希望企业能够为贡献出它的力量来回馈社会。

14.2.2　企业社会责任的发展

1. 企业社会责任的思想渊源

早在 18 世纪中后期英国完成第一次工业革命后，现代意义上的企业就有了充分的发展，但企业社会责任的观念还未出现，实践中的企业社会责任局限于业主个人的道德行为之内。企业社会责任思想的起点是亚当 • 斯密(Adam Smith)的“看不见的手”。古典经济学理论认为，一个社会通过市场能够最好地确定其需要，如果企业尽可能高效率地使用资源以提供社会需要的产品和服务，并以消费者愿意支付的价格销售它们，企业就尽到了自己的社会责任。

到了 18 世纪末期，西方企业的社会责任观开始发生了微妙的变化，表现为小企业的业主们经常捐助学校、教堂和穷人。

进入 19 世纪以后，两次工业革命的成果带来了社会生产力的飞跃，企业在数量和规模上较大程度的发展。这个时期受“社会达尔文主义”思潮的影响，人们对企业的社会责任观是持消极态度的，许多企业不是主动承担社会责任，而是对与企业有密切关系的供应商和员工等极尽盘剥，以求尽快变成社会竞争的强者，这种理念随着工业的大力发展产生了许多负面的影响。

与此同时，19 世纪中后期企业制度逐渐完善，劳动阶层维护自身权益的要求不断高涨加之美国政府接连出台《反托拉斯法》和《消费者保护法》以抑制企业不良行为，客观上对企业履行社会责任提出了新的要求，企业社会责任观念的出现成为历史必然。

2. 企业社会责任的发展历程

随着经济和社会的进步，企业不仅要对盈利负责，而且要对环境负责，并承担相应的社会责任。

1）盈利至上(20 世纪 50 年代至 70 年代)

1970 年 9 月 13 日，诺贝尔奖得奖人、经济学家米尔顿 • 弗里德曼在《纽约时报》刊登题为《商业的社会责任是增加利润》的文章，指出“极少趋势，比公司主管人员除了为股东尽量赚钱之外应承担社会责任，更能彻底破坏自由社会本身的基础”，“企业的一项、也是唯一的社会责任是在比赛规则范围内增加利润”。社会经济观认为，利润最大化是企业的第二目标，企业的第一目标是保证自己的生存。“为了实现这一点，他们必须承担社会义务以及由此产生的社会成本。他们必须以不污染、不歧视、不从事欺骗性的广告宣传等方式来保护社会福利，他们必须融入自己所在的社区及资助慈善组织，从而在改善社会中扮演积极的角色。

1976 年经济合作与发展组织(OECD)制定了《跨国公司行为准则》，这是迄今为止唯一由政府签署并承诺执行的多边、综合性跨国公司行为准则。这些准则虽然对任何国家或公司没有约束力，但要求更加保护利害相关人士和股东的权利，提高透明度，并加强问责制。2000 年该准则重新修订，更加强调了签署国政府在促进和执行准则方面的责任。

2)关注环境(20 世纪 80 年代至 90 年代)

20 世纪 80 年代，企业社会责任运动开始在欧美发达国家逐渐兴起，包括环保、劳工和人权等方面的内容，由此导致消费者的关注点由单一关心产品质量，转向关心产品质量、环境、职业健康和劳动保障等多个方面。一些涉及绿色和平、环保、社会责任和人权等的非政府组织以及舆论也不断呼吁，要求社会责任与贸易挂钩。迫于日益增大的压力和自身的发展需要，很多欧美跨国公司纷纷制定对社会做出必要承诺的责任守则(包括社会责任)，或通过环境、职业健康、社会责任认证应对不同利益团体的需要。

3)社会责任运动(20 世纪 90 年代至今)

20 世纪 90 年代初期，美国劳工及人权组织针对成衣业和制鞋业所发动“反血汗工厂运动”。因利用“血汗工厂”制度生产产品的美国服装制造商 Levi-Strauss 被新闻媒体曝光后，为挽救其公众形象，制定了第一份公司生产守则。在劳工和人权组织等 NGO 和消费者的压力下，许多知名品牌公司也都相继建立了自己的生产守则，后演变为“企业生产守则运动”，又称“企业行动规范运动”或“工厂守则运动”，企业生产守则运动的直接目的是促使企业履行自己的社会责任。

但这种跨国公司自己制定的生产守则有着明显的商业目的，而且其实施状况也无法得到社会的监督。在劳工组织、人权组织等 NGO 组织的推动下，生产守则运动由跨国公司“自我约束”(Self-Regulation)的 “内部生产守则”逐步转变为“社会约束”(Social Regulation)的“外部生产守则”。

到 2000 年，全球共有 246 个生产守则，其中除 118 个是由跨国公司自己制定的外，其余皆是由商贸协会或多边组织或国际机构制定的所谓“社会约束”的生产守则。这些生产守则主要分布于美国、英国、澳大利亚、加拿大、德国等国家。

1999 年 1 月，在瑞士达沃斯世界经济论坛上，联合国秘书长安南提出了“全球协议”，并于 2000 年 7 月在联合国总部正式启动。该协议号召公司遵守在人权、劳工标准和环境方面的九项基本原则，其内容是：(1)企业应支持并尊重国际公认的各项人权；(2)绝不参与任何漠视和践踏人权的行为；(3)企业应支持结社自由，承认劳资双方就工资等问题谈判的权利；(4)消除各种形式的强制性劳动；(5)有效禁止童工；(6)杜绝任何在用工和行业方面的歧视行为；(7)企业应对环境挑战未雨绸缪；(8)主动增加对环保所承担的责任；(9)鼓励无害环境科技的发展与推广。

2000 年 7 月《全球契约》论坛第一次高级别会议召开，参加会议的 50 多家著名跨国公司的代表承诺，在建立全球化市场的同时，要以《全球契约》为框架，改善工人工作环境、提高环保水平。《全球契约》行动计划已经有包括中国在内的 30 多个国家的代表、200 多家著名大公司参与。

2001 年 2 月，全球工人社会联盟公布了一份长达 106 页的由耐克公司资助完成的报告。报告的内容是关于印尼 9 家耐克合约工厂的劳工调查。这份报告的新意在于它是由耐克公司出钱完成并公布的，而耐克公司又不能拒绝公布。耐克公司对这些问题的反应将会为服装公司设立新的基准。

2002 年 2 月在纽约召开世界经济峰会上，三十六位首席执行官呼吁公司履行其社会责任，其理论根据是，公司社会责任“并非多此一举”，而是核心业务运作至关重要的一部分。

2002 年，联合国正式推出《联合国全球协约》(UN Global Compact)。协约共有九条原则，联合国恳请公司对待其员工和供货商时都要尊重其规定的九条原则。

2010 年，在由 17 PR 主办的第六届中国公关经理人年会上，“2010 企业社会责任优秀案例”评选揭晓，这是国内首次举办企业社会责任案例评选，获奖案例均来自在社会公益、公益传播和环境保护方面做出突出贡献的企业。

14.2.3 企业社会责任的意义

1. 解决就业问题

企业履行社会责任有助于解决就业问题。除通过增加投资，新增项目，扩大就业外，最重要的是提倡各企业科学安排劳动力，扩大就业门路，创造不减员而能增效的经验，尽量减少把人员推向社会而加大就业压力。过去只有 ISO 9000 和 ISO 140000 国际认证，这一标准明确规定了企业需保证工人工作的环境干净卫生，消除工作安全隐患，不得使用童工，等等，切实保障了工人的切身利益，不仅可以吸引劳动力资源，激励他们创造更多的价值，更重要的是通过这种管理可以树立良好的企业形象，获得美誉度和信任度从而实现企业长远的经营目标。从这个意义上说，企业履行社会责任，有助于解决就业问题。

2. 实现可持续发展

企业履行社会责任有助于保护资源和环境，实现可持续发展。企业作为社会公民对资源和环境的可持续发展负有不可推卸的责任，而企业履行社会责任，通过技术革新可首先减少生产活动各个环节对环境可能造成的污染，同时也可以降低能耗，节约资源，降低企业生产成本，从而使产品价格更具竞争力。企业还可通过公益事业与社区共同建设环保设施，以净化环境，保护社区及其他公民的利益。这将有助于缓解城市尤其是工业企业集中的城市经济发展与环境污染严重，人居环境恶化间的矛盾。

3. 促进社会和谐

企业履行社会责任有助于缓解贫富差距，消除社会不安定的隐患。一方面，大中型企业可集中资本优势、管理优势和人力资源优势对贫困地区的资源进行开发，既可扩展自己的生产和经营，获得新的增长点，又可弥补贫困地区资金的不足，解决当地劳动力和资源闲置的问题，帮助当地脱贫致富。另一方面，企业也可通过慈善公益行为帮助落后地区的人民发展教育、社会保障和医疗卫生事业，既解决当地政府因资金困难而无力投资的问题，帮助落后地区逐步发展社会事业，又通过公益事业达到无与伦比的广告效应，提升企业的形象和消费者的认可程度，提高市场占有率。

14.2.4 SA 8000 社会责任标准

1. 社会责任标准的概念

社会责任标准“SA 8000”，是 Social Accountability 8000 International Standard 的英文简称，是全球首个道德规范国际标准。由美国的社会责任国际(SAI)发起并联合欧美部分跨国公司和其他一些国际组织共同制定的社会责任标准，总部设在美国。它是全球首个道德规范国际标准，现行的版本是 SA 8000:2014。SA 8000 作为社会责任方面的一个认证体系，不仅明确了社会责任规范，而且也提出了相应的管理体系要求。其宗旨是确保供应商所供应的产品，都必须符合社会责任标准的要求。SA 8000 标准适用于世界各地，任何行业，不同规模的公司。其依据与 ISO 9000 质量管理体系及 ISO 14000 环境管理体系一样，都是一套可以被第三方认证机构审核的国际标准。

SA 8000 的内容主要有：(1)童工；(2)强迫性劳工；(3)健康与安全；(4)组织工会的自由与集体谈判的权利；(5)歧视；(6)惩戒性措施；(7)工作时间；(8)工资；(9)管理体系。

建立 SA 8000 社会责任标准主要有如下几个方面的作用：(1)减少国外客户对供应商的第二方审核，节省费用；(2)更大程度地符合当地法规要求；(3)建立国际公信力；(4)使消费者对产品建立正面情感；(5)使合作伙伴对本企业建立长期信心。

2. SA 8000 认证流程

同 ISO 9000 质量体系、ISO 14000 环境体系及 OHAS 18000 安全体系认证一样，SA 8000 社会责任管理体系认证过程大致包括以下几个步骤。

(1)公司提交申请书。当公司完成准备工作，基本具备认证条件时，可向认证机构递交申请书，也可提前提交申请，在认证机构的指导下进行准备。

(2)评审和受理。认证机构对公司递交的申请书进行评审，审核其内容是否符合认证的基本条件，如符合则受理，不符合则通知公司不予以受理。

(3)初访。社会责任管理体系十分注重现场表现，审核前对被审核方的访问是必要的。初访的目的是确定审核范围，了解公司现状，收集有关资料和确定审核工作量。

(4)签订合同。认证机构和委托方可就审核范围、审核准则、审核报告内容、审核时间、审核工作量签订合同，确定正式合作关系，缴纳申请费。

(5)提交文件。合同签订后，被审核方应向认证机构提供社会责任管理手册、程序文件及相关背景材料，供认证机构进行文件预审。

(6)组成审核组。在签订合同后，认证机构应指定审核组长，组成审核组，开始准备工作。

(7)文件预审。由审核组长组织审核组成员进行文件预审，如果社会责任管理文件存有重大问题，则通知被审核方或委托方，由被审核方进行修改并重新递交文件。如文件无重大问题，则开始准备正式审核。

(8)审核准备。审核组长组织审核组成员制订审核计划，确定审核范围和日程，编制现场审核检查表。

(9)预审。委托方认为有必要，可以要求认证机构在正式认证审核前进行预审，以便及时采取纠正措施，确保正式审核一次通过。

(10)认证审核。由认证机构按审核计划对被审核方进行认证审核。

(11)提交审核报告和结论。根据审核结果可能有三种结论，即推荐注册、推迟注册及暂缓注册。

(12)技术委员会审定。对审核组推荐注册的公司，认证机构技术委员会审定是否批准注册，如未获批准则需重新审核。

(13)批准注册。认证机构对审定通过的公司批准注册。

(14)颁发认证证书。认证机构向经批准注册的公司颁发 SA 8000 认证证书。

(15)获证公司公告。认证机构将获证公司向 SAI 备案，由 SAI 在其网站公布。

(16)监督审核。认证机构对获证公司进行监督审核，监督审核每半年一次，认证证书有效期为三年，三年后需进行复评。

本章小结

在现代社会和市场中，一个企业越是具有伦理道德水平和勇于承担社会责任，就越有可能在市场上和社会上赢得消费者和同行的信任和声誉。在一个讲道德、责任感的社会和市场中，企业的信用、声誉是一种无形的资本、潜在的市场。这种无形的资本、潜在的市场是企业发展中长期起作用的因素。从这个角度看，企业伦理和社会责任感建设虽然直接提高的是企业的伦理素质、伦理形象和社会责任感，但这种企业伦理素质和社会责任感的提高却可以转化为企业的经济效益，转化为企业在经济上的利润和收入。

练习与思考

1. 简述企业伦理的概念。
2. 企业伦理有哪些功能？

3. 影响企业伦理的因素有哪些？

4. 如何建设企业伦理？

5. 简述企业社会责任的概念。

6. 企业社会责任分为哪几类？

7. 简述企业社会责任模型。

8. 简述企业社会责任的意义。

9. 简述 SA 8000 社会责任标准的内容。

案例

吉林石化公司——立志产业报国，履行社会责任

与共和国风雨同舟，一路前行。到 2014 年，吉林石化公司(以下简称吉化)已经走过了 60 年的发展历程。

60 年来，在党和国家的领导下，吉化坚守长子责任，坚持产业报国，累计向国家上缴利税近 900 亿元，为我国化学工业和国民经济的发展做出了突出贡献；60 年来，吉化坚持自主创新，科学发展，已成为拥有原油加工能力 1000 万吨、乙烯生产能力 85 万吨、燃料乙醇生产能力 60 万吨，主体装置 60 套，生产主要炼化产品 115 种的大型炼化一体化企业。

吉化发展的第一阶段是在建国初期，新生的共和国百废待兴、一穷二白。1953 年，国家实施第一个五年计划。在周恩来总理的亲自圈定下，吉林“三大化”作为国家重点工程于 1954 年开工建设，1957 年建成投产。人民日报专门为此发表社论“我们要建设强大的化学工业”。在这一时期，公司教育和引导广大员工“一切为了开工生产，一心为了国家的化工事业”，艰苦创业，奋发图强，迎来了新中国第一桶染料、第一袋化肥、第一炉电石在吉化的诞生，成为新中国化学工业发展史上的第一个里程碑。

党的十一届三中全会的召开，开辟了吉化发展史上的第二阶段。到 1982 年，年产 250 万吨炼油装置和年产 11.5 万吨乙烯及其配套装置全部建成投产，为国家提供了急需的化工产品，吉化成为煤化工和石油化工并举的特大型国有企业。在这一时期，当国家航天航空和国防工业需要特种产品时，公司教育和引导广大员工“宁可企业效益受影响，坚决把国防建设整体效益放在第一位”，坚持“顾全大局，军工优先”，“集中力量突破”，确保高质量满足国防建设需要。吉化在全国化工企业中，率先实施环境保护治理，最早建成了处理能力 19.2 万吨/日的亚洲最大的污水处理厂，形成了“喝着上游水，想着下游人”的环保理念，对松花江流域的休养生息起到了重要作用，开创了环境保护和责任关怀的先河。

20 世纪 90 年代，国家鼓励发展乙烯工业的战略机遇，成就了吉化发展史上第三个阶段。吉化 1993 年开始建设 30 万吨乙烯工程及其配套装置。到 1997 年，乙烯生产能力达到 45 万吨/年，原油加工能力 500 万吨/年。公司全面进入了以石油化工生产路线为主的时期，为吉化未来的发展奠定了基础。公司自主研发和科研成果转化成效显著，产品数量达 1150 多种，是迄今为止全国化工企业中品种最多、最全的企业，被誉为“中国化工百科全书”。在这一时期，公司教育和引导广大员工“大企业要有大责任，大企业要做大贡献”，对地方经济的贡献率持续攀升。

1998 年，吉化加入中国石油天然气集团公司，战略性结构调整掀开了新的篇章。吉化在困境中奋争，在发展中追寻，第四发展阶段充满了跨越难关的豪迈与激情。在中国石油集团公司在大力支持下，在省市政府的关怀帮助下，吉化员工埋头苦干，大干快上，不仅提前一年实现扭亏脱困，完成 30 万吨/年合成氨、22

万吨/年丙烯腈装置建设，实施炼油和乙烯扩能改造，使炼油能力达到 750 万吨/年，乙烯生产能力达到 85 万吨/年，实现了煤化工向石油化工的跨越。在这一时期，公司教育和引导广大员工要“把履行社会责任作为企业的重要使命”，大力推行责任关怀、HSE 管理，以自身的不懈努力带动化工产业发展，在自身遇到生存困难的情况下，仍为吉林省、吉林市的经济发展做出重大贡献。

2009 年，随着千万吨炼油扩建项目奠基动工，吉化步入了第五发展阶段。实施千万吨炼油扩建、32 万吨/年苯乙烯及 40 万吨/年 ABS 建设等项目，坚持“四加一”发展定位，坚持走“高端化、差别化”道路，吉化虽然主体装置较 10 年前减少 63%，产品种类由 1150 种减少至 115 种，减少 90%，但销售收入却比 10 年前增长了 4 倍。吉化正在朝着有质量、有效益、可持续的“千亿元现代化产业基地”迈进。在这一时期，公司教育和引导广大员工坚持“吉化是共产党执政领导下的国有企业”，“要做出样子”。从而培养了新一代吉化人牢固的政治意识、责任意识和报国理想，实现了员工的个人理想追求与企业发展目标、国家殷切期望的有机统一，凝聚了企业巨大的发展信念和前进力量，实现了从“三大化”到炼化一体化特大型企业的历史性跨越。

（资料：冯立波，姜振国，张晓君. 化工长子：产业报国 60 年——吉林石化公司追求科学发展、履行社会责任纪实. 中国石油和化工，2014 年第 6 期.）

参 考 文 献

[1] 丁宁. 企业战略管理(第 3 版). 北京：清华大学出版社，2014.

[2] 徐君. 企业战略管理. 北京：清华大学出版社，2008.

[3] 杨锡怀. 企业战略管理. 北京：高等教育出版社，2010.

[4] 杨锡怀，冷克平，王江. 企业战略管理：理论与案例. 北京：高等教育出版社，2006.

[5] 张培新. 企业伦理的理论与实践初探. 应用伦理研究通信，2007.4.

[6] 孙震. 经济发展的伦理基础. 台北：台湾商务出版社，2006.

[7] 蔡莳菁. 商业伦理概念与应用. 台北：文京图书出版社，2000.

[8] 陈光荣. 企业的社会责任与伦理. 台北经济部商业司季刊，2001.4.

[9] 明茨伯格. 战略历程. 北京：机械工业出版社，2002.

[10] 田圣炳. 战略管理理论流派的演进. 科技与管理，2004 年第 6 期.

[11] 刁爱华. 试论 EFE 矩阵在物业管理企业外部环境分析中的应用. 当代经济，2007.7.

[12] 沈拓. 重生战略：移动互联网和大数据时代的转型法则. 北京：企业管理出版社，2014.

[13] 李宏贵. 中国企业借鉴协同战略理论研究. 现代物业旬刊，2007.3.

[14] 陶冬. 索尼协同战略的失败. 新财富，2005.5.

[15] 多纳德 • 海等. 兼并收购与公司重组. 北京：经济科学出版社，2001.

[16] 帕特里克 A.高根[美]. 兼并、收购与公司重组(第 3 版). 北京：机械工业出版社，2004.

[17] 白万纲. 中国企业国际化中的风险管理. 董事会，2009.8.

[18] 闫国庆. 国际商务. 北京：清华大学出版社，2007.

[19] 王汝林. 创业战略设计学. 北京：清华大学出版社，2005.

[20] 钟大伟，黄桂. 国际市场行销学. 台北：元华文创股份有效公司，2005.

[21] 冯正强，陈立龙. 企业国际化经营的市场进入方式选择. 国际贸易问题，2005.8.

[22] 刘继伟. 企业国际竞争优势可持续性研究. 现代商贸工业，2008.8.

[23] 郑立梅. 管理学基础. 北京：清华大学出版社，2011.

[24] 魏鑫军. 中国企业国际化的伦理问题研究. 广东技术师范学院学报，2009.11.

[25] 周祖城. 企业伦理学. 北京：清华大学出版社，2005.

[26] 眭平. 技术创新的横向研究. 北京：清华大学出版社，2013.

[27] 郑海鳌，尤建新，周文泳. 国内外企业技术创新绩效测评理论研究述评. 上海管理科学，2008.2.

[28] 谢言许. 中国新能源技术创新战略研究. 锦州：渤海大学，2014.

[29] 唐国华. 不确定环境下企业开放式技术创新战略研究. 武汉：武汉大学，2013.

[30] 毛武兴. 企业全面创新管理能力研究——以中国电子信息产业为例. 杭州：浙江大学，2012.

[31] 谭劲松. 企业与创新战略——理论与案例. 北京：中华工商联合出版社，2011.

[32] 周朝琦. 企业创新经营战略. 北京：经济管理出版社，2013.

[33] 王玉. 企业战略管理教程. 上海：上海财经大学出版社，2010.

[34] 道格拉斯・霍尔特. 文化战略. 北京：商务印书馆，2014.
[35] 王祥伍，黄健江. 企业文化的逻辑. 北京：电子工业出版社，2014.
[36] [美]迈克・弗雷德曼. 战略领导——提高管理绩效的5阶段模型. 北京：中国财政经济出版社，2013.
[37] (韩)金. 蓝海战略. 北京：商务印书馆，2005.
[38] 张瑞敏. 传统企业战略和组织架构将被颠覆. 创新科技，2014.8.
[39] 施炜. 解读华为:成长战略与新竞争优势. 销售与市场:管理版，2016.8.
[40] 彭剑锋. 互联网时代战略转型的四个案例——小米、海尔、华为与阿里巴巴. 中外企业文化，2015.2.
[41] 王伟波. 复旦光华科技公司外部环境分析. 中外企业家，2015.3.
[42] 戚雅婷，李丽. 成本战略与差异化战略——以京东商城为例. 商，2015.10.
[43] 马倩，郭建鸾，刘福军. 上汽收购双龙触礁 折射跨境并购难题. 财务与会计：理财版，2010.1.
[44] 刘华. 顺丰速运公司战略成本控制及启示. 财务与会计:理财版，2013.1.
[45] 陈静. 联想国际化VS海尔国际化. 中外管理，2005.4.
[46] 柯银斌，刘颖悟，章小莹. 三一重工：战略指导下的三位一体创新. 企业管理，2010.4.
[47] 夏小强. 大力弘扬东汽精神 推进企业文化落地. 企业文明，2015.6.
[48] 宫玉振. 从曾国藩建湘军看领导力. 人才资源开发，2015.9.
[49] 崔婷. 从“三鹿”事件看企业伦理责任的缺失. 商场现代化，2011.7.
[50] 冯立波，姜振国，张晓君. 化工长子：产业报国60年——吉林石化公司追求科学发展、履行社会责任纪实. 中国石油和化工，2014.6.
[51] 蒋健一，甘胜军. 相似的机遇，不同的战略选择——看柯达胶卷和振华港机命运如何改变. 商业文化月刊，2010.4.
[52] 邱明杰，聂常松. 使命——让沈鼓一路创造奇迹——访沈阳鼓风机集团股份有限公司董事长苏永强. 通用机械，2012.2.
[53] 刘昭郡. 滴滴打车、快的打车合并战略的分析. 江苏商论，2016年11期.
[54] 刘步尘. 长虹等离子战略的惨痛教训. IT时代周刊，2012.11.
[55] 丁娜等. 基于PEST模型的太阳能热水器行业宏观环境分析. 企业技术开发，2012.9.
[56] 黄溶冰. 国有企业战略实施路径. 管理现代化，2007.2.

反侵权盗版声明